SEGUROS AMBIENTAIS

ELEMENTOS PARA UM SISTEMA DE GARANTIAS DE REPARAÇÃO DE DANOS SOCIOAMBIENTAIS ESTRUTURADO PELOS SEGUROS

Conselho Editorial

André Luís Callegari
Carlos Alberto Molinaro
César Landa Arroyo
Daniel Francisco Mitidiero
Darci Guimarães Ribeiro
Draiton Gonzaga de Souza
Elaine Harzheim Macedo
Eugênio Facchini Neto
Gabrielle Bezerra Sales Sarlet
Giovani Agostini Saavedra
Ingo Wolfgang Sarlet
José Antonio Montilla Martos
Jose Luiz Bolzan de Morais
José Maria Porras Ramirez
José Maria Rosa Tesheiner
Leandro Paulsen
Lenio Luiz Streck
Miguel Àngel Presno Linera
Paulo Antônio Caliendo Velloso da Silveira
Paulo Mota Pinto

Dados Internacionais de Catalogação na Publicação (CIP)

S243s   Saraiva Neto, Pery.

Seguros ambientais : elementos para um sistema de garantias de reparação de danos socioambientais estruturado pelos seguros / Pery Saraiva Neto. 2. tir. – Porto Alegre : Livraria do Advogado, 2025.

245 p. ; 23 cm.

Inclui bibliografia e anexo.

ISBN 978-85-9590-075-2

1. Seguros ambientais. 2. Direito ambiental - Brasil. 3. Responsabilidade por danos ambientais. 4. Seguro de risco. I. Título.

CDU 368.013:349.6(81)
CDD 368.56300981

Índice para catálogo sistemático:
1. Seguro de risco : Direito ambiental : Brasil   368.013:349.6(81)

(Bibliotecária responsável: Sabrina Leal Araujo – CRB 6/4287)

Pery Saraiva Neto

SEGUROS AMBIENTAIS

ELEMENTOS PARA UM SISTEMA DE GARANTIAS DE REPARAÇÃO DE DANOS SOCIOAMBIENTAIS ESTRUTURADO PELOS SEGUROS

2ª TIRAGEM

Porto Alegre, 2025

© Pery Saraiva Neto, 2025

1ª Edição, 2019

Capa, projeto gráfico e diagramação
Livraria do Advogado Editora

Revisão
Rosane Marques Borba

Direitos desta edição reservados por
Comércio de Livros dos Advogados Ltda.
Livraria do Advogado Editora
Rua Riachuelo, 1334 s/104
90010-273 Porto Alegre RS
Fone: (51) 3225-3311
livraria@doadvogado.com.br
www.livrariadoadvogado.com.br

Impresso no Brasil /Printed in Brazil

Com todo o meu amor, para Manuela e Camilo.

Agradecimentos

Este livro é fruto de minha Tese de Doutoramento defendida em julho de 2018 no âmbito do Programa de Pós-Graduação em Direito da Pontifícia Universidade Católica do Rio Grande do Sul – PPGD/PUCRS –, sob a orientação da Professora Doutora Regina Linden Ruaro e coorientação do Professor Doutor Carlos Alberto Molinaro, bem como supervisão da Professora Doutora Alexandra Aragão durante o período de estágio doutoral na Faculdade de Direito da Universidade de Coimbra.

A Tese foi aprovada com votos de distinção e louvor, com recomendação para publicação, em banca composta pelos professores orientadores, bem como pelo Professor Doutor Eugenio Facchini Neto (PUCRS), Professor Doutor Ricardo Lupion Garcia (PUCRS), Professora Doutora Angélica Carlini (UNIMES/UNIP/AIDA) e Professor Doutor Délton Winter de Carvalho (UNISINOS). Contou ainda, na fase de qualificação, com a avaliação do Professor Doutor José Rubens Morato Leite.

A concretização da presente publicação, em formato de livro, é fruto da enorme contribuição prestada pelos orientadores e avaliadores, a quem rendo minha mais sincera e enorme gratidão.

Registro meu agradecimento ao PPGD/PUCRS, na pessoa do distinto Coordenador, Professor Doutor Ingo Wolfgang Sarlet, bem como à CAPES, que, com a concessão de bolsas de estudos, viabilizou a concretização do doutoramento, bem como a realização de parte da pesquisa na Universidade de Coimbra.

Agradeço à Livraria do Advogado Editora, na pessoa do Walter e por extensão a toda a equipe, pela pronta acolhida em mais esse projeto editorial, ratificando uma parceria que se estende desde 2009.

Este livro, por ser resultado de Tese de Doutoramento, carrega, como não poderia deixar de ser, necessárias reflexões teóricas. Contudo, é um estudo voltado para a prática e para a proposição de soluções concretas para os problemas relacionados à danosidade ambiental e às formas de asseguramento dos riscos ambientais, propondo a compatibilização do sistema de seguros com o sistema de responsabilidade civil no cenário brasileiro.

Prefácio

> The global industrial economy is the
> engine for massive environmental
> degradation and massive human
> (and nonhuman) impoverishment.
>
> *Derrick Jensen*[1]

Muito raramente os primeiros parágrafos de um livro são realmente o começo da história principal ou assunto do livro. Com o tempo, escritores e editores colocam mais e mais páginas na frente do livro, preenchendo prefácios e introduções, prólogos e outros conteúdos segundo a trajetória da obra entre o público leitor.

Certamente, no futuro próximo, será o caso do livro que temos a honra agora de prefaciar (!).

Com efeito, não estamos preocupados em exaltar as experiências ou o talento do autor, bem como – apenas para o momento – vamos afastar qualquer juízo de valor para o trabalho que temos o prazer de apresentar para a comunidade de juristas, de ambientalistas, de economistas, de administradores de empresas seguradoras, de securitários, de sociólogos, e demais interessados no tema objeto da pesquisa que produziu este livro. A apresentação pelo douto Prof. **Delton Winter de Carvalho** já o fez.

O autor, **Pery Saraiva Neto**, Doutor em Direito, cuja tese de doutoramento – cursado com excelência no Programa de Pós-Graduação em Direito, Mestrado e Doutorado da PUCRS – tivemos a satisfação de orientar (notadamente pela qualidade intelectual do pesquisador) e que ora se publica em versão monográfica, buscou interrogar, no âmbito das Ciências Jurídicas e Sociais, notadamente do Direito Ambiental,

---

[1] JENSEN, D. Endgame. *The Problem of Civilization*. Vol. 1. New York: Seven Stories Press, 2006, p. 195 ("A economia industrial global é o motor da maciça degradação ambiental e do massivo empobrecimento humano [e não humano]". – Trad. Livre).

importante objeto: o seguro ambiental; para tanto, elaborou ampla pesquisa sobre este, por vezes mal compreendido, artifício ou dispositivo de proteção dos indivíduos, das empresas e outras manifestas agenciais, contra danos, riscos e responsabilidades ambientais existentes e emergentes.

O objeto de interrogação articulado pelo autor trata de metódica e procedimento que oportuniza às partes interessadas, aos órgãos ambientais competentes e outros (terceiros ou interessados), as condições para uma bem avaliada operação de empreendimentos, atividades e serviços que se valem de recursos ambientais (renováveis e não renováveis), ou de alguma forma neles interfere, pois considerados potencialmente contaminadores ou indutivos de degradação ambiental, induzindo a compreensão da infortunística ambiental e do sistema de responsabilidade civil ambiental no Brasil.

Obra como a oferecida, agora, para a comunidade acadêmica e ao público em geral, deve servir para a nossa consciência para refletir que mais de cinquenta por cento dos recursos e serviços que brindam os ecossistemas do planeta estão degradados, e as consequências desta destruição podem agravar-se de maneira significativa nos próximos anos. Portanto, toda atividade com potencial de produzir esses terríveis efeitos ambientais necessitam, cada vez mais, e em maior intensidade, gozar de mecanismos de asseguramento.

A contaminação ou degradação da água doce, da pesca industrial e do ar e da água em mananciais e, mesmo, marítima, dos climas regionais, que geram as catástrofes naturais e as pestes, são os recursos e serviços naturais mais ameaçados.

Lembremos que a degradação dos sistemas aumenta a probabilidade de mudanças abruptas que podem afetar gravemente o bem-estar humano, com o surgimento de novas enfermidades, deterioração na qualidade da água, o colapso de reservas de pesca e mudanças na climatologia regional. Ademais, a concentração de dióxido de carbono na atmosfera aumentou muitíssimo, elevando os níveis de contaminação para patamares perigosos para o ecossistema global. Observe-se que as atividades antrópicas colaboram para esse estado e, por isso mesmo, induzem as necessárias contrapartidas compensatórias.

Como última palavra, compreensível que o livro de **Pery Saraiva Neto** acerca as livrarias em boa hora, e servirá para aguçar a pesquisa em direito ambiental, infortunística e o novel direito dos desastres, bem como nos correlatos direitos fundamentais pertinentes, campo de aplicação e eficácia, especialmente no âmbito que se insere a questão da responsabilidade ambiental. Assim nada mais resta-nos que parabenizar o autor e a editora que lhe dá abrigo, almejando venha a obter merecida acolhida da comunidade, especialmente no âmbito das ciências da natureza, e, notadamente, na das sociais aplicadas.

Desfrutemos da leitura.

Porto Alegre, fevereiro de 2019.

Regina Línden Ruaro
Decana Associada da Escola de Direito da PUCRS
Professora do PPGD da PUCRS

Carlos Alberto Molinaro
Professor do PPGD da PUCRS

Sumário

Prefácio – *Regina Línden Ruaro e Carlos Alberto Molinaro*....................9

Lista de abreviaturas................................17

Apresentação do autor – *Angélica Carlini*........................19

Apresentação da obra – *Délton Winter de Carvalho*.....................21

Introdução............................23

1. O risco e sua influência no sistema de responsabilidade civil ambiental...........33

1.1. Elementos gerais sobre o risco e tomada conceitual: percepções sobre ameaças..34

1.2. Infortunística ambiental: as relações entre riscos e danos ao meio ambiente......49

   1.2.1. Riscos e danos ambientais: especificidades.....................52

   1.2.2. Danos ambientais: distinções decorrentes da origem, tempo de manifestação e magnitude....................56

      1.2.2.1. Danos decorrentes de produtos ou de serviços e atividades.........57

      1.2.2.2. Danos ambientais e tempo de manifestação.....................58

      1.2.2.3. Danos ambientais e magnitude.....................60

   1.2.3. Dimensões dos danos ambientais....................61

      1.2.3.1. Danos ecológicos.....................61

      1.2.3.2. Danos ambientais difusos.....................65

      1.2.3.3. Danos ambientais individuais.....................69

1.3. A responsabilidade ambiental como risco e o risco da responsabilização ambiental....................70

   1.3.1. A responsabilidade civil ambiental no direito brasileiro.....................74

      1.3.1.1. Formas de reparação dos danos ambientais.....................78

         1.3.1.1.1. Reparabilidade dos danos ecológicos.....................78

         1.3.1.1.2. Reparabilidade dos danos ambientais difusos.............83

         1.3.1.1.3. Reparabilidade dos danos ambientais individuais........83

      1.3.1.2. Nexo causal.....................86

      1.3.1.3. Responsabilidade objetiva.....................89

      1.3.1.4. A figura do poluidor: poluidor direto e poluidor indireto...........92

      1.3.1.5. A responsabilidade solidária.....................93

      1.3.1.6. A questão da imprescritibilidade dos danos ecológicos.............96

2. Dos riscos aos seguros: racionalização e pulverização.....................99

2.1. Seguros ambientais: notas iniciais.....................99

2.2. Atividade e técnica seguradora.....................104

2.2.1. Elementos do seguro em perspectiva histórica....................................104
2.2.2. Sobre a função e a importância dos seguros.....................................111
2.2.3. Classificação dos seguros..113
    2.2.3.1. Seguro de danos e seguro de pessoas.....................................114
    2.2.3.2. Seguros de danos e o seguro de responsabilidade civil..............115
    2.2.3.3. Seguro garantia...119
    2.2.3.4. Seguros facultativos e seguros obrigatórios............................120
2.2.4. Risco assegurável e sua delimitação...122
    2.2.4.1. Dispersão de riscos...124
    2.2.4.2. Classificação e delimitação de riscos..129
        2.2.4.2.1. Delimitação objetiva 131
        2.2.4.2.2. Delimitação subjetiva 132
        2.2.4.2.3. Delimitação temporal..134
        2.2.4.2.4. Delimitação quantitativa.....................................137
        2.2.4.2.5. Delimitação espacial 138
2.2.5. Variabilidade do risco..139
2.3. O contrato de seguro..141
2.3.1. Conceito e elementos relevantes..142
    2.3.1.1. Um peculiar contrato de adesão..145

3. Fundamentos e pressupostos para a instituição de uma política de garantias de reparabilidade de danos ambientais estruturada pelos seguros.........................149

3.1. Por uma política de instrumentos de garantia via seguros ambientais.............150
3.1.1. Os limites do estado e os instrumentos econômicos.............................151
3.1.2. O seguro ambiental como instrumento econômico de proteção ambiental...156
3.1.3. Seguros como estímulo à prevenção e à precaução..............................160
3.1.4. Danos ambientais e solidariedade social..164
3.1.5. O sistema europeu de responsabilidades ambientais: os casos de Portugal e Espanha...165
3.2. Elementos para a estruturação de um marco legislativo para seguros ambientais...169
3.2.1. Possibilidade probabilística, análise de cenários e projeção de riscos: a questão jurídica...171
3.2.2. Subscrição: compreensão prévia dos riscos como pressuposto de assegurabilidade de riscos ambientais...178
    3.2.2.1. Assimetria informacional: seleção adversa e risco moral...........179
    3.2.2.2. Avaliação prévia de riscos...184
    3.2.2.3. Declarações do segurado e inspeção de risco pelo segurador.......186
    3.2.2.4. Tomada de posição...190
    3.2.2.5. Passivos ambientais: o problema da preexistência.....................194
3.2.3. Definições de poluidor e de segurado: o poluidor indireto....................196
    3.2.3.1. O operador na Diretiva 35/2004/UE e sua recepção na Espanha e em Portugal...197
    3.2.3.2. Tomada de posição...201
3.2.4. Definição do beneficiário do seguro e redimensionamento do terceiro lesado na responsabilidade civil ambiental...204

3.2.5. Responsabilidade integral: formas de reparação de danos e a atuação dos seguros por meio das coberturas e indenizações........................206

3.2.5.1. Danos ecológicos, valoração, marco de reparação e despesas de contenção: tomada de posição..206

3.2.5.2. Os danos ambientais extrapatrimoniais coletivos: tomada de posição..210

3.2.5.3. Os danos individuais e sua projeção massificada: tomada de posição pelos seguros obrigatórios em um modelo de *first-party insurance*...211

3.2.5.4. O Seguro Garantia Ambiental..214

3.2.6. O sinistro e sua caracterização para fins de acionamento das coberturas do seguro: proposta de modelo misto..216

Conclusão..221

Anexo...229

Referências..233

Lista de abreviaturas

ACP ....Ação Civil Pública

APP ....Área de Preservação Permanente

CC ....Código Civil: Lei Federal 10.406/2002

CDC ....Código de Defesa do Consumidor: Lei Federal 8.078/1990

CNSP ....Conselho Nacional de Seguros Privados

CRFB ....Constituição da República Federativa do Brasil de 1988

EIA ....Estudo Prévio de Impacto Ambiental

ICP ....Inquérito Civil Público

LACP ....Lei da Ação Civil Pública: Lei Federal 7.347/1985

LAI ....Licença Ambiental de Instalação

LAO ....Licença Ambiental de Operação

LAP ....Licença Ambiental Prévia

LMI ....Limite Máximo de Indenização

LPNMA ......Lei da Política Nacional do Meio Ambiente: Lei 6.938/1981

LPNRS ......Lei da Política Nacional de Resíduos Sólidos: Lei 12.305/2010

LRM ....Ley de Responsabilidad Medioambiental: Ley 26/2007 (Espanha)

PERM ....Pool Español de Riesgos Mediambientales

PPP ....Princípio do Poluidor-Pagador

PRAD ....Plano de Recuperação de Área Degradada

TAC ....Termo de Ajustamento de Conduta

Apresentação do autor

Pery Saraiva me convida para fazer a apresentação do autor em seu livro, fruto do trabalho dedicado e primoroso de sua pesquisa de doutorado da qual tive a honra de participar da banca.

Tenho dúvidas sobre qual Pery Saraiva devo apresentar.

O amigo querido com quem fumei charutos em Havana, tomando muitas cervejas geladas e falando sobre política como se tivéssemos a fórmula mágica para fazer o mundo melhor como sonhamos?

O diretor de cultura da minha gestão como presidente da seção brasileira da AIDA, 2014-2016, que trabalhou duro para fazermos os Grupos Nacionais se tornarem fonte de produção de conhecimento em Direito do Seguro?

O pai amoroso que me surpreende com fotos nas redes sociais em que aparece cozinhando junto com os pequenos, feliz como se também ele fosse um garoto?

O fanático torcedor do Grêmio, que encara dificuldades para ver o tricolor jogar? Fanático torcedor do Grêmio é um tipo de pleonasmo, não é? Penso que sim.

O pesquisador sério que encantou o mundo do direito do seguro com um magnífico relato científico sobre a tragédia da Samarco em Mariana, durante o Congresso Mundial da AIDA, em outubro de 2018, no Rio de Janeiro?

O colega com quem edito desde 2013 a coleção Aspectos Jurídicos dos Contratos de Seguro, já em seu volume VI, iniciativa inédita na área de seguros, e que protagonizamos juntos e com o indispensável apoio de outros tantos colegas do setor de seguros? É com o olhar atento e cuidadoso do Pery Saraiva que a obra vai tomando forma, que vamos colocando tijolos, pavimentando terrenos, rascunhando e desenhando mais um projeto, ano após ano.

Além disso tudo, há o pesquisador. Os estudos acadêmicos de Pery Saraiva na área do Direito Ambiental e do Seguro somam mais de uma década. Precursor de estudos em riscos ambientais e seguro ele é hoje, sem dúvida, paradigma para novos pesquisadores e estudiosos dessa área que a cada dia se torna mais importante em todo o planeta.

Qual destes devo apresentar? Todos são tão Pery Saraiva!

Incansável, dedicado, simples, teimoso, ousado, tenho tantas qualificações a respeito desse amigo, advogado, professor, pesquisador e cidadão. São tantas as facetas desse mestre e companheiro com quem divido sonhos e projetos, difícil escolher apenas uma.

O que importa mesmo é conviver com esse desbravador dos complexos caminhos dos riscos ambientais e dos seguros e viver com ele uma rica experiência intelectual. Conviver com esse amigo multifacetado tem sido, de fato, uma divertida aventura de vida. Que nos sejam permitidos muitos anos mais editando livros, conversando e aprendendo um com o outro.

Que essa obra que temos em mãos agora seja inspiradora de nossos melhores propósitos em benefício do planeta Terra, das futuras gerações e da construção de conhecimento nos campos férteis do Direito do Seguro.

Obrigada, Pery.

Campinas, fevereiro de 2019.

Angélica Carlini
Pós-Doutora em Direito Constitucional aplicado aos
Contratos de Saúde Suplementar. Doutora em Direito Político e
Econômico. Doutora em Educação. Mestre em Direito Civil.
Mestre em História Contemporânea. Especialista em Direito do
Seguro, Responsabilidade Civil e Relações de Consumo.

Apresentação da obra

É uma imensa satisfação apresentar o livro *Seguros ambientais: elementos para um sistema de garantias de reparação de danos socioambientais estruturado pelos seguros*, de autoria de Pery Saraiva Neto. Trata-se de um livro necessário, com uma temática muito atual e problema preciso. Os seguros são instrumentos cada vez mais importantes para o aumento da capacidade de resiliência de comunidades atingidas por eventos ambientais extremos.[2] Já afirmamos que o "seguro consiste em instrumento econômico e jurídico de fundamental importância no que respeita tanto à compensação quanto à distribuição e à pulverização de riscos, estimulando, assim, a adoção de posturas preventivas racionalmente orientadas".[3] Neste sentido, é imprescindível um sólido sistema securitário capaz de lidar com danos ambientais, desastres e mudanças climáticas, estimulando, de um lado, comportamentos preventivos e, de outro, promovendo indenizações *post factum* para ampliação da capacidade de resiliência a comunidades atingidas por eventos ambientalmente adversos.[4]

O presente livro é preciso ao diagnosticar o problema da indeterminação semântica de uma série de conceitos inerentes ao instituto da responsabilidade civil ambiental e o fenômeno de expansão desta (a partir de institutos tais como a teoria do risco integral, solidariedade ambiental, imprescritibilidade e atenuação do nexo causal). Se, por um lado, tais estratégias facilitam a responsabilização e a limpeza ambiental, por outro, quando aplicadas de forma generalizada e irrestrita, geram indesejável incerteza jurídica e sobrecarregam o sistema econômico, sem necessariamente apresentar ganhos ambientais eficientes.[5] O efeito colateral desta assimetria é a ausência de previsibilidade e, consequentemente, o desestímulo jurídico para a oferta de seguros ambientais no país.

---

[2] BRUGGEMAN, Veronique; FAURE, Michael; HELDT, Tobias. Seguros contra catástrofes: medidas de estímulo do Governo para impulsionar os mercados de seguros diante de eventos catastróficos. In: FARBER, Daniel; CARVALHO, Délton Winter de. (orgs.). *Estudos Aprofundados em Direito dos Desastres*: interfaces comparadas. Curitiba: Prismas, 2017. p. 269-279.

[3] CARVALHO, Délton Winter de. *Gestão Jurídica Ambiental*. São Paulo: RT, 2017, p. 366.

[4] Idem. *Desastres ambientais e sua regulação jurídica*: deveres de prevenção, resposta e compensação. São Paulo: RT, 2015.

[5] Idem. *Dano ambiental futuro*: a responsabilização civil pelo risco ambiental. Porto Alegre: Livraria do Advogado, 2013.

O livro encontra-se estruturado em três partes: o risco e sua influência no Sistema de responsabilidade civil; os riscos e seguros: sua racionalização e pulverização; os fundamentos e pressupostos para a instituição de uma política de garantias de reparabilidade de danos ambientais estruturada pelos seguros.

Com grande habilidade e clareza, o livro conduz o leitor a uma atenta análise dos riscos e danos ambientais, assim como sobre o papel do Direito no processo de gestão e reparação destes. O autor apresenta uma descrição do que chama de "infortunística ambiental", descrevendo a percepção jurídica acerca dos riscos e danos ambientais. Da mesma forma, este se debruça atentamente sobre aspectos relevantes da responsabilidade civil ambiental no nosso país e no direito comparado. Posteriormente, o livro conduz o leitor sobre os elementos do contrato de seguro, sua função e relevância na sociedade contemporânea. Finalmente, ao enfrentar os pressupostos para a reparabilidade dos danos ambientais pelo sistema de seguros, o autor aborda as discrepâncias e assimetrias entre a prática jurídica e as necessidades operacionais das seguradoras para oferta destes produtos (seguros ambientais). Aqui o livro traz à luz importantes reflexões acerca, por exemplo, de assimetrias infromacionais, seleção adversa, risco moral, avaliação prévia de riscos, passivos ambientais, poluidores indiretos e valoração dos danos ambientais.

Por tudo isto, não posso deixar de congratular com admiração o autor e a *Livraria do Advogado Editora*, por publicar uma obra de tamanha importância para o desenvolvimento do Direito Ambiental e Securitário. A sua contribuição é chamar a atenção para o papel indutor dos seguros ambientais, para que estes sejam capazes de estimular condutas preventivas e, quando os sinistros ocorrerem, a adequada reparabilidade de lesões ambientais, fornecendo resiliência. Portanto, o livro indica um caminho de necessária valorização do seguro para um mundo cada vez mais exposto a impactos ambientais, quer naturais, quer antropogênicos. Este livro vem em ótima hora, pois passamos por um momento de necessária reflexão acerca da eficiência ambiental e do equilíbrio sistêmico do instituto da responsabilidade civil em sua aplicação ambiental. Por esta razão, convido a todos para, assim como eu, fazer a leitura desta imprescindível obra.

São Leopoldo, fevereiro de 2019.

Délton Winter de Carvalho
Pós-Doutor em Direito Ambiental e dos Desastres, *University of California, Berkeley, USA*. Doutor e Mestre em Direito UNISINOS. Professor do Programa de Pós-Graduação em Direito da UNISINOS, nível Mestrado e Doutorado. Advogado, Parecerista e Consultor jurídico.

Introdução

No final do ano de 2015, o Brasil vivenciou aquela que é tida como a maior tragédia ambiental de sua história. O desastre ocorrido em Mariana, em decorrência do rompimento de uma barragem de rejeitos de minérios, é emblemático e bem poderia servir de guia para esse livro. Causa-nos perplexidade que, pouco mais de 3 anos após tal trágico episódio, sejamos surpreendidos com uma nova catástrofe, que em termos de vidas humanas, é imensamente mais grave, causando indignação a constatação de que tudo se deu e se dá no mesmo Estado da Federação, em um mesmo tipo de empreendimento e envolvendo basicamente os mesmos atores. O Desastre de Brumadinho bem poderia ser, igualmente, o pano de fundo desse livro.

Esse livro, no entanto, tem início e é motivado por razões anteriores. Catástrofes ocorrem, em menor ou maior nível, cotidianamente. Muito antes de 2015, diversos episódios foram marcantes. Após, também. Desastres humanos e ambientais se repetem à exaustão, sendo emblemáticos os casos de Seveso (Itália, 1976 – vazamento químico), Three Mile Island (EUA, 1979 – vazamento radioativo), Vila Socó (Brasil, 1984 – vazamento de combustível), Bhopal (Índia, 1984 – vazamento de gases tóxicos), Chernobyl (Rússia, 1986 – vazamento radioativo) e Exxon Valdez (EUA, 1989 – vazamento de petróleo).

Diante de trágicos desastres, tais como aqueles que aconteceram em Minas Gerais, causando enorme contaminação hídrica, devastando vegetações e causando enorme mortandade de fauna, além de enormes prejuízos sociais e econômicos às populações direta e indiretamente afetadas, inclusive com perda de vidas – as informações a que geralmente temos acesso, sobre os desdobramentos dos episódios, indicam que, embora um enorme aparato jurídico-estatal costume ser mobilizado, poucas têm sido as soluções efetivadas, tanto no sentido de recuperação dos recursos naturais quanto de reparação e reestruturação da vida das vítimas. Talvez o mais lamentável: geralmente nada é estruturado em termos jurídicos para propiciar resiliência e prover respostas mais eficientes para futuras situações semelhantes.

Lamentavelmente, a reação jurídica ocorre da mesma forma ante os desastres ambientais cotidianos. Diante de episódios catastróficos, de maior ou menor envergadura – sejam definidos como desastres, acidentes, fatalidades, irresponsabilidade ou negligência – sobrevém o sentimento de compaixão pelas vítimas; também o desejo de localizar culpados; bem como especular sobre como tamanha situação de dano pode ser reparada.

Todos esses episódios, dos mais aos menos graves, são judicializados. Isso significa que todo o conjunto de instituições do sistema de Justiça, invariavelmente, é posto em movimento para fazer valer a lei e para impor responsabilidades. Uma busca de retaliação: aqueles que causaram os danos devem pagar pelos prejuízos que geraram, sejam sociais, econômicos ou ambientais. De eficiente, muito pouco, em um cenário em que as catástrofes são cada vez mais intensas e frequentes.

O que moveu a escrita desse livro foi a percepção da necessidade de avançarmos para a estruturação de um sistema de garantias. Um sistema desse tipo sustenta-se pela introdução, na via jurídica, de mecanismos capazes de darem respostas mais céleres e precisas, mediante a estruturação de um sistema de garantias que tenham como fundamento instrumentos de seguros, obrigatórios ou facultativos, mas necessariamente estruturados de forma coerente e sistematizada, com objetivos demarcados e explícitos.

O uso da expressão "quem poluiu tem que pagar" é comum no respectivo meio jurídico e remete a um princípio estruturante do Direito Ambiental. Tal expressão é manifestação consagrada do princípio do poluidor-pagador (PPP), que costuma ser conjugado com o princípio da responsabilidade ou da responsabilização. Custa aceitar, no entanto, que essa seja a única solução para irrogar responsabilidades e fazer frente à reparação dos danos diante de catástrofes, muito especialmente quando toda a experiência demonstra a ineficiência desse modelo. Pensar o PPP, como mero potencializador da responsabilidade civil implica um reducionismo às possibilidades oriundas desse princípio jurídico-ambiental.

Em relação ao princípio do poluidor-pagador, portanto, defendemos que esse carregue possibilidades muito maiores e mais sofisticadas do que aquelas ordinariamente empregadas. Essas, porém, devem ser desenvolvidas com anterioridade, planejamento e instrumentos, de forma coerente, por meio de uma política. Uma política que preveja garantias de reparação de danos e que estimule a internalização dos custos dessa política.

Como pressuposto à estruturação de uma política, há questões prévias que devem ser confrontadas e respondidas para fixar um escopo mais preciso à política que se propõe seja desenvolvida. Uma questão chave, por conseguinte, é saber se os seguros são tecnologia e mecanismo hábil para estruturar um sistema de garantias. Enfrentar esta questão básica, e outras dela derivadas, é o que se pretende nesse livro e, indo além, a proposição de formas para atender ao objetivo de estruturação de uma política.

São várias as razões que movem o desenvolvimento desse estudo sobre riscos ambientais e seguros. Para a devida compreensão, é necessário delimitar a abordagem.

Como ponto de partida, é apropriado ressaltar que, quando se está tratando de seguros, meio ambiente, mudanças climáticas e desastres (ou catástrofes), é necessário ter claro que há, de saída, dois âmbitos de questões distintas: por um lado, danos ao meio ambiente ou aos recursos naturais (poluição) e a terceiros, decorrentes de processos tecnológicos e industriais (riscos antropogênicos) – universo no qual é possível tratar do desenvolvimento de um grupo específico de seguros, voltado aos riscos ambientais, que se dividem, dentre outros modelos (ramos) entre seguros de responsabilidade civil ambiental (ou seguros de poluição) e o seguro garantia ambiental. Por outro lado, tenham-se em conta os impactos sociais e econômicos decorrentes das mudanças climáticas, com impactos nas operações de seguros em geral (riscos naturais). Assinalam-se ambos os aspectos, ainda que sejam possíveis, quiçá recorrentes, os riscos mistos, ou seja, naturais e antrópicos. Faz-se oportuna, para a delimitação do tema, essa distinção conceitual e de amplitudes.

Embora esta diferenciação possa ser óbvia, é importante ressaltá-la. Por vezes essa questão não é clara, e isso pode ser percebido quando se entrelaçam, de forma generalista, questões relacionadas à qualidade ambiental, desastres, mudanças climáticas e sustentabilidade. Isso se denota, inclusive, na própria legislação. Quanto aos dois tipos de casos referidos no parágrafo anterior, é possível que, juridicamente, sejam tratados de modos diferentes, muito especialmente no que se relaciona com o instituto dos seguros e do Direito dos Seguros: por um lado, tem-se soluções de seguros para situações de poluição; por outro, tem-se a questão sobre os impactos das mudanças climáticas ou das catástrofes naturais na gestão das mais diversas carteiras de seguros.[6] O tratamento, resta claro, é diverso. Não se olvida, outrossim, que há pontos de confluência entre os dois âmbitos problematizados, como é o caso da denominada litigância climática (*climate change litigation*), tema ainda incipiente

---

[6] Para saber mais, recomendo consultar SARAIVA NETO, Pery. Seguros paramétricos frente aos desafios de adaptação às mudanças climáticas. In: CARLINI, Angélica; SARAIVA NETO, Pery (Orgs.). *Aspectos jurídicos dos contratos de seguro* – Ano V, Porto Alegre: Livraria do Advogado, 2017, p. 61-72.

no Brasil que por certo muito evoluirá diante do seu relevante potencial em prol da governança ambiental e climática.[7]

É de se sublinhar, bem assim, que o universo de relações entre seguros e meio ambiente não se esgota nos dois níveis acima apresentados. Há um âmbito de abordagem relacionado aos seguros e riscos das novas tecnologias, particularmente em relação às nanotecnologias e transgênicos, por exemplo. Em vista dos limites desse livro, o foco do estudo cinge-se à utilização de seguros diante de situações de danos ambientais, em sentido amplo, decorrentes essencialmente de causas antrópicas, ainda que possam ter origens mistas. A partir disso, o escopo desse estudo envolve o desenvolvimento de produtos de seguros para riscos ambientais específicos, relacionados à poluição, contaminação e degradação, com origem em atividades humanas.

O tema proposto circunscreve uma abordagem sobre a inserção do seguro no universo dos riscos ambientais e dos desastres ambientais, sendo o seguro considerado como instrumento de pulverização de riscos pela sua transferência a uma organização empresarial especializada em gerir riscos. Será realizada uma análise de suas potencialidades nesse novo cenário de riscos asseguráveis, considerando os aspectos de prevenção e de precaução, bem como o aspecto reparatório, próprios à gestão dos riscos ambientais. Trata-se de uma investigação sobre os pressupostos e as amplitudes dos seguros e da eficácia desse instrumento econômico na gestão dos riscos ambientais, considerando a complexidade do risco ambiental e de seu sistema jurídico de proteção.

Esse livro pretende apresentar e instigar reflexões, bem como sugerir respostas, a algumas indagações, tais como: o que é o risco ambiental? Qual o cenário de infortunística ambiental e seu tratamento pelo sistema jurídico brasileiro? Qual a infortunística – e o risco – ambiental que pode ser tratado e suportado pelos seguros? Qual a lógica que antecede a instituição de instrumentos econômicos de proteção ambiental? Como devem ser operacionalizados estes instrumentos econômicos?

A estrutura do livro molda-se para responder a essas indagações, problematizando algumas delas e propondo delimitações conceituais que serão úteis para avançar a um segundo nível de reflexões, sintetizadas nos seguintes questionamentos: o seguro, enquanto técnica de transferência de riscos a uma organização empresarial, capacitada a aceitá-los e geri-los (empresarialidade), mediante uma prestação (prêmio) e visando à lucratividade, pode agregar positivamente ao sistema de gestão dos riscos ambientais, seja no âmbito repressivo (prevenção e precaução) ou no âmbito reparatório? O seguro, tradicionalmente voltado a garantir

---

[7] Para saber mais, recomento consultar CARVALHO, Délton Winter de. *Gestão Jurídica Ambiental*. São Paulo: Revista dos Tribunais, 2017, p. 330 e seguintes.

riscos predeterminados, geralmente patrimoniais e via de regra individuais, tem aptidão para atuar, de forma sustentada (sustentabilidade da operação de seguro), na gestão de riscos complexos (invisíveis, cumulativos e sinérgicos), de grande monta e que envolvem interesses transindividuais? O seguro, tradicionalmente compreendido como solução financeira quando da ocorrência de um dano (sinistro), apresenta-se como técnica útil no sistema de proteção ambiental, considerando-se esse sistema calcado especialmente nos princípios da prevenção e da precaução? O seguro pode, para além da garantia para a reparação, atuar e agregar positivamente em momento prévio ao dano como eficaz instrumento de gestão dos riscos ambientais?

Diante das indagações propostas, o problema a ser enfrentado ao longo desse livro passará pela análise dos pressupostos envolvidos na adequação do instituto do seguro ao universo dos riscos ambientais, e qual sua amplitude, nesse cenário, ao tornar-se um instrumento útil na gestão dos riscos ambientais. A hipótese de resposta ao problema de pesquisa proposto está condicionada a algumas variáveis, a seguir elaboradas.

Instrumentos econômicos de proteção ambiental são soluções reguladas pelo Direito que visam a romper com sua lógica meramente repressiva (comando e controle), com o objetivo de incentivar a adoção de melhores práticas. Isso, no cenário ambiental, se reflete na instituição de estímulos econômicos para a adoção de práticas ambientalmente adequadas, protetivas e sustentáveis. Os instrumentos econômicos de proteção ambiental apresentam-se como mecanismos cooperativos no processo de gestão dos riscos ambientais, sendo que o seguro, enquanto técnica de transferência, divisão e dissipação dos riscos, permite o ingresso de parceiros qualificados, aptos a cooperar nesta gestão, inclusive como forma de prevenção e de precaução.

Nessa linha, o seguro se apresenta como instrumento econômico na medida em que serve de garantia para a solvência, solidez ou continuidade da empresa (não comprometimento de sua continuidade em caso de um acidente/sinistro ambiental), com a respectiva capacidade de prosseguir promovendo desenvolvimento social e econômico. Tal implicação é relevante, pois, ao passo que uma empresa tenha atividades efetiva ou potencialmente impactantes ao meio ambiente, também deverá cumprir sua função social e econômica, ao promover o desenvolvimento pela geração de riquezas, empregos e tributos.

Por outro lado, o seguro apresenta-se como vantagem no sistema de proteção ambiental, pois atua como garantia do interesse coletivo de reparação do meio ambiente, com reserva de recursos financeiros (liquidez) que serão destinados à reparação ambiental, em caso de dano.

SEGUROS AMBIENTAIS

Muito especialmente quando considerados os seguros obrigatórios, conforme teremos oportunidade de adiante analisar.

Para agregar positivamente ao sistema de gestão dos riscos ambientais, seja no âmbito repressivo (prevenção e precaução) ou no âmbito reparatório, o seguro, enquanto atividade empresarial, deve atentar destacadamente à técnica de transferência e pulverização de riscos. É necessário ter clareza sobre os riscos que estejam sendo assumidos, bem delimitando o preço de tal aceitação, com transparência acentuada entre os agentes cooperativos (troca de informações entre segurado, segurador, intermediador e órgãos de controle), de modo a satisfazer as expectativas (da empresa, do Estado e da sociedade) em relação aos riscos que estejam garantindo (certeza de garantia em caso de um acidente) e a sustentabilidade de sua operação (lucratividade, como elemento da empresarialidade, e manutenção de reservas).

Para atuar com riscos diferenciados e complexos, como são os riscos ambientais, a empresa seguradora deve ter plena compreensão das peculiaridades deste universo, contando com equipes interdisciplinares em todas as etapas do seguro, desde a contratação, durante a após a vigência do contrato. Isso permitirá a compreensão de que os riscos ambientais possuem características muito próprias, às quais o seguro se deverá adaptar, rompendo com seus pressupostos tradicionais – voltados a riscos predeterminados, geralmente patrimoniais e, via de regra, individuais – que guardam pouca proximidade com os elementos dos riscos ambientais.

O seguro, embora compreendido tradicionalmente como solução financeira quando da ocorrência de um dano (mecanismo reparatório), pode apresentar-se como técnica útil no sistema de proteção ambiental, especialmente para atuar e agregar em momento prévio ao dano (gestão do risco). Para tanto, é necessário que o seguro ambiental, em qualquer das suas modalidades, seja pensado e moldado como instrumento de gestão dos riscos ambientais, fortalecendo trocas colaborativas de técnicas para evitar a ocorrência de acidentes ambientais. Deve prover constante monitoramento, informação, adoção de medidas e soluções aplicadas em casos similares, atendimento de apoio em emergências e uso do aperfeiçoamento das técnicas de restauração (aperfeiçoamento pela experiência).

Considerando os problemas formulados e as variáveis acima apresentadas, a hipótese a ser analisada ao longo desse livro é no sentido de que os pressupostos para que o instituto do seguro se adeque ao universo dos riscos ambientais e à amplitude desse cenário, ao se tornar um instrumento na gestão dos riscos ambientais, passam necessariamente pela aceitação de que os seguros devam ser ajustados ao sistema de tutela ambiental.

Isso implica o pleno conhecimento e aceitação dos institutos do Direito Ambiental e a devida adequação aos mesmos, em particular quanto à construção doutrinária e jurisprudencial que se vem consolidando, destacadamente, quanto à jurisprudência, especialmente do Superior Tribunal de Justiça. Destacam-se transformações expressivas no sistema de responsabilidade, relacionados ao máximo rigor com os agentes poluidores (potenciais e efetivos) e ao aperfeiçoamento de um segmento diferenciado no cenário da responsabilidade civil, que é a responsabilidade civil ambiental. Em maior prazo, é necessário que as regras de proteção ambiental se conduzam para parâmetros de estabilidade e previsibilidade, na medida em que a segurança jurídica é premissa para o desenvolvimento dos seguros.

Assim, esse livro tem por objetivo geral analisar as perspectivas, pressupostos e amplitudes do seguro para a gestão de riscos ambientais, desdobrando-se nos seguintes objetivos específicos:

- contextualizar o quadro de crise ambiental, segundo as premissas teóricas sobre o risco;
- delimitar o cenário de infortunística ambiental;
- sistematizar o sistema jurídico de responsabilidade civil ambiental;
- investigar os denominados instrumentos econômicos de proteção ambiental e contextualizá-los junto aos instrumentos de proteção do meio ambiente;
- compreender o instituto do seguro, seus conceitos (prêmio, indenização, aceitação do risco, sinistro, regulação de sinistro, entre outros) e categorias, para testar a adequação de tal sistema ao da gestão de riscos ambientais e propor alterações e inovações;
- localizar e classificar o instituto do seguro no âmbito dos instrumentos econômicos de proteção ambiental;
- perquirir sobre os pressupostos e analisar a amplitude da incidência, para inserção do seguro ambiental no âmbito da gestão dos riscos ambientais, especialmente no tocante à delimitação de riscos e coberturas;
- estudar o sistema legal que regula a prática dos seguros e questionar sua adequação quando cotejado ao sistema de proteção dos direitos transindividuais;
- aprofundar a compreensão da legislação sobre seguros e investigar a necessidade de delimitar um marco legal para os seguros ambientais;
- testar a possibilidade de interação entre o sistema dos seguros e o sistema de gestão dos riscos ambientais, enfrentando suas dicotomias e propondo formas de aproximação.

Nesse livro, sustento que é vã a simples menção aos seguros em legislações esparsas sobre proteção ambiental, sendo imperativo o advento de uma legislação própria, que carregue elementos mínimos capazes de propiciar a devida compreensão dos riscos ambientais que deverão ser objeto de seguros. Nesse sentido, são apresentados indicativos gerais e específicos de estruturação do marco legal cuja criação será aqui defendida.

A metodologia adotada foi de estruturação e explanação sobre os dois âmbitos de riscos: os ambientais e os asseguráveis, desenvolvidos, respectivamente, nos capítulos 1 e 2. Mediante um raciocínio dedutivo, desenvolvemos, no capítulo 3, sugestões de elementos para aproximação e simetria, apontando os principais pressupostos jurídicos para viabilizar a harmonização entre os dois sistemas.

Para o desenvolvimento da pesquisa que resulta no presente livro, procedeu-se o levantamento de materiais doutrinários específicos sobre os temas relacionados (riscos, responsabilidade ambiental e seguros) em língua portuguesa, espanhola e inglesa. Além disso, o trabalho correlaciona as questões dogmáticas ao tratamento jurisprudencial, de modo a visualizar de forma prática os principais assuntos tratados. É realizada, ainda, uma análise legislativa do Brasil, de Portugal e da Espanha, além da investigação sobre uma norma específica da União Europeia que trata particularmente do objeto desse livro (Diretiva 35/2004/EU).

No primeiro capítulo, serão analisados elementos gerais sobre a teoria do risco, com sua caracterização na atualidade e com foco específico em riscos ambientais. A noção de risco permite definir o cenário de infortunística ambiental, delimitando as dimensões e características dos danos ambientais sujeitos a tutela pelo sistema jurídico. Para o encerramento do capítulo 1, será abordado o sistema de responsabilidade civil ambiental, com seu tratamento legal, doutrinário e jurisprudencial. Como conclusão ao capítulo inicial, demonstrar-se-á que o risco, para fins de seguros e, mais precisamente, para os seguros de responsabilidade civil, decorre justamente do risco de sujeição ao regime de responsabilidade civil, ou seja, a responsabilização como risco, sendo esse propriamente o risco segurável.

No segundo capítulo será apontado um ponto de partida para o problema, com a análise de diversos dispositivos da legislação brasileira que tratam de seguros ambientais. Será questionada a terminologia empregada, a vagueza dos objetivos legais e a ausência de sistematização legislativa. Em seguida, o instituto dos seguros, em seu viés operacional, será analisado com rigor, buscando demonstrar os elementos, as características e as especificidades dos seguros, correlacionando-as às questões jurídicas incidentes. Pretende-se, com o segundo capítulo, demonstrar que há uma enorme assimetria entre os riscos ambientais e os riscos asseguráveis, a qual, para ser superada, depende, primeiro, da delimitação de cenários de riscos para, em um segundo momento, viabilizar a incidência dos seguros nesses cenários.

O terceiro capítulo apresentará formas de compatibilização, detalhadas em uma proposta de estruturação de uma política clara sobre instrumentos econômicos de garantia de reparação de danos ambientais, a ser definida em lei específica que demonstre a amplitude e os mecanismos da reparação de danos ambientais. Na segunda parte do capítulo final serão apresentados elementos para a estruturação legislativa, com a demarcação do âmbito de incidência e amplitude da reparação e da responsabilização, de modo a tornar o sistema previsível. Afirma-se, em conclusão, que somente o previsível seja passível de internalização (objetivo do princípio do poluidor-pagador), o que tem reflexo nos seguros, como incremento à internalização das externalidades negativas do processo produtivo.

Pretendo com este livro contribuir com o aprimoramento do desenvolvimento de mecanismos de garantia de reparação de danos ambientais de forma eficiente (ágil e adequada) com a estruturação de um sistema de seguros apto a satisfazer expectativas sociais e o comando constitucional do dever de reparação integral dos danos ambientais, exposto no artigo 225 da CRFB.

O tema abordado neste livro, no Brasil, salvo raríssimas exceções, não é enfrentado pelo prisma jurídico e, quando isso é realizado, a tônica está nos elementos contratuais do seguro. Por conseguinte, há inovação no trato do tema na medida em que inexistam, no país, estudos voltados à análise e crítica do tema dos seguros ambientais pela perspectiva da legislação ou em termos propositivos de definição desses seguros pela lei. Tampouco encontram-se esforços prévios de proposição de um sistema estruturado na forma de uma política de reparação de danos ambientais, como desenvolvido no presente trabalho.

1. O risco e sua influência no sistema de responsabilidade civil ambiental

A ideia e o conceito de risco, bem como suas dimensões e reflexos em um sistema jurídico – nos vários ramos deste sistema que, conquanto não sejam independentes, pois se relacionam, operam com lógicas funcionais diversas – conformam uma jornada teórica e jurídica com múltiplas possibilidades. Delimitar e conceituar estas possibilidades são desafios que devem mover uma reflexão com um escopo claro. Para atingir esse objetivo, a primeira parte deste estudo fará um recorte específico de abordagem, relacionado aos riscos (e perigos e danos) ao meio ambiente[8] conjugados com o sistema jurídico de responsabilidades (reparação e prevenção) e seus instrumentos. Mais precisamente, serão abordados elementos gerais sobre a ideia de risco, vinculando-o aos riscos ambientais, para, então, analisar a forma como a variável do risco exerce influência no sistema de responsabilidades ambientais.

Toma-se o estudo do risco como ponto de partida, pois esse é o elemento contundentemente capaz de aproximar os riscos ambientais e os seguros – mais especificamente, a possibilidade de gestão de riscos. A problematização do risco ambiental está na origem do Direito Ambiental e influencia suas modulações, em especial em matéria de responsabilidade civil ambiental. O risco, por outro lado, é o elemento fundamental que justifica, explica e desenvolve os seguros.

Nesse capítulo inicial, pretende-se fixar um cenário e estabelecer a base conceitual, a fim de delimitar a abordagem. Assim, parte-se de compreensões sociológicas[9] relacionadas à construção e à definição do risco

---

[8] O uso da expressão "meio ambiente" é aqui empregado em sentido bastante abrangente, envolvendo riscos e danos aos recursos naturais (ecológicos puros, que envolvem os bens ambientais em si e suas funções ecossistêmicas), os reflexos (que afetem indivíduos, em nível patrimonial e extrapatrimonial, de forma reflexa) e os assim denominados danos ambientais em sentido amplo (relacionados à questão difusa da perda da qualidade ambiental e fruição dos serviços ecossistêmicos, de onde se origina a ideia de dano ambiental extrapatrimonial).

[9] Dissertando sobre as perspectivas sociológicas do risco, John Hannigan sublinha que há três correntes que abordam a sociologia do risco que, embora sigam direções distintas, são complementares, apontando-as: "Primeiramente, os sociólogos estão preocupados com a questão de como as

como algo hodiernamente onipresente. Em um segundo momento, a noção de risco será transportada para um cenário específico, relacionado à questão ou à problemática ambiental, definindo o que seja o risco ambiental e, mais além, o que sejam considerados danos ao meio ambiente. Em outras palavras, será delimitado um cenário de infortunística ambiental.

Na terceira etapa deste capítulo inicial, analisar-se-á como o sistema jurídico, em especial o brasileiro, vem se moldando para dar respostas à infortunística ambiental, guiado pelo comando constitucional de proteção do meio ambiente contido no artigo 225 da CRFB. Essa abordagem permite enfrentar o risco em outra perspectiva, ou seja, não o risco ambiental em si, mas o risco de responsabilização por danos ao meio ambiente.

1.1. Elementos gerais sobre o risco e tomada conceitual: percepções sobre ameaças

A exposição humana aos riscos,[10] perigos ou ameaças não é uma preocupação restrita à contemporaneidade.[11] Pelo contrário, é uma constante que remete a tempos imemoriais.[12] Desde um passado longínquo, remontando a muito antes da sociedade industrial e massificada, a preocupação e o enfrentamento de ameaças externas, ditas da natureza (*natural hazards*), são presentes na sociedade. Eventos climáticos, tais como alagamentos e terremotos, ou ameaças da natureza, como animais selvagens, foram desafios com os quais a humanidade se confrontou e procurou adaptar-se ao longo do tempo, buscando mecanismos para inibir ou mitigar os impactos.

---

percepções do risco diferem através de populações que encaram chances diferentes de vida e se a moldura das escolhas se origina primariamente das diferenças de poder entre os atores sociais. [...] Em segundo lugar, os sociólogos do risco têm proposto um modelo que reconceitua o problema da percepção do risco, levando em conta o contexto social no qual as percepções humanas são formadas. [...] Em terceiro lugar, os riscos, especialmente aqueles de origem tecnológica, têm sido conceituados como componentes de sistemas complexos organizacionais". HANNIGAN, John. *Sociologia ambiental*. Tradução de Annahid Burnett. Petropolis: Vozes, 2009, p. 163-164.

[10] A palavra "risco" pode ter uma acepção positiva ou negativa. Geralmente, esse termo, tal como "perigo" e "ameaça", está associado a possibilidades negativas. Segundo Furedi, "A transformação do medo em risco encontra paralelo na tendência para retratar o risco como uma experiência negativa. Expressões como 'risco positivo' gozam de pouca aceitação cultural. Inclusivamente, retratar o risco como algo que é neutro parece incompatível com o sentir do nosso tempo. Pelo contrário, o risco é associado à expectativa de desfechos negativos". FUREDI, Frank. Para uma sociologia do medo. In: MENDES, José Manuel de Oliveira (Coord.). *Risco, Cidadania e Estado num mundo globalizado*. Coimbra: Contexto, CES – Centro de Estudos Sociais, 2013, p. 202.

[11] LUHMANN, Niklas. *Sociología del riesgo*. Coord. Tradución Javier Torres Nafarrate. México D.F.: Universidad Iberoamericana, 2006, p. 52.

[12] SMITH, Keith. *Environmental hazard*: assessing risk & reducing disaster. London: Routledge, 1992, p. 5; PARDO, José Esteve. Las aportaciones de Ulrich Beck a la comprensión del nuevo entorno sociológico del Derecho Público. In: GOMES, Carla Amado; TERRINHA, Luis Heleno (Coord.). *In memoriam*: Ulrich Beck. Lisboa: Instituto de Ciências Jurídico-Políticas/FDUL, 2016, p. 98.

Na atualidade, vêm ganhando importância as análises sobre situações de dano associadas a riscos climáticos. Com efeito, as ameaças decorrentes de eventos naturais não estão perto de serem superadas: possivelmente, tornam-se mais graves e progressivamente imprevisíveis em tempos de mudanças climáticas, quando as alterações do clima vinculam-se, cada vez mais, às influências antrópicas.[13] Interessam,

[13] A modo de ilustração, reproduzimos, em parte, o estudo contido em SARAIVA NETO, Pery. Seguros paramétricos frente aos desafios de adaptação às mudanças climáticas. In: CARLINI, Angélica; SARAIVA NETO, Pery (Org.). *Aspectos jurídicos dos contratos de seguro* – Ano V, Porto Alegre: Livraria do Advogado, 2017, p. 61-72: "Segundo o Painel Intergovernamental para as Mudanças Climáticas – IPCC, conforme referem TELES *et al*, 'pode-se falar de mudança climática quanto 'há uma variação estatisticamente significativa num parâmetro climático médio (a sua variabilidade natural), que persiste num período extenso (regra geral a década, ou por mais tempo)'. Muito embora alterações do clima tenham sido uma constante na história da humanidade, o que desperta a atenção, na atualidade, é a possibilidade de associar as mudanças nos padrões do clima, hodiernamente perceptíveis, a causas antrópicas, seja parcial ou totalmente. [...] Ocorre que, especialmente no período posterior à Revolução Industrial, agravaram-se situações de 'liberação progressiva de gases com efeito de estufa (GEE: dióxido de carbono, metano, óxido nitroso) pela queima de combustíveis fósseis (particularmente o petróleo e o carvão) na produção de energia, nas actividades industriais e nos transportes'. Como é de conhecimento, estes GEE 'são responsáveis pela absorção dos raios infra-vermelhos da radiação terrestre na baixa atmosfera, promovendo o seu aquecimento', o que tende a implicar o aquecimento global, redução do gelo e das neves perpétuas, aumento do nível dos oceanos, incremento de desastres naturais de origem climática, bem como alteração no padrão de produção de alimentos. [...] Não é por outra razão que, havendo sido estabelecido certo consenso sobre a questão das mudanças climáticas, os representantes das nações, reunidos em Paris, em dezembro de 2015, partiram justamente da ideia base de que 'as mudanças climáticas representam uma ameaça urgente e potencialmente irreversível para as sociedades humanas e para o planeta e, portanto, requerem a mais ampla cooperação possível de todos os países e sua participação numa resposta internacional eficaz e apropriada, com vista a acelerar a redução das emissões globais de gases de efeito estufa'. [...] Segundo o IPCC, a influência humana sobre o sistema climático é clara, e as recentes emissões antrópicas de gases de efeito estufa são as mais altas da história. O aquecimento do sistema climático é inequívoco e desde a década de 1950 muitas das mudanças observadas não possuem precedentes. [...] A atmosfera e o oceano têm aquecido, as quantidades de neve e gelo diminuíram e o nível do mar subiu. As emissões antropogênicas de gases de efeito estufa aumentaram desde a era pré-industrial, impulsionadas em grande parte pelo crescimento econômico e populacional, e estão agora mais elevadas do que nunca. Isto levou a concentrações atmosféricas de dióxido de carbono, metano e óxido nitroso sem precedentes pelo menos nos últimos 800.000 anos. Os seus efeitos, juntamente com os de outros condutores antropogênicos, foram detectados em todo o sistema climático e são extremamente capazes de terem sido a causa dominante do aquecimento observado desde meados do século XX. Nas últimas décadas as mudanças climáticas causaram impactos em sistemas naturais e humanos em todos os continentes e em todos os oceanos. Os impactos decorrem das mudanças climáticas observadas, independentemente de sua causa, indicando a sensibilidade dos sistemas naturais e humanos à mudança climática. Mudanças em muitos eventos climáticos e eventos climáticos extremos têm sido observados desde 1950. Algumas dessas mudanças têm sido associadas a influências humanas, incluindo uma diminuição dos extremos de temperatura frias, um aumento dos extremos de temperaturas quentes e aumento do número de eventos de precipitação pesada em várias regiões. [...] Segundo Van Nostrand e Nevius, mais da metade da população mundial vive em regiões altamente expostas a desastres naturais, regiões estas que, em razão das mudanças climáticas, ficarão ainda mais expostas, com todos os impactos e custos associados, em razão do aumento e agravamento dos casos de tempestades, inundações, secas, incêndios em florestas e outros desastres naturais. [...] O que se pode extrair até este momento em relação à questão climática e riscos é que, embora tenha ocorrido um significativo incremento da capacidade humana de lidar com ameaças naturais, percebe-se ao mesmo tempo uma mudança nos eventos climáticos (intensidade e variabilidade), aos quais se atribui a influência dos efeitos do desenvolvimento econômico e social, o que se traduz em novas formas de ameaças naturais".

aqui, não os riscos propriamente decorrentes da natureza, mas os riscos decorrentes da atividade e do desenvolvimento humanos, que originam situações de poluição cuja origem pode ser mais ou menos imputável a alguém, direta ou indiretamente, e que, por conseguinte, acarretam responsabilidade civil ambiental.[14]

Há grande confusão conceitual entre incerteza, ameaça, perigo e risco. Um ponto de recorte observacional costuma ser associado à distinção entre riscos e perigos, pois o conceito de *risco* costuma ser estabelecido em oposição ao de *perigo*. Assim, "o perigo tem origem natural, associado não apenas ao que conhecemos como catástrofes naturais, mas também às dificuldades que o ser humano encontra para satisfazer suas necessidades".[15] Para Ulrich Beck, a distinção entre *perigo* e *risco* serve mais para caracterizar momentos diversos de exposição a ameaças – perigo: natureza; riscos: tecnologia – do que para uma conceituação dessas figuras. No geral, perigos e riscos são tomados como sinônimos.[16]

Para Smith, no entanto, a diferenciação entre *perigo* e *risco* tem utilidade se empregado o conceito de *risco* como medida da ameaça relacionada ao *perigo*. Assim, o *perigo* seria uma ameaça potencial às pessoas e ao seu bem-estar, enquanto o *risco* seria a probabilidade de que um *perigo* ocorra. O risco de ocorrência de um perigo pode variar entre as classificações de pequeno, médio ou grande, a depender da maior ou menor probabilidade de ocorrência, levando-se em conta, também, a valoração que se atribui ao objeto em perigo, ou seja, se o que está em ameaça são pessoas, bens ou os recursos naturais. A definição do risco, portanto, passa por sua escala e alcance.[17]

---

[14] Para fins metodológicos de análise, é necessária a adequada distinção das duas categorias de riscos. Nesse sentido, aproveita-se a contribuição de MONTI, Alberto. *Environmental risks and insurance*: a comparative analysis of the role of insurance in the management of environment-related risks. OCDE, 2002. Disponível em: <www.oecd.org/finance/financial-markets/1939368.pdf>. Acesso em: 18.nov.2017, p. 2. O autor apresenta "two diferente kinds of environment-related risks: 1. the **environmental liability risk** (i.e. the financial risk associated with environmental pollution and contamination) and 2. the **natural catastrophe risk** (i.e. the risk of major damages in connection with the occurrence of natural disasters, such as earthquakes, floods or other extreme environmental conditions). Both these environment-related risks, as mentioned, are characterized by the potential for catastrophic consequences. However, even if they may share some common features, they are structurally different from the standpoint of the insurer and, therefore, they deserve to be treated separately".

[15] Tradução livre. Do original: "El concepto de riesgo se obtiene por oposición al de peligro. El peligro tiene un origen natural, asociado no sólo a las que conocemos como catástrofes naturales, sino a las dificultades que encuentra el ser humano para satisfacer sus necesidades (de alimento, de energía, de agua, de protección frente a inclemencias) de una naturaleza que en estado puro se muestra muy hostil". PARDO, José Esteve. Las aportaciones de Ulrich Beck a la comprensión del nuevo entorno sociológico del Derecho Público. In: GOMES, Carla Amado; TERRINHA, Luis Heleno (Coord.). *In memoriam*: Ulrich Beck. Lisboa: Instituto de Ciências Jurídico-Políticas/FDUL, 2016, p. 98.

[16] SMITH, Keith. *Environmental hazard*: assessing risk & reducing disaster. London: Routledge, 1992, p. 6.

[17] Ibidem.

Em linha com o que foi proposto por Beck, as ameaças decorrentes de fatores externos, puramente naturais, denominam-se perigos, enquanto os riscos associam-se ao advento da técnica (entendida como aquilo que propicia uma conexão entre humanos e a natureza). É pela técnica que se torna possível a apropriação, domínio e exploração do risco.

Explica Pardo, em um contexto de análise problematizadora sobre a técnica, que "esta técnica com que se reduzem e controlam os perigos naturais não é sempre inócua e apresenta também seu lado obscuro: o risco. O que precisamente caracteriza o risco é que tem sua origem na técnica, é risco tecnológico, diferentemente do perigo que tem origem natural. Com seu espetacular desenvolvimento, especialmente nos últimos séculos, a técnica superou e neutralizou muitos perigos naturais, porém isto implicou em um custo: os riscos gerados pela própria técnica".[18]

Molinaro propõe uma reflexão crítica sobre o desenvolvimento da técnica, afirmando que "se de um lado, a técnica é imprescindível, de outro, especialmente a partir do Século XX, os problemas acarretados pela mesma são altamente preocupantes para a manutenção da vida em todas as suas variáveis, pois foi devido ao seu uso deformado e com fins especulativos que a exploração foi mais intensa dos recursos naturais, ultrapassando mesmo os limites de sua recuperação, mais ainda, com o desenvolvimento industrial e o incremento da densidade populacional, gerou-se maior poluição das águas, dos solos, as emissões contaminantes do ar, sem contar com a crescente automação do trabalho humano com os efeitos não só ecológicos, mas também econômicos, notadamente, a exclusão do homem e da mulher, transformados em acessórios da máquina".[19]

Neste sentido, como observa Smith, "o mundo moderno vive um enorme paradoxo. Entre importantes evoluções nas ciências e na medicina, que permitem que a vida humana seja mais segura e saudável (e longeva), e ao mesmo tempo continuamos a conviver com mortes e destruição associadas aos extremos naturais. O paradoxo torna-se mais

---

[18] Tradução livre. Do original: "Lo que ocurre es que esta técnica con la que se reducen y controlan los peligros naturales no es siempre inocua y presenta también su lado oscuro: el riesgo. Lo que precisamente caracteriza al riesgo es que tiene su origen en la técnica, es riesgo tecnológico, a diferencia del peligro que tiene un origen natural. Con su espectacular desarrollo, sobre todo en los dos últimos siglos, la técnica ha superado y neutralizado muchos peligros naturales, pero eso ha tenido un coste: los riesgos generados por la propia técnica". PARDO, José Esteve. Las aportaciones de Ulrich Beck a la comprensión del nuevo entorno sociológico del Derecho Público. In: GOMES, Carla Amado; TERRINHA, Luis Heleno (Coord.). In memoriam: Ulrich Beck. Lisboa: Instituto de Ciências Jurídico-Políticas/FDUL, 2016, p. 99. Para mais elementos sobre esta distinção, vide PARDO, José Esteve. Técnica, riesgo y Derecho: Tratamiento del riesgo tecnológico en el Derecho ambiental. Barcelona: Ariel, 1999, p. 28.

[19] MOLINARO, Carlos Alberto. Direito ambiental: proibição de retrocesso. Porto Alegre: Livraria do Advogado, 2007, p. 123.

intricado pelo fato de que as ciências em si não estão livres de gerar perigos e levam à emergência de ameaças decorrentes da ação humana, provenientes da má aplicação e das falhas tecnológicas. Por conseguinte, as pessoas estão agora expostas a riscos que não decorrem apenas de eventos geofísicos ou naturais, mas também originados de explosões industriais, lançamentos de substâncias tóxicas no ambiente e acidentes de transportes".[20]

Importante referência aos riscos tecnológicos pode ser encontrada em Beck,[21] em sua abordagem sobre os conceitos de modernidade reflexiva[22] e de sociedade de risco. Tais conceitos articulam-se na percepção do autor de que a distribuição de riscos na modernidade relaciona-se ao incremento exponencial das forças produtivas. Essas, reflexamente, geram riscos e "potenciais autoameaças" em patamares sem precedentes se comparadas ao período pré-industrial ou mesmo aos primeiros momentos do período industrial.[23]

Para Beck, no atual estágio de desenvolvimento das forças produtivas, as potenciais autoameaças "desencadeiam danos sistematica-

---

[20] Tradução livre. Do original: "But, in the modern world, there is an increasing paradox between the outstanding achievements in science and medicine, which make life safer and healthier, and the continuing death and destruction associated with the extremes of nature. The paradox is complicated by the fact that science itself is not without hazard and has led to the comparatively recent emergence of 'mad-made' threats which arise from the misapplication and failure of technology People are now at risk not only from geophysical events, such as earthquakes and floods, but also form industrial explosions, releases of toxic substances and major transport accidents". SMITH, Keith. *Environmental hazard*: assessing risk & reducing disaster. London: Routledge, 1992, p. 5.

[21] A obra de Beck está permeada pelo cotejo entre a produção e distribuição social de riqueza/pobreza e da produção e distribuição social dos riscos, com a demonstração constante de paralelos entre estes processos. A escolha que tomamos é de focar e explorar a descrição do risco para o autor, de modo que intencionalmente não se enfrentam os referidos cotejos e propositalmente não são abordadas as questões relacionadas ao que o autor denomina de "problemas e conflitos distributivos da sociedade da escassez". Aqui importa, da teoria de Beck, a descrição dos riscos inerentes à modernidade, como forma de compreensão da problemática ambiental e dos riscos ambientais. BECK, Ulrich. *Sociedade de risco*: rumo a uma outra modernidade. Tradução Sebastião Nascimento. São Paulo: 34, 2011.

[22] Segundo Beck, "o processo de modernização torna-se 'reflexivo', convertendo-se a si mesmo em tema e problema. Às questões do desenvolvimento e do emprego de tecnologias (no âmbito da natureza, da sociedade e da personalidade) sobrepõem-se questões do 'manejo' político e científico – administração, descoberta, integração, prevenção, acobertamento – dos riscos de tecnologias efetiva ou potencialmente empregáveis, tendo em vista horizontes de relevância a serem especificamente definidos. A promessa de segurança avança com os riscos e precisa ser, diante de uma esfera pública alerta e crítica, continuamente reforçada por meio de intervenções cosméticas ou efetivas no desenvolvimento técnico-econômico". BECK, *op. cit.*, p. 24.

[23] BECK, Ulrich. *Sociedade de risco*: rumo a uma outra modernidade. Tradução Sebastião Nascimento. São Paulo: 34, 2011, p. 23. Com efeito, não é só o caráter reflexivo que caracteriza a chamada modernidade reflexiva, mas a magnitude e o alcance da dispersão de riscos, além de serem facilmente perceptíveis. Como assinala Beck, desde a aventura das navegações, passando pela poluição do Tâmisa no século XIX (os que nele caíam "morriam não afogados, mas intoxicados pelos vapores e gases tóxicos dessa cloaca londrina"), dentre outros exemplos, o que caracteriza os riscos, neste primeiro momento, é que estes são riscos pessoais, no sentido de que atingem, visivelmente, certos e determinados indivíduos (Idem, p. 25-26).

mente definidos, por vezes irreversíveis; permanecem no mais das vezes fundamentalmente invisíveis, baseiam-se em interpretações causais, apresentam-se portanto tão somente no conhecimento (científico ou anticientífico) que se tenha deles, podem ser alterados, diminuídos ou aumentados, dramatizados ou minimizados no âmbito do conhecimento e estão, assim, em certa medida, abertos a processos sociais de definição".[24]

Complementarmente, Beck dá relevo ao elemento politizador, ao afirmar que "aquilo que até há pouco era tido por apolítico torna-se político – o combate às 'causas' no próprio processo de industrialização. Subitamente, a esfera pública e a política passam a reger na intimidade do gerenciamento empresarial – no planejamento de produtos, na equipagem técnica etc. Torna-se exemplarmente claro, nesse caso, do que realmente se trata a disputa definitória em torno dos riscos: não apenas dos problemas de saúde resultantes para a natureza e o ser humano, mas dos efeitos colaterais sociais, econômicos e políticos desses efeitos colaterais: perdas de mercado, depreciação do capital, controles burocráticos das decisões empresariais, abertura de novos mercados, custos astronômicos, procedimentos judiciais, perda de prestígio. Emerge, assim, na sociedade de risco, em pequenos e em grandes saltos – em alarmes de níveis intoleráveis de poluição, em casos de acidentes tóxicos etc. –, o potencial político das catástrofes".[25]

O risco vincula-se e pressupõe, de acordo com Luhmann, uma tomada de decisão, isto é, uma escolha, na medida em que, o que poderá acontecer no futuro depende de decisões tomadas no presente, afinal, tratamos de risco unicamente quando se está diante de uma decisão que poderá acarretar em danos.[26] Para Luhmann, a tomada de decisão é ponto de partida para a definição de risco, afirmando que "o importante

---

[24] BECK, Ulrich. *Sociedade de risco*: rumo a uma outra modernidade. Tradução Sebastião Nascimento. São Paulo: 34, 2011, p. 27. Os demais elementos que caracterizam as potenciais autoameaças são: as "situações sociais de ameaça", ou o "efeito bumerangue", que se refere à possibilidade de as ameaças (democraticamente) retornarem aos próprios causadores dos riscos [socialização dos riscos, que não mais atingem apenas algumas camadas sociais ou grupos vulneráveis – isto, porém, não significa afirmar que para Beck os riscos sejam sempre pulverizados de forma socialmente igual; pelo contrário, o autor entende que camadas sociais mais vulneráveis continuam mais expostas aos riscos (p. 41-42): riscos da modernização podem ser *big business*, pois os "riscos civilizatórios são um barril de necessidades sem fundo" (vide nota anterior) e, como consequência, o conhecimento sobre os riscos avulta em importância (vide nota anterior) (Idem, p. 27-28).

[25] Idem, p. 28. O autor chega a mencionar que a sociedade de risco é uma sociedade catastrófica, onde "um estado de exceção ameaça converter-se em normalidade". Opta-se por não enfrentar, aqui, isto que parece ser apenas uma provocação, já que sequer o argumento é desenvolvido pelo autor.

[26] Nas palavras de Luhmann, "(...) lo que en un futuro pueda suceder depende de la decisión que se tome en el presente. Pues, en efecto, hablamos de riesgo únicamente cuando ha de tomarse una decisión sin la cual podría ocurrir un daño". LUHMANN, Niklas. *Sociología del riesgo*. Coord. Tradución Javier Torres Nafarrate. México D.F.: Universidad Iberoamericana, 2006, p. 61-62.

para o conceito, tal e como propomos, é exclusivamente que o possível dano seja algo contingente, ou seja, evitável. E também com relação a este ponto são possíveis diferentes perspectivas de observação, cada uma com diferentes opiniões sobre se há de se tomar ou não uma decisão com plena aceitação do risco".[27]

Essa tomada de decisão, nos termos do autor, envolve – ou deveria envolver – uma ampla gama de opções informativas que devem – ou deveriam – ser tomadas em conta, pois "as possibilidades de negar o risco aumentam, orientando-se em direção à segurança, quando se afirma a impossibilidade de um dano futuro, ou, diante do perigo, se coloca em questão de juízo a calculabilidade do dano com base em uma decisão, ou ainda, com base em decisões abalizadas em riscos conhecidos ou desconhecidos, comunicados ou não comunicados".[28]

Decisões tomadas, ainda que fundadas na suposta inexistência de risco, devem ser devidamente fundamentadas e, acrescente-se, isso deve ocorrer com base em ampla consideração de variáveis, o que se torna possível a partir de ampla informação e garantia de acesso à participação dos atores afetados. Afinal, a negação de um risco, independentemente de sua natureza ou magnitude, também redunda, a seu modo, em um risco.[29]

A noção e a percepção dos riscos que as tomadas de decisões envolvem vêm de processos de constatações e de produção das acepções sobre risco. Riscos são construções sociais e psicológicas que dependem de muitos fatores, não se limitando aos elementos materiais da situação de ameaça ou aos aportes isolados de uma ou outra área do conhecimento.[30]

---

[27] Tradução livre. Do original: "Lo importante para el concepto, tal y como aquí lo proponemos, es exclusivamente que el posible daño sea algo contingente; esto es, evitable. Y también con relación a este punto son posibles diferentes perspectivas de observación, cada una con diferentes opiniones acerca de si ha de tomarse o no una decisión con la plena aceptación del riesgo". LUHMANN, Niklas. *Sociología del riesgo*. Coord. Tradución Javier Torres Nafarrate. México D.F.: Universidad Iberoamericana, 2006, p. 62.

[28] Tradução livre. Do original: "(…) las posibilidades de negar el riesgo aumentan, orientándose hacia lo seguro cuando se afirma la impossibilidad de un daño futuro, o bien en dirección al peligro cuando se pone en tela de juicio la calculabilidad del daño con base en una decisión; o bien con la ayuda de distinciones secundadas como riesgos conocidos-desconocidos, riesgos comunicados-no comunicados". Idem, p. 63.

[29] Ibidem.

[30] Cumpre referir, com Santos, que o paradigma dominante nas ciências, fundado em uma ideia de racionalidade, é fruto da consolidação das ciências naturais como paradigma de ciência, o que se traduz no distanciamento entre o sujeito cognoscente e o objeto, tendo a natureza e os fenômenos naturais como ponto de observação e intervenção. Este modelo, ao se propor global, demonstrou-se também arbitrário, resultando daí a pecha de irracionalidade a todo o conhecimento existente ou produzido que não estivesse de acordo com o método científico e suas bases epistemológicas, pois "ao contrário da ciência aristotélica, a ciência moderna desconfia sistematicamente das evidências da nossa experiência imediata. Tais evidências, que estão na base do conhecimento vulgar, são ilusórias". Com a redução da complexidade, o que se faz é buscar a simplificação, por meio da divisão do objeto e de sua classificação, para só então tentar fazer inter-relações entre as partes. O método

Pelo contrário, na atualidade, a compreensão sobre os riscos depende de uma correlação entre os conhecimentos, desde o científico[31] até o vulgar.[32] Como explica Beck, "constatações de risco são a forma sob a qual ressurgem – nos centros da modernização – na economia, nas ciências naturais, nas disciplinas técnicas, a ética e, com ela, também a filosofia, a cultura e a política. Constatações de risco são uma ainda desconhecida e subdesenvolvida simbiose de ciências naturais e humanas, de racionalidade cotidiana e especializada, de interesse e fato. Ao mesmo tempo, não são nem apenas uma e nem apenas a outra coisa. São ambas e sob uma nova forma. Já não se podem mais especializar, isolar uma da outra, desenvolvendo e fixando seus próprios padrões de racionalidade".[33]

De uma perspectiva diferente,[34] mas que serve para reafirmar a complexidade da compreensão dos riscos, há que se levar em conta as "relações sociobiocenótias do ser humano e do entorno" a que se refere Molinaro. O autor explica, a partir de Edgar Morin, que "não basta com o afirmar as variantes biológicas da unidade do homem, pois os denomi-

---

que subjaz esta racionalidade tem especial expoente em Descartes e, daí o pressuposto da fragmentação do objeto como forma de compreendê-lo. O objeto é isolado do seu contexto e ele mesmo é partido para análise. Assim, "dividir cada uma das dificuldades... em tantas parcelas quanto for possível e requerido para melhor as resolver". SANTOS, Boaventura de Sousa. *Um discurso sobre as ciências*. São Paulo: Cortez, 2010, p. 24-28.

[31] Afinal, é da ciência definir-se como instável e refutável, o que sobreleva a importância de complementaridade do conhecimento, pois "a pretensão de racionalidade das ciências de determinar objetivamente o teor de risco refuta-se a si mesma permanentemente: ela baseia-se, por um lado, num castelo de cartas de conjecturas especulativas e move-se unicamente no quadro de asserções de probabilidade, cujos prognósticos de segurança não podem, a bem da verdade, ser refutados sequer por acidentes reais". BECK, Ulrich. *Sociedade de risco*: rumo a uma outra modernidade. Tradução Sebastião Nascimento. São Paulo: 34, 2011, p. 35.

[32] Essa questão dos processos sociais de definição/percepção do risco é especialmente interessante. Fala-se muito em percepção ou construção social do risco. Smith vincula a questão das ameaças à mídia e, por conseguinte, ao modo como recebemos à exaustão informações sobre ameaças (naturais e tecnológicas). Em: SMITH, Keith. *Environmental hazard*: assessing risk & reducing disaster. London: Routledge, 1992, p. 5. De forma semelhante, enfatiza Furedi, "os medos individuais são cultivados pelos meios de comunicação social, sendo cada vez menos produto da experiência directa. 'O medo é cada vez menos experienciado em primeira mão e cada vez mais experienciado a nível discursivo e abstracto', [...] 'se verificou uma mudança geral em que, de uma vida temerosa, se passou para uma vida com meios de comunicação temíveis'". Conforme FUREDI, Frank. Para uma sociologia do medo. In: MENDES, José Manuel de Oliveira (Coord.). *Risco, cidadania e Estado num mundo globalizado*. Coimbra: Contexto, CES – Centro de Estudos Sociais, 2013, p. 199). O acesso informacional é, portanto, catalisador e conformador da percepção de riscos. Nesse cenário, que parece ser um desdobramento, Beck realça o medo com um sentimento constante na sociedade, que gera uma solidariedade e uma necessidade de segurança. BECK, Ulrich. *Sociedade de risco*: rumo a uma outra modernidade. Tradução Sebastião Nascimento. São Paulo: 34, 2011, p. 59-60.

[33] BECK, Ulrich. *Sociedade de risco*: rumo a uma outra modernidade. Tradução Sebastião Nascimento. São Paulo: 34, 2011, p. 34. "Pressupõe uma colaboração para além das trincheiras de disciplinas, grupos comunais, empresas, administração e política, ou então – o que é mais provável – acabam por explodir em meio a esses polos em definições contrapostas e lutas em torno das definições".

[34] A passagem em referência trata das relações entre o ser humano e o ambiente e dos pressupostos para compreensão destas relações. Se é justamente neste ambiente de relações que se desenvolvem os riscos, a ideia de complexidade e interação são bases de compreensão do risco, a partir de uma ótica totalizante, ou holística.

nados universais antropológicos não são só biológicos (reducionismo, vitalismo), mas bioculturais, logo, implicadores de diversidade e variabilidade; portanto, o biológico e o sociocultural não devem ser pensados como duas dimensões isoladas, ou melhor, não devem ser considerados como parte de um sistema dicotômico. Sem dúvida, a concepção unidimensional do ser humano, seja pelo lado culturalista, ou pelo biologismo, deve ser rechaçada; o ser humano não é biológico por um lado e cultural por outro, de modo fronteiriço ou disjuntivo, ele é um sistema integral revelado em uma unidade complexa e organizada, formando uma combinação de interações e interdependências entre heterogêneos fatores biopsicossociais, por isso é sujeito e é objeto, e ainda, sujeito/objeto do conhecimento".[35]

Tem-se que ponderar que se, por um lado, assenta-se a necessidade pluriobservacional como pressuposto de compreensão dos riscos na modernidade, não se pode ignorar que essa multidimensionalidade interpretativa/construtiva proporcione situações quase esquizofrênicas.[36] Ocorre que esta "conflitiva pluralização e diversificação definitória de riscos civilizacionais" gera uma "superprodução de riscos, que em parte se relativizam, em parte se complementam, em parte invadem o terreno uns dos outros",[37] contribuindo para propiciar um cenário de incertezas exponenciais e ilimitadas que, consideradas ao extremo, conduziriam a uma paralisia.[38]

A esse propósito, como explana Luhmann, "quando se pergunta sobre a maneira como esta tradição racionalista entende o problema, se recebe uma resposta sensível e, dentro do possível, convincente, de que os danos devem ser evitados. Como esta máxima, por si só, limitaria demasiadamente as possíveis ações, devem ser aceitas também ações – e nisso consiste o significado da palavra arriscar – que podem produzir um dano que, em princípio, seria evitável, desde que a partir de um cálculo de probabilidade de danos e magnitudes de danos seja possível

---

[35] MOLINARO, Carlos Alberto. *Direito ambiental*: proibição de retrocesso. Porto Alegre: Livraria do Advogado, 2007, p. 28.

[36] Luhmann refere que a Sociologia, ao se apropriar (para fins de análise) do conceito de risco, passa a exercer um papel adicional de "alarmar a la sociedad". LUHMANN, Niklas. *Sociología del riesgo*. Coord. Tradución Javier Torres Nafarrate. México D.F.: Universidad Iberoamericana, 2006, p. 58.

[37] BECK, Ulrich. *Sociedade de risco*: rumo a uma outra modernidade. Tradução Sebastião Nascimento. São Paulo: 34, 2011, p. 36.

[38] Considere-se, neste sentido, o extremo atribuído a uma interpretação mais açodada ao princípio da precaução, que conduziria ao extremo da interpretação da máxima do *in dubio pro ambiente*. Em contraponto, atualmente se sustenta a precaução como a necessidade de adoção de deveres de cuidado. Como sugere Aragão, há a "necessidade da adopção de certas medidas mais rigorosas de protecção do ambiente, (facto que se verifica sobretudo nas actividades perigosas), desde que a existência do dano, o nexo e a necessidade de adopção, não sejam completamente inverosímeis". ARAGÃO, Alexandra. *O princípio do poluidor pagador*: pedra angular da política comunitária do ambiente. São Paulo: O Direito por um Planeta Verde, 2014, p. 150. Versão original: Coimbra: Coimbra Editora, 1997, Stvdia Ivridica.

concluir que esta decisão seja justificável. No entanto, na atualidade, os riscos são analisados por meio da multiplicação da magnitude do dano e pela probabilidade".[39]

Ainda com Luhmann, "a tradição racionalista pode colocar boas razões, sendo então pouco apropriado contradizê-la nesse plano. Renunciar aos riscos significaria [...] renunciar à racionalidade".[40]

A complexa questão acima analisada está ligada à estreita relação existente entre o risco e o medo, sendo que o medo, tal como o risco, resulta significativamente de construções culturais e sociais. Como expõe Furedi, "o medo é situacional e é também, em certa medida, produto de uma construção social. Constitui-se através da capacidade de acção do eu na interacção com os outros. É também interiorizado através de um guião cultural que instrui as pessoas sobre a reacção a dar às ameaças à sua segurança. É por isso que a probabilidade de captar as características específicas da experiência do medo é maior se se proceder a uma avaliação da influência da cultura. O medo ganha sentido em função do modo de interpretação proporcionado pela narrativa cultural".[41]

No mais, complementa afirmando que "o modo como a sociedade sente medo, bem como os sinais que transmite sobre a maneira como as pessoas devem sentir os acontecimentos e reagir a eles, é algo que não é redutível às ameaças que enfrenta. As grandes manifestações do sentir social como são o medo do desconhecido ou da incerteza, ou ainda a ansiedade quanto ao futuro, processam-se através do sistema de significação dominante".[42]

O medo, diante do risco, está vinculado à experiência decorrente de um impacto, seja gerado por um percalço cotidiano ou por uma

---

[39] Tradução livre. Do original: "Cuando se pregunta por la manera como esta tradición racionalista entiende el problema, se recibe una respuesta sencilla y convincente en lo posible, los daños deben ser evitados. (...) Como esta máxima por sí sola limitaría demasiado las posibilidades de acción, deben aceptarse igualmente acciones – y éste sería precisamente el significado de la palabra *arriesgar* – que pueden producir un daño que, en principio, es evitable, con tal de que el cálculo de la probabilidad de daños y la magnitud del daño posible haga aparecer esto como justificable. Todavía en nuestros días, los riesgos se investigan por medio de la multiplicación de la magnitud del daño y la probabilidad del mismo". LUHMANN, Niklas. *Sociología del riesgo*. Coord. Tradución Javier Torres Nafarrate. México D.F.: Universidad Iberoamericana, 2006, p. 58.

[40] Tradução livre. Do original: "Así, la tradición racionalista puede esgrimir buenas razones, siendo entonces poco apropiado contradecirla en este plano. Renunciar a riesgos significaría – en particular bajo las condiciones actuales – renunciar a la racionalidad". Idem, p. 59.

[41] FUREDI, Frank. Para uma sociologia do medo. In: MENDES, José Manuel de Oliveira (Coord.). *Risco, cidadania e Estado num mundo globalizado*. Coimbra: Contexto, CES – Centro de Estudos Sociais, 2013, p. 192-193.

[42] Idem, p. 196-197. Explica o autor que "o facto de as pessoas se sentirem ou não sentirem bem, ou inseguras, é influenciado pela relação que têm com o sistema de significação dominante. Assim, 'quando prezam um dado conjunto de valores e não sentem que estes estejam ameaçados, têm uma experiência de *bem-estar*". Quando, pelo contrário, prezam determinados valores que sentem, efectivamente, estar ameaçados, experienciam uma crise'".

catástrofe. O risco, vinculado ao medo, liga-se às condições de percepção social – em diferentes níveis, desde grupos até a humanidade como um todo – e às condições das estruturas sociais. Há, portanto, forte ligação entre o risco e as pré-condições estruturais e sociais de uma sociedade,[43] na medida em que "a dinâmica fluida do medo é promovida por uma cultura que, em face da incerteza, transmite hesitação e ansiedade e que espera sempre o pior desfecho possível. Aquilo que foi descrito como cultura do medo, ou como cultura de precaução, incentiva a sociedade a abordar a experiência humana como um risco potencial para a nossa segurança. Todas as experiências possíveis e imagináveis se viram, consequentemente, transformadas em riscos a gerir".[44]

Conforme se detalhará adiante, vulnerabilidades e resiliência são elementos fundamentais para a compreensão e o dimensionamento dos riscos, em conjunção com os fatores objetivos e a magnitude do evento.[45] Por tais razões, o fator local ganha relevo na busca de atribuição de sentido aos riscos. Se o risco está relacionado com as estruturas sociais tradicionais e do surgimento de novas formas de vulnerabilidade social e econômica, é necessário considerar o papel desempenhado pelo lugar, ou seja, uma localização territorial e física concreta, pois é a partir do lugar (e de seus elementos estruturais e culturais) que os riscos e seus processos de surgimento assumem sentido.

Como explica Furendi, "a questão da causalidade está inextricavelmente ligada à maneira como as comunidades procuram dar sentido aos casos de infortúnio. A maneira como as pessoas interpretam tais ocorrências – como um acidente ou uma catástrofe – é processada através do sistema de significação dominante. As perguntas do tipo 'foi Deus?' ou 'foi a natureza?' ou 'foi erro humano?' têm implicações importantes no modo como entendemos os casos de infortúnio. O estado de confusão quanto às causas fomenta a especulação, os boatos e a desconfiança. Em resultado disso, é frequente os acontecimentos afigurarem-se incompreensíveis, para além do controlo humano".[46]

A atenção ao lugar é importante por várias razões: (i) tal observação permite acessar e compreender a "comunidade em risco" – suas carac-

---

[43] "A experiência leva a crer que a cultura desempenha um papel importante no moldar da reacção. Mais concretamente, o significado que se atribui a um incidente violento e destrutivo exerce uma forte influência na maneira como o impacto desse incidente é experienciado". FUREDI, Frank. Para uma sociologia do medo. In: MENDES, José Manuel de Oliveira (Coord.). *Risco, cidadania e Estado num mundo globalizado*. Coimbra: Contexto, CES – Centro de Estudos Sociais, 2013, p. 197.

[44] Idem, p. 203.

[45] "[...] a natureza da catástrofe e a escala da destruição sofrida pelas pessoas desempenhavam um papel crucial na forma como estas reagiam. [...] esta reacção não constituía uma resposta directa ao impacto, antes era mediada pelo sistema de significação, de normas, de instituições e de liderança prevalecentes na comunidade em causa". Idem, p. 198.

[46] Idem, p. 204.

terísticas físicas e sociodemográficas, bem como sua história; (ii) implica considerar o meio envolvente do lugar e sua capacidade de maior ou menor exposição, o que se reflete em proteção ou em vulnerabilidade; (iii) como as incertezas associadas a uma atividade são influenciadas pelas características do lugar e pela respectiva população, é importante compreender a forma de organização desse lugar; e, por fim, (iv) o sentimento de desconforto em relação a uma atividade, a ela atribuindo-se um risco, decorre de movimentos relacionados à identidade e ao sentimento de comunidade desse lugar.[47] Em suma, para a compreensão dos riscos relacionados a uma atividade, não há como se descolar do ambiente direto e indireto em que ela se desenvolve. As variações de percepção sobre o risco sofrerão alterações conforme a proximidade ou o distanciamento do observador em relação ao elemento local.

Postas essas premissas, importa focar nos riscos tecnológicos diretos: aqueles decorrentes de ações humanas com consequências socioeconômicas imediatas, em que o liame de causalidade possa ser realizado de forma minimamente linear, relacionados propriamente à noção de alteração da qualidade do meio ambiente, em sentido abrangente, como já referido.[48]

Há um recente incremento das ameaças diretamente relacionadas à ação humana. Se, por um lado, há exposições a ameaças naturais, agravadas e mutáveis por influência do humano, não se pode desconsiderar a existência de outro universo de ameaças, essas diretamente relacionadas à ação humana (*man-made threats*) que implicam consequências humanas mais imediatas. Os grandes acidentes tecnológicos ocorridos nas décadas de 1970 e 1980[49] são exemplares, embora casos afins continuem ocorrendo.[50]

---

[47] BORRAZ, Olivier. Risco e regulação. In: MENDES, José Manuel de Oliveira (Coord.). *Risco, cidadania e Estado num mundo globalizado*. Coimbra: Contexto, CES – Centro de Estudos Sociais, 2013, p. 244-245.

[48] Por certo não se ignora a questão relacionada à litigância climática, contudo tal abordagem escapa dos limites deste estudo. Para aprofundamento, entre outros que exploram o tema ainda incipiente no Brasil, ver CARVALHO, Délton Winter de. *Desastres ambientais e sua regulação jurídica*: deveres de prevenção, resposta e compensação ambiental. São Paulo: Revista dos Tribunais, 2015, especialmente p. 140 e seguintes.

[49] São notórios: Seveso (Itália, 1976 – vazamento químico), Three Mile Island (EUA, 1979 – vazamento radioativo), Vila Socó (Brasil, 1984 – vazamento de combustível), Bhopal (Índia, 1984 – vazamento de gases tóxicos), Chernobyl (Rússia, 1986 – vazamento radioativo) e Exxon Valdez (EUA, 1989 – vazamento de petróleo). Para uma descrição mais detalhada destes eventos/acidentes, além da narrativa sobre outros, ver SENDIM, José de Souza Cunhal. *Responsabilidade civil por danos ecológicos*: da reparação do dano através de restauração natural. Coimbra: Coimbra Editora, 1998, p. 19-26.

[50] Basta recordar o desastre de Mariana/MG, no final de 2015, evento que representa o mais grave e escandaloso desastre ambiental brasileiro, em razão do alcance da poluição e da degradação socioambiental gerada. No século XXI, junta-se a episódios como o vazamento de petróleo na Baía da Guanabara, em 2010, e, no mesmo ano, outro vazamento, em Araucária (PR), ambos decorrentes de operações da Petrobrás; ainda, o vazamento de petróleo do navio Prestige, na costa galega da Espanha, em 2002; a explosão da plataforma de petróleo da BP, no Golfo do México, em 2010; e o evento na usina nuclear de Fukushima (Japão, 2011).

Abordando-se a questão do risco de forma vinculada à atividade humana e tecnológica, importa sublinhar, de início, que o risco não é uma qualidade intrínseca a uma atividade. Trata-se, antes, de uma característica que a ela é atribuída. O risco é, sob essa perspectiva, "uma característica que, a dada altura do decurso de um processo controverso, se associa a uma determinada actividade. Durante o processo, levantam-se incertezas quanto à actividade em causa. À medida que se vão acumulando, essas incertezas vão-se convertendo num risco".[51]

Ao explicar o processo de atribuição de risco a uma atividade ou ação humana, Borraz afirma que "o processo de conversão é controverso porque as divergências se colocam não apenas quanto aos perigos potenciais para a saúde ou para o ambiente, mas também quanto à maneira como a actividade é gerida, usada e controlada; como são tomadas as decisões relativas à actividade; e como são tratadas as preocupações gerais com a saúde. Nesta fase, a conversão das incertezas em risco ainda não traz, implícita, uma capacidade de agir em função dele. Apenas se sugere que algo tem de ser feito para reduzir esse risco".[52]

O aspecto da incerteza ou do desconhecimento cumpre um papel relevante no processo de atribuição de sentidos aos riscos. A compreensão sobre os fundamentos da incerteza é importante para definir quando uma atividade pode ser tida como de risco. Essa compreensão pode ser realizada a partir de dois elementos: conhecimento e controle.

O conhecimento refere-se às características técnico-científicas de uma atividade (disponibilidade de dados e possibilidade de estabelecer causalidades) e aos seus aspectos de interação social. Essas são compreendidas a partir de critérios de antecipação (possibilidade de prever e adotar conformidade) e fiabilidade (grau de confiança na adoção e cumprimento de conformidades). A antecipação e a fiabilidade referem-se não só ao produtor ou titular de uma atividade, mas, também, ao usuário de uma tecnologia, bem como ao responsável pela regulamentação dessa atividade. Quanto maior a possibilidade de antecipar e confiar, menor a incerteza e, por conseguinte, menor o risco.[53] Insiste-se: o risco é resultado de uma construção, de percepções relativas.

O controle refere-se à capacidade de domínio sobre a tecnologia (atuar sobre, monitorar e limitar seus efeitos), e está endereçado especialmente pelo poder público. O maior ou menor nível de certeza ou

---

[51] BORRAZ, Olivier. Risco e regulação. In: MENDES, José Manuel de Oliveira (Coord.). *Risco, cidadania e Estado num mundo globalizado*. Coimbra: Contexto, CES – Centro de Estudos Sociais, 2013, p. 235.

[52] Idem, p. 235.

[53] "A partir do momento em que se considera que uma determinada actividade contém incertezas relacionadas com "algo que tenha valor humano" (incluindo o próprio ser humano), essa actividade passa a ser classificada como de risco". Ibidem.

incerteza dependerá do grau de confiança na capacidade do Estado de controlar a atuação das empresas, de monitorar suas atividades e de agir de forma eficaz quando necessária sua intervenção.

Sendo assim, a atribuição ou não de risco a uma atividade, bem como o nível desse risco, passam pelos elementos de conhecimento e controle, em um processo sociopolítico que depende da (des)confiança em cada um dos atores do processo. O processo de atribuição de risco pode ser compreendido a partir da fragmentação em cinco etapas (dinâmicas, logo, não lineares), a saber: extração, projeção, apelo à ciência, decisão e gestão.[54]

A extração refere-se ao deslocamento da atividade de sua zona de conforto (familiaridade e normalidade) para a sua problematização, trazendo-a à superfície, fazendo-a visível, rompendo com a normalidade que originariamente a revestia, já que "muitas actividades de risco permaneceram despercebidas durante longo tempo até um dado evento ter chamado a atenção para elas". O evento decisivo pode ser um acidente, uma catástrofe, um movimento social, uma decisão política ou mesmo um artigo ou matéria qualquer na mídia.[55] Esse evento é o momento em que a atividade passa a ser percebida como estranha ou fora de controle; dúvidas e questionamentos (incertezas) passam a lhe ser atribuídos. Descortinando-a, acrescentam-se e atribuem-se riscos a ela, na medida em que se percebe "a ideia de que a actividade nunca teve nada de 'natural'" e de que até então se pretendeu, "pela manipulação, dar à tecnologia uma imagem de total normalidade".[56]

A projeção, momento posterior à extração, é o cotejo entre pontos de vista díspares sobre os riscos da atividade, em um processo de evidente politização[57] e debate. Nessa ocasião, o fator risco passa a ser

---

[54] BORRAZ, Olivier. Risco e regulação. In: MENDES, José Manuel de Oliveira (Coord.). *Risco, cidadania e Estado num mundo globalizado*. Coimbra: Contexto, CES – Centro de Estudos Sociais, 2013, p. 236.

[55] Sobre a relação entre mídia e comunicação ambiental, como elemento de percepção sobre riscos, assinala Hannigan que "[...] para passar os problemas ambientais da condição de questão para uma política pública, a visibilidade da mídia é crucial. Sem a cobertura da mídia, as possibilidades que um problema prévio possa entrar numa arena do discurso público ou se tornar parte do processo político, são bastante reduzidas. [...] Na realidade, dependemos da mídia para ajudar a fazer sentido no dilúvio diário de informações sobre os riscos ambientais, tecnologias e iniciativas". HANNIGAN, John. *Sociologia ambiental*. Tradução de Annahid Burnett. Petrópolis: Vozes, 2009, p. 121.

[56] BORRAZ, *op. cit.*, p. 237.

[57] Sobre a relevância de politizar os processos tecnológicos, especialmente em face de novas tecnologias, vide SANTOS, Laymert Garcia dos. *Politizar as novas tecnologias*: o impacto sociotécnico da informação digital e genética. São Paulo, 34, 2011, p. 11-12. Afirma o autor que "(...) reconhecer que a crítica ainda não foi capaz de convencer as sociedades nacionais e a assim chamada "comunidade internacional" da necessidade imperiosa de se discutir a questão tecnológica em toda a sua complexidade. Vale dizer: da necessidade de se politizar completamente o debate sobre a tecnologia e sua relação com a ciência e com o capital, em vez de deixar que ela continue sendo tratada no âmbito das políticas tecnológicas dos Estados ou das estratégias das empresas transnacionais. As opções

caracterizado, dimensionado e potencializado (construído): incertezas lhe são atribuídas (não somente de ordem técnico-científica, mas de ordens social, econômica, política e jurídica); os riscos se tornam visíveis (mensuráveis, perceptíveis e atribuíveis/correlacionados a acidentes ou vítimas, por exemplo); e a atividade é destacada do seu meio e posta num cenário público de debate (quando é associada a crises anteriores e a outros riscos).[58]

Com a extração e a projeção, as questões sobre riscos e incertezas em determinada atividade passam a ocupar prioridade na pauta política e social. Como observou Borraz, a partir de uma análise da experiência na França (de todo válida ao Brasil), costuma-se seguir com a busca de maiores esclarecimentos sobre as peculiaridades e amplitude dos riscos. Isso é feito pelo recurso à ciência (apelo à ciência), momento em que os atores anteriormente envolvidos são excluídos (as partes interessadas raramente estão presentes). A grande maioria das problematizações propostas na etapa de projeção são descartadas; ocorre a fragmentação e o isolamento da questão (atividade/risco), restringindo-a à ótica de técnicos e cientistas,[59] e, não raro, todas as outras partes de incertezas são descartadas.[60]

Segue-se com a etapa da decisão, momento em que, tendo o risco sido simplificado ao extremo, tomadores de decisões estão livres para deliberar. Abstraindo o risco social e prevalecendo o risco institucional, reputacional ou político, já não se decide sobre o risco, mas sobre os riscos relacionados às consequências das suas decisões, quando "procurarão transferir ou furtar-se a qualquer tipo de culpa, evitar novas crises ou a desestabilização do sector econômico, e manter a credibilidade". Diante de cenários de extração e projeção de riscos, atores políticos e econômicos optam pela cautela na inserção de novos riscos, atuando em conformidade com a orientação de "dar mais importância aos indícios de instabilidade política e de um potencial escândalo do que aos even-

---

tecnológicas são sempre questões sociotécnicas, e devem ser encaradas pela sociedade como de interesse público".

[58] BORRAZ, Olivier. Risco e regulação. In: MENDES, José Manuel de Oliveira (Coord.). *Risco, cidadania e Estado num mundo globalizado*. Coimbra: Contexto, CES – Centro de Estudos Sociais, 2013, p. 238-239.

[59] Trata-se do padrão nas ciências, conforme conhecida formulação proposta, dentre outros, por Santos. A redução da complexidade implica na busca pela simplificação, por meio da divisão do objeto e de sua classificação, para só então buscar inter-relações entre as partes. O método que subjaz esta racionalidade é o cartesiano, portanto o pressuposto da fragmentação do objeto como forma de o compreender. O objeto é isolado do seu contexto e ele mesmo é partido para análise. Assim, "dividir cada uma das dificuldades [...] em tantas parcelas quanto for possível e requerido para melhor as resolver". SANTOS, Boaventura de Sousa. *Um discurso sobre as ciências*. São Paulo: Cortez, 2010, p. 28.

[60] BORRAZ, *op. cit.*, p. 239-240. Nesta etapa de avaliação, são propostas soluções que vão "desde a análise custo-benefício ao princípio da precaução, passando pela análise benefício-risco ou pela negociação do risco". Idem.

tuais indícios científicos de que o risco é escasso ou inexistente" (gestão de crise). Por conseguinte, pode ocorrer que se tomem decisões sem qualquer compromisso com soluções abertas e participativas.[61-62]

Para a etapa de gestão dos riscos, sobra pouco do que foi fomentado na extração e na projeção. Do que persiste, resta localizar soluções, restabelecer o controle sobre a atividade, definir regras de responsabilidade, monitorar e assegurar o acompanhamento por terceiros, podendo isso ser realizado pelo estabelecimento de normas e padrões, estatutos ou procedimentos de garantia de qualidade.[63]

Como conclusão parcial, é possível afirmar que a ideia de risco se vincula às noções de incerteza e de imprecisão, sendo variável conforme o nível dessas. Para definir o risco, devem ser levados em conta diversos elementos e perspectivas, desde subjetivas até coletivas ou setoriais. O risco está muito próximo da noção de medo (individual ou coletivo) e seu dimensionamento passa pelas condições de seu conhecimento e apropriação e pelas possibilidades de controle. Riscos, portanto, não são equivalentes a perigos ou ameaças.

No período tecnológico, há novas formas de perigos e ameaças e, diante das incertezas que se apresentam (percepção/construção), deparamo-nos com novas dimensões e perspectivas de risco. O risco tecnológico é novo, diferente e complexo, porque assim são as percepções (cada vez mais múltiplas e pluridimensionais) sobre ameaças e perigos. Um mundo complexo e plural é rico e abundante em capacidades de atribuir significados. A sociedade de (hiper)informação em muito contribui com essa realidade. Se, por um lado, a profusão de perigos e ameaças atrelados à tecnologia é fonte de incertezas, essas, a partir de construções individuais e sociais, aumentam exponencialmente.

1.2. Infortunística ambiental: as relações entre riscos e danos ao meio ambiente

Se a noção de risco, enquanto incerteza e probabilidade, evidencia-se expressivamente imprecisa, o dano, enquanto materialização da ameaça ou do perigo, não escapa de equivalente imprecisão e comple-

---

[61] BORRAZ, Olivier. Risco e regulação. In: MENDES, José Manuel de Oliveira (Coord.). *Risco, cidadania e Estado num mundo globalizado*. Coimbra: Contexto, CES – Centro de Estudos Sociais, 2013, p. 240-241.

[62] Intimamente ligada com a questão até aqui exposta, pertinente referir as reflexões propostas por Juarez Freitas, ao dissertar sobre as armadilhas e falácias argumentativas vinculadas aos processos de tomada de decisões. Neste sentido, vide FREITAS, Juarez. *Sustentabilidade*: direito ao futuro. Belo Horizonte: Fórum, 2012, especialmente p. 135 e seguintes.

[63] BORRAZ, *op. cit.*, p. 241.

xidade.[64] O dano, embora com frequência seja materialmente perceptível, reveste-se de incerteza no que se relaciona ao seu dimensionamento. Isto permite a afirmação de que a infortunística ambiental possui contornos muito próprios, os quais se pretende destrinchar neste subcapítulo.

Inicialmente, importa delimitar o que se entende por dano ambiental. Para Leite e Ayala, "constitui uma expressão ambivalente, que designa, certas vezes, alterações nocivas ao meio ambiente e outras, ainda, os efeitos que tal alteração provoca na saúde das pessoas e em seus interesses. Dano ambiental significa, em uma primeira acepção, uma alteração indesejável no conjunto de elementos chamados meio ambiente, como, por exemplo, a poluição atmosférica; seria, assim, a lesão ao direito fundamental que todos têm de gozar e aproveitar do meio ambiente apropriado. Contudo, em sua segunda conceituação, dano ambiental engloba os efeitos que esta modificação gera na saúde das pessoas e em seus interesses".[65]

A modo de explorar as *nuances* do conceito proposto, são pertinentes algumas observações. É necessária uma delimitação prévia, no sentido de distinção entre dano ambiental e impacto ambiental. Enquanto o impacto é o prejuízo tolerável,[66] aceitável, objeto de medidas de mitigação e compensação, especialmente pelo licenciamento ambiental, o dano ambiental se refere a situações que escapem à legalidade. Cumpre notar, portanto, que a responsabilidade civil ambiental circunscreve situações de anormalidade do dano ambiental, de modo que haverá episódios de distúrbios ambientais não sujeitas ao regime de responsabilidade civil ambiental, quando ocorram em situações de normalidade. Sendim ressalva que esses casos, podem, ainda, chegarem a ser classificados como crime, mediante dois critérios, a saber: que a perturbação seja significativa e duradoura. Tais particularidades são assim explicadas: "numa primeira perspectiva, ao restringir-se a indemnização aos danos consideráveis, visa-se impossibilitar o ressarcimento de danos ecológicos justificados em função de necessidades sócio-económicas. É que, como se notou, o objectivo do atual sistema jurídico-económico – característico de uma sociedade industrializada – não é a redução da poluição a zero – o que significaria a paralização do crescimento econômico – mas sim

---

[64] Em uma perspectiva crítica, tratando do sistema normativo português, que possui legislação própria sobre dano e responsabilidade ambiental, inclusive com critérios mais precisos de determinação e delimitação, vide GOMES, Carla Amado. De que falamos quando falamos de dano ambiental? Direito, mentiras e crítica. In: GOMES, Carla Amado; ANTUNES, Tiago (Coord.). *Actas do colóquio*: a responsabilidade civil por dano ambiental. Lisboa: Instituto de Ciências Jurídico-Políticas/FDUL, 2010.

[65] LEITE, José Rubens Morato; AYALA, Patryck de Araújo. *Dano ambiental*: do individual ao coletivo extrapatrimonial. São Paulo: Revista dos Tribunais, 2012, p. 92.

[66] Neste sentido, importa delimitar "qual o limite de tolerabilidade que significa o reconhecimento efetivo do dano ambiental, pois não é toda a agressão que causa prejuízo". Idem, p. 188.

a sua redução para um nível social e ecologicamente aceitável. Deste modo, a exigência de anormalidade do dano vem no fundo convocar uma ponderação relativa do bem ambiente face a outros bens jurídicos por forma a determinar se prejuízo efectivo ambiental verificado é ou não ressarcível".[67]

Assim sendo, arremata no sentido de que "a exigência de anormalidade é um requisito do dano ecológico, visto que só uma perturbação significativa e duradoura dos sistemas ecológicos expressa uma afectação da capacidade de auto-regulação dos sistemas. Na verdade, visto que os sistemas ecológicos são sistemas de equilíbrio dinâmico, capazes de assegurar a auto-regulação das suas funções, uma intervenção humana pode ser tolerada sem determinar necessariamente uma afectação da sua capacidade funcional ecológica nem da capacidade de aproveitamento humano".[68]

Pardo desenvolve uma abordagem sobre a aceitabilidade dos riscos e dos danos com relação à sua aceitação ou não por parte dos envolvidos. Sustenta que a "decisão sobre a admissão ou não de um risco pode ocorrer de forma geral, pela via normativa, ou de maneira singular, mediante autorização"[69] (entre nós, a licença ambiental), explicando, ainda, que "a autorização administrativa – gênero que inclui a autorização ambiental – por razões de segurança, reclama uma nova e atualizada dimensão, na medida que em seu conteúdo estão objetivos e finalidades de determinação de riscos permitidos. O mesmo vale para as normas técnicas – que frequentemente remetem à regulação especializada – que com caráter geral fixam a fronteira do risco permitido. Novos e relevantes são também outros mecanismos para articular as decisões sobre riscos, tais como aqueles baseados no princípio da precaução. Ademais, as decisões sobre riscos permitidos não são decisões absolutas, sobre admitir um risco ou a ausência total do risco. Em uma sociedade saturada de tecnologia e exposta a uma grande variedade de riscos, as decisões são optativas, entre um risco ou outro. Deste modo, por exemplo, as decisões sobre tecnologias energéticas carregam, todas elas, um risco; trata-se, então, de optar entre elas. É lugar comum na jurisprudência dos

---

[67] SENDIM, José de Souza Cunhal. *Responsabilidade civil por danos ecológicos*: da reparação do dano através de restauração natural. Coimbra: Coimbra Editora, 1998, p. 146.

[68] Idem, p. 147. Afirma, em complementação, que "o dano ecológico significa uma afectação de um bem ambiental que, por ultrapassar os limites de tolerância do sistema, determina uma perda de equilíbrio", de modo que essa anormalidade está situada no "plano fáctico e não no plano normativo".

[69] "Puede decidirse así si un riesgo se acepta o se rechaza. El riesgo que se acepta es el riesgo permitido, un concepto acuñado en su tiempo con otras consideraciones por la dogmática penal. La decisión sobre la admisión o rechazo de un riesgo puede producirse de manera general, por vía normativa, o de manera singular, mediante autorización". PARDO, José Esteve. Las aportaciones de Ulrich Beck a la comprensión del nuevo entorno sociológico del Derecho Público. In: GOMES, Carla Amado; TERRINHA, Luis Heleno (Coord.). *In memoriam*: Ulrich Beck. Lisboa: Instituto de Ciências Jurídico-Políticas/FDUL, 2016, p. 99.

tribunais a constatação de que não existe risco zero. Estamos obrigados a conviver com os riscos, mas podemos escolher quais preferimos".[70]

Abordar as especificidades do dano ambiental, bem como suas características, permitirá clarear e delimitar o escopo deste estudo.

1.2.1. Riscos e danos ambientais: especificidades

Cane examina as características geralmente atribuídas aos danos ambientais, assim sintetizadas: costumam repercutir individualmente (sobre pessoas) ou sobre grupos; são, quase sempre, irreversíveis; não respeitam fronteiras políticas e podem atingir um número não homogêneo de pessoas e espaços; afetam um largo número de vítimas; podem ficar incubados/latentes durante longos períodos; e são de difícil estabelecimento da causalidade.[71]

Em outra perspectiva, os danos ambientais possuem traços peculiares, de modo que, "diferentemente dos danos clássicos, que se desenvolvem num plano intersubjetivo, os danos ambientais são supraindividuais por excelência", característica à qual é somada a complexidade própria ao fenômeno natural, resumida em três especificidades: "a) A incerteza é reconhecidamente um elemento inerente aos danos ambientais (...);

---

[70] Tradução livre. Do original: "La autorización administrativa por razones de seguridad – entre la que se encuentra también la autorización ambiental – cobra así una nueva y actualizada dimensión si se repara en que su objeto y fnalidad es la determinación del riesgo permitido. Lo mismo puede decirse de las normas técnicas – con frecuente remisión a la autorregulación experta – que con carácter general trazan la frontera del riesgo permitido. Novedosos y muy relevantes son también otros expedientes para articular las decisiones sobre riesgos como el que se articula en torno al principio de precaución. Por lo demás, las decisiones sobre riesgos permitidos no son decisiones absolutas, sobre admitir un riesgo o la ausencia total de riesgo. En una sociedad saturada de tecnología y expuesta a una gran variedad de riesgos, las decisiones son optativas, entre un riesgo u otro. Así, por ejemplo, las decisiones, opciones, sobre tecnologías energéticas entrañan, todas ellas, un riesgo; se trata entonces de optar entre ellos. Por eso es ya un lugar común en la jurisprudencia, compartido por los tribunales de todas las instancias y jurisdicciones, la constatación de que no existe el riesgo cero. Estamos así obligados a convivir con los riesgos, pero podemos elegir con cuales nos quedamos". PARDO, José Esteve. Las aportaciones de Ulrich Beck a la comprensión del nuevo entorno sociológico del Derecho Público. In: GOMES, Carla Amado; TERRINHA, Luis Heleno (Coord.). *In memoriam*: Ulrich Beck. Lisboa: Instituto de Ciências Jurídico-Políticas/FDUL, 2016, p. 99-100.

[71] CANE, Peter. Are environmental harms special? *Journal of Environmental Law*. Oxford University Press, 13:1, 2001, p. 3-20. O autor – de modo interessante e provocativo – suscita, entre outros questionamentos, a interrogação a respeito da real necessidade de regras especiais para a responsabilidade por danos ambientais. O texto é relativamente antigo, mas útil para retratar as discussões que precederam o "Livro Branco sobre responsabilidade ambiental", da União Europeia, especialmente sobre a definição dos *Standards* e alcances da responsabilidade civil ambientais. Ademais, apresenta algumas questões interessantes e atuais sobre se há de fato necessidade de um regime especial de responsabilidades por danos ambientais. Segundo o autor, não há uma característica exclusiva aos danos ambientais que os distinga de danos cotidianos. Muitas das características geralmente atribuídas aos danos ambientais são comuns a muitos outros tipos de danos. Parece-nos, de fato, ter razão o autor, contudo, é de se observar que justamente no resultado da soma das características apontadas surge a especificidade dos danos ambientais. Não há outras categorias de danos que reúnam tantas características complexas simultaneamente.

b) Uma característica básica do meio ambiente é interdependência entre os elementos que o compõem, de modo que um desequilíbrio que afete um elemento pode afetar qualquer outro componente do sistema em que está integrado, gerando consequências em cadeia; c) Além disso, a maior parte das lesões ambientais são irreversíveis, pois, uma vez degradado, é quase impossível que o ambiente retorne ao estado anterior e as medidas de recuperação ambiental são difíceis do ponto de vista técnico e apresentam um custo elevado para a realização".[72]

Com efeito, afirma-se que os danos ambientais sejam difusos, pois atingem interesses difusos; são incertos; transtemporais; cumulativos e graduais; e latentes. Além disso, podem ocorrer em situações de normalidade (tolerabilidade) ou não.[73]

Os riscos ambientais,[74] segundo Beck, "emergem ao mesmo tempo vinculados espacialmente e desvinculadamente com um alcance universal", de modo que "incalculáveis e imprevisíveis são os intrincados caminhos de seus efeitos nocivos". Nesses riscos, "algo que se encontra conteudístico-objetiva, espacial e temporalmente apartado acaba sendo causalmente congregado", de modo que pressupõem "suposições causais" que, no entanto, "por definição escapam à percepção". Sendo assim, essas suposições causais "sempre têm de ser conceitualmente adicionadas, presumidas como verdadeiras, acreditadas", o que evidencia que estes riscos são invisíveis, na medida em que "a causalidade suposta segue sendo algo mais ou menos incerto e provisório".[75]

A incerteza decorre ainda da crescente complexidade de muitas tecnologias cujo conhecimento resulta acessível somente a um reduzido número de especialistas, que, frequentemente, têm percepções diferentes dessa realidade tecnológica e dos riscos envolvidos. Em outros casos, os próprios especialistas desconhecem o alcance real e a natureza de muitos riscos derivados da técnica, além de que, por vezes, esse desconhecimento é ocultado por aqueles que promovem essas atividades e têm interesses materiais nelas.[76]

---

[72] BAHIA, Carolina Medeiros. *Nexo de causalidade em face do risco e do dano ao meio ambiente*: elementos para um novo tratamento da causalidade no sistema brasileiro de responsabilidade civil ambiental. Tese (Doutorado em Direito) – Centro de Ciências Jurídicas, Universidade Federal de Santa Catarina. Florianópolis, 2012, p. 149.

[73] LEITE, José Rubens Morato; AYALA, Patryck de Araújo. *Dano ambiental*: do individual ao coletivo extrapatrimonial. São Paulo: Revista dos Tribunais, 2012, p. 96-99.

[74] A expressão que utiliza é "riscos da modernidade", contudo, considerando os exemplos que propõe (refere pesticidas, nitrato em rios, enxofre no ar e DDT), a ideia é aplicável aos riscos ambientais.

[75] BECK, Ulrich. *Sociedade de risco*: rumo a uma outra modernidade. Tradução Sebastião Nascimento. São Paulo: 34, 2011, p. 33.

[76] PARDO, José Esteve. *Técnica, riesgo y Derecho*: Tratamiento del riesgo tecnológico en el derecho ambiental. Barcelona: Ariel, 1999, p. 38-39.

Outra peculiaridade dos danos ambientais decorre da invisibilidade, parcial ou total, de seus efeitos nocivos, por poderem ficar latentes durante longo período e se manifestarem muito tempo após a ocorrência de uma situação de poluição ou degradação (transtemporalidade). Para Beck, os riscos ambientais, enquanto exemplo dos novos riscos próprios da modernidade reflexiva, "escapam inteiramente à capacidade perceptiva humana imediata. Cada vez mais estão no centro das atenções ameaças que com frequência não são nem visíveis nem perceptíveis para os afetados, ameaças que, possivelmente, sequer produzirão efeitos durante a vida dos afetados, e sim na vida de seus descendentes, em todo caso ameaças que exigem os 'órgãos sensoriais' da ciência – teorias, experimentos, instrumentos de medição – para que possam chegar a ser "visíveis" e interceptáveis como ameaças".[77]

Admitir isso não significa negar que, muitas vezes, os danos ambientais se manifestem imediatamente e sejam facilmente perceptíveis. Assim, outra diferenciação importante sobre os riscos ambientais refere-se ao tempo de manifestação e de consumação. O tratamento e o gerenciamento do risco sofrerão variação conforme se trate de eventos que se protraiam no tempo (*e.g.* o silencioso e invisível vazamento de um tanque de combustíveis) ou que se consumem em um período mais ou menos curto (*e.g.* a explosão de um tanque de combustíveis). Além disso, é importante considerar que acidentes de consumação imediata podem desencadear efeitos latentes de longa duração. O tratamento do dano, no primeiro momento, e do risco, na perspectiva de continuidade, devem ser tratados de formas distintas.

Uma característica dos riscos ambientais que faz com que sejam inalcançáveis pelo conhecimento médio é a acumulação e o efeito sinérgico de uma multiplicidade de riscos, conhecidos e valoráveis se isoladamente considerados, mas que, acumulados e combinados, geram uma complexidade cujo conhecimento preciso é geralmente impossível[78] ou, no mínimo, muito difícil. Se a questão do estabelecimento de causalidade já é difícil em situações monocausais, ela ganha complexidade quando há mais de um agente.

Tratar de danos multicausais pressupõe admitir a possibilidade de concurso entre agentes responsáveis pela situação de dano. Nesse sentido, Cane indica que "mesmo que possa ser demonstrado que uma poluição causou um dano, se houver mais de um poluidor, provavelmente não será possível demonstrar que a contribuição de qualquer um deles

---

[77] BECK, Ulrich. *Sociedade de risco*: rumo a uma outra modernidade. Tradução Sebastião Nascimento. São Paulo: 34, 2011, p. 32. Como exemplos, cita: contaminações nucleares ou químicas, substâncias tóxicas nos alimentos, enfermidades civilizacionais.

[78] PARDO, José Esteve. *Técnica, riesgo y Derecho*: Tratamiento del riesgo tecnológico en el derecho ambiental. Barcelona: Ariel, 1999, p. 39.

para a poluição que eles produziram aumentou o risco do dano, se considerados isoladamente".[79]

Os efeitos somativos são aqueles que "apontam para alterações ambientais decorrentes do somatório de muitas quotas individuais provenientes dos simultâneos ou sucessivos efeitos industriais de mesma espécie", enquanto os efeitos aditivos, embora semelhantes aos primeiros, distingam-se: "são aqueles que não se resumem a um problema de quantidade nem dos efeitos resultantes das mesmas formas de comportamento, sendo, antes, resultado de complexas conexões de quotas individuais de ações diversificadas". Já os efeitos sinérgicos têm a característica da exponencialidade e mutabilidade e "relacionam-se à combinação de elementos e de substâncias diferentes no ambiente de forma que, quando se encontram, geram um efeito (em regra, nocivo) maior do que o somatório das mesmas substâncias quando isoladas".[80]

Por fim, uma característica frequentemente apontada para descrever os danos ambientais é a irreversibilidade. A irreversibilidade significa que reparar os danos ambientais pode ser difícil, ou impossível, o que, junto ao elemento da incerteza, torna imprecisa e dificultosa a verificação de uma determinada atuação de restauração (se foi ou não eficiente, ou mesmo se foi capaz de atingir todas as dimensões e projeções de situações de dano juridicamente projetáveis). A irreversibilidade, no entanto, não se confunde com impossibilidade de restauração, seja *in natura*, seja por compensação ou mesmo por indenização. Deste modo, "embora um dano possa ser irreversível do ponto de vista ecológico ou ambiental, do ponto de vista jurídico, jamais serão irreparáveis, sendo sempre possível estabelecer de alguma forma uma compensação, natural ou pecuniária, que recomponha, na medida do possível, o ambiente degradado".[81]

Cabe sublinhar que, por diferentes prismas, os danos ambientais podem ser considerados reversíveis ou não, parcial ou totalmente. Isso dependerá especialmente da dimensão de dano ambiental que se esteja

---

[79] Tradução livre. Do original: "even if it can be shown that the pollution caused the harm in this sense, if there was more than one polluter, it may not be possible to show that the contribution of any one of them to the pollution they produced increased the risk of the harm by the required amount". CANE, Peter. Are environmental harms special? *Journal of Environmental Law*. Oxford University Press, 13:1, 2001, p. 15.

[80] CAETANO, Matheus Almeida. *Os delitos de acumulação no direito penal ambiental*. São Paulo: Pillares, 2016, p. 218-219. Para aprofundamento, vide KERNOHAN, Andrew. Accumulative harms and the interpretation of the harm principle. *Social theory and practice*. Florida: Florida State University, vol. 19, n. 1, 1993, p. 51-72 e KERNOHAN, Andrew. Individual acts and accumulative consequences. *Philosophical Studies*. Netherlands: Kluwer Academic, v. 97, n. 3, 2000, p. 343-366.

[81] BAHIA, Carolina Medeiros. *Nexo de causalidade em face do risco e do dano ao meio ambiente*: elementos para um novo tratamento da causalidade no sistema brasileiro de responsabilidade civil ambiental. Tese (Doutorado em Direito) – Centro de Ciências Jurídicas, Universidade Federal de Santa Catarina. Florianópolis, 2012, p. 160.

tratando, bem como de sua extensão e magnitude. Argumenta Cane que "um de nossos mais profundos medos modernos é que a poluição causada pela atividade humana possa degradar permanentemente o meio ambiente. É claro que nem todo dano causado pela poluição é irreversível. Pessoas cuja saúde é prejudicada pela poluição podem se recuperar se o meio ambiente for limpo; pode ser possível restaurar a terra contaminada à sua condição anterior".[82]

A irreversibilidade fica evidente se consideradas hipóteses de extinção de espécies ou de supressão de populações endêmicas. Pode ligar-se, ainda, à dificuldade de reverter a supressão ou a interrupção de acesso e usufruto dos serviços ecológicos – entre o momento da degradação e sua restauração, por exemplo. A questão da extinção de espécies é, de fato, das mais tortuosas – será abordada adiante, quando for discutida a reparação dos danos ecológicos puros. Já a questão da privação do usufruto dos serviços ambientais será retomada a seguir, quando se abordar a reparação dos danos difusos.

Não obstante as relativizações acima suscitadas, a irreversibilidade é de grande relevância ao tema, especialmente sob a ótica da proteção transgeracional do meio ambiente. Afinal, "os efeitos do dano ambiental irreversível são de muito maior significado a longo prazo para as gerações futuras. É muito mais importante para o futuro da raça humana".[83]

1.2.2. Danos ambientais: distinções decorrentes da origem, tempo de manifestação e magnitude

A diferenciação e a classificação dos riscos e dos danos ambientais são fundamentais para compreendê-los, tornando viável que cada risco seja tratado em suas peculiaridades.[84] Para o instituto dos seguros, notadamente, tal diferenciação é de suma importância. Ainda que se afirme

---

[82] Tradução livre. Do original: "Is pollution special because the harm it causes may be irreversible? One of our deepest modern fears is that pollution caused by human activity may permanently degrade the environment. Of course, not all harm caused by pollution is irreversible. People whose health is damaged by pollution may recover if the environment is cleaned up; it may be possible to restore contaminated land to its former condition". CANE, Peter. Are environmental harms special? *Journal of Environmental Law*. Oxford University Press, 13:1, 2001, p. 7. Para o autor, considerando-se danos a indivíduos, ou em situações de contaminação dos recursos naturais em um nível menor, possível a reversibilidade.

[83] Tradução livre. Do original: "the effects of irreversible enrironmental harm are of much greater long-term significance for future generations (...). It is much more important for the future of the human race". CANE, Peter. Are environmental harms special? *Journal of Environmental Law*. Oxford University Press, 13:1, 2001, p. 7.

[84] BORRAZ, Olivier. Risco e regulação. In: MENDES, José Manuel de Oliveira (Coord.). *Risco, cidadania e Estado num mundo globalizado*. Coimbra: Contexto, CES – Centro de Estudos Sociais, 2013, p. 234.

que os danos ambientais possuam peculiaridades, a ponto de torná-los extremamente complexos e de difícil gestão, é necessário considerar que essas constatações não são generalizáveis. A depender da origem, do tempo de manifestação ou da magnitude, os danos poderão ser geridos de forma mais ou menos eficiente, considerando-se especificamente o conhecimento e a tecnologia que se disponha sobre cada um deles.[85]

1.2.2.1. Danos decorrentes de produtos ou de serviços e atividades

Riscos e danos decorrentes de produtos são problemas típicos dos processos de industrialização e de sofisticação da produção de bens, orientados por um mercado de consumo de massa. Este conjunto de fatores permite e fomenta a obtenção de uma economia de escala, baseada na automação (a mecanização e a automação reforçam a segurança operacional e previsibilidade do resultado do processo), na produção em série ou em massa (produtos idênticos ou com características padronizadas, que permitem o incremento da produtividade para atender um mercado de consumo massificado[86]) e na distribuição em cadeia (decorrente da separação, especialização e profissionalização de cada uma das etapas de distribuição: produção, comércio e disponibilização).

Uma transformação acentuada na questão dos produtos é a migração do modo de produção – de processos simples, que geravam produtos simples e artesanais, a produtos altamente complexos e sofisticados (na atualidade, todos eles: desde máquinas e computadores até medicamentos e alimentos). Sobrevem, então, o risco técnico (não mais apenas o risco humano), tornando difícil ao consumidor detectar defeitos e perigos dos produtos[87] e buscar responsabilização e reparação de danos (*product liability*).[88] Os riscos relacionados aos produtos decorrem de defeitos que podem ser de concepção (projeto ou *design*), fabrico, informação ou desenvolvimento.

Problemas relacionados a produtos não são, *prima facie*, uma questão pertinente ao Direito Ambiental, contudo, justifica-se analisar os

---

[85] Como referência importante e clara no sentido de que cada tipo de risco requererá o desenvolvimento de tecnologias específicas, ver DE CARLI, Ana Alice; SOARES DOS SANTOS, Fabiana; SEIXAS, Marcus Wagner de. *A tecnologia em prol do meio ambiente*: a partir de uma análise multidisciplinar. Rio de Janeiro: Lumens Juris, 2016.

[86] Não se olvida, neste ponto, a correlação das questões de produção e consumo de massa com a publicidade e a criação artificial de necessidades. Sobre isso, ver BAUMAN, Zygmunt. *Vida para consumo*: a transformação das pessoas em mercadoria. Rio de Janeiro: Zahar, 2008. Tais questões, no entanto, não comportam os limites deste estudo.

[87] CALVÃO DA SILVA, João. *Responsabilidade civil do produtor*. Coimbra: Almedina, 1990, p. 11-25. Para o autor tais fatores estão nas origens do desenvolvimento dos sistemas de tutela dos consumidores, principiado nos EUA.

[88] MILDRED, Mark *et all. Product liability*: law and insurance. London: LLP/Insurance Law Library, 2000.

SEGUROS AMBIENTAIS

danos decorrentes de produtos em razão da existência de produtos que acarretam danos ambientais. Referimo-nos aqui, por exemplo, aos agrotóxicos, ao amianto e aos transgênicos, que podem resultar em perturbação do patrimônio natural, ocasionando danos ecológicos e, em decorrência, tanto danos difusos quanto individuais. Não obstante, muito mais comuns são os danos ambientais decorrentes de serviços ou de atividades, geralmente atrelados a acidentes industriais, de transporte ou de emissões (vazamento) de rejeitos ou produtos no ambiente natural, sem o devido tratamento. Essas ocorrências geram situações de contaminação e poluição, ou seja, de alteração adversa das características e da qualidade ambiental.[89]

Os danos decorrentes de situações de contaminação podem ser classificados a partir de três critérios, a saber: (i) interesses prejudicados ou ameaçados (que podem variar desde prejuízo no exercício da propriedade ou nas pessoas até o detrimento do desfrute do ambiente natural de forma difusa), (ii) grau de conhecimento sobre a contaminação por parte do responsável (que poderá ser intencional, conhecida e não intencional, ou não conhecida)[90] e (iii) periculosidade inerente à atividade (que poderá ser inócua, perigosa ou altamente perigosa).[91]

Esta distinção é relevante à discussão dos seguros pois, como haverá oportunidade de analisar, produtos de seguros são desenvolvidos para determinados tipos de riscos e moldados às peculiaridades de cada atividade. Para os fins deste estudo, importam especialmente os riscos industriais, relacionados a atividades ou à prestação de serviços.

1.2.2.2. Danos ambientais e tempo de manifestação

Conforme visto anteriormente, nem todos os riscos ambientais são complexos; tampouco todos serão latentes. A distinção entre danos súbitos e danos graduais é esclarecedora a esse respeito, pois os classifica com relação ao tempo de manifestação ou de descoberta. Serão súbitos (também conhecidos como de evolução aguda) os danos caracterizados pela rapidez de sua evolução e percepção, ocasionados, geralmente, por

---

[89] Para uma análise mais completa, inclusive sobre as repercussões antes, durante e após o acidente de Bophal, ver NAVARRO PEREIRA, Antonio Fernando de A. Os acidentes industriais e suas consequências. *Revista Brasileira de Risco e Seguro*. Rio de Janeiro, v. 5, n. 10, out.2009/mar.2010, p. 103-140.

[90] No Brasil – diferentemente da Espanha ou de Portugal, cujas legislações, por força da recepção da Diretiva 35/2004/EU (que será oportunamente tratada neste estudo), adotam a responsabilidade objetiva para situações específicas e não de forma generalizada, admitindo a responsabilidade subjetiva. Sob essa diretiva, não importa, para fins de responsabilização, se a situação de contaminação decorreu de ato intencional ou não, conhecido ou não, em razão da generalizada aplicação da responsabilidade objetiva, inclusive por comando constitucional.

[91] BELENGUER, David Aviñó. *Prevención y reparación de los daños civiles por contaminación industrial*. Cizur Menor (Navarra): Aranzadi, 2015, p. 78-79.

situações acidentais. Seus efeitos danosos são perceptíveis de forma praticamente simultânea ao acidente ou ao evento danoso.

Para os seguros, a noção de poluição súbita possui critérios bastante restritivos: será considerado um dano súbito aquele decorrente de um evento poluidor (emissão, descarga, dispersão, desprendimento, escape, emanação ou vazamento de uma substância poluidora) que se tenha iniciado em data e momento claramente identificáveis, e cuja incidência tenha cessado em até 72 horas após o seu início. No que se refere aos danos gerados, deverão estar manifestos dentro das mesmas 72 horas.[92] Geralmente a poluição súbita é comercializada, nos seguros de responsabilidade civil, como cobertura adicional, que deve ser contratada em separado. O clausulado para tal cobertura costuma seguir o seguinte padrão: "O risco coberto é a responsabilização civil do Segurado por DANOS CORPORAIS E/OU MATERIAIS, causados a terceiros, ocorridos nos locais especificados na apólice, e decorrentes do seguinte fato gerador: a) poluição, contaminação e/ou vazamento, súbitos, inesperados e não intencionais, provocados por substância tóxica e/ou poluente, e desde que satisfeitas, em conjunto, as seguintes condições: I – a emissão, descarga, dispersão, desprendimento, escape, emanação e/ou vazamento da substância tóxica e/ou poluente deverão ter se iniciado em data claramente identificada, e cessado em até 72 (setenta e duas) horas após o seu início; II – os danos corporais e/ou materiais, causados a terceiros, deverão ter se manifestado em até 72 (setenta e duas) horas após a data de início aludida na alínea precedente; III – a emissão, descarga, dispersão, desprendimento, escape, emanação e/ou vazamento da substância tóxica e/ou poluente deverão ter se originado de depósitos, dutos, tubulações ou quaisquer equipamentos localizados NO NÍVEL OU ACIMA DA SUPERFÍCIE DO SOLO OU DA ÁGUA".[93]

Tal cobertura, geralmente criticada por ser bastante restritiva, como visto – e cuja nomenclatura conduz a uma falsa conclusão sobre sua abrangência – somente cobrirá danos corporais e/ou materiais causados a terceiros, logo, afastada estará a cobertura para danos ambientais propriamente ditos, ou seja, os danos ecológicos ou aos recursos naturais. Ademais, só haverá cobertura para situações que simultaneamente atendam os requisitos das alíneas I a III.

De outro lado, serão graduais aqueles danos cuja verificação e percepção se protraia no tempo, após período longo ou muito longo de latência, sujeitos, ainda, aos efeitos sinérgicos ou cumulativos, conforme anteriormente explanado. Caracterizam-se pela evolução em etapas de agravamento progressivo, até sua manifestação ou descoberta.

---

[92] POLIDO, Walter. *Seguros para riscos ambientais*. São Paulo: Revista dos Tribunais, 2005, p. 337.

[93] Vide Circular SUSEP n. 437/2012.

1.2.2.3. Danos ambientais e magnitude

Nem toda situação de dano ambiental será catastrófica: pode haver pequena, média ou grande intensidade de danos decorrentes de um evento. Os termos "catástrofe" ou "desastre", tal como o conceito de *risco*, dependem de percepções e são relativas. O emprego dessas expressões é controverso e impreciso[94] – não há total clareza sobre qual a magnitude de um evento danoso ou acidente ambiental a ser assim denominado. Embora exista uma definição legal de desastre, como o "resultado de eventos adversos, naturais ou provocados pelo homem sobre um ecossistema vulnerável, causando danos humanos, materiais ou ambientais e consequentes prejuízos econômicos e sociais",[95] a falta de elementos legais objetivos dificulta sua caracterização e confere margem a subjetividades.[96]

Para precisar um sentido sobre o que seja um desastre, é possível classificar a partir três elementos: (i) as causas, que podem ser naturais, antrópicas ou mistas (destacando-se essa terceira categoria, pois desastres têm origem em efeitos sistêmicos e sinérgicos[97]); (ii) as consequências, relacionadas à magnitude das perdas (há casos em que, para aferição da magnitude, é necessário que se levem em conta não apenas perdas humanas e patrimoniais/econômicas, mas, também, perdas em relação aos ecossistemas e aos serviços ecossistêmicos;[98] e (iii) o potencial de comprometer a estabilidade do sistema social (elemento relacionado às noções de vulnerabilidade e resiliência), pois "desastres estão diretamente ligados à ideia de eventos capazes de desestabilizar um sistema ao ponto de que este perca a capacidade de diferenciação funcional e de operacionalizar e assimilar aquele evento rapidamente".[99]

---

[94] A esse propósito, com especial referência a documentos internacionais para demonstrar a imprecisão com que os termos são utilizados, ver CAZORLA, María Isabel Torres. Las emergencias y catástrofes como riesgo para la seguridad: una visión desde la perspectiva del derecho internacional público a la luz de la estrategia de seguridad nacional de mayo de 1013. *Revista Cuatrimestral de las Facultades de Derecho y Ciencias Económicas y Empresariales*. Madrid: Icade, n. 92, mayo-agosto, 2014, p. 77-106. Aponta a autora que, por vezes, também é empregada a expressão "emergência".

[95] Inciso II, artigo 2° do Decreto 7.257/2010, que originariamente regulamentava a Medida Provisória 494/2010, convertida na Lei 12.340/2010, a qual é um dos diplomas que compõem o sistema legal de Defesa Civil, atualmente estruturado na Política Nacional de Proteção e Defesa Civil, na forma da Lei 12.608/2012.

[96] Há modelos que se valem de dados objetivos para a caracterização de um desastre, baseados em perdas: número de vítimas fatais, número de atingidos ou feridos, número de desabrigados ou privados de bens essenciais. Sobre isso, ver CARVALHO, Délton Winter de; DAMACENA, Fernanda Dalla Libera. *Direito dos desastres*. Porto Alegre: Livraria do Advogado, 2013, p. 28.

[97] CARVALHO, Délton Winter de; DAMACENA, Fernanda Dalla Libera. *Direito dos desastres*. Porto Alegre: Livraria do Advogado, 2013, p. 25-27.

[98] Idem, p. 28-30.

[99] Idem, p. 30-32.

Há situações em que as consequências e o comprometimento da estabilidade não resultam significativos, seja porque a atividade não era de tal grau perigosa, seja porque a poluição gerada não foi demasiado expressiva ou, ainda, porque as respostas de emergência foram suficientemente eficientes para conter os danos ou seu alastramento.

1.2.3. Dimensões dos danos ambientais

Dano ambiental é expressão que define um gênero de dano, próprio ao ramo jurídico do Direito Ambiental. Este gênero divide-se em espécies, e essas, em sub-espécies. Algumas subespécies e espécies confundem-se com categorias próprias a outros ramos do direito; ou seja, certos tipos de danos, tipicamente tratados pela responsabilidade civil tradicional, ligam-se àqueles da responsabilidade civil ambiental. A devida clareza sobre a tipologia é de suma importância para a consolidação de categorias próprias à responsabilidade civil ambiental, para a segurança jurídica e, ao fim, para viabilizar qualquer sistema de seguros nesse ramo.

1.2.3.1. Danos ecológicos

Danos ecológicos são espécies do gênero dano ambiental, que definem situações de alteração das qualidades de um dado ambiente ou ecossistema – portanto, situações de lesão aos recursos naturais em si. Para fins de tutela jurídica, não é relevante, nesse ponto, o elemento humano ou a afetação humana, social ou econômica. Trata-se de situações de poluição, degradação ou contaminação que afetem o solo, a água, a fauna, a flora e o ar, todos os (macro)bens[100] juridicamente tutelados, segundo uma lógica de resguardo do interesse ou do proveito humano decorrente, ou, em perspectiva mais ecológica, do resguardo dos recursos ecológicos pelos seus atributos intrínsecos.[101]

---

[100] Sobre o conceito de macrobem, ver LEITE, José Rubens Morato; AYALA, Patryck de Araújo. *Dano ambiental*: do individual ao coletivo extrapatrimonial. São Paulo: Revista dos Tribunais, 2012, p. 82 e ss.

[101] "¿Por qué conservar? Principio ético – La probabilidad de la vida es ínfima. De momento sólo se conoce en este extraño y recóndito rincón del universo. Asimismo, la probabilidad de existir es infinitamente más baja que la de no existir y cada forma de vida responde a una irrepetible suma de improbabilidades que se han añadiendo a lo largo de centenares de millones de años. Por tanto, existir es una proeza cósmica. ¿Por qué salvar una especie? Sólo por eso, porque existe (y por salvar la proeza). Principio estético – Se dice que 'la vida es bella'. Lo cierto es que la naturaleza es la fuente primaria de toda belleza. Todo lo vivo es bello y cualquier pedazo de biodiversidad contiene belleza. ¿Por qué salvar una especie? Quizá solo por eso, porque forma parte de la belleza. Principio científico. Cada especie es un enigma; un genoma único modelado por millones de años de evolución. ¿Por qué salvar una especie? Simplemente para salvar el enigma. Cada especie encierra las respuestas a un montón de preguntas. Principio del conocimiento – Una especie desconocida puede ser la respuesta a alguna pregunta que quizá aún no conocemos o la solución a un

Em uma perspectiva utilitarista e antropocêntrica, o elemento humano apenas aparece para justificar escolhas políticas de eleição de proteção jurídica a esses bens naturais, de acordo com o paradigma antropocêntrico.[102] De todo modo, os bens naturais, nesse contexto, são o foco da proteção.

Os danos ecológicos, em sentido estrito, podem gerar – e via de regra geram – danos às pessoas, à sociedade, à economia, de forma individual ou difusa, reflexivamente. Contudo, a tutela do bem ecológico justifica-se independentemente desses reflexos, tendo caráter e proteção autônomos quando o objeto de proteção é o patrimônio natural. O patrimônio natural é entendido "como conjunto dos recursos bióticos (seres vivos) e abióticos (por exemplo: ar, água, terra) e a sua interacção (ou seja, um conjunto de sistemas ecológicos caracterizados pela sua interdependência, capacidade de auto-regulação e de auto-regeneração)".[103] A questão da afetação humana ganha proeminência e recebe tratamento jurídico específico somente na perspectiva dos danos reflexos ou em ra-

---

problema que todavía no esperamos. ¿Por qué debemos dedicar esfuerzo a conocer las especies antes de que se extingan? Sólo porque es mejor conocer las cosas que desconocerlas. El instinto ancestral de adquirir conocimiento ha permitido el avance de la civilización humana. Por otro lado, la capacidad para comprender el mundo depende del conocimiento acumulado. Muchas formas de conocimiento renuncian a su utilidad o a su potencial aplicador inmediato, pero son imprescindibles a la larga. Principio de la complementariedad – Las especies no son entes aislados, sino las piezas del entramado de la vida. Si no tenemos especies no tenemos fábrica de la vida, pues son sus componentes básicos. ¿Por qué salvar una especie? Sencillamente, porque la suma sinérgica de las especies es la que sostiene los ciclos de la vida. De cada especie dependen otras muchas y, a su vez, cada una depende de otras tantas. La conservación de cada tuerca y de cada engranaje es la primera preocupación de un buen mecánico. Principio de precaución – (O principio de la posible utilidad de lo aparentemente inútil). Si la evolución de la vida ha logrado transitar desde una sopa bacteriana hasta raros individuos capaces de interrogarse sobre la utilidad de lo que hacemos, es precisamente por poseer cierta capacidad para retener lo superfluo, lo inútil o lo que de momento no sirve para nada. ¿Por qué conservar una especie? Pues por eso, porque no vaya a ser que nos equivoquemos al considerarla inútil (y ya no hemos equivocado demasiadas veces). Principio económico – (Para los escépticos de los principios ético, estético, científico, del conocimiento, de la complementariedad o de la precaución). Toda la comida, la tercera parte de los medicamentos y buena parte de los materiales que usamos procede de especies que son o han sido silvestres en algún momento. La biodiversidad (o sea, las especies) está en la base de todos los servicios aportados por los ecosistemas a la humanidad. ¿Por qué salvar una especie? Sólo por eso, porque son posibles recursos y posibles soluciones a posibles problemas". Madrid. Museo Nacional de Ciencias Naturales. Exposición "Biodiversidad".

[102] Descabe adentrar, aqui, no contraponto entre antropocentrismo e ecocentrismo. Mesmo porque se entende que sejam visões e posturas não antagônicas, de acordo com a lógica de que o cultural e o natural compõem uma totalidade. No mais, em Molinaro, "o *princípio antrópico*, seja na versão *forte* ou *débil*, não revela qualquer antropocentrismo, como aos desatentos poderia parecer. Ao contrário, ele afirma a visão *ecocêntrica forte*, que conduz a um *cosmocentrismo* inarredável" (pois "entre todos os universos possíveis, vivemos precisamente no que nos permite existir"). Assim, a natureza como "um lugar de encontro", "um espaço físico apropriado para o exercício das ações socioambientais, promovendo um conjunto complexo de condições sociais, morais, naturais e culturais que cercam os seres vivos e neles podem influir decisivamente". MOLINARO, Carlos Alberto. *Direito ambiental*: proibição de retrocesso. Porto Alegre: Livraria do Advogado, 2007, p. 66 e 80.

[103] SENDIM, José de Souza Cunhal. *Responsabilidade civil por danos ecológicos*: da reparação do dano através de restauração natural. Coimbra: Coimbra Editora, 1998, p. 130.

zão dos serviços ecológicos,[104] quer dizer, quando uma situação de dano ecológico se reflete diretamente em indivíduos ou grupos ou quando estes indivíduos ou grupos são privados dos serviços ecológicos.

Sendim, ao conceituar o dano ecológico, inclui na definição os efeitos da perturbação do patrimônio natural quanto a sua "capacidade funcional e ecológica" e à "capacidade de aproveitamento humano de tais bens". Refere-se, portanto, por um lado, às funções ecológicas ou ecossistêmicas e, de outro, aos serviços ecológicos ou ecossistêmicos.[105]

Não se devem confundir funções ecológicas e serviços ecológicos: conforme ensina Melo, há distinção, pois, enquanto as funções "referem-se aos próprios *habitats*, bem como às propriedades biológicas/sistêmicas ou aos processos ecossistêmicos", os serviços relacionam-se aos "benefícios humanos que a população recebe, direta ou indiretamente, das funções ecossistêmicas".[106]

Os danos ecológicos acometem os recursos naturais em si, o que tem relação com a perda de biodiversidade,[107] com a extinção de espécies e outras questões da mais alta importância. Por isso, são tratados entre os Objetivos do Desenvolvimento Sustentável das Nações Unidas; especificamente o Objetivo 15, consubstanciado no comando de "proteger, recuperar e promover o uso sustentável dos ecossistemas terrestres, gerir de forma sustentável as florestas, combater a desertificação, deter

---

[104] Sem prejuízo do aprofundamento do conceito, desenvolvido nos tópicos seguintes, é válido antecipar que serviços ecológicos são "os benefícios que as pessoas obtêm dos ecossistemas, tais como a captura de CO2, a regulação das dinâmicas hídricas e climáticas, a prevenção de fenômenos de erosão e desertificação, a melhoria da qualidade do ar, a paisagem etc.". LAVRATTI, Paula (Org.); TEJEIRO, Guillermo; STANTON, Marcia (Autores). *Sistemas estaduais de pagamento por serviços ambientais*: diagnóstico, lições aprendidas e desafios para a futura legislação. São Paulo: O Direito por um Planeta Verde, 2014, p. 15.

[105] SENDIM, José de Souza Cunhal. *Responsabilidade civil por danos ecológicos*: da reparação do dano através de restauração natural. Coimbra: Coimbra Editora, 1998, p. 130.

[106] MELO, Melissa Ely. *Pagamento por serviços ambientais (PSA)*: entre a proteção e a mercantilização dos serviços ecossistêmicos no contexto da crise ambiental. Tese. (Doutorado em Direito) – Centro de Ciências Jurídicas, Universidade Federal de Santa Catarina. Florianópolis, 2016, p. 194.

[107] Molinaro, em passagem singular, demonstra as correlações entre a biodiversidade e a vida, quando afirma a "vida como instrumento propiciante da própria vida e a relação dialética estabelecida *naturalmente* entre vida e diversidade", destacando: "1) quanto mais vidas existem em um sistema, maior é a quantidade de possibilidades de preservá-la; 2) a vida aumenta a capacidade de um ambiente para 'sustentar' a vida; 3) a uma maior quantidade e qualidade de vida; haverá uma maior diversidade ambiental e, a uma grande quantidade de diversidade ambiental, maiores são as possibilidades de criar e reproduzir a vida; 4) dado o grau de desenvolvimento das formas de vida humanas e naturais que se deram no planeta, já não há vida sem diversidade 'naturais' – a vida 'natural' e a diversidade ambiental não se dão sozinhas, mas, sim, requerem a interação entre o ser humano e a natureza; 5) portanto, um dever básico com respeito a natureza consiste em reconstruir a ação humana, não como uma forma de destruição, mas de construção e reprodução ambiental; 6) a mais alta função de um processo cultural ambiental é a compreensão e prevenção das consequências que surjam no marco da interação natureza-cultura; 7) as peculiaridades físicas de um mundo acabam por inscreverem-se em sua história econômica e política". MOLINARO, Carlos Alberto. *Direito ambiental*: proibição de retrocesso. Porto Alegre: Livraria do Advogado, 2007, p. 64.

e reverter a degradação da terra, e deter a perda de biodiversidade", desdobrando-se esse objetivo no de "tomar medidas urgentes e significativas para reduzir a degradação de *habitat* naturais, estancar a perda de biodiversidade e, até 2020, proteger e evitar a extinção de espécies ameaçadas".[108]

O dano ecológico refere-se, portanto, à afetação dos ecossistemas, pois provoca distúrbio nas suas funcionalidades. No entanto, a compreensão sobre funções ecossistêmicas pressupõe sensibilidade, ou o entendimento sobre como esses sistemas funcionam; deve-se estar disposto e capaz de compreendê-los, sendo necessário, para tanto, um saber ambiental, que leve em conta a complexidade ambiental. Como propõe Leff, esse saber "implica um processo de 'desconstrução' do pensamento para se pensar o ainda não pensado, para se desentranhar o mais entranhável de nossos saberes e para dar curso ao inédito, arriscando-se a desmanchar nossas últimas certezas e a questionar o edifício da ciência. O saber ambiental consiste em saber que o caminho no qual vamos acelerando o passo é uma corrida desenfreada na direção de um abismo inevitável; a partir dessa compreensão do caráter da crise ambiental, não resta outra alternativa a não ser nos sustentarmos na incerteza, conscientes de que devemos refundamentar o saber sobre o mundo em que vivemos a partir do pensamento na história e no desejo de vida que se projeta no sentido da construção de futuros inéditos por meio do pensamento e da ação. O saber ambiental emerge como um questionamento, abrindo uma reflexão sobre a densidade histórica do pensamento ecologista e das teorias de sistemas que, a partir de sua vontade de totalidade, forma um mundo que tende para a globalização e a generalização de suas leis unitárias, com seus impactos na natureza e na sociedade".[109]

Embora seja reconhecida, no Brasil, a tutela específica dos recursos naturais, a ampliação do escopo de proteção desses bens depende de um aprofundamento da sensibilidade ecológica, na linha do que sustenta Leff, de modo a agregar tais compreensões à interpretação e a sua aplicação do Direito.[110]

---

[108] Desde 2015, obedecendo ao comando firmado em 2013, no âmbito da Conferência Rio+20, a Cúpula das Nações Unidas vem divulgando e se comprometendo com uma nova agenda global para a sustentabilidade, denominado Objetivos de Desenvolvimento Sustentável (ODS). Os ODS deverão orientar as políticas nacionais e as atividades de cooperação internacional nos próximos quinze anos, sucedendo e atualizando os Objetivos de Desenvolvimento do Milênio (ODM). O documento na íntegra, em língua portuguesa, está disponível em <http://www.itamaraty.gov.br/images/ed_desenvsust/ODSportugues12fev2016.pdf>.

[109] LEFF, Enrique. *Epistemologia ambiental*. Tradução de Sandra Valenzuela. São Paulo: Cortez, 2006, p. 196-201.

[110] Sobre estas questões, ver JOSEFSSON, Henrik. Ecological status as a legal construct – Determining its legal and ecological meaning. *Journal of Environmental Law*. Oxford University Press, 27, 2015, p. 231-258 e OST, François. *A natureza à margem da lei*: a ecologia à prova do direito. Tradução Joana Chaves. Lisboa: Instituto Piaget, 1995.

A modo de conclusão, e para fins de esclarecimento, cumpre referir a Diretiva 2004/35/UE (a qual será devidamente analisada em seções posteriores). Essa norma, em particular na modelagem recepcionada em Portugal e Espanha, traz uma definição diversa sobre dano ambiental, que equivale, apropriadamente, ao conceito de dano ecológico – ou seja, não tem o sentido alargado utilizado neste estudo, enquanto gênero.

A Diretiva, que é um importante marco de responsabilidade ambiental no âmbito da União Europeia, trata específica e exclusivamente dos danos ecológicos, pois o conceito de dano ambiental encontra previsão à parte. No artigo 2º da Lei 26/2007 (LRM), o dano ambiental é referido como a alteração adversa e mensurável de um recurso natural ou o prejuízo de um serviço dos recursos naturais, produzidos direta ou indiretamente, e, sendo a legislação restritiva, enumera os recursos naturais que são objeto de proteção. Quanto à Diretiva, trata-se de uma norma de proteção restrita a danos ecológicos: importa mencionar que há expressa previsão de exclusão dos danos reflexos individuais,[111] ou seja, trata-se de uma concepção hermética para esta modalidade de dano,[112] muito diferente da opção em voga no sistema brasileiro.

Os prejuízos e danos causados aos recursos naturais em si ocasionam perda da qualidade ambiental, a qual tem relação com os danos ambientais difusos (*lato sensu*) que serão abordados no item seguinte.

1.2.3.2. Danos ambientais difusos

A noção de dano difuso ou coletivo é uma figura peculiar, desenvolvida por doutrina já com ampla aceitação na jurisprudência.[113] Trata-se da lesão à esfera moral coletiva de uma dada comunidade, ou seja, é a violação antijurídica de um determinado conjunto de valores coletivos, resultando grave ao ponto de ultrapassar os limites toleráveis ou socialmente aceitos, implicando em um dano coletivo em decorrência do sofrimento e intranquilidade social. Pela perspectiva ambiental, essa

---

[111] Isso não significa dizer que o ordenamento espanhol ou o português não ofereçam tutela aos danos reflexos. Pelo contrário: fazem-no, contudo em legislação própria. Sobre o caso particular de Portugal, ver MATOS, Filipe Albuquerque. Danos ambientais / danos ecológicos: o fundo de intervenção ambiental. In: MONTEIRO, Jorge Sinde; BARBOSA, Mafalda Miranda (Coord.). *Risco ambiental*: atas do colóquio de homenagem ao Senhor Professor Doutor Adriano Vaz Serra. Coimbra: Instituto Jurídico/FDUC, 2015, p. 33-79.

[112] AMEZ, Javier García. *Responsabilidad por daños al medio ambiente*. Cizur Menor (Navarra): Aranzadi, 2015, p. 101-104.

[113] O tema e a admissibilidade de tal modalidade de dano, no entanto, ainda não estão consagrados. Sobre o dissídio na jurisprudência, ver SCHREIBER, Anderson. *Novos paradigmas da responsabilidade civil*: da erosão dos filtros da reparação à diluição dos danos. São Paulo: Atlas, 2015, p. 88-89. Especificamente sobre sua admissibilidade na seara ambiental, ver LEITE, José Rubens Morato; AYALA, Patryck de Araújo. *Dano ambiental*: do individual ao coletivo extrapatrimonial. São Paulo: Revista dos Tribunais, 2012, p. 280 e seguintes.

espécie de dano relaciona-se diretamente às perdas humanas, sociais e econômicas decorrentes dos danos ecológicos antes referidos e, como já antecipado, recebem proteção jurídica distinta. Deve-se ressalvar, outrossim, que, ao tratar de perdas humanas, sociais ou econômicas, não se está a falar de perdas individuais ou individualizáveis (as quais serão tratadas no item seguinte). O dano ambiental difuso, tido como extrapatrimonial, refere-se aos prejuízos sofridos pela coletividade, de forma difusa, em razão da indisponibilidade de acesso e fruição dos serviços ecológicos. Trata-se de uma "lesão a valor imaterial coletivo, pelo prejuízo proporcionado a patrimônio ideal da coletividade, relacionado à manutenção do equilíbrio ambiental e da qualidade de vida".[114]

Se os danos ecológicos ou os danos individuais reflexos são de mais fácil compreensão, visualização e até mensuração, os danos ambientais em sentido amplo dependem de uma alta capacidade sensitiva. Para compreendê-los, há a necessidade de percepção do complexo contexto de inter-relações que os justificam, na medida em que o funcionamento e a estrutura dos ecossistemas sejam complexos e incertos e que o ser humano esteja distante de sua total compreensão.[115] Quando se correlacionam à sociedade e aos ecossistemas, faz-se necessário outro enfoque conceitual para os danos ambientais. Está-se a tratar de sistemas socioecológicos, que envolvem, além dos aspectos naturais, dimensões econômicas, sociais e culturas dos grupos humanos. Assim, "diante da complexidade decorrente da dinâmica destes sistemas, é necessário utilizar ferramentas que permitam exercícios integradores e prospectivos, que permitam às partes em conflito construir cenários futuros tendo em conta a informação e as percepções de todas elas, assim como o conhecimento técnico sobre um dado recurso natural ou mesmo de todo o ecossistema".[116]

É necessário levar em conta que essa complexidade decorre também das percepções e relações que se estabelecem entre indivíduos e grupos com determinados ecossistemas, as quais constituem visões, per-

---

[114] LEITE, José Rubens Morato; AYALA, Patryck de Araújo. *Dano ambiental*: do individual ao coletivo extrapatrimonial. São Paulo: Revista dos Tribunais, 2012, p. 285.

[115] CASTILLO, Daniel. El análisis sistémico de los conflictos ambientales: complejidad y consenso para la administración de los recursos comunes. In: SALAMANCA RANGEL, Manuel Ernesto (Coord.). *Las prácticas de la resolución de conflictos en América Latina*. Bilbao: Universidad de Deusto, 2008, p. 154.

[116] Tradução livre. Do original: "Dada la complejidad generada por la combinación dinámica de estos dos sistemas se hace necesario utilizar herramientas que permitan hacer ejercicios integradores y prospectivos que permitan a las partes en conflicto construir escenarios futuros teniendo en cuenta la información y las percepciones de todas ellas, así como el conocimiento técnico acerca del recurso o el ecosistema". CASTILLO, Daniel. El análisis sistémico de los conflictos ambientales: complejidad y consenso para la administración de los recursos comunes. In: SALAMANCA RANGEL, Manuel Ernesto (Coord.). *Las prácticas de la resolución de conflictos en América Latina*. Bilbao: Universidad de Deusto, 2008, p. 154.

cepções e modelos mentais dos autores envolvidos em um dado conflito ambiental. Esse fator é central no uso dos recursos naturais e relaciona-se diretamente com as pré-compreensões que as pessoas têm acerca do funcionamento do mundo.[117]

A definição dos danos ambientais em sentido amplo, também denominados danos ambientais extrapatrimoniais difusos, representa um ponto de encontro entre meio ambiente e cultura, pois há uma forte imbricação desses elementos no modo como certos grupos de pessoas ou comunidades, segundo suas bases culturais, sentem, percebem e interagem com o meio ambiente. Assim é, pois, "o meio ambiente também porta referência a uma série de crenças, costumes, valores espirituais ou morais, representados por meio de tradições, estimações, conhecimentos, apreciações de caráter coletivo, cultural ou social".[118]

A compreensão dos danos ambientais em sentido amplo depende, portanto, em larga medida, da compreensão que uma comunidade de indivíduos tenha (ou tenha tido, previamente ao evento) sobre o ambiente que foi degradado, pois "cada um dos atores envolvidos em um conflito ambiental, de acordo com suas percepções, constrói uma representação dos recursos, dos ecossistemas e dos demais atores. Este ator atua individualmente, mas também ajuda a construir uma representação coletiva de seu entorno, a qual, por sua vez, é a responsável pelos padrões gerais de interação com os ecossistemas".[119]

Se está superada a posição antropocêntrica clássica, que separa o humano do natural, aparece aqui a noção do antropocentrismo alargado: do humano e da sociedade inseridos no meio ambiente, como parte. É a posição humana como parte inter-relacional com os bens naturais que dá sentido à noção de dano ambiental extrapatrimonial, pois o dano, aqui, representa o rompimento, parcial ou total, desses elos e dessa percepção de pertencimento. Significa um ponto de percepção das interdependências, mas acima de tudo, de quanto somos dependentes

---

[117] CASTILLO, Daniel. El análisis sistémico de los conflictos ambientales: complejidad y consenso para la administración de los recursos comunes. In: SALAMANCA RANGEL, Manuel Ernesto (Coord). *Las prácticas de la resolución de conflictos en América Latina.* Bilbao: Universidad de Deusto, 2008, p. 155.

[118] BAHIA, Carolina Medeiros. *Nexo de causalidade em face do risco e do dano ao meio ambiente*: elementos para um novo tratamento da causalidade no sistema brasileiro de responsabilidade civil ambiental. Tese. (Doutorado em Direito) – Centro de Ciências Jurídicas, Universidade Federal de Santa Catarina. Florianópolis, 2012, p. 174.

[119] Tradução livre. Do original: "Cada uno de los actores involucrados en un conflicto ambiental, de acuerdo a sus percepciones, construye una representación de los recursos, los ecosistemas y de los otros actores (...). Este actor actúa individualmente pero también ayuda a construir una representación colectiva de su entorno la cual a su vez es la responsable de los patrones generales de interacción con los ecosistemas". CASTILLO, Danile. El análisis sistémico de los conflictos ambientales: complejidad y consenso para la administración de los recursos comunes. In: SALAMANCA RANGEL, Manuel Ernesto (Coord). *Las prácticas de la resolución de conflictos en América Latina.* Bilbao: Universidad de Deusto, 2008, p. 155.

dos ecossistemas e, especialmente, dos serviços ecossistêmicos que nos são propiciados pela natureza,[120] sejam eles vitais (ar puro, água limpa, regulação do clima) ou de desfrute (uma paisagem, uma praia limpa, as belezas culturais e históricas).

Ademais, a definição de dano ambiental difuso alcança "também os prejuízos ocasionados aos aspectos antrópicos do meio ambiente, compostos pelos valores sociais e culturais protegidos pelas normas ambientais (meio ambiente artificial, meio ambiente cultural e do trabalho)".[121] Consiste, portanto, "na ofensa ao meio ambiente, como bem de uso comum do povo, e na violação do direito de toda a coletividade ao meio ambiente ecologicamente equilibrado", sendo diversos e mais abrangentes do que "uma simples soma dos danos individuais, configurando um dano concreto e atual à coletividade, que se vê obrigada a suportar a diminuição da qualidade de vida ocasionada pela perturbação ambiental".[122]

Os danos ambientais, em sentido amplo, têm uma dimensão extrapatrimonial que "atinge vítimas plurais, deriva de um mesmo fato lesivo e apresenta uma feição social, na medida em que surge das relações que os membros da coletividade estabelecem com o meio ambiente ou de circunstâncias físico-temporais. Dessa forma, ele consiste numa lesão na esfera social de um grupo de sujeitos pela ofensa a interesses não patrimoniais coletivos, que apresentam uma base fática comum, ainda que não exista uma prévia relação jurídica entre os seus membros".[123]

Cumpre consignar, em conclusão a essa abordagem sobre o dano ambiental difuso, que há expressiva imprecisão sobre o conceito e conteúdo do instituto, a ponto de gerar uma forte aproximação entre os danos extrapatrimoniais difusos ou coletivos e os danos morais individuais. Como já referido, os danos difusos ou coletivos não são a soma dos danos morais individuais, ainda que tidos como individuais homogêneos. Uma argumentação sobre danos difusos não pode se circunscrever à descrição sobre uma coletividade vitimada por um mesmo evento e homogeneamente afetada. O ônus argumentativo, probatório e persuasivo deve-se desenvolver com o restrito enfoque em quais sejam as implicações e perdas difusas, na medida em que o dano moral coletivo só tenha razão de ser e de evoluir em nosso sistema se tido como categoria própria, apta a tutelar interesses transindividuais.

---

[120] Neste sentido, sobre tais questões em Espanha, vide AMEZ, Javier García. *Responsabilidad por daños al medio ambiente*. Cizur Menor (Navarra): Aranzadi, 2015, p. 102.

[121] BAHIA, Carolina Medeiros. *Nexo de causalidade em face do risco e do dano ao meio ambiente*: elementos para um novo tratamento da causalidade no sistema brasileiro de responsabilidade civil ambiental. Tese. (Doutorado em Direito) – Centro de Ciências Jurídicas, Universidade Federal de Santa Catarina. Florianópolis, 2012, p. 173.

[122] Idem, p. 172.

[123] Idem, p. 179.

1.2.3.3. Danos ambientais individuais

Os danos individuais são reflexos de um dano ambiental: não criam significativas inovações no sistema tradicional de danos, pois não escapam da lógica tradicional de reparação de danos patrimoniais e extra-patrimonias sofridos pelas vítimas de um evento.[124] São projetados sobre particulares, a partir de um distúrbio ambiental, e são capazes de causar "uma lesão à integridade psicofísica ou ao patrimônio de determinados indivíduos, dando origem a um dano certo, pessoal, de ordem patrimonial ou extrapatrimonial, lesivo a interesses juridicamente protegidos. Nestes casos, o fato causador do dano através do ambiente termina por atingir, de modo reflexo, situações jurídicas favoráveis do indivíduo, podendo causar prejuízos tanto a bens integrantes da sua personalidade (como danos morais ou danos estéticos) quanto a bens de ordem patrimonial".[125]

O dano se estende mesmo quando "a restauração ou recomposição ambiental é viável, [pois] vincula-se ao tempo que transcorre desde o evento danoso até sua reparação, como compensação pelo tempo transcorrido sem poder gozar de um ambiente em seu máximo nível possível de qualidade".[126]

A rigor, portanto, a tutela dos danos individuais sequer estaria sujeita à proteção própria do Direito Ambiental, mas ao direito civil tradicional. Por estarem aqui ambos os ramos jurídicos fortemente vinculados, o tema é tratado de forma conjunta. Contudo, vale notar que "o ressarcimento dos danos ambientais individuais independe da tutela jurídica do meio ambiente, pois a sua reparação não tem como escopo o alcance de um ambiente ecologicamente equilibrado, mas a salvaguarda de bens e interesses individuais".[127]

Como explicam Leite e Ayala, o dano ambiental individual reflexo, ou indireto, tem por base "um interesse próprio do indivíduo [...], levando em consideração que a lesão patrimonial ou extrapatriomonial que sofre o proprietário, em seu bem, ou a doença que contrai uma

---

[124] Como afirma Cane, "We know that pollution can damage peolple's physical and mental health and well-being. (...) Pollution can also produce economic losses. (...) But none of these types of harm presents special legal issues simply by being the result of pollution. Every legal system contains general principles of non-contractual liability for personal injury, property damage and economic loss (...)". CANE, Peter. Are environmental harms special? *Journal of Environmental Law.* Oxford University Press, 13:1, 2001, p. 7.

[125] BAHIA, Carolina Medeiros. *Nexo de causalidade em face do risco e do dano ao meio ambiente*: elementos para um novo tratamento da causalidade no sistema brasileiro de responsabilidade civil ambiental. Tese. (Doutorado em Direito) – Centro de Ciências Jurídicas, Universidade Federal de Santa Catarina. Florianópolis, 2012, p. 170-171.

[126] Idem, p. 180.

[127] Idem, p. 171.

pessoa, inclusive a morte, podem ser oriundas da lesão ambiental".[128] Como haverá oportunidade de se demonstrar, é justamente o dano individual reflexo que recebe mais atenção dos seguros.

1.3. A responsabilidade ambiental como risco e o risco da responsabilização ambiental

Nos tópicos anteriores, demonstraram-se as principais características relacionadas ao risco ambiental para delimitar uma infortunística ambiental. Neste momento, passa-se a analisar os principais elementos da imputação de responsabilidade civil no direito brasileiro.

A responsabilidade ambiental visa a designar um marco de desenvolvimento de responsabilidade civil (extracontratual) para danos resultantes de situações de poluição, especialmente focados em prejuízos humanos, corporais ou psicológicos, por meio da adaptação das técnicas legais existentes aos novos problemas sociais. Cabe registrar que a construção de um regime específico de responsabilidades ambientais decorreu, na origem, de episódios de danos de grandes proporções, incluindo acidentes industriais – os mais emblemáticos, já mencionados – e situações de danos decorrentes de produtos danosos disponibilizados no mercado para consumo humano, denominados *toxic tort*. Esse movimento teve início na década de 1950 na Europa e nos EUA, marcadamente focado, então, na responsabilidade por produtos defeituosos e lesivos à saúde humana.[129]

Diante de cenários de incerteza, surge a necessidade de criação de mecanismos jurídicos aptos a lidar com novas realidades. Com explica Pardo, isso tem reflexos tanto no sistema normativo quanto no sistema de emissão de atos administrativos de autorização. Nesse sentido, "a incerteza própria dos riscos se transmite a um sistema jurídico cada vez mais incerto, não somente no plano normativo, mas também em atos administrativos que se concebiam como fechados e definitivos, com as autorizações, abertas agora às novidades do conhecimento e da tecnologia. Quem obtém uma licença, sobretudo para atividades industriais, não dispõe agora, como antes, de um título de conteúdo e perfil precisos,

---

[128] LEITE, José Rubens Morato; AYALA, Patryck de Araújo. *Dano ambiental*: do individual ao coletivo extrapatrimonial. São Paulo: Revista dos Tribunais, 2012, p. 150.

[129] CANE, Peter. Are environmental harms special? *Journal of Environmental Law*. Oxford University Press, 13:1, 2001, p. 4-5. O autor afirma que esse movimento teve início entre as décadas de 1950 e 1960, com o desenvolvimento da responsabilidade por produtos (product liability law) na Europa, especialmente em razão da tragédia causada pela talidomida (Thalidomide tragedy). Nos EUA, esse movimento produziu a jurisprudência que deu início ao advento do movimento pelos direitos do consumidor, fortalecido nas décadas de 1960 e 1970.

pois a esta se podem acrescer e exigências futuras em função das inovações tecnológicas que sejam produzidas".[130]

O sistema de responsabilização ambiental é parte da disciplina jurídica regulada pelo Direito Ambiental. Este ramo jurídico, bem como a forma como ele se desenvolve, especialmente em nível jurisprudencial, é, primordialmente, um produto cultural. É o Direito Ambiental, na definição de Molinaro, "nuclearmente, um produto cultural, destinado a estabelecer um procedimento de proteção e corrigenda dos defeitos de adaptação do ser humano ao habitat, numa relação inclusiva de condições bióticas e abióticas; está dominado por normas (princípio e regras) e técnicas que estabelecem um mínimo de segurança e que defendem, promovem, conservam e restauram o 'meio ambiente'".[131]

O Direito Ambiental, enquanto ramo jurídico, está associado ao advento do direito ao meio ambiente e, mais precisamente, à introdução no sistema jurídico de normas de proteção ambiental; ocorrida, no caso brasileiro, a partir de 1981, com a LPNMA.[132] O direito ao meio ambiente, ou direito do meio ambiente, surgiu do contexto de crise ambiental, sobre o qual discorreu a análise nos itens iniciais deste capítulo, quando tratados os riscos e os riscos ambientais.[133]

O surgimento do direito ao meio ambiente, avançando para o direito ao meio ambiente ecologicamente equilibrado, foi consagrado como direito fundamental no artigo 225 da Constituição da República Federativa do Brasil. É parte dos denominados novos direitos,[134] de tercei-

---

[130] Tradução livre. Do original: "De ese modo la incertidumbre propia de los riesgos se transmite a un sistema jurídico cada vez más incierto, no sólo en el plano normativo sino incluso en actos administrativos que se concebían como cerrados y definitivos, como las autorizaciones, abiertas ahora a las novedades del conocimiento y la tecnología. Quien obtiene así una licencia, sobre todo para actividades industriales, no dispone ya como antaño de un título habilitante de contenido y perfiles precisos, sino que se le pueden plantear exigencias futuras en función de las innovaciones tecnológicas que se produzcan. Esta es una incertidumbre que se transmite también, como ya puede constatarse, a las entidades de crédito que financian estas empresas que se enfrentan así a riesgos financieros derivados del régimen abierto, precario podría incluso decirse, de las licencias.". PARDO, José Esteve. Las aportaciones de Ulrich Beck a la comprensión del nuevo entorno sociológico del Derecho Público. In: GOMES, Carla Amado; TERRINHA, Luis Heleno (Coord.). *In memoriam*: Ulrich Beck. Lisboa: Instituto de Ciências Jurídico-Políticas/FDUL, 2016, p. 100-101.

[131] MOLINARO, Carlos Alberto. *Direito ambiental*: proibição de retrocesso. Porto Alegre: Livraria do Advogado, 2007, p. 47.

[132] Sobre a evolução do direito ambiental brasileiro, tivemos oportunidade de apresentar um esboço evolutivo, em SARAIVA NETO, Pery. *O direito fundamental ao meio ambiente sadio e equilibrado*: evolução e reconhecimento constitucional no Brasil. Tubarão: Revista Jurídica da UNISUL, v. 1, 2010, p. 69-80.

[133] Como complementação para compreensão da crise ambiental vide, dentre outros: ALPHANDÉRY, Pierre; BITOUN, Pierre; DUPONT, Yves. *O equívoco ecológico*: riscos políticos da inconsequência. Tradução Lúcia Jahn. São Paulo: Brasiliense, 1992; OST, François. *A natureza à margem da lei: a ecologia à prova do direito*. Tradução Joana Chaves. Lisboa: Instituto Piaget, 1995.

[134] O advento de novos direitos é sempre resultado de reivindicações que florescem no âmbito social. Com o direito ambiental, não foi diferente. Como afirma Sarlet, os direitos de terceira dimensão, inclusive o ambiental, são "resultado de novas reivindicações fundamentais do ser humano,

ra dimensão,[135] vinculados às noções de fraternidade e solidariedade. Sobre os direitos fundamentais de terceira dimensão, ensina Sarlet que "trazem como nota distintiva o fato de se desprenderem, em princípio, da figura do homem-indivíduo como seu titular, destinando-se à proteção de grupos humanos (família, povo, nação), e caracterizando-se, consequentemente, como direitos de titularidade coletiva ou difusa. Para outros os direitos de terceira dimensão têm por destinatário precípuo 'o gênero humano mesmo, num momento expressivo de sua afirmação como valor supremo em termos de existencialidade concreta'. Dentre os direitos fundamentais da terceira dimensão consensualmente citados, cumpre referir os direitos à paz, à autodeterminação dos povos, ao desenvolvimento, ao meio ambiente e qualidade de vida, bem como o direito à conservação e utilização do patrimônio histórico e cultural e o direito de comunicação".[136]

Este movimento de incorporação do direito ao meio ambiente ecologicamente equilibrado na CRFB, somado às inúmeras normas infraconstitucionais gerais e setoriais sobre proteção ambiental, proporcionou a assimilação do advento de uma nova modelagem para o Estado, com a noção de Estado de Direito Ambiental ou de Estado de Direito Socioambiental.[137] Essa modelagem visa, basicamente, entre muitas tarefas e deveres, a instituir normas de regulação sobre as relações entre o ser humano e o meio ambiente, estabelecendo instrumentos para determinar condutas e fixar responsabilidades. Lida com direitos de "titularidade coletiva, muitas vezes indefinida e indeterminável, o que se revela, a título de exemplo, especialmente no direito ao meio ambiente e qualidade de vida, o qual [...] reclama novas técnicas de garantia e proteção".[138]

O desenvolvimento de técnicas de garantia e proteção sugere a instituição de instrumentos adequados e suficientes para estabelecer segurança e promover a proteção ambiental, dentre os quais a responsa-

---

geradas, dentre outros fatores, pelo impacto tecnológico [...]". SARLET, Ingo Wolfgang. *A eficácia dos direitos fundamentais*: uma teoria geral dos direitos fundamentais na perspectiva constitucional. 12. ed. Porto Alegre: Livraria do Advogado, 2015, p. 48.

[135] Para uma compreensão das dimensões de direitos, ver SARLET, *op. cit.*, p. 45 e ss.

[136] Idem, p. 48.

[137] Sobre estas modelagens do Estado, cujas denominações são várias, com equivalências (cujo esgotamento do tema aqui não se mostra oportuno), ver CANOTILHO, José Joaquim Gomes; LEITE, José Rubens Morato (org). *Direito constitucional ambiental brasileiro*. São Paulo: Saraiva, 2007; LEITE, José Rubens Morato; AYALA, Patryck de Araújo. *Dano ambiental*: do individual ao coletivo extrapatrimonial. São Paulo: Revista dos Tribunais, 2012, p. 25-70; SARLET, Ingo Wolfgang; FENSTERSEIFER, Tiago. *Direito ambiental*: introdução, fundamentos e teoria geral. São Paulo: Saraiva, 2014; FENSTERSEIFER, Tiago. *Direitos fundamentais e proteção do meio ambiente*: a dimensão ecológica da dignidade humana no marco jurídico-constitucional do estado socioambiental de direito. Porto Alegre: Livraria do Advogado, 2008.

[138] SARLET, *op. cit.*, p. 49.

bilidade civil recebe especial atenção.[139] Isso direciona a reconfiguração de categorias tradicionais da responsabilidade civil de modo a avançar para uma categoria própria, ainda que não autônoma, de responsabilidade civil ambiental. Neste sentido, para Pardo, "o estabelecimento dos critérios de responsabilidade em matéria de riscos é diferente dos desafios do direito nesta matéria, que obrigará a revisar posições e princípios tidos como definitivos. A questão não é outra senão determinar critérios de responsabilidade e imputação por danos derivados de decisões sobre riscos que foram adotados a partir de incertezas. Casos que serão cada vez mais frequentes, nos quais as instâncias públicas terão que adotar decisões mesmo quando a ciência manifeste seu desconhecimento sobre os possíveis riscos. Aproximações sobre o tema estão sendo produzidas pela normativa europeia e nacional em matéria de responsabilidade por danos ambientais, de responsabilidade do fabricante por riscos do desenvolvimento, ou a responsabilidade da administração por danos que não puderam ser previstos pelos conhecimentos científicos do momento. Trata-se em qualquer dos casos de aproximações que não afrontam, no entanto, o problema em toda a sua profundidade, o que demandará um repensar em profundidade sobre a teoria e funções da responsabilidade na sociedade de risco".[140]

O desenvolvimento da responsabilidade civil ambiental, ao passo que busca dar respostas eficientes à infortunística ambiental, também conforma um risco: nesse caso, um risco de responsabilização que dimensiona uma esfera específica de riscos – de especial importância neste estudo. Como se analisará no capítulo 2, os riscos sobre os quais os seguros atuam são os riscos de responsabilização. Objetivamente: os riscos ambientais, em si, não importam aos seguros, apenas ganhando realce

---

[139] Para Cane, "Compensation law is about distributing the costs of past pollution, not achieving the optimum balance for the future between economic development, and the protection of the environment. [...] thinking about environmental liability law we should aim first and foremost to develop a fair and efficient system of compensation for harm inflicted". CANE, Peter. Are environmental harms special? *Journal of Environmental Law*. Oxford University Press, 13:1, 2001, p. 6.

[140] Tradução livre. Do original: "La fijación de los criterios responsabilidad en materia de riesgos es otro de los retos del Derecho en esta materia que obligará sin duda a revisar posiciones y principios que se creían muy firmes. La cuestión no es otra, muy compleja por lo demás, que determinar criterios de responsabilidade e imputación por daños derivados de decisiones sobre riesgos que se adoptaron en entornos de incertidumbre. Casos que serán cada vez más frecuentes en los que las instancias públicas han de adoptar decisiones aun cuando la ciencia manifiesta su desconocimiento sobre sus posibles riesgos. Aproximaciones al tema se están produciendo ya por la normativa europea y nacional en materia de responsabilidad por daños ambientales, de responsabilidad del fabricante por los riesgos del desarrollo, o la responsabilidad patrimonial de la Administración por daños que no pudieron preverse por los conocimientos científicos del momento. Se trata en cualquier caso de aproximaciones que no afrontan todavía el problema en toda su hondura, lo que requerirá un replanteamiento en profundidad de la teoría y funciones de la responsabilidad en la sociedad del riesgo". PARDO, José Esteve. Las aportaciones de Ulrich Beck a la comprensión del nuevo entorno sociológico del Derecho Público. In: GOMES, Carla Amado; TERRINHA, Luis Heleno (Coord.). *In memoriam*: Ulrich Beck. Lisboa: Instituto de Ciências Jurídico-Políticas/FDUL, 2016, p. 101.

quando um sistema de responsabilidades incide sobre eles e promove um universo próprio de riscos que recaem sobre os segurados, gerando, então, interesse do ponto de vista dos seguros.

1.3.1. A responsabilidade civil ambiental no direito brasileiro

Não há exagero em afirmar que, no Brasil, a responsabilidade civil ambiental alcançou contornos próprios e singulares,[141] obtidos em decorrência do entrelaçamento do instituto clássico da responsabilidade civil com duas influências, a saber: o risco ambiental – e, por conseguinte, a incorporação dos princípios da prevenção e da precaução –, e a noção de internalização das externalidades negativas, inerente e que faz desdobrar no princípio do poluidor-pagador.[142]

Sobre o elemento e foco no risco, como reformulador da responsabilidade civil, debate-se qual a teoria do risco adotada no Brasil: se a teoria do risco integral ou a teoria do risco criado (sendo a primeira mais abrangente para fins de responsabilização, na medida em que não admite excludentes de responsabilidade).[143] Para além da escolha ou do posicionamento por uma opção teórica – o que, de fato, não tem grande relevância para o estudo que se está levando a cabo – o que parece grave é a própria indefinição a respeito. Indefinição essa que não vem em decorrência de dissídios doutrinários ou jurisprudenciais, mas da inexistência de opção legal.

Tanto em nível doutrinário quando jurisprudencial, há, no Brasil, à diferença da União Europeia, uma estreita vinculação entre o princípio do poluidor-pagador e o instituto da responsabilidade civil.[144] Torna-se

---

[141] Afirma Bahia que "no caso do Brasil, pode-se dizer que o país optou por um sistema abrangente de responsabilidade civil ambiental que, dentre outros méritos, não difere as atividades perigosas das demais e, por isso, faz prevalecer o risco evidenciado pela própria existência do dano sobre a periculosidade inerente da atividade ou substância considerada em si". BAHIA, Carolina Medeiros. *Nexo de causalidade em face do risco e do dano ao meio ambiente*: elementos para um novo tratamento da causalidade no sistema brasileiro de responsabilidade civil ambiental. Tese. (Doutorado em Direito) – Centro de Ciências Jurídicas, Universidade Federal de Santa Catarina. Florianópolis, 2012, p. 99.

[142] Para aprofundamento sobre os princípios do Direito Ambiental, ver SARLET, Ingo Wolfgang; FENSTERSEIFER, Tiago. *Princípios do direito ambiental*. São Paulo: Saraiva, 2014.

[143] Segundo Bahia, "A teoria do risco integral supõe que a mera existência do risco gerado pela atividade, intrínseco ou não a ela, deverá conduzir à responsabilização. Existindo mais de uma causa provável do dano, todas são reputadas eficientes para produzi-lo e, dessa forma, a própria existência da atividade é reputada como causa do evento lesivo". Por outro lado, "a teoria do risco criado tenta identificar, para fins de responsabilização, dentre todos os fatores de risco, apenas aquele capaz de gerar as situações lesivas e considerando que o caso fortuito, a força maior e o fato de terceiros rompem o curso causal da ação, admite a aplicação das excludentes de responsabilização". BAHIA, Carolina Medeiros. *Nexo de causalidade em face do risco e do dano ao meio ambiente*: elementos para um novo tratamento da causalidade no sistema brasileiro de responsabilidade civil ambiental. Tese. (Doutorado em Direito) – Centro de Ciências Jurídicas, UFSC. Florianópolis, 2012, p. 102.

[144] A propósito, interessante estudo em ANTUNES, Paulo de Bessa; LAGO, Laone. Princípio do poluidor pagador como elemento das políticas públicas ambientais: novas bases reflexivas para o

evidente o recurso ao princípio do poluidor-pagador como argumento de reforço que fundamenta as significativas inovações ocorridas na jurisprudência em matéria de responsabilidade civil ambiental.[145]

Por outro lado, no entanto, Gomes sustenta que, em sua origem, prevista nos "Princípios Orientadores dos aspectos econômicos internacionais de políticas ambientais" da OCDE, de 1972, o princípio do poluidor-pagador (PPP) aparece como "um princípio a ser utilizado para alocar os custos de prevenção da poluição e medidas de controle para incentivar o uso racional dos recursos ambientais escassos e evitar distorções no comércio internacional e investimento", não possuindo relação com a responsabilização no plano da responsabilidade civil.[146] Afirma, ainda, que a associação entre o princípio do poluidor-pagador e a responsabilização não é recomendável, pois são significativas suas diferenças

---

Superior Tribunal de Justiça. In: DOMINGUES, Eduardo Garcia Ribeiro Lopes (Org.). *Direito e Políticas Públicas*: Estudos e pesquisas. Rio de Janeiro: Autografia, 2017, no qual afirmam os autores: quanto à doutrina, "percebe-se, com isso, que a doutrina nacional possui diversos nortes. Enquanto alguns procuram distinguir o princípio do poluidor-pagador e o instituto da responsabilidade, ou ao menos tentam dizer que eles não podem ser confundidos, outros, por sua vez, estabelecem uma relação imbricada entre os institutos. Para outra corrente, porém, essa distinção é praticamente impossível, pois vitelinicamente conectada. Para outra banda, o princípio do poluidor-pagador está fortemente associado tanto ao dever de internalizar custos de utilização do bem ambiental quanto com a obrigação de reparar os danos causados. Alguns, por fim, associam o princípio do poluidor-pagador especificamente ao dever de internalizar custos em matéria de ambiente" (p. 226); em relação à jurisprudência do Superior Tribunal de Justiça, nota-se "uma direta e indissociável ligação [do princípio do poluidor-pagador] com o dano efetivamente causado e comprovado tanto em face do ambiente quanto contra terceiro, impondo ao causador o dever de reparação integral. Nesta ótica, operou-se um verdadeiro deslocamento do princípio do poluidor-pagador do campo prévio, preventivo e de proteção ao ambiente para um estágio de dano consolidado, que enseja reparação, repressão, o que passou a lhe conferir características do instituto da responsabilidade" (p. 227).

[145] Para alguns, no entanto, este recurso ao princípio do poluidor-pagador tem suas desvantagens. Para Aragão, "parece-nos, todavia, que pretender que o princípio evolua no sentido da convergência com o princípio da responsabilidade civil é desaproveitar as possibilidades de um e de outro princípio, em detrimento do sentido útil de ambos. A prossecução dos fins de melhoria do ambiente e da qualidade de vida, com justiça social e ao menor custo, seria muito mais eficaz se cada um destes princípios se "especializasse" na realização dos fins para os quais está natural e originalmente mais vocacionado: – o PPP, essencialmente, os fins de precaução, prevenção e redistribuição dos custos da poluição, com o sentido que expusemos. – O princípio da responsabilidade civil, sobretudo o fim de reparação dos danos, embora tenha também, naturalmente, um certo efeito preventivo inerente à aplicação de uma sanção, que não deve, contudo, ser a sua preocupação principal" (ARAGÃO, Alexandra. *O princípio do poluidor pagador*: pedra angular da política comunitária do ambiente. São Paulo: O Direito por um Planeta Verde, 2014, p. 214). No mesmo sentido discorrem Antunes e Lago, para quem "identificar o princípio do poluidor-pagador com o instituto da responsabilidade, de maneira indiscriminada, conduz a um verdadeiro desaproveitamento das potencialidades de ambos. Trata-se de uma grande perda, especialmente em matéria de políticas pública ambientais, pois as suas base preventivas (de antecipação) passaram a ser incorporadas pela sua dimensão repressiva (de atuação após o dano ocorrido, efetivado). Em outras palavras, ao ser introduzido às políticas públicas ambientais brasileiras, de magnitude social, com capacidade de promover mudanças, porém, ao que tudo indica, parece estar contido aos limites do instituto da responsabilidade". ANTUNES, op. cit., p. 228.

[146] GOMES, Carla Amado. O Princípio do poluidor-pagador e a responsabilidade por dano ecológico: recentes posicionamentos da Corte de Justiça da União Europeia. In: MIRANDA, Jorge; GOMES, Carla Amado (Coord.). *Diálogo ambiental, constitucional e internacional*. Lisboa: Instituto de Ciências Jurídico-Políticas, v. 4, 2016, p. 23-24.

e âmbitos de aplicação. Assinala: "Do nosso ponto de vista, PPP e responsabilidade diferenciam-se radicalmente: – em razão do objecto: o PPP diz respeito ao impacto, a responsabilidade prende-se com o dano; – em razão do momento de operacionalização: o PPP actua com base numa estimativa de poluição, de desgaste do meio; a responsabilidade desencadeia-se na sequência de um dano, que pode traduzir poluição excessiva ou outra causa; – em razão do fundamento de aplicação: o PPP deve actuar em função da relação de desgaste do meio/utilidade social da actividade/lucro do operador, sendo o cálculo da sua materialização fruto de opções políticas; a responsabilidade assenta na verificação de nexos de causalidade (real ou presumida) facto/dano, sendo o seu apuramento ditado por normas jurídicas".[147]

Feitas essas ressalvas, projeta-se a discussão do princípio do poluidor-pagador para um momento oportuno deste texto, sendo ele compreendido como diretriz de políticas, com desdobramentos nos instrumentos econômicos.

No Brasil, a responsabilidade civil ambiental envolve uma ampla gama de normas, que formam um sistema de responsabilidades ambientais. Esse sistema encontra-se essencialmente estruturado no artigo 225 da Constituição da República Federativa do Brasil, especialmente nos §§ 2º[148] e 3º,[149] com reforço na legislação infraconstitucional, a saber, de forma exemplificativa: a Lei 10.406/2002 (Código Civil), que prevê normas gerais sobre responsabilidade civil nos artigos 927,[150] 186[151] e 187;[152] a Lei 6.938/81, que dispõe sobre a Política Nacional do Meio Ambiente, seus fins e mecanismos de formulação e aplicação – inclusive determinando importantes conceitos legais, como poluição, degradação, poluidor e meio ambiente –; e a Lei 9.605/98, que dispõe sobre as sanções penais e administrativas derivadas de condutas e atividades lesivas ao meio ambiente.

---

[147] GOMES, Carla Amado. O Princípio do poluidor-pagador e a responsabilidade por dano ecológico: recentes posicionamentos da Corte de Justiça da União Europeia. In: MIRANDA, Jorge; GOMES, Carla Amado (Coord.). *Diálogo ambiental, constitucional e internacional*. Lisboa: Instituto de Ciências Jurídico-Políticas, v. 4, 2016, p. 25.

[148] § 2º Aquele que explorar recursos minerais fica obrigado a recuperar o meio ambiente degradado, de acordo com solução técnica exigida pelo órgão público competente, na forma da lei.

[149] § 3º As condutas e atividades consideradas lesivas ao meio ambiente sujeitarão os infratores, pessoas físicas ou jurídicas, a sanções penais e administrativas, independentemente da obrigação de reparar os danos causados.

[150] Art. 927. Aquele que, por ato ilícito, causar dano a outrem, fica obrigado a repará-lo.

[151] Art. 186. Aquele que, por ação ou omissão voluntária, negligência ou imprudência, violar direito e causar dano a outrem, ainda que exclusivamente moral, comete ato ilícito.

[152] Art. 187. Também comete ato ilícito o titular de um direito que, ao exercê-lo, excede manifestamente os limites impostos pelo seu fim econômico ou social, pela boa-fé ou pelos bons costumes.

Embora os princípios fundadores em matéria ambiental estejam centrados na prevenção e na precaução, nas hipóteses em que não tenha sido possível evitar uma degradação ao meio ambiente faz-se necessário que existam mecanismos eficientes para viabilizar a reparação ou reconstituição do bem ambiental lesado, de modo a compelir os responsáveis a responderem por seus atos.[153] Para adequar a essa realidade o ordenamento jurídico brasileiro, em matéria ambiental, está estribado no sistema da tríplice responsabilização. Assim, além das responsabilidades penal e administrativa, o causador de danos ao meio ambiente é civilmente responsável, ou seja, terá obrigação de reparar os danos causados.

A responsabilidade civil ambiental tem efetiva e severa preocupação com a responsabilização do agente causador da degradação ao meio ambiente. Em moldes gerais, a responsabilidade civil ambiental está estruturada nos seguintes elementos: responsabilidade objetiva, nos termos do § 1º do artigo 14 da Lei 6938/81; a possibilidade de desconsideração da personalidade jurídica, nos casos em que a personificação da sociedade possa obstaculizar o ressarcimento dos prejuízos causados à qualidade do meio ambiente (Lei 9.605/98, artigo 4º); ou, ainda, a possibilidade de inversão do ônus da prova em demandas judiciais que tenham por objeto a responsabilização do agente degradador; e a imposição da obrigação de reparar os danos ao meio ambiente, comumente realizada por meio da propositura de Ação Civil Pública Ambiental.[154] Já no que concerne ao nexo de causalidade, sustenta-se, principalmente em nível doutrinário, a adoção de critérios mais brandos e flexíveis para a caracterização do nexo causal.[155]

O detalhamento dos elementos de responsabilização merecem ser particularizados. Geralmente, esses elementos são apresentados na sequência ação/omissão, nexo e dano. Propõe-se inverter esta narrativa para privilegiar a perspectiva da vítima, pois, de fato, é com a violação de seu direito que inicia a imputação das responsabilidades. Assim, partindo do dimensionamento dos danos e das possíveis formas de reparação, enfrenta-se a questão do nexo causal e, enfim, delibera-se a respeito de quem será intitulado à responsabilidade em questão.

---

[153] LEITE, José Rubens Morato; AYALA, Patryck de Araújo. *Dano ambiental*: do individual ao coletivo extrapatrimonial. São Paulo: Revista dos Tribunais, 2012.

[154] Para uma adequada compreensão do tratamento do tema em nível jurisprudencial, ver *Revista do Superior Tribunal de Justiça*. Volumes temáticos na sequência dos fascículos n. 237 ao n. 239, organizados por Antonio Herman Benjamin, José Rubens Morato Leite e Sílvia Capelli. Brasília: STJ, 2015.

[155] LEITE; AYALA, *op. cit.*, p. 169 e seguintes. Para um estudo mais aprofundado, ver BAHIA, Carolina Medeiros. *Nexo de causalidade em face do risco e do dano ao meio ambiente*: elementos para um novo tratamento da causalidade no sistema brasileiro de responsabilidade civil ambiental. Tese (Doutorado em Direito) – Centro de Ciências Jurídicas, Universidade Federal de Santa Catarina. Florianópolis, 2012.

1.3.1.1. Formas de reparação dos danos ambientais

Conforme se demonstrará, para cada espécie de dano ambiental haverá formas e mecanismos próprios à promoção de sua reparação.

1.3.1.1.1. Reparabilidade dos danos ecológicos

A reparabilidade dos danos ecológicos é proposta a partir de três estruturas, apresentadas como opções subsidiárias: a restauração ecológica, a compensação ecológica e a indenização. Segundo é assente na doutrina, há um privilégio absoluto da restauração sobre a compensação e da compensação sobre a indenização.[156] Indenizar e compensar apenas serão soluções como substituições à modalidade anterior, quando aquela for parcial ou totalmente impossível. Ou seja, servirão de forma subsidiária e complementar.

Cada uma destas modalidades obedece a metodologias e escopos próprios. A restauração (que pode ser tomada por expressões equivalentes, como reparação ou reabilitação) consiste na reparação do dano por meio da recuperação dos bens naturais afetados, ao nível o mais próximo possível da situação anterior à ocorrência do dano – em termos ecossistêmicos, e não meramente visuais. Explica Melo que "esta opção de reparação do dano consiste na restauração dos bens naturais diretamente afetados [de modo a] promover uma situação que seja funcionalmente similar àquela que existiria se não tivesse havido o dano ambiental, o que leva a um conceito amplo do que representa a restituição integral do dano".[157]

Esta modalidade de reparação do dano ambiental, por meio da restauração, considerada no seu rigor, nem sempre será fácil ou possível, de modo que se pode afirmar que a restauração natural se deve basear "não numa reposição da situação materialmente equivalente, mas antes numa reconstituição de uma situação funcionalmente equivalente à que existiria se o facto que determinou a lesão não tivesse ocorrido".[158] Isso porque, como adverte Sendim, dois obstáculos tornam inacessível a

---

[156] "Existe uma relação de precedência e de complementaridade entre essas modalidades de ressarcimento, de maneira que o aplicador só deve recorrer à compensação ecológica quando a restauração for inviável ou incompleta e só poderá empregar a indenização pecuniária quando não for possível determinar a restauração e a compensação ou elas não repararem o dano de modo integral". BAHIA, Carolina Medeiros. *Nexo de causalidade em face do risco e do dano ao meio ambiente*: elementos para um novo tratamento da causalidade no sistema brasileiro de responsabilidade civil ambiental. Tese (Doutorado em Direito) – Centro de Ciências Jurídicas, Universidade Federal de Santa Catarina. Florianópolis, 2012, p. 162.

[157] MELO, Melissa Ely. *Restauração ambiental*: do dever jurídico às técnicas reparatórias. Porto Alegre: Livraria do Advogado, 2012, p. 115.

[158] SENDIM, José de Souza Cunhal. *Responsabilidade civil por danos ecológicos*: da reparação do dano através de restauração natural. Coimbra: Coimbra Editora, 1998, p. 185.

plena reposição materialmente equivalente: "em primeiro lugar, porque a adopção de um conceito restritivo de *restitutio in integrum* inviabilizaria na prática a aplicação desta forma de indemnização, visto ser normalmente impossível – devido à multiplicidade, complexidade e dinamismo dos factores envolvidos nos sistemas ecológicos – criar uma situação material exactamente idêntica à anterior ao dano ecológico. Em segundo lugar, porque a reposição de uma situação material idêntica à anterior poderia revelar-se ambientalmente perigosa em alguns casos, visto ser normal que entre o momento da ocorrência do dano e o do início da sua reparação a natureza actue e encontre um novo equilíbrio ecológico. Assim, a reprodução cega das condições anteriores poderia, em vez de reparar o dano, causar novo desequilíbrio ecológico".[159]

Deste modo, para Melo, "deve ser buscada a reabilitação ou a restauração dos elementos ambientais, não a reposição material idêntica das condições físico-químico-biológicas do meio ambiente anterior, não bastando a restauração unicamente da capacidade funcional do bem ambiental, mas a restauração das capacidades de autorregulação e de autorregeneração do mesmo. Do contrário, são criados bens ambientais e até ecossistemas incapazes de se manterem a longo prazo".[160]

Em que pesem tais considerações, fato é que a restauração, da forma como for, nem sempre será a melhor forma de reparação do dano ecológico, e não necessariamente constituirá medida suficiente. Há uma notável "dificuldade de se inventariar o estado global do meio ambiente antes da agressão e de quantificar o grau necessário de reconstituição, até o alto custo destas intervenções".[161] Em suma, "a restauração ecológica dos bens naturais afetados pode não ser total ou parcialmente possível, ou revelar-se *desproporcional*".[162]

Sob essas hipóteses, deve-se recorrer à compensação ecológica, de forma subsidiária e complementar. A compensação é uma forma de substituir pelo equivalente, ou da forma mais próxima possível, aquilo que foi perdido. Como observa Sendim, o objetivo, no caso de compensação, não é a restauração ou reabilitação dos bens naturais efetivamente

---

[159] SENDIM, José de Souza Cunhal. *Responsabilidade civil por danos ecológicos*: da reparação do dano através de restauração natural. Coimbra: Coimbra Editora, 1998, p. 186.

[160] MELO, Melissa Ely. *Restauração ambiental*: do dever jurídico às técnicas reparatórias. Porto Alegre: Livraria do Advogado, 2012, p. 116.

[161] BAHIA, Carolina Medeiros. *Nexo de causalidade em face do risco e do dano ao meio ambiente*: elementos para um novo tratamento da causalidade no sistema brasileiro de responsabilidade civil ambiental. Tese (Doutorado em Direito) – Centro de Ciências Jurídicas, Universidade Federal de Santa Catarina. Florianópolis, 2012, p. 164. Complementa afirmando que "Por isso, na prática, a restauração ecológica só é determinada quando possível do ponto de vista técnico e razoável economicamente, exigindo do julgador o emprego da proporcionalidade para avaliar a relação existente entre o custo da reparação *in natura* e o benefício que ela poderá promover para o meio ambiente". Ibidem.

[162] SENDIM, *op. cit.*, p. 187.

afetados, "mas sim a sua *substituição* por bens equivalentes, de modo a que o *patrimônio natural* no seu todo permaneça quantitativa e qualitativamente inalterado".[163]-[164] Em termos de perdas ecológicas, a compensação "consiste na substituição dos bens ambientais atingidos por outros funcionalmente equivalentes, mesmo que se encontrem num local diferente, e opera-se por meio da substituição das medidas de restauração por outras providências que apresentem um efeito ecológico similar, de modo que, no cômputo geral, o patrimônio natural resulte reconstituído tanto do ponto de vista quantitativo quanto qualitativo".[165]

Conforme proposto por Sendim, com base no modelo norte-americano, as medidas de reparação dos danos ecológicos, seja por restauração ou por compensação, devem ser guiadas pelos princípios (i) da proporcionalidade (escolha da alternativa mais adequada, com ponderações que visualizem não esquemas relacionais binários, mas uma "situação jurídica complexa, multipolar, susceptível de convocar um complexo de bens e interesses jurídicos – públicos, colectivos e privados – diversos e até contrapostos");[166] (ii) da precaução (na tomada de decisão sobre as medidas de reparação, diante da incerteza.[167] deve-se "optar pela solução ambientalmente mais segura", ou seja, a mais completa, aplicando-se aqui, na inteireza, a máxima do *in dubio pro ambiente/natura*);[168] (iii) da

---

[163] SENDIM, José de Souza Cunhal. *Responsabilidade civil por danos ecológicos*: da reparação do dano através de restauração natural. Coimbra: Coimbra Editora, 1998, p. 187. O autor propõe relevante reflexão sobre os critérios ou equivalentes de compensação, ou seja, no caso de dano ao solo, por exemplo, que tenha que ser compensado (já que a restauração não seria viável), se seria adequada uma compensação com a reposição ou incremento da flora em outro local, ou a melhoria da qualidade da água em um determinado local. Segundo o autor, isso seria possível desde uma perspectiva humana, contudo, o critério a ser adotado para a compensação ecológica, deve ser o critério ecossistêmico, que, no caso, recomenda que a compensação ocorra por equivalente reposição do bem ambiental lesado (fauna por fauna, flora por flora, p. ex.). Sustenta, neste sentido, que "o problema consiste na delimitação da ideia de equivalência quando aplicada a bens naturais". Assim, a substituição de bens naturais poderá, conforme o critério, recuperar os *use values* ou o *intrinsec value*. Contudo, deve preponderar o critério ecológico, pois "a protecção jurídico-ambiental não visa unicamente a preservação da capacidade de aproveitamento humano dos bens naturais, englobando também a tutela da *capacidade funcional ecológica*". Idem, p. 194-197.

[164] Conforme se analisará adiante em tópico próprio, em casos de impacto ambiental gerados em situações de dano legal e administrativamente permitidas (pela via do licenciamento ambiental, por exemplo), a compensação dos danos, com definição prévia, é uma prática usual. Trata-se, conforme anota Sendim, de "responsabilidade *ex ante*, visto que o princípio geral do ressarcimento de dano impõe que a autorização de actividades com efeitos lesivos para os bens jurídico-ambientais acarrete o dever de *compensar*, de algum modo, os prejuízos admitidos pelo sistema jurídico ambiental". SENDIM, *op. cit.*, p. 188.

[165] BAHIA, Carolina Medeiros. *Nexo de causalidade em face do risco e do dano ao meio ambiente*: elementos para um novo tratamento da causalidade no sistema brasileiro de responsabilidade civil ambiental. Tese (Doutorado em Direito) – Centro de Ciências Jurídicas, Universidade Federal de Santa Catarina. Florianópolis, 2012, p. 164.

[166] SENDIM, *op. cit.*, p. 218-230.

[167] Reportamo-nos, aqui, ao início deste Capítulo, quando dissertamos sobre incerteza, riscos e características dos danos ambientais.

[168] SENDIM, op. cit., p. 231-233.

ponderação das consequências ecológicas (considerando todas as consequências ambientais decorrentes direta ou indiretamente, segundo uma perspectiva de interdependência dos componentes dos (e entre todos os) ecossistemas, sejam bióticos ou abióticos);[169] (iv) da possibilidade técnica (ligada ao princípio da proporcionalidade, supra "i", no sentido de que as medidas propostas nos itens "ii" e "iii" devem ser tecnicamente possíveis, além de proporcionais);[170] e (v) da coordenação com as ações de minimização e prevenção (ou seja, coerência entre as medidas já empreendidas, seja para reparação do dano, seja para minimizar ou prevenir sua ampliação).[171]

A indenização, no âmbito da reparabilidade dos danos ecológicos, compreendida como reposição em dinheiro, é medida que não se justifica – embora frequentemente aplicada. Se a restauração não for total ou parcialmente possível, sempre o será a compensação, em alguma forma ou medida. Indenizar, ou compensar com medidas que não sejam naturais, é prática altamente criticável, que não tem qualquer justificativa ou sentido. A hipótese de indenização será retomada a seguir, quando for tratada a reparabilidade dos danos ambientais difusos e dos danos individuais reflexos – então, sim, via de regra, se justificam.

Alguma das medidas de reparação ecológica acima analisadas serão impostas àquele que for civilmente responsabilizado, conforme o modelo brasileiro, em que a obrigação é imposta à pessoa física ou jurídica, de direito público[172] ou privado, sobre a qual recaia a responsabilidade civil e, portanto, o dever de reparar. O sistema brasileiro difere, por exemplo, do modelo português, no qual se optou pela reparação dos danos ecológicos via constituição de um fundo – Fundo de Intervenção Ambiental – com que se pretende, segundo Matos, "a reparação *in natura* dos recursos naturais ao estado inicial, recorrendo-se, quando necessário, a medidas complementares compensatórias, consubstanciadas basicamente em acções destinadas a compensar perdas transitórias nos referidos recursos até se alcançar plenamente os efeitos da almejada reparação natural".[173]

---

[169] SENDIM, José de Souza Cunhal. *Responsabilidade civil por danos ecológicos*: da reparação do dano através de restauração natural. Coimbra: Coimbra Editora, 1998, p. 233.

[170] Idem, p. 234.

[171] Ibidem.

[172] Nesse sentido, o Superior Tribunal de Justiça fixou, em "Jurisprudência em Teses", 11 teses em matéria ambiental, prevendo a Tese 8 que: "Em matéria de proteção ambiental, há responsabilidade civil do Estado quando a omissão de cumprimento adequado do seu dever de fiscalizar for determinante para a concretização ou o agravamento do dano causado". Disponível em: <http://www.stj.jus.br/internet_docs/jurisprudencia/jurisprudenciaemteses/Jurisprudência%20em%20teses%203 0%20-%20direito%20ambiental.pdf>. Acesso em: 20.junho.2018.

[173] MATOS, Filipe Albuquerque. Danos ambientais / danos ecológicos: o fundo de intervenção ambiental. In: MONTEIRO, Jorge Sinde; BARBOSA, Mafalda Miranda (Coord.). *Risco ambiental*: atas do colóquio de homenagem ao Senhor Professor Doutor Adriano Vaz Serra. Coimbra: Instituto

Vale lembrar, no entanto, que o marco legal previsto pela Diretiva 35/2004/UE centra-se nos denominados danos ecológicos – e este é o espectro de atuação da norma portuguesa. Logo, consagra formas de reparação que privilegiam a restauração *in natura* ou medidas equivalentes e não emprega, portanto, medidas indenizatórias. Antunes, em comentário à norma comunitária, explica que "na União Europeia, a reparação dos danos ecológicos se faz de três formas básicas, segundo as normas contidas na Diretiva 2004/35/CE, a saber: (i) primária, (ii) complementar e (iii) compensatória. A reparação primária visa à restituição dos recursos naturais ao seu estado inicial ou 'aproximado'. A complementar busca assegurar um nível de recursos naturais e ou serviços, ainda que em outro local, similar ao que teria sido proporcionado se o local do dano tivesse retornado ao seu estado inicial. Já a compensatória busca 'compensar' a perda transitória de recursos naturais e serviços naturais, enquanto a recuperação não ocorre. Caracteriza-se por uma série de melhorias suplementares de habitat naturais, espécies protegidas, água, seja no local danificado, seja em local alternativo".[174]

No que se refere aos danos ecológicos e a sua reparabilidade, importa uma observação final, relacionada aos mecanismos e formas de controle, contenção e mitigação de eventos ambientalmente danosos. Não resta dúvida de que, quanto mais rapidamente um evento de poluição for contido e controlado, menores serão seus desdobramentos no ambiente natural, reduzindo e mitigando a situação de dano. Qualquer programa de gerenciamento de riscos tem, ou deve ter, mecanismos de resposta de emergência (também denominados mecanismos de administração de crises), compreendidos como providências emergenciais que objetivam a contenção de resíduos (líquidos ou sólidos, perigosos ou não), para evitar o contato com os recursos naturais próximos, de forma a mitigar a dispersão ou a infiltração no solo. Deve haver, também, medidas de contenção de incêndios ou de emissões atmosféricas. Como explicam Valle e Lage, "o objetivo principal do gerenciamento de emergência [é] dominar e minimizar os efeitos de um fato negativo. Minimizar é a palavra-chave nessa definição. Minimizar significa conter um vazamento, dominar um incêndio, mas também significa reduzir os prejuízos financeiros, proteger a imagem da empresa, manter a continuidade do negócio, etc.".[175]

Por fim, ainda que o objetivo deste estudo não seja enfrentar os elementos processuais próprios da responsabilização civil ambiental, cum-

---

Jurídico/FDUC, 2015, p. 36. Sobre o Fundo de Intervenção Ambiental, em Portugal, seu "campo de intervenção se encontra circunscrito ao universo dos danos ecológicos" (Idem, p. 35).

[174] ANTUNES, Paulo de Bessa. A recuperação de danos ecológicos no direito brasileiro. *Revista Veredas do Direito*. Belo Horizonte, v. 14, n. 29, maio/agosto 2017, p. 311.

[175] VALLE, Cyro Eyer do; LAGE, Henrique. *Meio ambiente*: acidentes, lições, soluções. São Paulo: Senac, 2013, p. 176.

pre referir que os danos ecológicos serão tutelados pela via processual da Ação Civil Pública, como regra, ou mesmo da Ação Popular, admitindo-se, de qualquer forma, que as partes responsáveis celebrem Termos de Ajustamento de Conduta, que poderão igualmente englobar a totalidade dessa dimensão do dano ambiental.

1.3.1.1.2. Reparabilidade dos danos ambientais difusos

Os danos ambientais difusos, porquanto formatados na categoria de danos extrapatrimoniais, são, como regra, reparáveis por meio de indenizações. Essas são revertidas para fundos criados pelo Poder Público, que, oportunamente, converterá os valores disponíveis nesses fundos para planos e projetos a ele vinculados.[176] Como esses planos e projetos têm, ou deveriam ter, conotação ambiental – educacional, de aparelhamento dos órgãos ambientais, plantio de mudas ou recuperação de áreas – de alguma forma se pode considerar que seja uma modalidade de compensação. Objetivamente, a indenização se converteria, nesse caso, em compensação.

A reparação dos danos difusos não demanda, neste momento, maiores digressões, ainda que se pudesse enveredar para uma crítica sobre a gestão e funcionalidade dos fundos. Cumpre ressaltar uma questão relevante, tocante à valoração, ou quantificação, das indenizações pelos danos difusos, especialmente pelo viés de seu caráter punitivo, cuja reflexão aprofundada será realizada posteriormente, com a problematização à luz da lógica securitária.

1.3.1.1.3. Reparabilidade dos danos ambientais individuais

A reparabilidade dos danos individuais deve ocorrer na forma da sistemática civil tradicional. Matos analisa o sistema português (que, embora específico e alinhado à Diretiva 2004/35/UE, tem validade à sistemática brasileira), lecionando que "através de uma acção de responsabilidade civil, os particulares, sem necessidade de recurso a acção popular, podem exercer a sua pretensão ressarcitória contra os operadores que provocam danos ambientais consubstanciados em violações nos

---

[176] Esse não é o único modelo e utilidade dos fundos. Estes costumam ser utilizadas como base de recursos para reparação de vítimas de danos de autoria desconhecida, não apenas de danos ambientais, ou mesmo para reparar áreas detradadas ditas órfãs, ou seja, para as quais não se possa atribuir uma responsabilidade de reparação a alguém. Especificamente sobre os fundos para reparação de vítimas de danos de autoria desconhecida ou incerta, vide ANDRADE, Fábio Siebeneichler de; SOARES, Flaviana Rampazzo. Os fundos de indenização civil para as vítimas de crime cujo autor é desconhecido ou incerto como exemplo de solidariedade social na responsabilidade civil contemporânea: breves notas de direito comparado. *Revista Brasileira de Direito Civil – RBDCivil*, Belo Horizonte, v. 17, p. 43-63, jul.-set. 2018.

seus direitos subjectivos absolutos, traduzam-se as mesmas em ataques a bens da personalidade ou às coisas objecto de direitos reais".[177]

Assim é, pois, nos danos de reparabilidade direta, próprios às situações que afetem interesses individuais, ou mesmo individuais homogêneos, compete àquele que sofrer o dano receber a indenização de forma direta, contemplando os danos patrimoniais e extrapatrimoniais, em todas as suas subdimensões.[178] Deste modo, "quando ocorrerem danos por intermediação do meio ambiente, suportados por indivíduos determinados, são reparáveis por meio da atribuição de responsabilidade civil, estabelecida pelo Código Civil e por leis especiais".[179]

Por relevante e atual, cumpre fazer referência à mediação ambiental, uma forma alternativa de solução de conflitos por meio da autocomposição e da promoção do diálogo entre as partes, que propõe solucionar litígios com foco no futuro. Como explicam Testa e Gerpe, "embora o começo da mediação tenha sua origem em um fato ou situação do passado, que é o que origina o conflito, o trabalho fundamental do processo não é explorar como se deram estas circunstâncias, tampouco buscar prioritariamente responsáveis; mas sim que o trabalho está encaminhado a buscar, a partir de aí em diante, uma solução ou um caminho que leve as partes a poder superar o conflito e que lhes permita satisfazer suas necessidades".[180]

---

[177] MATOS, Filipe Albuquerque. Danos ambientais / danos ecológicos: o fundo de intervenção ambiental. In: MONTEIRO, Jorge Sinde; BARBOSA, Mafalda Miranda (Coord.). *Risco ambiental*: atas do colóquio de homenagem ao Senhor Professor Doutor Adriano Vaz Serra. Coimbra: Instituto Jurídico/FDUC, 2015, p. 38.

[178] Assim, danos emergentes, lucros cessantes, indenização por perda de chance, dano estético, dano corporal, dano existencial, dentre outros. A propósito, oportuno fazer menção à questão dos "danos puramente econômicos" (*pure economic loss*) ou, mais precisamente, ao debate sobre a limitação dos danos puramente econômicos. Como explicam Pomar e García, "Tal concepto de daño económico, así como la regla que excluye su compensación, son creaciones del *Common Law* y en éste todavía hoy desempeñan un papel decisivo, aunque de significado incierto, para definir los límites del deber de cuidado y la interacción entre el derecho de contratos y el derecho de daños". Para delimitação do conceito, explicam os referidos juristas: "El concepto de daño puramente económico concede enorme importancia a un dato: si el demandante de la acción de daños que solicita una compensación por una pérdida económica ha sufrido algún daño en su persona o en su propiedad por parte del demandado. Si el daño económico es consecuencia de una agresión a la vida, a la integridad física u otros derechos de la personalidad, o de una invasión de la propiedad u otros derechos similares, la pérdida económica sería concebida, en principio, como un daño ordinario y no como daño puramente económico y deberá, en principio, ser indemnizado por el demandado. Por el contrario, cuando el daño económico no es consecuencia de una lesión en la persona o en la propiedad sufrida por el demandante –por ejemplo, deriva de un daño en una persona o en una propiedad diferentes a la del demandante– la pérdida se califica como daño puramente económico y, no será en principio, indemnizable". Nesse sentido, POMAR, Fernando Gómez; GARCÍA, Juan Antonio Ruiz. *La noción de daño puramente económico*: Una visión crítica desde el análisis económico del derecho. Disponivel em: <http://www.indret.com/pdf/102_es.pdf>. Acesso em 27.junho.2018.

[179] MELO, Melissa Ely. *Restauração ambiental*: do dever jurídico às técnicas reparatórias. Porto Alegre: Livraria do Advogado, 2012, p. 88 e 91.

[180] Tradução livre. Do original: "[...] es decir, si bien el comienzo de la mediación tiene su origen en un hecho (o situación) del pasado, que es lo que origina el reclamo, el trabajo fundamental del

Para tanto, a mediação vale-se do incentivo e da viabilização do diálogo entre as partes envolvidas, de modo que "assim que tiverem sido escutadas atentamente as posições das partes, inicia-se a trabalhar com os interesses subjacentes, e assim se indaga, por exemplo, a respeito das circunstâncias que moveram o atuar das partes e, fundamentalmente as consequências possíveis de continuar os procedimentos atuais, bem como os custos atuais e futuros que estas ações implicam e eventualmente poderão originar. Os custos se avaliam não apenas em nível monetário, mas também de imagem, saúde, emocionais, dentre outros".[181]

A mediação devidamente implementada poderá apresentar-se como solução célere e equitativa para solução de conflitos, de especial importância em situações em que os danos individuais se apresentem de forma massificada, com consequente congestionamento do (e no) sistema tradicional de justiça.

De outra banda, tal como referido no tópico sobre a reparabilidade do dano ecológico, é relevante a resposta de emergência e de administração de crise, entendidas tais medidas como formas de atenuar os prejuízos às populações envolvidas e afetadas em um determinado evento de dano ambiental. Como explica Carvalho (ainda que na perspectiva dos desastres, mas com considerações aplicáveis a quaisquer situações, independentemente de sua magnitude), "as atividades de resposta compreendem, a título exemplificativo, a busca e o resgate de pessoas afetadas; a assistência médica; a evacuação das zonas de risco; o alojamento temporário, distribuição de alimentos e vestuário aos afetados; a segurança e a proteção dos bens e pessoas; o apoio logístico; a adoção de sistemas de comunicação de alerta e orientação da comunidade afetada".[182]

Uma vez mais, ainda que o objetivo deste estudo não seja enfrentar os elementos processuais próprios da responsabilização civil ambiental, ressalte-se que os danos individuais, reflexos, devem ser tutelados pela via processual individual. Isto é, cumpre a cada lesado pleitear judicialmente o que lhe for de direito ou, admitindo-se a hipótese de

---

proceso no es explorar cómo se dieron esas circunstancias, ni buscar prioritariamente responsables (jurídicos); sino que el trabajo está encaminado a buscar, a partir de ahí en adelante, una solución o un camino que lleve a las partes a poder superar el conflicto y que les permita satisfacer sus necesidades". TESTA, Graciela; GERPE, Marcela S. Medio ambiente y mediación: puntos de encuentro. *Revista de Derecho Urbanístico y Medio Ambiente*. Madri: año XLVIII, n. 290, junio 2014, p. 102-103.

[181] Tradução livre. Do original: "Luego de haber escuchado atentamente las posiciones de las partes, se comienza a trabajar con los intereses que subyacen, y ací se indaga, por ejemplo respecto de las consecuencias que trajeron el actuar de las partes, y fundamentalmente las consecuencias que se suscitarán de continuar los procederes actuales, como así también los costos actuales y futuros que estas acciones originan y eventualmente pudieran originar. Los costos que se evalúan no son sólo a nivel monetario, sino que se evalúan costos como, costos de imagen (política), de salud, emocionales, etc.".Idem, p. 109.

[182] CARVALHO, Délton Winter de. *Desastres ambientais e sua regulação jurídica*: deveres de prevenção, resposta e compensação ambiental. São Paulo: Revista dos Tribunais, 2015, p. 122-125.

tutela coletiva, por representação processual, pretende-se que cada um deles promova a liquidação e apuração de seus prejuízos, sejam materiais ou extrapatrimoniais.

1.3.1.2. Nexo causal

É comum a afirmação de que a consagração da responsabilidade objetiva no sistema brasileiro de responsabilidade civil ambiental representa um grande avanço facilitador, ou viabilizador, da responsabilização. De fato, o é, se comparado à responsabilidade subjetiva, contudo a objetivação da responsabilidade não resolve as complexas questões relacionadas à responsabilidade civil ambiental, particularmente sob a perspectiva do estabelecimento do nexo causal.

Sabidamente, um dos pressupostos da responsabilização é a existência de nexo causal entre o ilícito e o dano, não se admitindo responsabilidade sem esta relação. Inúmeras teorias sobre o nexo causal objetivam enfrentar a problemática das concausas, sendo as mais relevantes a da equivalência das condições, a da causalidade adequada e a dos danos diretos e imediatos.[183]

Umas das mais difundidas teorias sobre o nexo causal caracteriza-se por ser generalizadora. É denominada de teoria da equivalência dos antecedentes causais, bem como teoria da equivalência das condições, teoria objetiva da causalidade ou mesmo de teoria da *conditio sine qua non*. Sua particularidade está em equiparar causa e condição, de modo a implicar que todas as condições são igualmente indispensáveis para a produção do consequente e o estabelecimento da causa, de modo que o nexo causal será tido como incompleto se forem incluídas todas as causas. Mais do que isso, para essa teoria toda condição da qual dependeu a produção do resultado, independentemente de sua maior ou menor proximidade ou importância, serão tidas como circunstâncias equivalentes, na medida em que todas são necessárias para produção do resultado. Essa teoria, se por um lado apresenta vantagens como a simplificação de sua aplicação; maiores chances de reparação das vítimas e forte efeito de prevenção, com a diminuição de danos, por outro lado sujeita-se a críticas, especialmente pelos seus excessos, na medida em transforma a serie causal em uma cadeia infinita, até mesmo levando a resultados e decisões injustos.

A teoria da causalidade adequada somente considera como causa do dano a condição que for por si só for apta a produzi-lo. Esta teoria é compreendida em duas abordagens: a positiva e a negativa. Pela abordagem positiva, será causa adequada do dano sempre que este constitua uma

---

[183] Para saber mais, recomento consultar TEPEDINO, Gustavo. Notas sobre o nexo de causalidade. *Revista Jurídica*, ano 50, n. 296, junho de 2002, p. 7-18.

consequência normal ou típica, enquanto pela negativa sustenta-se que o fato que gerou a condição do dano somente deixará de ser considerado como causa adequada se, dada a natureza geral, se mostrar de todo indiferente para a verificação do dano, tendo-o provocado só por decorrência das circunstâncias extraordinárias que influenciaram no caso concreto. Assim, ocorrendo certo dano, tem-se que concluir que o fato que o originou era capaz de lhe dar causa. Se tal relação de causa e efeito existe sempre em casos dessa natureza, diz-se que a causa era adequada a produzir o efeito. Co contrário, quando existir no caso em apreciação somente por força de uma circunstância acidental, diz-se que a causa não era adequada.

A terceira teoria, dentre as mais difundidas, é a dos chamados danos diretos e imediatos, que é uma fusão das teorias anteriores, mas com a atenuação dos excessos de cada uma. Por esta teoria, haverá a interrupção do nexo causal sempre que, devendo impor-se um determinado resultado como normal consequência do desenrolar de certos acontecimentos, tal vier a não se verificar pelo surgimento de uma circunstância outra que, com anterioridade, fosse aquela que acabasse por responder por esse mesmo esperado resultado.

Fixadas essas premissas teóricas, importa ter claro que a aplicação delas ocorrerá em casos de maior complexidade. Contudo, nem toda a situação de dano ambiental decorrerá, necessariamente, de um nexo causal complexo.

Há situações de danos súbitos, de manifestação imediata, em que o estabelecimento do nexo causal será facilitado, e há situações de danos graduais, de longa latência, que provocarão, ao contrário, maior dificuldade no estabelecimento do nexo de causalidade. Há diferença, também, entre eventos monocausais, em que a causalidade será facilmente atrelada aos danos, e situações de dano decorrente de eventos multicausais, quando serão mais dificultosas tanto a definição da causalidade quanto a cotização das responsabilidades. Matos, discorrendo sobre o nexo causal na responsabilidade civil ambiental, adverte que "particularmente complexas são as situações em que a conduta de um dos agentes é considerada, por si só, suficiente para produção dos danos, uma vez que, quando assim sucede, não se consegue averiguar qual dos comportamentos terá sido a causa dos danos. Realizada que seja a supressão mental exigida pela doutrina da *conditio sine qua non*, ficamos sem uma resposta adequada para o problema de saber se os comportamentos dos agentes se configuram como causas do dano, porquanto uma delas se revelou dispensável para a produção dos prejuízos".[184]

---

[184] MATOS, Filipe Albuquerque. Danos ambientais / danos ecológicos: o fundo de intervenção ambiental. In: MONTEIRO, Jorge Sinde; BARBOSA, Mafalda Miranda (Coord.). *Risco ambiental*: atas do colóquio de homenagem ao Senhor Professor Doutor Adriano Vaz Serra. Coimbra: Instituto Jurídico/FDUC, 2015, p. 43.

Ou seja, em situações em que um dos fatores de poluição tenha sido suficiente por si só para causar danos, por um lado, facilita-se a atribuição de responsabilidade, por outro, dificulta-se sua repartição – qual o grau de participação e de responsabilidade daquele que somou contaminação, mas cujo ato, por si só, não teria causado qualquer prejuízo?

Diferentemente ocorre em situações em que cada causa, por si só, não seria apta a acarretar danos. Ainda com Matos, a afirmação de que "idênticas dificuldades não são levantadas nas hipóteses de causalidade cumulativa necessária e de causalidade aditiva no tocante à identificação dos responsáveis, porquanto, de acordo com os ensinamentos da *conditio*, podem identificar-se vários responsáveis. Na verdade, quando nos encontramos perante casos de causalidade cumulativa necessária, a conduta de cada um dos agentes é, por si só, insuficiente para a ocorrência dos danos, razão por que sem a intervenção de qualquer uma delas os prejuízos não se teriam produzido, revelando-se, por conseguinte, a actuação de cada um deles como necessária. Porém, na realidade, tendo em conta os contributos doutrinais da *conditio* acaba por gerar-se, neste contexto, um paradoxo: será que nenhuma das condutas deva ser considerada causa do dano ou ambos os agentes têm de ser considerados responsáveis?".[185]

No Brasil, além da inexistência de precisão sobre qual a teoria do nexo causal é adotada pelo ordenamento, tem-se que estas teorias sejam incapazes, em si mesmas, de abarcar as complexas questões relacionadas ao nexo causal em casos de os danos ambientais. A teoria do dano direto e imediato tem prevalecido na jurisprudência dos tribunais superiores, contudo, seja essa ou outra das demais teorias, são todas insuficientes para resolver a problemática do nexo causal no ramo dedicado ao meio ambiente,[186] "tendo em vista a sua complexidade e peculiaridades, a demonstração do nexo de causalidade entre o comportamento ou a atividade lesiva e o dano ambiental, normalmente, configura um obstáculo intransponível para as vítimas, pois, muitas vezes, não existe clareza em torno das causas nem dos efeitos das atividades lesivas ao meio ambiente".[187]

E complementa: "compreende-se que não se pode adotar uma causalidade estritamente naturalística como base de imputação para a responsabilidade civil ambiental, pois não é possível a demonstração da causalidade (em sentido natural) nos casos-tipo de danos ambientais.

---

[185] MATOS, Filipe Albuquerque. Danos ambientais / danos ecológicos: o fundo de intervenção ambiental. In: MONTEIRO, Jorge Sinde; BARBOSA, Mafalda Miranda (Coord.). *Risco ambiental*: atas do colóquio de homenagem ao Senhor Professor Doutor Adriano Vaz Serra. Coimbra: Instituto Jurídico/FDUC, 2015, p. 43.

[186] BAHIA, Carolina Medeiros. *Nexo de causalidade em face do risco e do dano ao meio ambiente*: elementos para um novo tratamento da causalidade no sistema brasileiro de responsabilidade civil ambiental. Tese (Doutorado em Direito) – Centro de Ciências Jurídicas, Universidade Federal de Santa Catarina, Florianópolis, 2012, p. 164.

[187] Idem, p. 257.

Dessa forma, insistir numa defesa da causalidade material como critério para a imputação da responsabilidade civil ambiental seria o mesmo que destruir antecipadamente a própria proteção jurídica conferida pelo instituto ou chegar a uma teoria de imputação que corresponderia a uma fórmula de enquadramento vazia".[188]

Sugere-se, assim sendo, admitir a possibilidade de atenuação do liame causa-efeito, não sendo necessária a demonstração de um elo perfeitamente adequado e certo, mas bastando a "mera conexão" entre a atividade e o dano, desde que o dano esteja vinculado à atividade profissional do responsável, sendo possível uma conexão entre a lesão ambiental e os riscos de uma dada atividade.[189]

Leite e Carvalho aprimoram a abordagem sobre o abrandamento do nexo causal ao tratarem da "teoria da probabilidade", defendendo que a "simples probabilidade de uma atividade ter ocasionado determinado dano ambiental deve ser suficiente para a responsabilização do empreendedor desde que esta probabilidade seja determinante".[190] Diante da problemática relacionada ao nexo causal, propõem que "a admissão da imputação da responsabilidade civil em face da criação de risco intolerável, a adoção da presunção nas hipóteses de desenvolvimento de atividade muito arriscada e com alta probabilidade de produzir danos, a aplicação da teoria da responsabilidade coletiva em casos de danos produzidos por membro de grupos poluidores, a adaptação das regras probatórias em face da causalidade ambiental, além da adoção de uma postura ativa e comprometida do juiz diante das demandas ambientais e da abertura democrática do processo decisório no âmbito judiciário".[191]

A questão do nexo causal mostra-se ainda instigante e problemática, estando pendente de definição no sistema jurídico e de uma respectiva inserção em nível legal.

1.3.1.3. Responsabilidade objetiva

O advento da responsabilidade objetiva representa uma forma de viabilizar e facilitar a responsabilidade civil, quando comparada à res-

---

[188] BAHIA, Carolina Medeiros. *Nexo de causalidade em face do risco e do dano ao meio ambiente*: elementos para um novo tratamento da causalidade no sistema brasileiro de responsabilidade civil ambiental. Tese (Doutorado em Direito) – Centro de Ciências Jurídicas, Universidade Federal de Santa Catarina, Florianópolis, 2012, p. 260.

[189] Para saber mais, recomento consultar FACCHINI NETO, Eugênio. A relativização do nexo de causalidade e a responsabilização da indústria do fumo – a aceitação da lógica da probabilidade. *Revista Eletrônica De Direito Civil*, Rio de Janeiro, ano 5, n. 1, 2016.

[190] LEITE, José Rubens Morato; CARVALHO, Délton Winter de. O nexo de causalidade na responsabilidade civil por danos ambientais. *Revista de Direito Ambiental*, ano 12, n. 47, jul.-set./2007. São Paulo: Revista dos Tribunais, 2007, p. 88.

[191] BAHIA, *op. cit.*, p. 345.

ponsabilidade subjetiva. O surgimento da responsabilidade objetiva data do final do século XIX e se desenvolve ao largo do século XX, tendo sido seu início decorrente dos processos de industrialização, urbanização e massificação da sociedade. Esses fenômenos provocaram a multiplicação de acidentes e a necessidade de proteção das vítimas, que, quando lesadas, enfrentavam dificuldade na identificação dos agentes responsáveis, redundando recair sobre as próprias vítimas, apenas, os ônus decorrentes dos eventos lesivos.

Na atualidade, opera uma mudança do foco do sistema de responsabilidade: progressivamente, encontra-se menos centrado no agente e em sua culpabilidade, e mais na reparação do dano causado. Produziram-se transformações na responsabilidade civil em razão da incorporação das teorias do risco (risco-proveito, risco-criado),[192] culminando na consagração da responsabilidade objetiva. A responsabilidade objetiva desincumbe a vítima do ônus de demonstrar que houve, de parte do agressor, negligência, imprudência ou imperícia, ou mesmo intencionalidade; em suma, fica dispensada da demonstração de que houve culpa no agir danoso, comissivo ou omissivo. Na quadra atual, a responsabilidade objetiva, em matéria ambiental, está consolidada,[193] tem previsão legal e constitucional[194] e absoluta consagração na jurisprudência.[195]

A responsabilidade objetiva é tida como a panaceia das complexas questões de responsabilidade civil. Se, por um lado, tem utilidade,[196] na medida em que amplia as situações de responsabilização, por outro,

---

[192] Neste sentido, FACCHINI NETO, Eugênio. Da responsabilidade civil no novo Código. In: SARLET, Ingo Wolfgang (Org.). *O novo Código Civil e a Constituição*. Porto Alegre: Livraria do Advogado, 2006, p. 176-181.

[193] LEITE, José Rubens Morato; AYALA, Patryck de Araújo. *Dano ambiental*: do individual ao coletivo extrapatrimonial. São Paulo: Revista dos Tribunais, 2012, p. 123-135.

[194] Vide § 1º do artigo 14 da Lei 6.938/1981, bem como o §3º do artigo 225 da CRFB, além da previsão geral sobre responsabilidade objetiva inserida no parágrafo único do artigo 927 do CCB, que adere claramente à teoria do risco criado. Consideram-se riscos criados aqueles "produzidos por atividades e bens dos agentes que multiplicam, aumentam ou potencializam um dano ambiental. O risco criado tem lugar quando uma pessoa faz uso de mecanismos, instrumentos ou de meios que aumentam o perigo de dano". LEITE, José Rubens Morato; AYALA, Patryck de Araújo. *Dano ambiental*: do individual ao coletivo extrapatrimonial. São Paulo: Revista dos Tribunais, 2012, p. 132.

[195] Nesse sentido, o Superior Tribunal de Justiça fixou, em "Jurisprudência em Teses", 11 teses em matéria ambiental, prevendo a Tese 11 que: "A responsabilidade por dano ambiental é objetiva, informada pela teoria do risco integral, sendo o nexo de causalidade o fator aglutinante que permite que o risco se integre na unidade do ato, sendo descabida a invocação, pela empresa responsável pelo dano ambiental, de excludentes de responsabilidade civil para afastar sua obrigação de indenizar.". Disponível em: <http://www.stj.jus.br/internet_docs/jurisprudencia/jurisprudenciaemteses/Jurisprudência%20em%20teses%2030%20-%20direito%20ambiental.pdf>. Acesso em: 20.junho.2018.

[196] Leite e Ayala afirmam que "não há como negar que a responsabilidade objetiva, devidamente implementada, estimula que o potencial agente degradador venha a estruturar-se e adquirir equipamentos que visam a evitar ou reduzir as emissões nocivas, considerando que o custo destes é menor que o custo da indenização". LEITE; AYALA, *op. cit.*, p. 131.

representa um sistema que não atende aos fins inibidores e repressivos da responsabilidade civil, ao servir meramente à reposição de perdas e danos. Interessante reflexão é proposta por Schreiber, quando disserta sobre a redução da diferenciação entre a responsabilidade subjetiva e a objetiva. O autor elucida que a definição de um sistema de responsabilidade civil se divide em duas opções, a saber: uma opção que faculte maior probabilidade de sucesso às ações de responsabilização (o que significa um afrouxamento dos filtros da responsabilidade civil, tal como se dá na responsabilidade objetiva), e uma opção conduzida pela expressividade das somas, caso haja dever de indenizar, como ocorre, por exemplo, nas indenizações punitivas (*punitive damages*).

A partir dessas opções, quatro conjunturas distintas podem ser conformadas: i) alta chance de sucesso com altas indenizações (com o recurso às duas opções); ii) baixa chance de sucesso com baixas indenizações (com o não emprego das duas opções); iii) baixa chance de sucesso com altas indenizações; e iv) alta chance de sucesso com baixas indenizações (nos dois últimos casos, com o recurso a uma ou outra das opções). Considerando a eliminação dos dois primeiros itens, posto que representariam, respectivamente, um alto estímulo e um desestímulo às ações de responsabilidade civil, restam os dois últimos, sendo clara a opção brasileira pelo último sistema.

Segundo Facchini Neto, "o foco atual da responsabilidade civil, pelo que se percebe da sua evolução histórica e tendências doutrinárias, tem sido no sentido de estar centrada cada vez mais no imperativo de reparar um dano do que na censura do seu responsável. Cabe ao direito penal preocupar-se com o agente, disciplinando os casos em que deva ser criminalmente responsabilizado".[197]

Verifica-se, no cenário brasileiro, a adoção da responsabilidade objetiva, de modo que o elemento da culpa foi relegado a um segundo plano. Se a culpabilidade perde importância, perde ênfase a noção de repressão de comportamentos ilícitos ou lesivos a terceiros. Essa reflexão sinaliza a razão de fórmulas simplistas eventualmente empregadas para a solução de conflitos ambientais. Aceita-se que (i) para os danos ecológicos, basta que ocorra a reparação do dano, não sendo importante a modalidade de reparação, tampouco a oneração do lesante (efeito punitivo); (ii) para os danos difusos e individuais, que geralmente são reparados pela via da indenização, estas são quantificadas em valores muitas vezes inexpressivos (no caso dos individuais, para não gerar o enriquecimento sem causa; no caso dos difusos, pela falta de parâmetros

---

[197] FACCHINI NETO, Eugênio. Da responsabilidade civil no novo Código. In: SARLET, Ingo Wolfgang (Org.). *O novo Código Civil e a Constituição*. Porto Alegre: Livraria do Advogado, 2006, p. 175.

e pela ausência de uma tradição punitiva no nosso sistema de responsabilidade civil).[198]

1.3.1.4. A figura do poluidor: poluidor direto e poluidor indireto

A definição de poluidor, no Brasil, possui subsídio legal. Está descrito no inciso IV do artigo 3º da Lei 6.938/1991 como "a pessoa física ou jurídica, de direito público ou privado, responsável, direta ou indiretamente, por atividade causadora de degradação ambiental". Dessa definição, além do amplo espectro de sujeitos que se poderão ajustar ao conceito (pessoas físicas e jurídicas, públicas e privadas), dois elementos são especialmente relevantes: "responsável, direta ou indiretamente" e "atividade causadora de degradação ambiental". Quanto à última, note-se que se optou por definir o poluidor como aquele responsável por causar degradação, isto é, que sua atividade implique alteração adversa nas características do meio ambiente.

Degradação e *poluição* são definições previstas na mesma lei, de formas diferentes. No artigo 3º da Lei 6.938/1991, estão definidos ambos os conceitos: "II – degradação da qualidade ambiental, a alteração adversa das características do meio ambiente; III – poluição, a degradação da qualidade ambiental resultante de atividades que direta ou indiretamente a) prejudiquem a saúde, a segurança e o bem-estar da população; b) criem condições adversas às atividades sociais e econômicas; c) afetem desfavoravelmente a biota; d) afetem as condições estéticas ou sanitárias do meio ambiente; e) lancem matérias ou energia em desacordo com os padrões ambientais estabelecidos".

Deste modo, o poluidor será aquele responsável por atividade que gere a degradação da qualidade ambiental, entendida como a alteração adversa das características do meio ambiente, não sendo necessário que tal acontecimento gere algum dos efeitos nocivos previstos nas alíneas do inciso III. Basta, portanto, a alteração adversa das características do meio ambiente. A definição de meio ambiente está contida no inciso I do mesmo dispositivo legal, *verbis:* "I – meio ambiente, o conjunto de condições, leis, influências e interações de ordem física, química e biológica, que permite, abriga e rege a vida em todas as suas formas".

O conceito de degradação é menos rigoroso do que o conceito de poluição, o que atribui significativa vagueza ao conceito de poluidor. Esta vagueza é potencializada quando somado o outro elemento antes

---

[198] Mendonça realizou um estudo aprofundado sobre a quantificação dos danos, com destacada análise de casos na prática jurídica brasileira, demonstrando situações em que os valores das indenizações, em vez de servirem de estímulo dissuasório, estimulam comportamentos irresponsáveis e lesivos. Vide MENDONÇA, Diogo Naves. *Análise econômica da responsabilidade civil*: o dano e sua quantificação. São Paulo: Atlas, 2012, p. 102-108 e 122-129.

destacado: "responsável direta ou indiretamente". Segundo Farias e Bim, "poluidor indireto é aquele que, embora não tenha efetuado de forma direta a degradação ambiental, contribui para que ela ocorra".[199]

Reunindo todos os elementos, tem-se que "poluidor" é qualquer pessoa que, direta ou indiretamente, seja responsável por um evento que cause a alteração adversa do conjunto de condições, leis, influências e interações de ordem física, química e biológica, que permite, abriga e rege a vida em todas as suas formas.

Não bastassem a vagueza e a amplitude conceitual, a interpretação do conceito de poluidor pode ganhar ainda maior elasticidade e imprecisão – como, de fato, verifica-se na jurisprudência –, havendo julgados que atribuem um elevado grau de extensão ao conceito. É o caso da decisão proferida pelo Superior Tribunal de Justiça na qual se fixou que "para o fim de apuração do nexo de causalidade no dano ambiental, equiparam-se quem faz, quem não faz quando deveria fazer, quem deixa fazer, quem não se importa que façam, quem financia para que façam, e quem se beneficia quando outros fazem".[200]

Ao mesmo tempo em que haja decisões do Superior Tribunal de Justiça que confiram elasticidade ao conceito de poluidor, importa notar que não se faz qualquer diferenciação e não se dá tratamento diferenciado para poluidores diretos e indiretos, afirmando haver responsabilidade objetiva entre todos, portanto "[...] é obrigação do poluidor, ainda que indireto, indenizar e reparar o dano causado ao meio ambiente, independentemente da existência de culpa".[201]

1.3.1.5. A responsabilidade solidária

A responsabilidade solidária é a solução jurídica para a imputação de responsabilidades em situações nas quais exista uma multiplicidade de agentes responsáveis pelo dano e em que a individualização e a cotização dos responsáveis possam colocar a vítima em desvantagem. Em vez de a vítima precisar demonstrar qual, dentre vários, foi o agente causador do dano, inverte-se o encargo a uma coletividade de sujeitos que possam ter sido os causadores. Desse modo, "o ônus da reparação não vem deixado sobre a vítima, nem transferido a um responsável

---

[199] FARIAS, Talden; BIM, Eduardo Fortunato. O poluidor indireto e a responsabilidade civil ambiental por dano precedente. *Revista Veredas do Direito*. Belo Horizonte, v. 14, n. 28, jan./abr. 2017, p. 130.

[200] BRASIL. Superior Tribunal de Justiça. REsp nº 650.728, Relator Ministro Herman Benjamin, julgado em 23/10/2007.

[201] Idem. AgRg no AREsp nº 689997, Relator Ministro RICARDO VILLAS BÔAS CUEVA, julgado em 15/12/2015. Ainda: BRASIL. Superior Tribunal de Justiça. REsp nº 1376199, Relator Ministro Herman Benjamin, julgado em 19/08/2014.

SEGUROS AMBIENTAIS

individualizado, mas acaba espalhado por toda a coletividade ou, na maior parte dos casos, por todo o grupo de agentes potencialmente lesivos".[202]

Essa solução se opõe à lógica tradicional do modelo liberal-individualista, em que a responsabilidade se estabelecia em uma relação pessoal entre o ofensor e a vítima, e oferece um modelo construído pela estipulação legal de hipóteses de solidariedade em face da dificuldade de identificação de um específico causador do dano. A "difusão do ônus reparatório sobre mais de uma pessoa implica transcender as amarras individualistas da dogmática tradicional da responsabilidade civil".[203-204] Deriva de uma escolha jurídica "entre uma responsabilização individualizada, que responsabiliza o agente apenas pela parcela de dano gerada concretamente pela sua atividade ou uma responsabilização solidária, que torna cada agente responsável pela totalidade da reparação".[205]

Embora existam vozes afirmando que falte respaldo legal para essa situação,[206] e que isso implique uma anomalia em matéria de responsabilidade ambiental, uma vez que não se possa atribuir responsabilidade solidária sem expressa previsão legal ou acordo entre as partes (já que a solidariedade não se presume)[207], não parece ser esse o caso. Diante de

---

[202] SCHREIBER, Anderson. *Novos paradigmas da responsabilidade civil*: da erosão dos filtros da reparação à diluição dos danos. São Paulo: Atlas, 2015, p. 227.

[203] Idem, p. 226. Para Schreiber, a responsabilidade solidária, tal como a prevenção e a precaução e os seguros de responsabilidade civil, são meios de diluição de danos. Tal diluição representa uma tendência emergente em matéria de responsabilidade civil, de "solidária diluição do ônus reparatórios", sendo a solidariedade, aqui, compreendida enquanto solidariedade social, um dos "principais vetores do direito contemporâneo". Em suas palavras, a "matriz individualista da responsabilidade civil vai sendo corroída pela prática jurisprudencial e gradativamente abandonada em prol de uma solução de índole mais social e coletiva, fundada em um dever solidário de reparação". Idem, p. 224-225.

[204] A responsabilidade civil solidária difere da ideia de solidariedade social. Enquanto a primeira tem por intuito a ampliação do rol de responsáveis dentre aqueles que direta ou indiretamente participem da geração de um dano a outrem, a segunda – que, não obstante, exerce influência sobre a primeira – tem um objetivo mais ambicioso, de verdadeira distribuição social dos custos de reparação dos danos. Voltaremos a tratar dessas noções ao final deste estudo, quando for abordada a questão da solidariedade social em relação aos danos ambientais, especialmente pelo prisma dos fundos de compensação/reparação de danos e dos seguros ambientais obrigatórios.

[205] BAHIA, Carolina Medeiros. *Nexo de causalidade em face do risco e do dano ao meio ambiente*: elementos para um novo tratamento da causalidade no sistema brasileiro de responsabilidade civil ambiental. Tese (Doutorado em Direito) – Centro de Ciências Jurídicas, Universidade Federal de Santa Catarina. Florianópolis, 2012, p. 103.

[206] Idem, p. 103.

[207] Antunes demonstra diversos casos em que a solidariedade está prevista em leis específicas, o que torna legítima a aplicação da solidariedade. Trata-se de situações como: relações de consumo (Lei 8.078/1990, artigos 12-14 e 17-20), proteção das águas jurisdicionais brasileiras (Lei 6.966/2000, artigo 25), utilização de agrotóxicos (Lei 7.802/1989, artigo 14) e na Lei de Biossegurança (lei 11.105/2005, artigo 20). ANTUNES, Paulo de Bessa. O conceito de poluidor indireto e a distribuição de combustíveis. *Revista SJRJ*, Rio de Janeiro, v. 21, n. 40, ago. 2014, p. 233-234.

preceito expresso em matéria geral sobre responsabilidade civil, admite--se a responsabilidade solidária.[208]

Bahia, embora afirme inexistir previsão legal, observa que "a construção é feita com base no art. 3º, inc. IV da Lei 6.938/1981, que define poluidor como 'a pessoa física ou jurídica, de direito público ou privado, responsável, direta ou indiretamente, por atividade causadora de degradação ambiental' e no art. 942 do Código Civil que estabelece que para a responsabilidade civil extracontratual, 'os bens do responsável pela ofensa ou violação do direito de outrem ficam sujeitos à reparação do dano causado; e, se a ofensa tiver mais de um autor, todos responderão solidariamente pela reparação'".[209]

Nada impede que se proceda à individualização das responsabilidades, contudo transfere-se essa empreitada para momento posterior, em demanda própria, quando aquele ou aqueles que houverem pagado pelos demais poderão buscar reembolso.[210]

A questão da responsabilidade solidária é matéria recorrente e consagrada na jurisprudência do Superior Tribunal de Justiça. Há numerosos julgados deste Tribunal que atribuem aos poluidores, diretos e indiretos, solidariedade na responsabilidade, sendo comum, nessas decisões, a afirmação de que a "ação civil pública por danos ambientais dá ensejo a litisconsórcio facultativo entre os vários degradadores, diretos e indiretos, por se tratar de responsabilidade civil objetiva e solidária, podendo ser proposta contra o poluidor, responsável direta ou indiretamente pela atividade causadora de degradação ambiental e contra os co-obrigados solidariamente à indenização".[211]

Tamanha amplitude conceitual e alcance de responsabilidades, embora se justifiquem perante um sistema que pretende ser rigoroso na res-

---

[208] O Código Civil brasileiro determina: "Art. 942. Os bens do responsável pela ofensa ou violação do direito de outrem ficam sujeitos à reparação do dano causado; e, se a ofensa tiver mais de um autor, todos responderão solidariamente pela reparação. Parágrafo único. São solidariamente responsáveis com os autores os co-autores e as pessoas designadas no art. 932".

[209] BAHIA, Carolina Medeiros. *Nexo de causalidade em face do risco e do dano ao meio ambiente*: elementos para um novo tratamento da causalidade no sistema brasileiro de responsabilidade civil ambiental. Tese (Doutorado em Direito) – Centro de Ciências Jurídicas, Universidade Federal de Santa Catarina. Florianópolis, 2012, p. 103.

[210] Dispõe o Código Civil brasileiro: "Art. 934. Aquele que ressarcir o dano causado por outrem pode reaver o que houver pago daquele por quem pagou (...)".

[211] BRASIL. Superior Tribunal de Justiça. AgInt no AREsp nº 839492, Relator Ministro Herman Benjamin, julgado em 15/12/2016. No mesmo sentido: BRASIL. Superior Tribunal de Justiça. AgRg no AREsp nº 224572, Relator Ministro HUMBERTO MARTINS, julgado em 18/06/2013. A propósito, como já referido, o Superior Tribunal de Justiça fixou, em "Jurisprudência em Teses", 11 teses em matéria ambiental, prevendo a Tese 7 que: "Os responsáveis pela degradação ambiental são co-obrigados solidários, formando-se, em regra, nas ações civis públicas ou coletivas litisconsórcio facultativo". Disponível em: <http://www.stj.jus.br/internet_docs/jurisprudencia/jurisprudenciaemteses/Jurisprudência%20em%20teses%2030%20-%20direito%20ambiental.pdf>. Acesso em: 20.junho.2018.

ponsabilização ambiental (fundado nas noções da teoria do risco integral e no princípio da responsabilidade integral, como inclusive já consagrado pelo Superior Trbunal de Justiça), geram elevado grau de incerteza, especialmente para fins de incidência de mecanismos de seguros.

1.3.1.6. A questão da imprescritibilidade dos danos ecológicos

O tema da (im)prescritibilidade do dano ambiental, no Direito Ambiental, é outro capaz de fomentar incerteza e insegurança. Basta considerar que uma hipótese de imprescritibilidade de dano, para uma atividade coberta por um seguro, levaria a uma conclusão – apressada, como veremos, mas cuja expectativa criada é possível (e nociva) – de que o segurador estaria vinculado ao seu segurado, prestando-lhe garantia, por um tempo ilimitado. Por certo, isso não tem qualquer sentido e, mesmo assim, os seguros possuem mecanismos de desoneração dos deveres do segurador findo determinado lapso temporal.

A questão não é simples e a definição sobre a prescritibilidade ou não do dano ambiental é impositiva. Mais do que isso, a definição de um marco inicial do decurso do prazo prescricional e os prazos para cada dimensão de danos ambientais (caso se torne prevalente a tese da imprescritibilidade).[212]

Acentuada a relevância do tema, inclusive para os fins deste estudo, importa conhecer e ponderar sobre as teses conflitantes.

A tese da imprescritibilidade é sedutora e bem elaborada. Parte da ideia elementar de que a prescrição seja instituto típico de aplicação para conflitos restritos, interindividuais, em que haja margem para a disponibilidade do direito. Um indivíduo, podendo exercer um direito em face de outrem, opta por não fazê-lo e, decorrido determinado prazo previsto em lei, o Direito aplica uma consequência à sua inércia – quer dizer, priva-o de exercer a respectiva ação/exigibilidade jurídica.

Esta solução se justifica e se aplica "quando se está diante de direitos individuais e disponíveis", contudo, em face de danos ambientais, "encontram-se diversos entraves, pois [...] os danos ambientais normalmente são duradouros e não resultam de uma única ação localizável no tempo, dependendo um lento processo para que se manifestem".[213] A própria definição do marco inicial da prescrição seria um complicador,

---

[212] Importante registrar que o Supremo Tribunal Federal, em junho de 2018, reconheceu a repercussão geral de matéria relativa à prescrição de pedido de reparação de dano ambiental, no Recurso Extraordinário 654.833.

[213] BAHIA, Carolina Medeiros. *Nexo de causalidade em face do risco e do dano ao meio ambiente*: elementos para um novo tratamento da causalidade no sistema brasileiro de responsabilidade civil ambiental. Tese (Doutorado em Direito) – Centro de Ciências Jurídicas, Universidade Federal de Santa Catarina. Florianópolis, 2012, p. 113.

justamente em razão do tempo dilatado entre um evento de poluição, seu reconhecimento/descoberta e a manifestação dos danos de forma perceptível (seja nos recursos naturais ou nas pessoas). Soma-se a consagração do meio ambiente ecologicamente equilibrado como direito fundamental, logo, irrenunciável, inalienável e imprescritível. O argumento de que os danos ambientais não estejam circunscritos ao presente, possuindo projeção futura e podendo comprometer a qualidade de vida de gerações futuras, advoga que seja difusa, incerta e imprecisa a possibilidade de manifestação que justificaria o reconhecimento da imprescritibilidade.

Havendo colisão entre segurança/estabilidade jurídica e proteção ambiental, a preponderância da proteção ambiental deveria prevalecer, a ponto de se admitir a imprescritibilidade.[214]

Pela prescritibilidade, diversamente, sustenta-se que seja uma questão de legalidade: só haverá imprescritibiliade quando a lei assim definir e, como inexiste lei em tal sentido para danos ambientais, a consequência seria inequívoca.

Enquanto posição pessoal, opta-se, aqui, pela prescritibilidade. A questão passa pela delimitação do marco inicial de transcurso do prazo prescricional, que deve ser o da constatação do dano (seja ecológico, individual ou difuso), e não o da ocorrência do evento poluidor. Afinal, o conhecimento sobre a lesão do direito só emerge quando da constatação do dano.

A propósito do tema, como visto uma questão ainda não dirimida pelos Poder Judiciário, vale referir recente julgado do Superior Tribunal de Justiça, que enfrenta duas questões relevantes sobre o tema da prescrição em matéria ambiental, quais sejam: que o marco inicial conta-se da "ciência inequívoca dos efeitos decorrentes do ato lesivo" e que a ação que trata dos danos difusos (e ecológicos) tem o efeito de "interromper o prazo prescricional para a apresentação de demanda judicial que verse interesse individual homogêneo".

O julgado recebeu a seguinte ementa: *"Recurso Especial. Direito Civil e Ambiental. Contaminação ambiental por produtos químicos utilizados em tratamento de madeira destinada à fabricação de postes. Omissão, contradição e obscuridade. ausência. Princípio da adstrição ou congruência. Interpretação ampla da iniciaL. Possibilidade. Dano ambiental individual. Prescrição. Termo inicial. Ciência inequívoca. Precedentes. Ação coletiva. Interrupção da prescrição de ações individuais. Possibilidade. (...) 4. O dano ambiental pode*

---

[214] BAHIA, Carolina Medeiros. *Nexo de causalidade em face do risco e do dano ao meio ambiente*: elementos para um novo tratamento da causalidade no sistema brasileiro de responsabilidade civil ambiental. Tese (Doutorado em Direito) – Centro de Ciências Jurídicas, Universidade Federal de Santa Catarina. Florianópolis, 2012, p. 115.

ocorrer na de forma difusa, coletiva e individual homogêneo este, na verdade, trata-se do dano ambiental particular ou dano por intermédio do meio ambiente ou dano em ricochete. 5. Prescrição: perda da pretensão de exigibilidade atribuída a um direito, em consequência de sua não utilização por um determinado período. 6. O termo inicial do prazo prescricional para o ajuizamento de ação de indenização por dano ambiental suportado por particular conta-se da ciência inequívoca dos efeitos decorrentes do ato lesivo. Precedentes. 7. O ajuizamento de ação versando interesse difuso tem o condão de interromper o prazo prescricional para a apresentação de demanda judicial que verse interesse individual homogêneo. (...)".[215]

---

[215] BRASIL. Superior Tribunal de Justiça. REsp n°. 1641167, Relatora Ministra Nancy Andrighi, julgado em 13/03/2018.

2. Dos riscos aos seguros: racionalização e pulverização

Os seguros podem ser tratados desde diferentes perspectivas, possivelmente complementares, mas distintas: a da operação de seguros, a do Direito dos Seguros e a do Contrato de Seguro. Enquanto operação, são relevantes os aspectos próprios à dinâmica de transferência ou pulverização de riscos, enquanto, nas outras duas perspectivas, sobressaem as questões jurídicas. O Direito dos Seguros, ramo jurídico que oferece um sistema de normas jurídicas de regulação do seguro (como fenômeno social e econômico), envolve normas de caráter administrativo, fiscal, penal ou outros atinentes ao Direito dos Seguros em sentido amplo, bem como a questão específica do contrato de seguro, o que desperta interesse no campo obrigacional.[216]

Objetiva-se, por este capítulo, delimitar a funcionalidade e a lógica dos seguros, passando por seus fundamentos, elementos, características e princípios, a fim de formar as bases de confrontação entre os seguros e os riscos ambientais. A análise servirá para, oportunamente, propor elementos de conformação entre ambos. Para tal proposta, importa, inicialmente, contextualizar a questão dos seguros ambientais no sistema normativo brasileiro, como forma de problematização do tema de fundo tratado neste estudo.

2.1. Seguros ambientais: notas iniciais

O movimento de desenvolvimento do seguro ambiental, no Brasil, não é novo: na década de 1970, tiveram origem as primeiras iniciativas de sua implementação, com a chegada de clausulados de seguros ambientais trazidos por segurador norte-americano aqui estabelecido. Desde então, houve esforços para o desenvolvimento do mercado e para

---

[216] VASQUES, José. *Contrato de seguro*: notas para uma teoria geral. Coimbra: Coimbra Editora, 1999, p. 15-16.

o estabelecimento de marcos normativos.[217] Sem adentrar no desenvolvimento histórico do mercado de seguros ambientais, em termos práticos e comerciais, importa a análise da questão legal mais recente.

No Brasil, a previsão legal sobre seguro ambiental aparece pioneiramente no ano de 2006, em alterações à Lei 6.938/1981 – a Lei da Política Nacional do Meio Ambiente (LPNMA). A LPNMA, com posteriores modificações, fixou como um de seus princípios (artigo 2º, VIII) o da "reparação de áreas degradadas" e estabeleceu entre seus objetivos a "restauração dos recursos ambientais com vistas à sua utilização racional e disponibilidade permanente, concorrendo para a manutenção do equilíbrio ecológico propício à vida" (artigo 4º, inciso VI), bem como a "imposição, ao poluidor e ao predador, da obrigação de recuperar e/ou indenizar os danos causados e, ao usuário, da contribuição pela utilização de recursos ambientais com fins econômicos" (artigo 4º, inciso VII).

Os dispositivos legais acima referidos consagraram o princípio do poluidor-pagador na política ambiental brasileira. No artigo 9º, são elencados os instrumentos da PNMA e, em 2006, a Lei 11.284/2006 introduziu o inciso XIII no referido artigo, para instituir os instrumentos econômicos, dentre os quais a concessão florestal, a servidão ambiental e, como novidade, o "seguro ambiental". Não há, no entanto, qualquer definição sobre o seguro proposto pelo legislador, em termos de sua natureza ou da espécie de risco que estaria sob o foco de proteção especial.

A inserção do seguro ambiental entre os instrumentos econômicos da LPNMA adveio no intuito de dar coerência aos objetivos da Lei 11.284/2006, que trata da gestão de florestas públicas para a produção sustentável e institui na estrutura do Ministério do Meio Ambiente o Serviço Florestal Brasileiro. Entre os objetivos dessa lei, está a concessão de florestas[218] do poder público a particulares para a exploração de produtos e serviços florestais. No artigo 20, ao tratar do edital de licitação das concessões, determina-se a necessidade de descrição das garantias financeiras e dos seguros exigidos (inciso XIII). Ao especificar as garan-

---

[217] Sobre o desenvolvimento dos seguros ambientais no Brasil, ver POLIDO, Walter. *Seguros para riscos ambientais*. São Paulo: Revista dos Tribunais, 2005, p. 207 e seguintes. Como sugestão de compreensão histórica do recente desenvolvimento dos seguros, de forma ampla, consultar CARLINI, Angélica. A atividade de seguro no Brasil nos últimos cinquenta anos. *Assicurazioni – Rivista di diritto, economia e finanza delle assicurazioni private*. Roma: Fondazione Assicurazioni Generali, anno LXXV, n. 4, ottobre-dicembre, 2008, p. 519-548.

[218] Sobre a concessão de florestas, segundo Morato Leite: "[...] consiste em delegação onerosa realizada pelo Poder concedente do direito de praticar manejo florestal sustentável para exploração de produtos e serviços florestais, em unidade de manejo, mediante licitação, à pessoa jurídica, em consórcio ou não, que atenda às exigências do edital e demonstre capacidade para seu desempenho, por sua conta e risco. É importante lembrar que as comunidades locais poderão participar das licitações relativas a concessões florestais, por meio de associações comunitárias, cooperativas ou outras pessoas jurídicas admitidas em lei". LEITE, José Rubens Morato (coord.). *Manual de direito ambiental*. São Paulo: Saraiva, 2015, p. 370.

tias, assim estabelece: "Art. 21. As garantias previstas no inciso XIII do art. 20 desta Lei: I – incluirão a cobertura de eventuais danos causados ao meio ambiente, ao erário e a terceiros; II – poderão incluir, nos termos de regulamento, a cobertura do desempenho do concessionário em termos de produção florestal. § 1º O poder concedente exigirá garantias suficientes e compatíveis com os ônus e riscos envolvidos nos contratos de concessão florestal. § 2º São modalidades de garantia: I – caução em dinheiro; II – títulos da dívida pública emitidos sob a forma escritural, mediante registro em sistema centralizado de liquidação e de custódia autorizado pelo Banco Central do Brasil, e avaliados pelos seus valores econômicos, conforme definido pelo Ministério da Fazenda; III – seguro--garantia; IV – fiança bancária; V – outras admitidas em lei".

Na mesma lei, é tratada a figura do seguro. Os artigos 44 e seguintes abordam a possibilidade de extinção da concessão – especificamente o artigo 45, o qual dispõe: "A inexecução total ou parcial do contrato acarretará, a critério do poder concedente, a rescisão da concessão, a aplicação das sanções contratuais e a execução das garantias, sem prejuízo da responsabilidade civil por danos ambientais prevista na Lei nº 6.938, de 31 de agosto de 1981, e das devidas sanções nas esferas administrativa e penal".

De acordo com o § 6º, o Poder Público poderá instituir seguro para cobertura da indenização prevista no inciso IX do § 1º do artigo 45, nos casos em que "ocorrer fato superveniente de relevante interesse público que justifique a rescisão, mediante lei autorizativa específica, com indenização das parcelas de investimento ainda não amortizadas vinculadas aos bens reversíveis que tenham sido realizados". A referida norma, portanto, trata de seguros e propõe a possibilidade de coberturas para (i) danos causados (ao ambiente, ao erário e a terceiros), (ii) desempenho; e (iii) para indenização do concessionário em caso de rescisão pelo Poder Público.

Diante de tão amplas possibilidades de seguros, deve-se questionar qual seja, ou o que seja, o seguro ambiental. Será o seguro ambiental um gênero, válido para todos os tipos de riscos que envolvam atividades com implicações ambientais, independentemente dos beneficiários, riscos ou interesses? Ou o seguro ambiental é um tipo contratual específico? Responder a tais perguntas requer avançar sobre outras normativas legais vigentes. Ainda outras legislações introduzem o recurso aos seguros ambientais, valendo-se, para tanto, de diversas nomenclaturas, semelhantes àquelas acima referidas. Todas elas, no entanto, carecem de clareza sobre a modalidade e amplitude do seguro proposto.

Em 2010, foi instituída a Lei 12.305/2010, que trata da Política Nacional de Resíduos Sólidos. Esta lei foi regulamentada pelo Decreto

7.404/2010 e trata do referido seguro em seu artigo 67.[219] Prevê, em seu artigo 40, que: "No licenciamento ambiental de empreendimentos ou atividades que operem com resíduos perigosos, o órgão licenciador do Sisnama pode exigir a contratação de seguro de responsabilidade civil por danos causados ao meio ambiente ou à saúde pública, observadas as regras sobre cobertura e os limites máximos de contratação fixados em regulamento. Parágrafo único. O disposto no caput considerará o porte da empresa, conforme regulamento".

Por parte Conselho Nacional de Seguros Privados – CNSP –, em relação ao "seguro de responsabilidade civil por danos causados ao meio ambiente ou à saúde pública", ainda não há regulamentação sobre regras de coberturas e demais especificidades. A redação da LPNRS, de outro lado, embora mais específica, todavia não permite inferir, com precisão, o que sejam os "danos causados ao meio ambiente ou à saúde pública". Esse ponto remete à problematização sobre as dimensões dos danos ambientais, e suscita novamente as questões: a expressão "danos causados ao meio ambiente" compreende "meio ambiente" de forma ampla ou restringe-se aos dados ecológicos? Quando se refere à saúde pública, refere-se ao sentido difuso ou à tutela individual?

O tema ainda se pode tornar mais problemático. A análise de outra norma que institui um "seguro ambiental" – Lei Estadual 13.577/2009 do Estado de São Paulo – reitera os questionamentos acima apresentados. Embora haja previsão, na CRFB, na forma do inciso VII do artigo 22, de que compete privativamente à União legislar sobre seguros, o Estado de São Paulo, desde 2009, possui legislação que trata da "proteção da qualidade do solo contra alterações nocivas por contaminação, da definição de responsabilidades, da identificação e do cadastramento de áreas contaminadas e da remediação dessas áreas". Contém previsão expressa sobre "seguros ambientais" como modalidade de instrumento para a implantação do sistema de proteção da qualidade do solo e para o gerenciamento de áreas contaminadas, no inciso X do artigo 4º da aludida lei.

Referida lei foi regulamentada pelo Decreto 59.263/2013. Ambos definem "seguro ambiental" como um dos seus instrumentos (artigo 4º, inciso X) para a implantação do sistema de proteção da qualidade do solo e para o gerenciamento de áreas contaminadas[220] e, nas definições

---

[219] Art. 67. No licenciamento ambiental de empreendimentos ou atividades que operem com resíduos perigosos, o órgão licenciador do SISNAMA pode exigir a contratação de seguro de responsabilidade civil por danos causados ao meio ambiente ou à saúde pública, observadas as regras sobre cobertura e os limites máximos de contratação estabelecidos pelo Conselho Nacional de Seguros Privados – CNSP. Parágrafo único. A aplicação do disposto no *caput* deverá considerar o porte e as características da empresa.

[220] A exigibilidade de tal instrumento, no entanto, está condicionada à disponibilização de produto específico pelo mercado segurador, conforme disposto no artigo 45, § 1º, *verbis*: "O instrumento a

apresentadas pelo mencionado decreto, o inciso XXXIII do artigo 3º estabelece: "Seguro ambiental: contrato de seguro que contenha cobertura para assegurar a execução de Plano de Intervenção aprovado em sua totalidade e nos prazos estabelecidos, no valor mínimo de 125% (cento e vinte e cinco por cento) do custo estimado".

O artigo 45 do Decreto em apreço prevê a necessidade de apresentação de garantias (garantias bancárias ou seguro ambiental), a fim de assegurar o Plano de Intervenção, nos seguintes termos: "Artigo 45 – O responsável legal pela área contaminada deverá apresentar uma das garantias previstas nos incisos IX e X do artigo 4º da Lei nº 13.577, de 8 de julho de 2009, a fim de assegurar que o Plano de Intervenção aprovado seja implantado em sua totalidade e nos prazos estabelecidos, no valor mínimo de 125% (cento e vinte e cinco por cento) do custo estimado no respectivo Plano".

O "Plano de Intervenção" a que faz referência o artigo é um instrumento aprovado pelo respectivo órgão ambiental que servirá de guia para a implementação de processos de reabilitação de áreas contaminadas,[221] sendo claro que a recuperação de áreas contaminadas é justamente o foco principal da referida lei estadual. Tal decreto traz interessante ressalva, ao dispor que "poderá ser apresentado seguro-garantia em substituição às garantias a que se refere o *caput* deste artigo". Ou seja, na literalidade, prevê a possibilidade de oferecimento de seguro-garantia em substituição ao seguro ambiental.

Note-se, portanto, que, a partir de uma previsão vaga na LPNMA sobre "seguro ambiental", a LPNRS trata de um "seguro de responsabilidade civil por danos causados ao meio ambiente ou à saúde pública", enquanto a lei paulista trata de um "seguro ambiental" que poderá ser substituído por um seguro-garantia. A Lei 11.284/2006, que trata da gestão de florestas públicas, utiliza expressões análogas.

Importa mencionar, ainda que brevemente, que, além das normas vigentes, são frequentes propostas legislativas que busquem a instituição de seguros ambientais, geralmente sugerindo a instituição de segu-

---

que se refere o inciso X do artigo 4º da Lei nº 13.577, de 8 de julho de 2009, somente será exigido quando houver disponibilidade desse produto no mercado de seguros".

[221] Na forma do inciso II do artigo 3º, entende-se por "Área Contaminada: área, terreno, local, instalação, edificação ou benfeitoria que contenha quantidades ou concentrações de matéria em condições que causem ou possam causar danos à saúde humana, ao meio ambiente ou a outro bem a proteger". A lei prevê ainda, no artigo 8º, as diversas classes de áreas contaminadas: I – Área com Potencial de Contaminação (AP); II – Área Suspeita de Contaminação (AS); III – Área Contaminada sob Investigação (ACI); IV – Área Contaminada com Risco Confirmado (ACRi); V – Área Contaminada em Processo de Remediação (ACRe); VI – Área em Processo de Monitoramento para Encerramento (AME); VII – Área Contaminada em Processo de Reutilização (ACRu); VIII – Área Reabilitada para o Uso Declarado (AR); IX – Área Contaminada Crítica (AC crítica).

ros ambientais obrigatórios.[222] Sobre a questão da obrigatoriedade dos seguros ambientais, debruçaremo-nos oportunamente. De momento, cumpre assinalar a imprecisão das legislações já vigentes.

Evidenciada a intenção reiterada do legislador de instituição de seguros ambientais, de seguros garantia ou de seguros de responsabilidade civil, são pertinentes os questionamentos: qual o objetivo da inserção de mecanismos de garantia em normas de proteção ambiental? Quem é o destinatário da garantia pretendida? Se as respostas indicarem a criação de instrumentos de garantia de reparação de danos a interesses da coletividade, ou a reparação de danos ecológicos, resta saber se os seguros são, de fato, a melhor forma de atender tais anseios. Em caso positivo, há que ponderar sobre o modelo de seguros pretendido. A imprecisão conceitual e a absoluta falta de clareza sobre a abrangência e objetivo do seguro marcam todas as normas analisadas. Não há precisão sequer sobre o risco que se pretende seja coberto pelo "seguro ambiental" ventilado.

O enfrentamento de tais questões, com o objetivo de descortinar o instituto legalmente posto, será realizado no capítulo 3, em que se buscará demonstrar as limitações dos seguros – seja pela sua operacionalidade, seja pela complexidade dos riscos ambientais e de responsabilização ambiental (conforme apresentado no capítulo 1) – propondo-se soluções. Apesar das limitações próprias aos seguros, serão apresentadas orientações de modelagem, buscando avaliar se os seguros ambientais previstos em normas de proteção do meio ambiente podem ser úteis e coerentes com o sistema brasileiro de proteção ambiental.

Para realizar tais objetivos, é necessária a adequada compreensão dos seguros pelos prismas operacional, jurídico e contratual.

2.2. Atividade e técnica seguradora

2.2.1. Elementos do seguro em perspectiva histórica

Quando de sua emergência, os seguros apresentavam peculiaridades bastante distintas da ideia de seguro vigente na atualidade. Seus

---

[222] Outro exemplo de proposta de seguros ambientais está prevista no Projeto de Lei 3.729/2004, que objetiva instituir a Lei Geral de Licenciamento Ambiental. Tal PL prevê (no artigo 9º da proposta de redação), que "caso sejam adotadas pelo empreendedor novas tecnologias, programas voluntários de gestão ambiental ou outras medidas que comprovadamente permitam alcançar resultados mais rigorosos do que os padrões e critérios estabelecidos pela legislação ambiental, a autoridade licenciadora poderá, motivadamente, estabelecer condições especiais no processo de licenciamento ambiental", tais como: redução de prazo de análise, dilação de prazos de renovação, simplificação do procedimento ou outras medidas. Estipula, ainda, no parágrafo único, que "as medidas previstas no *caput* poderão ser estendidas, com justificativa técnica, para atividades ou empreendimentos que: I – possuam seguros, garantias ou fianças ambientais quando do requerimento das licenças ambientais.

fundamentos passaram por transformações, fruto de influências culturais e práticas, inclusive jurídicas. Não se pretende, neste tópico, proceder a um resgate histórico completo sobre os seguros ou aos detalhes de sua origem, mas, sim, localizar o nascimento de alguns conceitos e elementos que foram fundamentais para o seu desenvolvimento.

O seguro surgiu da necessidade humana de proteção contra acontecimentos imprevisíveis (riscos) que resultam em perdas, sejam de valores materiais ou imateriais. Sua origem está associada às atividades de transporte de mercadorias e ao risco envolvido: raramente os patrimônios individuais podiam suportar os prejuízos decorrentes dos riscos dessa atividade. A base para o surgimento e desenvolvimento dos seguros foi a percepção de que se fazia necessária uma ação de forma comum entre os diversos envolvidos e praticantes da atividade de transportes – com sentido comunitário, portanto.

De fato, "como o nosso sistema de direito privado conserva-se ligado às fontes romanas, que concebiam o direito com uma relação rigorosamente bilateral, é compreensível que o contrato haja desempenhado um papel fundamental na destruição do *comunitarismo* medieval". A "atitude na ação social – no caso particular ou em média ou no tipo puro – repousa no *sentimento* subjetivo dos participantes de pertencer (afetiva ou tradicionalmente) *ao mesmo grupo*".[223]

Embora se atribuam às práticas mutualistas a origem dos seguros, o mutualismo, na realidade, é apenas uma técnica (exitosa) para lidar com os riscos, sendo certo que outras técnicas de dispersão do risco eram aplicadas[224] – ainda que, em um primeiro momento, não seja possível denominar tais práticas propriamente como securitárias.[225] Assim, para alguns, a origem dos seguros remonta à antiguidade, ainda que em tal

---

[223] BAPTISTA DA SILVA, Ovídio A. *O seguro e as sociedades cooperativas*: relações jurídicas comunitárias. Porto Alegre: Livraria do Advogado, 2008, p 8.

[224] Segundo Cordeiro, "vários esquemas conseguiam, na prática, uma dispersão do risco. Mas não se apurou um tipo negocial que, de modo expresso e assumido, a isso se destinasse". CORDEIRO, António Menezes. *Direito dos Seguros*. Coimbra: Almedina, 2016, p. 59.

[225] Conforme narra Luhmann, "En el antiguo comercio marítimo oriental existía ya una conciencia del riesgo, con la disposiciones legales correspondientes. En un comienzo éstas eran difícilmente separables de programas adivinatorios, invocación a deidades protectoras, etc. Sin embargo, en lo legal, en especial en la división de funciones de los prestadores de capital y los navegantes, hacían claramente las veces de *aseguradoras*, un papel que habría de extenderse de manera relativamente continua hasta ya entrada la Edad Media e influir en la conformación del derecho comercial marítimo, así como en los seguros de este tipo". LUHMANN, Niklas. *Sociología del riesgo*. Coord. Tradución Javier Torres Nafarrate. México D.F.: Universidad Iberoamericana, 2006, p. 53. Em complementação – inclusive para frisar a hipótese (uma delas) de que foram nas práticas comerciais e de seguros que teve origem a expressão 'risco', vale referir que "Los contextos importantes em los que se aplica [la palabra riesgo] son los de la navegación marítima y los contextos comerciales. Los seguros marítimos constituyen un caso temprano de control de riesgo planificado, pero también es independientemente de esto se encuentra en los contratos cláusulas como *'adrisicum et fortunam...'*, *'pro securitate et risico'*, o *'ad omnem risicum, periculum et fortuna Dei'*, que regulan quién ha de hacerse cargo de las reparaciones en el caso de que hubiera un daño". Idem, p. 54.

época estes institutos fossem apenas remotamente comparáveis aos seguros de hoje.[226]

Sem pretender esgotar o tema, ou ir a fundo a fim de localizar o ponto histórico inicial de surgimento dos seguros em diferentes experiências ou períodos históricos, é interessante mencionar práticas semelhantes ao seguro no período romano, momento em que a tomada do risco ganha proeminência. Nota-se, então, a atração pelo risco como forma de auferir ganho. Antes do mutualismo, portanto, a necessidade, de um lado, e a aceitação, de outro, de transferência e pulverização ou de compartilhamento do risco. Na origem, portanto, o contrato de seguros tinha o elemento risco como fator anterior de maior relevância, e instituiu a capacidade e a praxe de lidar com o risco como objeto de práticas comerciais. O elemento risco tornou-se foco de práticas negociais (no interesse em auferir ganho sobre o risco) e, mais tarde, das técnicas de pulverização do risco, quando, de fato, sobressai o mutualismo.[227]

O que avulta em relevância – a justificar essa breve investida histórica – é a relação social e econômica com o risco, especialmente pelas práticas mercantis. Enquanto, para muitos, o risco gera aversão, para outros, o risco e sua aceitação – nem sempre de forma profissional e metódica – geram uma oportunidade. É em um cenário de oportunidades frente aos riscos que se desenvolvem os seguros.[228]

Na experiência romana, a existência de uma figura comparável à do seguro pressupõe uma observação contextualizada, pois, a rigor, em tal período não havia instituto que se assemelhasse aos seguros como com-

---

[226] Neste sentido consultar, dentre outros, CORDEIRO, António Menezes. *Direito dos Seguros*. Coimbra: Almedina, 2016, p. 49 e seguintes, bem como PASQUALOTTO, Adalberto. *Garantias no Direito das Obrigações*: um ensaio de sistematização. Tese (Doutorado em Direito) – Faculdade de Direito, Universidade Federal do Rio Grande do Sul. Porto Alegre, 2005, p. 187.

[227] Não se olvida que, a rigor, as práticas mutualistas antecedem as de seguros. Tratam-se, no entanto, de mecanismos de solidariedade em face dos riscos e não, propriamente, de formas de obtenção de ganhos sobre os riscos. Sobre os primórdios das práticas mutualistas – ressalvando não se tratarem propriamente de atividades de seguros, afirma Delgado que: "Há [...] unanimidade entre os estudiosos do seguro no ponto de vista de que ele nasce da imperiosa necessidade do ser humano descobrir meios de ser protegido dos acontecimentos imprevisíveis e que resultavam em perdas de valores materiais ou imateriais. Exemplo antigo dessa necessidade é o que registra a história e consistente no procedimento adotado na antiga Babilônia, quando os cameleiros celebravam acordo no sentido de que seria indenizado cada camelo que morresse durante a viagem por todos os integrantes da caravana". Nesse sentido, DELGADO, José Augusto. *Comentários ao novo Código Civil*. Volume XI: das várias espécies de contrato, do seguro. Rio de Janeiro: Forense, 2007, p. 4 e seguintes.

[228] Embora o trecho a seguir transcrito esteja em um contexto de localização da origem da palavra risco, vale mencionar, pois acentua o elemento "correr riscos": "sospechamos que el problema reside en la opinión de que solamente es posible alcanzar ciertas ventajas cuando se pone en juego (se arriesga) algo. No se trata aquí del problema de los costos, que pueden calcularse previamente y que se pueden sopesar en relación a los beneficios. Se trata, más bien, de una decisión que, tal como se puede prever, se lamentará más tarde en el caso de que ocurra un daño que se esperaba poder evitar". LUHMANN, Niklas. *Sociología del riesgo*. Coord. Traducción Javier Torres Nafarrate. México D.F.: Universidad Iberoamericana, 2006, p. 55.

preendidos na atualidade. O fator risco era uma constante vinculada às práticas comerciais: se, então, havia expressiva atividade mercantil, isso implicava operações de compra, venda e transporte de mercadorias pela navegação; para viabilizar tais atividades, era comum o uso de empréstimo ou mútuo. Havia, assim, a noção de risco (*periculum*) e a possibilidade de dar cobertura aos acidentes nas atividades comerciais, ou, em outros termos, a possibilidade e o interesse na transferência e na pulverização do risco – uma forma de compartilhamento.[229]

As proposições de dar cobertura e transferência, que se gestavam em nível embrionário, vinculavam-se às modalidades de empréstimo ou mútuo (*pecunia traiectia*) no interesse da navegação (*phoenus nauticum*), em que o concedente do crédito passava a seguir a sorte (*following the fortunes*) do captador do crédito, quando a devolução da quantia, com a respectiva remuneração,[230] estava condicionada ao "'*feliz arribo de la nave a puerto*". O risco decorrente das perdas corria por conta do prestador do crédito. Nota-se que essa transferência do risco não decorria de um contrato autônomo, que se assemelhasse ao contrato de seguro, mas, sim, de um dispositivo acessório ao mútuo (*stipulatio usurarum*), de condicionamento da não concretização do risco; uma condição não vinculada a uma obrigação do devedor, mas ao risco assumido pelo credor.[231]

Como explica Cordeiro, "inicialmente, o *phoenus* é o ganho ou o produto. Surge utilizado no préstimo marítimo, em similitude com a expressão *pencuia traictia*. O nauta, tendo recebido o valor, obriga-se a restituí-lo: uma criação consuetudinária, com influências greco-orientais e que veio a ser acolhida pelo pretor. Associado ao *phoenus nauticum* estava, muitas vezes, uma cláusula penal: o prestamista assumia riscos graves, pelo que mais se justificava o cumprimento. Encontramos, aqui, o antepassado do dever de diligência e de boa-fé do tomador do seguro. O acordo seria concluído por uma *stipulatio*, que fazia surgir, na esfera do armador, o dever de restituir o capital e os juros, com o retorno da nave. [...] Esse perigo começa a correr no dia em que, segundo o acordado, o navio deixe o porto. A responsabilidade do armador surgiria pela aceitação da coisa, sendo inicialmente ilimitada".[232]

O professor português conclui, destacando que é a visão comercial sobre o risco que está por trás do advento do seguro no período roma-

---

[229] PERANDONES, Pablo Girgado. *El principio indemnizatorio en los seguros de daños*: una aproximación a su significado. MERCATURA – Coleción Estudios de Derecho Mercantil n. 19. Granada: Comares, 2005, p. 12-18.

[230] "El riesgo derivado de la pérdida del dinero o de las mercancias corre a cargo del acreedor o prestamista, que ló compensa mediante la fijación de um interés (*usurae*; la expresión *faenerare* significa, en sentido técnico jurídico, *prestar com interes*)". Idem, p. 15.

[231] Idem, p. 12-18.

[232] CORDEIRO, António Menezes. *Direito dos Seguros*. Coimbra: Almedina, 2016, p. 55-56.

no, afirmando que "o *phoenus nauticum* visava, simplesmente, financiar um transpor por mar: eventualidade perigosa, mas que, quando bem-sucedida, proporcionava lucros elevados. Em termos econômicos, ela assume parte da função do seguro marítimo. Noutros termos, na falta de verdadeiros contratos de seguro, as associações e as parcerias entre capitalistas e empresários, no florescente comércio marítimo da Antiguidade, preenchiam este papel".[233]

Essa referência à experiência romana visa a frisar que, se, na Idade Média, usaram-se técnicas para transferência e compartilhamento de riscos e para auferir ganho sobre os mesmos, não se pode negar que houve expressivo desenvolvimento de institutos relacionados à modulação do risco nesse período. Destaca-se, portanto, que o desenvolvimento das técnicas de enfrentamento dos riscos decorrido no período medieval seguiu um legado acumulado pelos romanos.

Na Idade Média, ocorre um salto no desenvolvimento dos seguros, com o aparecimento de formas originárias de mecanismos e conceitos que estão na essência do instituto até a atualidade. Foram inicialmente desenvolvidos pelos costumes e práticas comerciais para, em um segundo momento, receberem tratamento doutrinário e normativo. Durante a Idade Média, "o seguro veio a surgir, em duas frentes muito distantes: a assistencial e a negocial, também chamada de seguro a prêmio".[234]

No ponto de partida do surgimento de uma figura seguradora, esteve a dificuldade de controle pelos prestadores de crédito sobre a veracidade das operações, ao que se somou a prática de captação de crédito para uma mesma operação. Ademais, a ascensão de um conjunto de motivos levara à proibição da usura[235] – estopim para o desenvolvimento

---

[233] CORDEIRO, António Menezes. *Direito dos Seguros*. Coimbra: Almedina, 2016, p. 57.

[234] Idem, p. 59.

[235] PERANDONES, Pablo Girgado. *El principio indemnizatorio en los seguros de daños*: una aproximación a su significado. MERCATURA – Colección Estudios de Derecho Mercantil n. 19. Granada: Comares, 2005, p. 19-20. O Direito Canônico, durante a Idade Média, impôs regras morais às relações comerciais, inclusive com a proibição da usura. O autor aponta os excessos na taxação dos empréstimos como razão para defini-los como usura, em razão, especialmente, do caráter rudimentar da projeção sobre o risco, que dificultava o estabelecimento de liames entre taxas e riscos. Esta discrepância (já que "a veces, cuantías que suponían más del cinquenta por ciento del capital prestado", p. 20) vinha a caracterizar uma mera especulação sobre os riscos, ausente um interesse. Segundo o autor, a prática da usura, pela Igreja, decorre tanto de fatores socioeconômicos quanto de fatores eticorreligiosos. Os fatores socioeconômicos vinculam-se à restrição, pela Igreja, da ascensão do "capitalista sedentário"', ou seja, o mercador e o banqueiro durante um período de transição de "uma economía eminentemente agrícola" para um período "inmerso en el tránsito a una economía comercial". Já os fatores éticorreligiosos, de maior relevância e abrangência para a justificação da proibição da usura vinculam-se a razões como: "1º El tiempo es un bien otorgado por Dios a los hombres y no es lícito comerciar com él; 2º El dinero es um bien estéril que no produce frutos; 3º El dinero comprende tanto la cosa en sí como su uso y, por ello, pedir la devolución de la misma y unos intereses por su empleo significa reclamar una doble restitución, ló que se juzga condenable". É bem verdade que esta postura categórica não foi uníssona durante a Idade Média, sendo relevante notar que na Escolástica existiam posturas mais brandas, como a de São Tomás de Aquino, em que "la licitud o ilicitud de la

dos seguros, pois despertou a necessidade de criação de outras soluções para lidar com o risco. Surgiu o "interesse" para justificar a taxação sobre o capital emprestado, a se conciliar os excessos da doutrina da Igreja às necessidades da realidade do tráfego econômico,[236] em um processo que visava substituir a oposição à prática da usura por uma adaptação de suas atividades aos ditames da Igreja.[237]

O desenvolvimento crescente do transporte marítimo, ao necessitar do aporte de recursos, fez com que os operadores passassem a substituir o contrato de empréstimo por uma espécie inédita de contrato de compra e venda, pelo qual o comerciante transmitia a propriedade do bem (a embarcação e a carga) ao suposto comprador, mas esse só realizava o pagamento em caso de sinistro,[238] havendo, outrossim, uma cláusula

---

actividad negocial no está ligada a la actividad en si considerada, sino a la intencionalidad de quien la ejerce. De tal modo, el lucro no es nada opuesto a la virtud, pudiendo proponérselo el comerciante cuando se ordene a un fin necessário u honesto". No mesmo sentido, sobre a consideração do fator risco a justificar a usura, afirma o autor que "Respecto del interes, aporta Santo Tomás nuevas vias para entender com mayor exactitud el significado del préstamo mercantil, haciendo referencia al 'riesgo' que supone para el prestamista, la possibilidad de que no vea devuelto su dinero por el prestatario. De este modo, el 'riesgo' justifica la exigencia de um interes, que, por ello, se considera lícito (justo)" (p. 22-30). Para um estudo sobre a proibição da usura, ver CORDEIRO, António Menezes. *Direito dos Seguros*. Coimbra: Almedina, 2016, p. 61 e seguintes.

[236] PERANDONES, Pablo Girgado. *El principio indemnizatorio en los seguros de daños*: una aproximación a su significado. MERCATURA – Colección Estudios de Derecho Mercantil n. 19. Granada: Comares, 2005, p. 29. Segundo afirma, a ideia que viria a se afirmar, com amparo no Direito Romano, era a de recuperar a noção de interesse "para afirmar la legitimidad de una cantidad suplementaria al principal del préstamo, mientras con ello no se superen unos límites moderados, que le haría incurrir en usura y que, por tanto, están prohibidos". Idem.

[237] Idem, p. 31. Esclarece: "A sí y ante la citada prohibición, los comerciantes y navegantes, que se niegan, lógicamente, a tal resultado, buscan una solución a las consecuencias perjudiciales que éste pueda provocar. De tal modo, la doctrina canónica parece ejercer un incuestionable ascendiente en la configuración de los contratos".

[238] Sendo relevante o dado histórico, vale apreciar o seguinte episódio: "o comerciante genovês BENEDETTO ZACCARIA, que em 1298 tinha de entregar em Bruges 30 toneladas de alúmen que se encontrava numa vila piscatória da orla mediterrânea da costa francesa, em Aigues-Mortes. Temendo o risco de um naufrágio e da perda da mercadoria que devia entregar no porto de Bruges, o exportador propôs-se vender simulada ou ficticiamente a mercadoria a dois compatriotas seus, ENRICO SUPPA e BALIANO GRILLI, comprometendo-se a recomprar essa mercadoria quando, e se, ela fosse descarregada naquele porto do Atlântico, por um preço superior ao preço inicial. Não havendo azar, os compradores-revendedores ganhariam na diferença dos preços; em contrapartida, perecendo no mar a mercadoria, o risco correria pelos compradores e o vendedor guardaria o preço das mercadorias. Através deste complexo mecanismo jurídico-contratual, as partes evitavam o risco de assimilar o lucro dos compradores-revededores a um juro, então proibido pela Igreja de Roma, ou a celebrar um empréstimo para grande aventura, também visto com desfavor pela doutrina na Igreja". MENDES, Armindo Ribeiro. Novos horizontes do contrato de seguro as exigências do século XXI. Em MOREIRA, António; MARTINS, M. Costa (coord.). *I Congresso Nacional de Direito dos Seguros* (Lisboa). Coimbra: Almedina, 2000, p. 245. O relato original está contido em BRIYS, Eric; VARENNE, François de. Assurance et marches financiers: concurrence ou complémentarité? Em EWALD, François; LORENZI, Jean-Hervé. *Encyclopédie de l'assurance*. Paris: Economica, 1998, p. 1666-1681. O objetivo é demonstrar a semelhança entre os seguros e os produtos financeiros. Do trecho reproduzido, é de se notar que aquela prática negocial, ao mesmo tempo em que tinha características de um seguro, também se assemelhava a um financiamento bancário qualquer. O que parece relevante, na análise deste movimento embrionário dos seguros, é a questão do risco, do seu enfrentamento e a construção de formas para sua transferência.

SEGUROS AMBIENTAIS

resolutória para o caso de o transporte não ser concluído com a chegada ao porto de destino.[239]

É correto afirmar que o seguro, então, funcionava como uma técnica de diluição do risco entre um coletivo de comerciantes, não se tratando, por si só, de uma atividade comercial propriamente dita. A evolução do instituto, porém, transformou-o progressivamente em um tipo comercial, ainda que o tenha acompanhado a noção comunitária (hoje compreendida como mutualismo). Desenvolveu-se um mecanismo de transferência dos riscos individuais a um administrador, que formava e gerenciava um fundo comum, integrado pelas contribuições individuais pagas pelos segurados, capaz de indenizar aqueles do grupo eventualmente atingidos por um evento danoso. Assim, o prejuízo individual era repartido pela coletividade comum.

Aos poucos, produziu-se um refinamento do instituto do seguro por meio de mecanismos como o princípio indenizatório, a repartição de riscos, a delimitação de critérios para fixação do prêmio, o estabelecimento de franquias, a estimação prévia de indenização e o recurso ao princípio da boa-fé.[240] Diversos institutos começaram a ser desenvolvidos, todavia visando evitar o enriquecimento indevido por meio do seguro e a localização do interesse como seu elemento.

Foi apenas no século XX que a prática de seguros se desvinculou do comércio rotineiro e ganhou autonomia negocial, passando a ser gerida por empresas (empresarialidade) e assumindo a capacidade e os métodos formais de gestão dos riscos[241] e originando as grandes companhias seguradoras da atualidade.[242]

A partir de então, como explica Martinez, "o seguro altera-se com o desenvolvimento da indústria seguradora, mediante a celebração de contratos de seguro em larga escala, deixando de atender-se ao risco esporádico – numa situação contratada – para passar a considerar-se o

---

[239] PERANDONES, Pablo Girgado. *El principio indemnizatorio en los seguros de daños*: una aproximación a su significado. MERCATURA – Coleción Estudios de Derecho Mercantil n. 19. Granada: Comares, 2005, p. 31-32.

[240] Idem, p. 32-39.

[241] MONTI, Alberto. *Environmental risks and insurance*: a comparative analysis of the role of insurance in the management of environment-related risks. OCDE, 2002. Disponível em: <www.oecd.org/finance/financial-markets/1939368.pdf>. Acesso em: 18 nov. 2017, p. 5. Sobre as diferentes perspectivas de percepção e convivência com os riscos, afirma o autor que "Economic actors have different attitudes towards risks. It depends on several factors, including the nature of the risk, the probability of loss, the potential magnitude of the loss and the ability to absorb its economic consequences. Assuming rationality and perfect information, economic actors are able to calculate the actual value of a given risk by discounting the magnitude of the loss by the probability of its occurrence (PxL)".

[242] PASQUALOTTO, Adalberto. *Garantias no Direito das Obrigações*: um ensaio de sistematização. Tese (Doutorado em Direito) – Faculdade de Direito, Universidade Federal do Rio Grande do Sul. Porto Alegre, 2005, p. 188.

risco associado ao cálculo probabilístico, ao risco dos grandes números. Evoluiu-se do risco como álea esporádica para uma indústria com finalidade lucrativa, recorrendo à prática do seguro em larga escala seguindo regras matemáticas de previsão de sinistros".[243]

Desde seus primórdios, os seguros apresentaram capacidade de adaptação a novos cenários de riscos, o que é válido até a atualidade[244] no cumprimento de suas funções e expectativas, conforme será visto a seguir.

2.2.2. Sobre a função e a importância dos seguros

A complexidade da vida moderna trouxe considerável transformação na concepção de risco, devido ao quadro de crise ambiental. O que antigamente era entendido como infortúnio ou fato excepcional, hoje se entende como dado objetivo, projetável e mensurável, passando a ser encarado como "risco". Os acidentes já não são, essencialmente, surpresas, nem exceção na vida social, mas elementos constantes do dia a dia, prognosticáveis desde a sua gênese até seus efeitos.[245] A vida humana em sociedade, intensa e perigosa, fez com que o seguro, que manifesta sobremaneira a ideia de garantia, se desenvolvesse a ponto de alcançar atualmente um lugar de destaque na vida econômica e social.

A atividade seguradora exerce relevantes funções econômicas e sociais. O seguro tem a função social de permitir a continuidade das atividades econômicas após a ocorrência de eventos danosos e traumáticos, pois, repondo as perdas, preserva a condição econômica e social, seja do segurado, seja de terceiros. As funções econômicas podem ser compreendidas por duas vertentes: uma relacionada à influência positiva que os seguros desempenham sobre as atividades econômicas, promovendo conforto, segurança e garantia para as relações negociais e patrimoniais, e outra relacionada à capacidade do segurador, enquanto gestor de provisões,

---

[243] MARTINEZ, Pedro Romano. *Direito dos Seguros*: apontamentos. S. João do Estoril: Principia, 2006, p. 29-30.

[244] Para exemplificar situações que demonstram a capacidade de adaptação da técnica seguradora a novas modalidades de risco, vale referir o advento das apólices *claims made*, as quais serão abordadas em momento próprio e, entre outros, apenas para mencionar exemplos sobre os quais já tivemos oportunidade de dissertar, os seguros com apólices abertas para o transporte de cargas, em SARAIVA NETO, Pery; FENILI, Maiara B. Declaração/averbação de cargas nas apólices abertos do Seguro de Responsabilidade Civil do Transportador de Cargas: Julgado do STJ – REsp n. 1.318.021. *Revista Jurídica de Seguros*. Rio de Janeiro: CNSeg, 2016, v. 4, p. 240-253) e os seguros paramétricos, em SARAIVA NETO, Pery. Seguros paramétricos frente aos desafios de adaptação às mudanças climáticas. In: CARLINI, Angélica; SARAIVA NETO, Pery (org.). *Aspectos jurídicos dos contratos de seguro* – Ano V, Porto Alegre: Livraria do Advogado, 2017, p. 61-72).

[245] TZIRULNIK, Ernesto; CAVALCANTI, Flávio de Queiroz B.; PIMENTEL, Ayrton. *O contrato de seguro*: de acordo com o novo código civil brasileiro. São Paulo: Revista dos Tribunais, 2003, p. 132-133.

SEGUROS AMBIENTAIS

de atuar como importante investidor, em razão dos robustos importes financeiros que administra.

A função social exercida pelos seguros é consequência da lógica mutualista,[246] segundo a qual o segurador é capaz de distribuir equitativamente, entre muitos, os prejuízos sofridos por poucos, de modo que todos suportem as perdas de alguns. A menção a "todos" deve ser contextualizada: a pulverização dos prejuízos individuais é a pulverização dos prejuízos individuais dos segurados. As vítimas, que nos interessam especialmente pela perspectiva dos seguros de responsabilidade civil, não são abrangidas por esta pulverização de perdas, salvo nos seguros obrigatórios.

Conforme afirma Miragem: "A importância dos seguros para a sociedade contemporânea é notória. Expressão amplamente difundida é a de sociedade de risco, indicando um traço da realidade atual, em que a evolução tecnológica e as profundas alterações nas relações sociais importam na multiplicação e socialização dos riscos de dano e com isso, a necessidade de incremento nas técnicas de prevenção, mitigação e garantia em relação a estes riscos".[247]

Por outro lado, com Carlini e Faria, tem-se que "os contratos de seguro são cada vez mais importantes na época histórica em que vivemos e, em especial, em nosso país. Fruto do gênio criativo e da inteligência humana, a operação de seguros é fundamental para que a Humanidade possa viver com as consequências dos riscos, muitos dos quais criados por ela própria, mas essenciais na busca de progresso tecnológico e, consequentemente, de melhores condições de vida. Os contratos de seguro ao longo da história da Humanidade têm cumprido esse relevante papel social e econômico, de garantir a todos aqueles que são vítimas de um dano que tenham condições de retornar ao estado anterior ou, no mínimo, que tenham recursos financeiros para buscar alternativas de

---

[246] O mutualismo, neste contexto, não se confunde com as práticas mutualistas e cooperativas que estão nas origens dos seguros. A figura do segurador profissional, capaz de compreender, valorar e distribuir riscos (gerir) faz com que a lógica mutualista apareça como mero reflexo da atividade seguradora (e, portanto, realize uma função social), mas que não traduz sua essência. Nesse sentido, Baptista da Silva já afirmava que "ao lado do seguro a prêmio fixo, conhece-se a figura denominada seguro mútuo, forma mais perfeita, sem dúvida e, em certo sentido, mais antiga do seguro, onde a ideia de mutualidade encontra expressão mais autêntica. [...] A diferença que separa as duas espécies está em que, no seguro a prêmio fixo, existirá um capital social, estranho aos segurados, que deve ser remunerado, o que implica a ideia de uma empresa capitalista (segurador de profissão), alheia aos segurados, que administra e explora o seguro, em benefício próprio, ao passo que no seguro mútuo não existe, sob essa forma, o capital social". BAPTISTA DA SILVA, Ovídio A. *O seguro e as sociedade cooperativas*: relações jurídicas comunitárias. Porto Alegre: Livraria do Advogado, 2008, p. 46.

[247] MIRAGEM, Bruno. O direito dos seguros no sistema jurídico brasileiro: uma introdução. In: MIRAGEM, Bruno; CARLINI, Angélica. *Direito dos seguros*: fundamentos de direito civil, direito empresarial e direito do consumidor. São Paulo: Revista dos Tribunais, 2014, p. 25.

qualidade de vida diante de nova situação criada após a ocorrência do risco".[248]

Carvalho e Damacena destacam a importância dos seguros como elemento de estruturação de resiliência. Discorrendo sobre os desastres e os fatores transversais intrínsecos aos desastres, abordam o papel da vulnerabilidade como agravante, e da resiliência como pressuposto de reorganização e resposta aos desastres. Nesse sentido, ao tratarem da resiliência, sustentam que ela se vincula a escolhas com relação a futuras perdas, enfatizando o elemento da responsabilidade individual – como cada um escolhe e decide se preparar para eventuais infortúnios. Afirmam que "reconhecer a parcela de responsabilidade humana diante dos desastres significa repensar as ações, ter um plano de reconstrução e desenvolver capacidade para implementá-lo, ter seguros e priorizar uma reestruturação eficaz diante de futuras intempéries.[249]

Notadamente sobre os seguros ambientais, Leite e Ayala, ao dissertarem sobre fundos, garantias e seguros para reparação do dano ambiental, assinalam que "propostas interessantes para a relação do dano ambiental são a criação de fundos de compensação, garantias financeiras e seguros ambientais, visando a enfrentar a escassez de alternativas à problemática da poluição ambiental frente ao risco criado pela sociedade".[250]

2.2.3. Classificação dos seguros

O desenvolvimento dos inúmeros tipos de seguros é uma construção decorrente das práticas e das necessidades sociais e econômicas. Conforme observa Cordeiro, "as diversas modalidades de seguro surgiram, ao longo da História, de acordo com as necessidades da vida comercial. Primeiro acantonadas ao sector marítimo, elas vieram a alargar-se às pessoas e, depois, aos vários riscos terrestres. Não obedecem a qualquer plano de conjunto ou, sequer, de enquadramento: antes conheceram um desenvolvimento periférico, quiçá empírico".[251]

Para Vasques, os seguros são passíveis de várias classificações e para cada espécie haverá peculiaridades. Propõe as seguintes classificações: "seguros de danos e seguros de pessoas; seguros de coisa, de

---

[248] CARLINI, Angélica; FARIA, Maria da Glória. Fundamentos jurídicos e técnicos dos contratos de seguro: o dever de proteção da mutualidade. In: MIRAGEM, Bruno; CARLINI, Angélica. *Direito dos seguros*: fundamentos de direito civil, direito empresarial e direito do consumidor. São Paulo: Revista dos Tribunais, 2014, p. 63 e 82-83.

[249] CARVALHO, Délton Winter de; DAMACENA, Fernanda Dalla Libera. *Direito dos desastres*. Porto Alegre: Livraria do Advogado, 2013, p. 61

[250] LEITE, José Rubens Morato; AYALA, Patryck de Araújo. Dano ambiental: do individual ao coletivo extrapatrimonial. São Paulo: Revista dos Tribunais, 2012, p. 222.

[251] CORDEIRO, António Menezes. *Direito dos Seguros*. Coimbra: Almedina, 2016, p. 791.

patrimônio e de pessoas; seguros a prêmio e seguros mútuos, seguro do ramo Vida e dos ramos Não-vida; seguros por conta própria e por conta de outrem; seguros terrestres e seguros marítimos; seguros temporários e não-temporários; seguros de prestações convencionadas e de prestações indemnizatórias; seguro de grupo e seguros individuais; seguros de grandes riscos e seguro de risco de massa; seguros obrigatórios e seguros voluntários; seguros sociais e seguros privados; segundo seu regime de formação; seguro directo e resseguro".[252]

Os diversos tipos de seguro poderão ser combinados, sendo possível encontrar contratos de seguro que reúnam várias características destas diversas classificações.[253] Importa-nos atentar para a definição de seguros de danos e de pessoas, passando pela compreensão do seguro garantia e pela distinção entre seguros obrigatórios e facultativos.

2.2.3.1. Seguro de danos e seguro de pessoas

A diferenciação encontra amparo na legislação, especificamente no Código Civil brasileiro – os artigos 778 a 802 tratam de dois gêneros de seguros: os seguros de danos e os seguros de pessoas. Nessa divisão se encontram as bases para as derivações dos seguros a suas diversas espécies (ramos) disponibilizadas pelo mercado segurador. Essa classificação inicial, prevista em lei, é absolutamente justificável: seria incabível pretender, na legislação, discorrer sobre e regular todas as espécies possíveis de seguros. Além de resultar em uma exposição demasiado exaustiva, por certo geraria um marco legal fadado à defasagem, pois novos riscos são constantemente assumidos pelo mercado segurador, o que permite e estimula a criação de novas espécies de seguros constantemente.

O seguro de pessoas é o gênero que visa a garantir ao segurado ou aos seus beneficiários o pagamento de determinada soma em dinheiro, caso ocorra algum evento danoso capaz de afetar a vida ou a saúde do segurado. Ao contrário do seguro de dano, não tem natureza indenitária, pela razão de ser impossível aferir valores monetários à vida e à saúde humana. Por isso, os seguros de pessoas, a rigor, não apresentam um limite máximo de cobertura securitária. A quantia que eventualmente será devida pelo segurador, em caso de sinistro (valor do capital segurado), pode ser livremente estipulada pelo proponente do seguro,[254] admi-

---

[252] VASQUES, José. *Contrato de seguro*: notas para uma teoria geral. Coimbra: Coimbra Editora, 1999, p. 47 e seguintes.

[253] Idem, p. 55.

[254] Nesse sentido, vide PERANDONES, Pablo Girgado. *El principio indemnizatorio en los seguros de daños*: una aproximación a su significado. MERCATURA – Colección Estudios de Derecho Mercantil, n. 19. Granada: Comares, 2005, e do mesmo autor, *La póliza estimada*: la valoración convencional del interés en los seguros de daños. Madrid: Marcial Pons, 2015.

tindo-se até mesmo a contratação de mais de um seguro sobre o mesmo interesse,[255] conforme dispõe o artigo 789 do Código Civil brasileiro.[256]

Por outro lado, os seguros de danos têm especial importância, pois é a partir desse gênero que se localizam a espécie e as subespécies dos seguros de responsabilidade civil. Diferentemente dos seguros de pessoas, esses detêm "natureza tipicamente indenitária, ou seja, são voltados à recomposição patrimonial do segurado, de modo que, ocorrendo o sinistro, o sujeito favorecido pela indenização deverá fazer prova dos prejuízos econômicos sofridos".[257]

São seguros de danos todos aqueles de caráter indenitário, em que o interesse legítimo segurável, objeto do contrato, incide sobre um bem economicamente apreciável, pelo qual se indeniza o prejuízo que o segurado efetivamente sofreu.[258] A finalidade é a recomposição patrimonial do segurado diante de uma perda que tenha experimentado, seja por danos aos próprios bens, seja pela perda patrimonial decorrente de uma obrigação para com terceiros, em razão de sujeição ao regime de responsabilidade civil.

2.2.3.2. Seguros de danos e o seguro de responsabilidade civil

Os seguros de danos dividem-se entre patrimoniais e de responsabilidade civil. Ambos servem ao objetivo de resguardo ou de reposição dos bens e do patrimônio do segurado. Nos patrimoniais, protegem-se seus bens diretos; nos de responsabilidade civil, a reposição patrimonial cumpre a obrigação de reparar algum dano causado a terceiros. Os seguros de danos, como os seguros em geral, servem ao segurado e aos seus interesses – a proteção de terceiros somente surgirá de maneira reflexa, como garantia, nas hipóteses de insuficiência ou de indisponibilidade do patrimônio pessoal do segurado.

O seguro de responsabilidade civil representa uma das diversas espécies do vasto campo de atuação dos seguros, consistindo em importante instrumento diante das atuais contingências da vida moderna.[259] Pode ser definido como aquele em que se obriga o segurador a indenizar terceiros, em conformidade com o previsto no contrato e dentro dos

---

[255] SILVA, Ivan de Oliveira. *Curso de direito do seguro*. São Paulo: Saraiva, 2012, p. 220.

[256] Código Civil, artigo 789: Nos seguros de pessoas, o capital segurado é livremente estipulado pelo proponente, que pode contratar mais de um seguro sobre o mesmo interesse, com o mesmo ou diversos seguradores.

[257] SILVA, *op. cit.*, p. 213.

[258] BECHARA SANTOS, Ricardo. *Direito de seguro no Código Civil e legislação própria*. Rio de Janeiro: Forense, 2006, p. 188-189.

[259] FERREIRA SILVA, Rita Gonçalves. *Do contrato de seguro de responsabilidade civil geral*: seu enquadramento e aspectos jurídicos essenciais. Coimbra: Coimbra, 2007, p. 101.

limites legais e contratuais, diante da condição de um segurado que esteja civilmente responsável por danos causados a outrem.[260] O Código Civil de 2002 estabelece um conceito legal para o seguro de responsabilidade civil: seu art. 787 dispõe que "no seguro de responsabilidade civil, o segurador garante o pagamento de perdas e danos devidos pelo segurado a terceiro".

Para Ricardo Bechara Santos, o seguro de responsabilidade civil apresenta natureza patrimonial, uma vez que visa a repor o patrimônio do segurado que tenha sido desfalcado pelo deslocamento de uma quantia em razão de dano causado ao bem de terceiro. O seguro deve repará-lo, respeitando os limites e condições estabelecidos no contrato.[261] O objeto dessa espécie de contrato será sempre uma responsabilidade, por isso se diferencia de outras convenções. Ao se tratar de um contrato de garantia, apresenta objeto e contraprestação distintos dos demais.[262]

O seguro de responsabilidade civil está vinculado ao interesse do segurado em manter seu patrimônio protegido contra o risco de ser-lhe imposta alguma responsabilidade; ou seja, busca no seguro a garantia de não precisar diminuir seu patrimônio em razão dos resultados civis negativos que venha a causar a outrem. O risco coberto por essa classe de seguro é a eventualidade de ocorrência de danos a terceiros que sejam imputados ao segurado, de modo que tenha que responder por tais danos.[263] O risco, portanto, liga-se à possibilidade de perda do próprio segurado, quando compelido a indenizar terceiro.[264] Há, assim, uma direta vinculação com o resguardo do patrimônio pessoal do segu-

---

[260] BARBAT, Andrea Signorino. *Los seguros de responsabilidad civil*: caracteres generales y coberturas principales. Montevideo: Fundación de Cultura Universitaria, 2011, p. 55-56.

[261] BECHARA SANTOS, Ricardo. *Direito de seguro no cotidiano*: coletânea de ensaios jurídicos. Rio de Janeiro: Forense, 2002, p. 59.

[262] DAMASCENO, Arthur Sabino. Seguro ambiental: considerações acerca da efetiva reparação dos danos à luz do direito brasileiro. In: TEIXEIRA, Antonio Carlos (coord.). *Em Debate, 6*: contrato, dano ambiental, governança corporativa, risco. Rio de Janeiro: Funenseg, 2006, p. 21.

[263] REGO, Margarida Lima. *Contrato de seguro e terceiros*: estudo de direito civil. Coimbra: Coimbra Editora/Wolters Kluwer, 2010, p. 646. A autora faz uma ressalva importante em relação ao que, no Brasil, denominamos de Custos de Defesa, uma cobertura largamente presente nos seguros de responsabilidade civil, ainda que não se enquadre propriamente nessa categoria. Diz respeito a custos que possam incorrer ao segurado no exercício de sua defesa perante terceiros. Assinala a autora, neste sentido, que "deixo de fora a cobertura de despesas associadas à refutação de pretenções infundadas de terceiro por considerar que, ainda que estas se encontrem por vezes cobertas num seguro de responsabilidade civil, não o definem".

[264] Usa-se a expressão "terceiro" com a conotação típica, relacionada ao instituto da responsabilidade civil sobre "outrem", na forma da regra básica de responsabilidade aquiliana insculpida no artigo 927 do Código Civil brasileiro. A questão da definição do terceiro, inclusive para fins de compreensão da amplitude e dos beneficiários nos seguros de responsabilidade civil ambiental, no âmbito dos riscos ambientais e das lesões difusas, ganha contornos próprios e muito especiais – conforme demonstrado no capítulo 1 e a ser detidamente analisado no último capítulo – em relação ao redimensionamento do terceiro lesado na responsabilidade civil ambiental.

116   *Pery Saraiva Neto*

rado. A esse propósito, "costuma dizer-se que o bem protegido é, nestes seguros, o patrimônio do segurado como um todo – porque o fim deste seguro é proteger o segurado contra o desembolso das indemnizações por si devidas. Daí não ser rigorosa a asserção de que a separação entre os seguros de coisas e os seguros de responsabilidade civil distinguiria seguros de riscos próprios e seguros de riscos de 'terceiros'. Os riscos seguros, nos seguros de responsabilidade civil, também são riscos próprios – do segurado, entenda-se, não necessariamente do tomador – e não de terceiros (eventuais lesados)".[265]

Veiga Copo ressalta que, nos seguros de responsabilidade civil, o que se protege é o segurado em relação ao seu patrimônio ativo, "já que sobre este é que recai a obrigação de pagar uma dívida de responsabilidade civil frente a terceiros. Trata-se de cobrir o risco de ameaça ao eventual responsável, e que se concentra e materializa sobre seu patrimônio".[266] Fica clara a finalidade e o escopo dos seguros de responsabilidade civil: têm por objetivo a proteção do segurado (mais especificamente, o resguardo patrimonial do próprio segurado) contra eventuais perdas que tenha em razão de uma obrigação de indenizar terceiros. Note-se que os seguros de responsabilidade civil não cobrem, como regra, todos os riscos de responsabilização civil do segurado, sendo praxe restringir coberturas a uma determinada dimensão ou modalidade de responsabilidade, ou, ainda, limitar a cobertura a uma determinada prática profissional, com a exclusão de qualquer outra.[267]

Não se olvida, outrossim, a preocupação com a solvência do segurado, no sentido de que tenha capacidade financeira, meios e recursos para honrar sua obrigação perante terceiros. O seguro proporciona a reposição patrimonial do segurado em caso de perda decorrente da indenização que pagará ao terceiro, portanto sua função social aparece destacada nas hipóteses em que o patrimônio do segurado seja insuficiente (ou inexistente) para honrar sua obrigação. Em outros termos, o

---

[265] REGO, Margarida Lima. *Contrato de seguro e terceiros*: estudo de direito civil. Coimbra: Coimbra Editora/Wolters Kluwer, 2010, p. 647.

[266] Tradução livre. Do original: "Se protege al asegurado en relación con todo su patrimonio activo en cuanto que sobre este pesa la obligación de pagar una deuda de responsabilidad civil frente a terceros. Se trata de cubrir el riesgo que amenaza al eventual responsable, y que se concreta y materializa sobre su patrimonio". VEIGA COPO, Abel B. *El riesgo en el contrato de seguro*: ensayo dogmático sobre el riesgo. Cizur Menor (Navarra): Aranzadi, 2015, p. 397. E complementa: "El asegurador indemniza un daño del que es responsable o causante el asegurado que responde con todos sus bienes presentes y futuros. El siniestro se verifica con el nacimiento de la deuda. La finalidad que busca este seguro no es otra que la de mantener indemne el patrimonio del asegurado ante la eventualidad de una responsabilidad civil que se le exige cuando se materializa el riesgo que es objeto del contrato y del que el asegurado es responsable. Sin duda, uno de los fundamentos princípiales en el sistema de seguros de responsabilidad civil general viene, sin duda, de la mano de la disociación o separación entre el derecho de la víctima en relación con el danânte [...]" (*loc. cit.*).

[267] REGO, *op. cit.*, p. 648.

segurado seria incapaz de honrar sua dívida com patrimônio próprio, valendo-se, portanto, da garantia ofertada pelo contrato de seguro, através da qual o segurador honrará uma obrigação originariamente sua. Embora o segurador cubra o risco de responsabilização do segurado, a obrigação do primeiro não se confunde com o dever de indenizar do segundo perante o terceiro. O dever do segurador decorre de um dever primário de prestar, fundado no contrato, e não na responsabilidade civil.[268]

Alguns autores, como Ferreira da Silva, entendem que esse ramo vise, simultaneamente, a resguardar o patrimônio do segurado (evitando que sofra diminuição ativa ou aumento passivo) e a proteger os "legítimos interesses" dos terceiros lesados, cujos danos sofridos são ressarcidos pela seguradora.[269] Não há como negar, portanto, a possibilidade de atendimento de um compromisso com dimensão de ética social no seguro de responsabilidade civil. Os seguros de responsabilidade civil transmitem a ideia de dever social, pois "o plexo relacional de indivíduos, cada qual podendo causar danos e prejuízos a outro membro da coletividade e cada indivíduo lesado repercutindo o seu dano também a outras pessoas, necessita de garantia de indenização".[270]

Para elucidar um preceito não imputado pelo modelo brasileiro[271]: em alguns países, o lesado pode exercer autonomamente o seu direito, acionando diretamente a empresa de seguros. Esse mecanismo reveste o seguro de responsabilidade civil de cunho social, uma vez que dá garantia, legalmente estabelecida, à vítima, cabendo à empresa seguradora o ressarcimento dos prejuízos causados e satisfazendo, assim, necessidades individuais, bem como as necessidades da sociedade em geral.[272] Qualquer dano causado a alguma pessoa tem repercussão na sociedade e ocasiona um conflito social; sendo assim, pode-se concluir que esse seguro ofereça, ao mesmo tempo, uma proteção pessoal e patrimonial à vítima, ao segurado e à comunidade em geral.[273]

---

[268] REGO, Margarida Lima. *Contrato de seguro e terceiros*: estudo de direito civil. Coimbra: Coimbra Editora/Wolters Kluwer, 2010, p. 647.

[269] FERREIRA SILVA, Rita Gonçalves. *Do contrato de seguro de responsabilidade civil geral*: seu enquadramento e aspectos jurídicos essenciais. Coimbra: Coimbra, 2007, p. 105.

[270] POLIDO, Walter. *Contrato de seguro*: novos paradigmas. São Paulo: Roncarati, 2010, p. 191.

[271] Reza o enunciado da Súmula 529 do Superior Tribunal de Justiça que "No seguro de responsabilidade civil facultativo, não cabe o ajuizamento de ação pelo terceiro prejudicado direta e exclusivamente em face da seguradora do apontado causador do dano". Em sentido oposto, portanto, possível a ação direta nos seguros obrigatórios.

[272] FERREIRA SILVA, Rita Gonçalves. *Do contrato de seguro de responsabilidade civil geral*: seu enquadramento e aspectos jurídicos essenciais. Coimbra: Coimbra, 2007, p. 109-110. Ressalva-se desta passagem, porém, a questão da ação direita, que preponderantemente não é possível no Brasil.

[273] Idem, p. 111.

2.2.3.3. *Seguro garantia*

O seguro garantia é uma categoria particular de seguro, que tem sua origem nos seguros de crédito. O seguro de crédito, segundo Silva Santos, é "um contrato pelo qual o segurador dá cobertura a um risco de não pagamento atempado ou a uma impossibilidade de pagamento por parte de um devedor – um terceiro – com quem o segurado, credor, contratou, sendo os tempos da prestação e da contraprestação, na relação obrigacional entre o segurado e terceiro, defasados entre si".[274]

Calvão observa a similitude entre o seguro de crédito e outros instrumentos de garantia, na seguinte passagem: "o risco de crédito é a álea do não cumprimento da correspectiva obrigação pelo devedor, também dito, por isso mesmo, risco da contraparte. Garantias segurativas estas – a de seguro de crédito e seguro de caução – que por isso mesmo, porque prosseguem o mesmo fim, concorrem no mercado com garantias bancárias, desde a caução em sentido estrito às garantias pessoais como a fiança ou o aval, a garantia autónoma e as cartas de conforto, e outras figuras financeiras. Em todas estas figuras financeiras o respectivo prestador na sua atividade profissional assume riscos de não pagamento de terceiros devedores e (assim) protege os credores contra esses perigos".[275]

Explica Buranello que, "sob influência histórica, as relações comerciais foram se desenvolvendo e a necessidade de crédito e a incerteza na efetividade dos compromissos firmados levaram ao aprimoramento de instrumentos e mecanismos para assegurar o fiel cumprimento das obrigações convencionadas. Os agentes econômicos caminharam para os seguros de garantia e responsabilidades, em função dos preceitos que faziam seguráveis todos os riscos lícitos e futuros e que admitiam como causa do seguro a garantia da obrigação. O seguro garantia de obrigações contratuais aparece como alternativa a essa situação fática e de interesse econômico nas relações empresariais".[276]

Tratando especificamente do seguro garantia, também denominado seguro caução, tem-se o seguinte conceito proposto por Silva Santos, "contrato de seguro que cobre o direito de crédito de um beneficiário sobre o tomador, contratante. Por outras palavras, pelo contrato de seguro caução o segurador obriga-se, em caso de incumprimento pelo tomador

---

[274] SILVA SANTOS, Margarida. *Seguro de crédito*. Lisboa: Prime Books, 2004, p. 26. O seguro de crédito, portanto, vincula-se a outro contrato, ao qual presta garantia de satisfação do crédito, em caso de descumprimento pelo devedor, nas hipóteses (riscos) predefinidas.

[275] CALVÃO DA SILVA, João. Seguro de crédito como seguro de grandes riscos: garantia indemnizatória acessória ou autónoma. In: MIRAGEM, Bruno; CARLINI, Angélica. *Direito dos seguros*: fundamentos de direito civil, direito empresarial e direito do consumidor. São Paulo: Revista dos Tribunais, 2014, p. 149-150.

[276] BURANELLO, Renato Macedo. *Do contrato de seguro* – o seguro garantia de obrigações contratuais. São Paulo: Quartier Latin, 2006, p. 142.

do seguro das suas obrigações legais ou contratuais, a indemnizar um beneficiário (que pode assumir a qualidade de segurado), a título de ressarcimento ou sanção penal, previamente estabelecido no contrato".[277]

Essa singular modalidade de seguro tem, claramente, função e natureza de caução, na medida em que o segurador, ao aceitar o risco do tomador, lhe dá capacidade de crédito,[278] logo, de credibilidade. Por conseguinte, o seguro garantia serve como caução para o cumprimento de uma obrigação positiva, que pode ser de dar, de pagar ou de fazer.[279] A expressão "seguro garantia", ou "seguro que serve de garantia", aparenta redundância, mas não é contraditória na sua essência. Esta teratologia aparente serve, ao contrário, para diferenciar a função e a natureza do seguro garantia em relação às outras – e mais conhecidas – modalidades de seguro, geralmente atreladas a "garantir" o patrimônio pessoal do segurado, tal como se dá nos seguros de danos.

A garantia desse tipo de seguro é prestada ao credor. Trata-se, portanto, de seguro à conta de outrem, no qual intervêm, necessariamente, três pessoas distintas: segurador, tomador e o terceiro beneficiário. A dinâmica obrigacional desenvolve-se do seguinte modo: "no seguro caução, existe um trilátero relacional, no primeiro lado o segurado e o segurador, no segundo o segurado e o seu credor e no terceiro a eventual relação entre o segurador e o terceiro beneficiário. Duas figuras distintas se encontram em relação com o segurador, o tomador, que subscreve e o terceiro, que recebe a eventual verba da indenização".[280]

Como aponta Vasques,[281] existem divergências sobre a possibilidade de sub-rogação do segurador contra seu próprio segurado para pleitear reembolso. Por haver semelhante previsão no próprio contrato de seguro, o ressarcimento se revela possível, assim o segurador, para conceder cobertura via seguro garantia, pode exigir contragarantias ou, no mínimo, capacidade patrimonial de parte do segurado.

2.2.3.4. Seguros facultativos e seguros obrigatórios

Seguros facultativos, tal como explícito em sua nomenclatura, são aqueles de livre escolha e contratação pelo segurado. A opção pelos

---

[277] SILVA SANTOS, Margarida. Seguro de crédito. Lisboa: Prime Books, 2004, p. 295.

[278] ALMADA, Beatriz de Moura Campos Mello. O seguro garantia como mitigador de riscos nos grandes projetos. In: SCHALCH, Debora (org.). Seguros e resseguros: aspectos técnicos, jurídicos e econômicos. São Paulo: Saraiva/Virgília, 2010, p. 284.

[279] Para Vasques, "o seguro-caução garante, direta ou indiretamente, o risco de incumprimento ou atraso de cumprimento de obrigações que, por lei ou convenção, sejam susceptíveis de caução, fiança ou aval". VASQUES, José. Contrato de seguro: notas para uma teoria geral. Coimbra: Coimbra Editora, 1999, p. 72.

[280] SILVA SANTOS, op. cit., p. 295-296.

[281] VASQUES, op. cit., 1999, p. 155.

seguros, nesse caso, está a depender essencialmente do nível de compreensão sobre responsabilidade e prevenção que detenha certo indivíduo. Por evidente, quanto maior seu grau de consciência sobre previdência, o indivíduo estará mais apto e propenso a contratar seguros ou outras formas de resguardo.

A opção pelos seguros, de forma facultativa, decorre, ainda, da maior ou menor propensão do indivíduo aos riscos; maior ou menor aversão a eles. Reportamos às noções sobre risco entabuladas na primeira parte do capítulo 1, especialmente pela perspectiva da percepção e da vulnerabilidade. Não há que se olvidar, outrossim, a própria noção de resiliência. Se, por um lado, seguros proporcionam resiliência, por outro, entidades ou indivíduos com maior capacidade de autorresiliência, com recursos e capacidades próprios, podem não optar por esses serviços. Os seguros facultativos, portanto, atendem a interesses (legitimamente) egoísticos, de resguardo pessoal, familiar ou institucional. Diferem substancialmente dos seguros obrigatórios.

Os seguros obrigatórios são compulsórios por força de lei, sendo muito comum a instituição desse tipo de obrigação nos seguros de responsabilidade civil. Se anteriormente se afirmou que os seguros têm foco nos interesses e na proteção do segurado e de seu patrimônio, nos obrigatórios há uma alteração do foco, cuja preocupação está na proteção da coletividade, difusamente considerada. Trata-se, aqui, de situação destacada de cumprimento de uma função social pelos seguros, evidenciando-se o viés da solidariedade. Solidariza-se a obrigação de reparar os danos.

No Brasil, os seguros obrigatórios possuem previsão no artigo 20 do Decreto-Lei 73/1966. No que se refere aos seguros ambientais, embora não exista obrigatoriedade – questão que será analisada adiante – resta clara certa carga de compulsoriedade segundo as leis analisadas no início deste capítulo.

Os seguros obrigatórios, apesar da destacada função social que possam desempenhar, são passíveis de crítica. Neste sentido, afirma Polido, sobre a obrigatoriedade dos seguros ambientais, que "os *seguros obrigatórios já existentes* no Brasil não desempenham adequadamente a função a eles atribuída e, tudo indica, pelo simples fato da contratação ser de natureza coercitiva. A obrigação de reparar danos vem sendo cada vez mais exercitada também na nossa sociedade, mas certamente não terá especial crescimento, *via seguros obrigatórios*, contrariando o movimento acontecido com aparente eficácia em outros países. Não será a compulsoriedade da contratação dos seguros de responsabilidade civil, portanto, que desenvolverá este segmento no mercado segurador brasileiro. Em suma, a medida (a obrigatoriedade) cria nova e *particular situação jurídica* sobre o contrato de seguro, que não se assemelha aos tratados clássicos doutrinários sobre os seguros de responsabilidade civil".[282]

Considerando essa questão, especialmente pelo prisma dos seguros ambientais, a compulsoriedade merece atenção mais detalhada, o que será feito em momento próprio.

2.2.4. Risco assegurável e sua delimitação

Em relação à acepção de riscos tratada no capítulo 1, a definição de risco assegurável ganha contornos muito próprios. Se à exaustão afirmou-se, anteriormente, que o risco depende significativamente de processos e de fatores perceptivos e contextuais, tais variáveis ainda se aplicam ao tratar de seguros. A percepção e a definição de riscos asseguráveis depende do contexto compreensivo delimitado pela técnica seguradora. Isso envolve quatro pontos principais de avaliação do risco em questão, a saber: "sua natureza; a probabilidade de ocorrência; a característica da população que está exposta a ele; e a magnitude de suas consequências".[283] Note-se que o risco assegurável pouco tem em comum com os riscos em sentido sociológico ou com os riscos ambientais. Em virtude disso, destacou-se, na terceira parte do capítulo 1, a própria responsabilidade como um risco.

Como observa Alvarez, discorrendo sobre o risco como negócio securitário, dois pontos são relevantes: "que a ocorrência do evento não necessariamente será futura, podendo ser presente e atual, ou mesmo pretérita" e, que "o risco não se relaciona com a incerteza individual, pois o risco é um dado social objetivo, e, portanto, deve estar relacionado com uma incerteza objetiva, consubstanciada na possibilidade de um acontecimento real".[284] Por conseguinte, pontua que "o risco do negócio securitário precisa, outrossim, ser segurável tecnicamente e juridicamente [...]. Para ser segurável, requer: (i) possibilidade de ocorrência de um evento; (ii) incerteza da ocorrência de tal evento; por consequência da incerteza, (iii) involuntariedade quanto à ocorrência; e (iv) licitude, porquanto o risco deve se relacionar a interesse lícito".[285]

Algumas noções começam a se evidenciar relevantes. Uma primeira e central é a de que os riscos asseguráveis precisam ser necessa-

---

[282] POLIDO, Walter. Contrato de seguro: a efetividade do seguro ambiental na composição de danos que afetam direitos difusos. *Revista do Tribunal Regional Federal da Primeira Região*. Brasília, v. 28, n. 11/12, novembro/dezembro, 2016, p. 62.

[283] PEREIRA, Fernanda. Fundamentos técnicos – atuariais do seguro. In: MIRAGEM, Bruno; CARLINI, Angélica. *Direito dos seguros*: fundamentos de direito civil, direito empresarial e direito do consumidor. São Paulo: Revista dos Tribunais, 2014, p. 36-38.

[284] ALVAREZ, Ana Maria Blanco Montiel. *Resseguro e seguro*: pontos de contato entre negócios jurídicos securitários. Porto Alegre: Livraria do Advogado, 2014, p. 103-104.

[285] Idem, p. 104.

riamente acidentais, afinal, se houvesse uma aceitação para além dos riscos acidentais, o segurado poderia determinar a seu gosto e modo o nascimento das obrigações do segurador.[286] Por conseguinte, o contrato ficaria ao arbítrio de apenas um dos contratantes, o que não só geraria problemas jurídicos, mas também, e especialmente, não despertaria interesse econômico ao segurador.[287] Esse pressuposto afasta, portanto, riscos não acidentais, ou seja, aqueles decorrentes de atos voluntários do segurado. Esse princípio gera consequências na questão do agravamento intencional do risco.[288]

Por outro lado, o afastamento dos seguros mútuos, nesse ponto, deve ser procedido, pois sustenta-se que os seguros ambientais legislativamente propostos, conforme já analisados, orientam-se pela adoção de seguros como instrumentos econômicos (abordagem que será apresentada na primeira parte do capítulo 3, como pressuposto da proposta de construção de uma política de seguros ambientais no Brasil). Afinal, se fosse pretensão do legislador propor seguros na modalidade de mútuas, teria optado, previamente, por solução de responsabilização coletiva. A responsabilização coletiva pressupõe que, "diversamente da causalidade conjunta e concorrente, caracteriza-se pela impossibilidade de se individualizar o real causador da lesão e pela certeza de que nem todos os membros do grupo participaram materialmente da sua produção. Por isso, ela sempre suscita o dilema em torno da opção entre aplicar o princípio da imputabilidade individual, que exclui a possibilidade de responsabilizar civilmente quem não contribuiu para a produção do dano ou o princípio da solidariedade social, que pretende evitar que o dano produzido pela atuação de um grupo seja suportado apenas pela vítima".[289]

---

[286] Código Civil, art. 762. Nulo será o contrato para garantia de risco proveniente de ato doloso do segurado, do beneficiário, ou de representante de um ou de outro.

[287] Neste sentido, "Se los riesgos no fueran accidentales, el asegurado podría determinar a su voluntad el nacimiento de las obligaciones del asegurador. El contrato quedaría, pues, al arbitrio de uno de los contratantes. Más allá de los problemas jurídicos que tal cosa plantearía, el contrato perdería interés económico para el asegurador". MALO, Albert Azagra. *Daños del amianto*: litigación, aseguramiento de riesgos y fondos de compensación. Madri: Fundación Mapfre, 2011, p. 69.

[288] Sobre cobertura para atos dolosos, vide MATOS, Filipe Albuquerque. Contrato de seguro – a cobertura de actos dolosos. In: NUNES, António José Avelãs; CUNHA, Luís Pedro; MARTINS, Maria Inês de Oliveira (Orgs.) *Estudos em Homenagem ao Prof. Doutor Aníbal de Almeida*. Boletim da Faculdade de Direito (Stvdia Ivridica 107 – Ad Honorem 7). Coimbra: Coimbra Editora, 2012, p. 677-701.

[289] BAHIA, Carolina Medeiros. *Nexo de causalidade em face do risco e do dano ao meio ambiente*: elementos para um novo tratamento da causalidade no sistema brasileiro de responsabilidade civil ambiental. Tese (Doutorado em Direito) – Centro de Ciências Jurídicas, Universidade Federal de Santa Catarina. Florianópolis, 2012, p. 299. E complementa: "É evidente que esta saída representa uma grande injustiça para a vítima e apresenta contornos ainda mais dramáticos quando se está diante de danos ambientais, onde a negativa da reparação dos danos anônimos, além de prejudicar todos os membros da geração atual, pode excluir o direito das gerações futuras de usufruírem uma qualidade ambiental equiparável a do presente. Constitui também verdadeira afronta aos princípios da reparação integral e do poluidor pagador, uma vez que, além de determinar o irressarcimento destas lesões, reafirma o padrão de privatização dos lucros e de socialização das perdas geradas pelas atividades econômicas". Idem, p. 300.

Defende a autora – com a ressalva nossa de que tal proposição deve vir pela via legislativa, e não jurisprudencial – que "verifica-se que, para superar os óbices gerados pelo anonimato do dano ambiental, os tribunais brasileiros devem se despir de uma concepção extremamente individualista e liberal da responsabilidade civil, incorporando, em suas decisões, técnicas que, afinadas com os novos ditames sociais, flexibilizem também a comprovação de vínculo estrito entre o dano e o seu autor em face do exercício de atividades arriscadas e grupais. A teoria da responsabilidade coletiva pode exercer um importante papel neste sentido, devendo, por isso, ser integrada ao sistema brasileiro de responsabilidade por danos ao meio ambiente".[290]

Apesar da pertinência dessa inovação proposta, não há na legislação brasileira tal indicativo, tampouco quanto à proposição de instituição de seguros ambientais.

Afastando-se das especificidades dos seguros mútuos, parece apropriado enfocar os principais elementos dos processos de asseguramento, próprios à atividade e operação negocial dos seguros ou, em outros termos, precisar os principais pontos de aplicação da técnica de seguros. Analisando-se, então, os seguros como operação e prática comercial, cumpre verificar os principais elementos da técnica asseguradora. Optou-se, para atingir esse objetivo, por dividir a análise em duas categorias: a delimitação do que seja um risco assegurável e a dispersão desse risco, sendo esta última categoria abordada inicialmente.

2.2.4.1. Dispersão de riscos

A teoria geral do risco indica que esse varia conforme as percepções: o que é risco para alguns, pode não ser para outros. Desse modo, um particular, diante de uma determinada ameaça, na sua vida ou no seu negócio, definirá se aceita ou não correr determinado risco. Aceitando-o, poderá optar por suportá-lo sozinho (autosseguro)[291] ou transferi-lo, havendo, de fato, diversos mecanismos para tal transferência e pulverização, além dos seguros.

Discorrendo sobre a socialização racional dos prejuízos, afirma Polido que "graças ao mecanismo do seguro há, portanto, a possibilidade

---

[290] BAHIA, Carolina Medeiros. *Nexo de causalidade em face do risco e do dano ao meio ambiente*: elementos para um novo tratamento da causalidade no sistema brasileiro de responsabilidade civil ambiental. Tese (Doutorado em Direito) – Centro de Ciências Jurídicas, Universidade Federal de Santa Catarina. Florianópolis, 2012, p. 303.

[291] Pelo autosseguro, um "potencial segurado, em vez de ajustar um contrato de seguro com uma seguradora, faz o seu próprio seguro, nomeadamente provisionando uma verba para acudir a eventuais prejuízos". MARTINEZ, Pedro Romano. *Direito dos Seguros*: apontamentos. S. João do Estoril: Principia, 2006, p. 63-64.

de ocorrer a socialização racional e científica dos prejuízos sofridos pelos membros de determinada sociedade em situação semelhante de risco. A álea – inerente ao risco – uma vez conhecida e cientificamente mensurada pode ser repassada ao segurador. Na verdade, o seguro não é a única alternativa dentro das técnicas de gerenciamento de risco conhecidas, mas constitui uma das opções mais utilizadas pelas sociedades modernas. O gestor pode assumir o seu próprio risco; pode modificá-lo a ponto de neutralizar o perigo completamente; pode ainda extingui-lo, por exemplo, deixando de atuar com aquela determinada atividade de risco; pode ainda estabelecer mecanismos de autogestão, com a estipulação de fundo financeiro de reserva para fazer frente a situações de danos. O seguro pode representar, além da garantia contra os riscos, simplificação operacional, apesar de as seguradoras aplicarem igualmente técnicas de gerenciamento visando à melhoria dos riscos, as quais obrigatoriamente devem ser observadas pelos segurados".[292]

Analisando desde a perspectiva dos seguros, por tratarem os riscos aqui abordados (riscos de responsabilização), vale assinalar a íntima ligação entre seguros e responsabilidade civil. Enquanto a responsabilidade ameaça impor um custo à parte responsável, essa se assegura contra esse risco; caso o mesmo se concretize, poderá o responsável recorrer à sua seguradora para cobrir a perda.[293] A decisão de transferir o risco por meio da contratação, assegurando-se, é uma forma, e uma decisão, de dispersão dos riscos. O segurado transfere, parcial ou totalmente, um risco que era seu, iniciando um processo de dispersão. Desse modo, uma vez realizada a transferência do risco, também o segurador se vale de técnicas de dispersão, que podem ocorrer de diversas maneiras.[294]

O mutualismo, por exemplo, é uma forma de dispersão dos riscos, pela qual o risco de um é fragmentado entre o risco de muitos. Como explica Polido, "o caráter mutual do seguro é preponderantemente, insiste-se, em razão de sua natureza comunitária. Não haveria seguro se apenas um ou meia dúzia de riscos fossem subscritos, uma vez que as apólices consideradas nesse universo não consubstanciariam a atividade seguradora em toda a sua acepção técnica e jurídica. [Para instituição

---

[292] POLIDO, Walter. *Contrato de seguro*: novos paradigmas. São Paulo: Roncarati, 2010, p. 91-92.

[293] BERGKAMP, Lucas. Environmental risk spreading and insurance. *Review of European Community and International Environmental Law (RECIEL)*. Oxford: Blackwell, v. 12, n. 3, 2003, p. 270.

[294] Nesse sentido, "The traditional insurance mechanism can be divided into four phases: – **risk assessment** (the evaluation of risk, which is usually performed through statistical and probabilistic analyses) – **risk transfer** (the shifting of its harmful consequences by way of the insurance contract) – **risk pooling** (the placement of the risk in a pool of homogeneous but independent risks allows the insurer to spread the risk and to benefit from the law of large numbers) – **risk allocation** (the pricing of the risk though premium setting)". MONTI, Alberto. *Environmental risks and insurance*: a comparative analysis of the role of insurance in the management of environment-related risks. OCDE, 2002. Disponível em: <www.oecd.org/finance/financial-markets/1939368.pdf>. Acesso em: 18 nov. 2017, p. 5.

SEGUROS AMBIENTAIS

de seguros, exige-se] volume substancial de riscos homogêneos, tecnicamente calculados e com prêmios representativos do custo real dos riscos assumidos pelo seu tomador. Esse volume de negócios forma o fundo garantidor do pagamento dos sinistros que sucederão".[295]

O mutualismo dispersa riscos, portanto, porque, em caso de sinistros, a soma de contribuições arcará com os prejuízos individuais. Assim, é pela pulverização dos próprios riscos em uma grande comunidade social que se dá suporte e segurança técnica para a própria atividade de seguros.[296]

Outra forma de realizar a dispersão ocorre quando o segurador divide com o próprio segurado a responsabilidade sobre o risco, limitando o início de sua responsabilidade. Essa fragmentação ocorre pelo esquema de franquias ou de participação obrigatória do segurado, pelo qual ao segurado se atribui a primeira responsabilidade sobre as perdas.

Ainda sobre os mecanismos de dispersão dos riscos, ou, mais precisamente, da responsabilidade sobre o risco, é importante analisar o conceito de "excesso": como todo seguro funciona com limites, quando o segurador se limita a assegurar uma determinada quantia, o que exceder ao limite máximo de responsabilidade da seguradora volta a recair sob a responsabilidade do segurado. Esse excesso, no entanto, também poderá ser objeto de seguro. Daí o conceito de seguro a segundo risco,[297] aplicável às ocasiões em que, para um mesmo risco, o segurado disponha de mais de uma cobertura de seguro, com seguradoras diferentes. Nesse caso, delimita-se previamente qual dos seguros atuará no primeiro risco transferido e somente ante o esgotamento da respectiva cobertura é que haverá o acionamento da cobertura do outro seguro.[298]

---

[295] POLIDO, Walter. *Contrato de seguro*: novos paradigmas. São Paulo: Roncarati, 2010, p. 93-94.

[296] BAPTISTA DA SILVA, Ovídio A. *O seguro e as sociedades cooperativas*: relações jurídicas comunitárias. Porto Alegre: Livraria do Advogado, 2008, p 69.

[297] Define-se Seguro a Segundo Risco como sendo o seguro feito em outra seguradora para complementar a cobertura a primeiro risco absoluto, sempre que o segurado queira prevenir-se contra a possibilidade da ocorrência de sinistro de montante superior à importância segurada naquela condição. O segundo risco segue o primeiro risco, sendo definido o Seguro a Primeiro Risco, como Absoluto ou Relativo. Conceitua-se: a Primeiro Risco Absoluto é aquele em que o segurador responde pelos prejuízos integralmente, até o montante da importância segurada, não se aplicando, em qualquer hipótese, cláusula de rateio. Só se justifica essa contratação, tecnicamente, quando a expectativa de dano médio for igual a 100% (cem por cento) do risco coberto; a Primeiro Risco Relativo é aquele pelo qual são indenizados os prejuízos até o valor da importância segurada, desde que o valor em risco não ultrapasse determinado montante fixado na apólice. Se esse montante for ultrapassado, o segurado participará dos prejuízos como se o seguro fosse proporcional. IRB – Brasil Re. *Dicionário de seguros*: vocabulário conceituado de seguros. Rio de Janeiro: Funenseg, 2011, p. 199.

[298] O Código Civil determina, no seu artigo 782, que "o segurado que, na vigência do contrato, pretender obter novo seguro sobre o mesmo interesse, e contra o mesmo risco junto a outro segurador, deve previamente comunicar sua intenção por escrito ao primeiro, indicando a soma por que pretende segurar-se, a fim de se comprovar a obediência ao disposto no art. 778". O artigo 778, por sua vez, trata do princípio indenizatório dos seguros de dano, prevendo que "a garantia prometida não pode ultrapassar o valor do interesse segurado no momento da conclusão do contrato".

Por isso, existe a cláusula padrão de excesso, que serve para evitar margem de interpretação de que possa haver dois seguros de danos para um mesmo risco, ou para o mesmo interesse. Matos observa que "apesar de um tal argumento se manifestar particularmente relevante quando o limite indenizatório do primeiro seguro celebrado exceder o quantitativo do dano sofrido pelo lesado, o mesmo não sucederá quando os prejuízos por este reclamados se afigurarem superiores ao montante coberto pela dita seguradora. Com efeito, em tais situações, poderá revelar-se útil acionar a segunda ou terceira seguradora que assumiram a cobertura do mesmo interesse e pelo mesmo período, porquanto apenas desse modo o(s) lesado(s) poderia(m) obter o ressarcimento integral dos danos sofridos, conquanto lhe(s) esteja vedado a atribuição de um montante indemnizatório superior ao dano, apesar de tal à partida lhe(s) ser formalmente permitido, atendendo aos montantes facultados pela segunda ou terceira coberturas".[299]

É interessante sublinhar, do trecho reproduzido, que, a rigor, não se trata de seguros sobre um mesmo risco, mas sobre um mesmo interesse. Diz-se que não se trata de um mesmo risco – levando em conta o esclarecimento sobre o risco de responsabilização (na última parte do capítulo 1), pelo qual se entende que seja sobre essa particular espécie de risco que recai a atuação do segurador –, pois haverá, em tais situações, o risco do segurado (limitado pela franquia), o primeiro risco assegurado, o segundo e assim por diante. Tudo, é evidente, limitado pelo interesse segurado e guiado pelo princípio indenizatório.[300]

É significativa a relação entre o princípio indenizatório e a noção de interesse segurado: tal princípio serve de orientação para a valoração do interesse no contrato de seguro.[301] A compreensão desses dois elementos é central para afastar qualquer comparação do seguro ao jogo ou à aposta.[302] O princípio indenizatório, eixo central e limitador de obrigações nos seguros de danos, tem a função de inviabilizar o enriquecimento injusto. Como explica Miragem, "o princípio indenitário constitui um

---

[299] MATOS, Filipe Albuquerque. Danos ambientais / danos ecológicos: o fundo de intervenção ambiental. In: MONTEIRO, Jorge Sinde; BARBOSA, Mafalda Miranda (Coord.). *Risco ambiental*: atas do colóquio de homenagem ao Senhor Professor Doutor Adriano Vaz Serra. Coimbra: Instituto Jurídico/FDUC, 2015, p. 77.

[300] Para um estudo de fundo sobre o princípio indenizatório, sugere-se PERANDONES, Pablo Girgado. *El principio indemnizatorio en los seguros de daños*: una aproximación a su significado. MERCATURA – Colección Estudios de Derecho Mercantil, n. 19. Granada: Comares, 2005. E ainda, como desdobramento deste primeiro estudo indicado, o mesmo autor apresenta uma nova configuração e conformação para o princípio indenizatório em PERANDONES, Pablo Girgado. *La póliza estimada*: la valoración convencional del interés en los seguros de daños. Madrid: Marcial Pons, 2015.

[301] PERANDONES, Pablo Girgado. *El principio indemnizatorio en los seguros de daños*: una aproximación a su significado. MERCATURA – Colección Estudios de Derecho Mercantil, n. 19. Granada: Comares, 2005, p. 3.

[302] Idem, p. 208.

dos traços principais que explicam o fundamento e funcionalidade do contrato de seguro. [...] resulta do princípio indenitário que sendo a função do seguro a de garantir a indenização do interesse protegido, não pode servir para dar causa a um acréscimo patrimonial ao segurado em decorrência do sinistro, limitando a liberdade contratual no tocante a estipulação do valor do interesse segurado".[303]

Por outro lado, o seguro a segundo o risco, ou mesmo os sucessivos, tidos aqui como forma de dispersão do risco, não se confundem com o cosseguro. Embora ambos tenham relevo em uma lógica de dispersão de riscos, está-se, no fundo, diante de uma situação em que o segurador conclui não ter capacidade de suportar o risco e dar a garantia. Como refere Matos, "atendendo a que a reparação dos danos ambientais envolve, por regra, valores particularmente elevados, valores esses não susceptíveis de ser garantidos individualmente por uma única seguradora de média ou reduzida dimensão econômica, não admira a enorme utilidade de convocação neste universo da responsabilidade civil ambiental do regime de co-seguro. Como é amplamente consabido esta modalidade de seguros representa uma técnica de fraccionamento ou repartição dos riscos, bastante utilizado quando estejam em causa danos difusos e de montante elevado".[304]

Pelo cosseguro, verificada a necessidade de pulverizar o risco, forma-se uma estrutura constituída por companhias seguradoras alinhadas (*pool*), na qual cada uma, proporcionalmente, haverá de receber o prêmio pago pelo segurado e, consequentemente, assumirá a responsabilidade pela importância segurada equivalente à sua cota de prêmio auferida.[305]

Por fim, quanto à dispersão de riscos, seguradores valem-se da transferência pela via do resseguro, assim definido por Polido: "o resseguro é uma forma seguradora de segundo grau, em que, através das diversas modalidades, as entidades seguradoras procuram homogeneizar e limitar as suas responsabilidades, para normalizar o comportamento da carteira de riscos assumidos, por meio da cobertura dos desvios

---

[303] MIRAGEM, Bruno. O direito dos seguros no sistema jurídico brasileiro: uma introdução. In: MIRAGEM, Bruno; CARLINI, Angélica. *Direito dos seguros*: fundamentos de direito civil, direito empresarial e direito do consumidor. São Paulo: Revista dos Tribunais, 2014, p. 36-38.

[304] MATOS, Filipe Albuquerque. Danos ambientais / danos ecológicos: o fundo de intervenção ambiental. In: MONTEIRO, Jorge Sinde; BARBOSA, Mafalda Miranda (Coord.). *Risco ambiental*: atas do colóquio de homenagem ao Senhor Professor Doutor Adriano Vaz Serra. Coimbra: Instituto Jurídico/FDUC, 2015, p. 77.

[305] Dispõe o Código Civil, no artigo 761, que "quando o risco for assumido em co-seguro, a apólice indicará o segurador que administrará o contrato e representará os demais, para todos os seus efeitos". Nos termos do artigo 2º, inciso II, da Lei Complementar 126/2007, "co-seguro: operação de seguro em que 2 (duas) ou mais sociedades seguradoras, com anuência do segurado, distribuem entre si, percentualmente, os riscos de determinada apólice, sem solidariedade entre elas".

ou desequilíbrios que afetem a frequência, a intensidade, a distribuição temporal ou o valor individual dos sinistros que a afetarem".[306]

Como explica Alvarez, o resseguro é um mecanismo de partilha do risco adotado para dispersar o risco do segurador. Esclarece, recorrendo à lição de Paulo Luiz de Toledo Piza, que "no âmbito securitário, a Teoria da Assunção de Risco implica a apreensão de uma unicidade da estrutura e da funcionalidade no contrato de resseguro, independentemente da forma ou modalidade técnica considerada, revelando a sua função precípua como garantidor da 'proteção e viabilização do próprio exercício da atividade securitária'. [...] o resseguro se constitui em 'fator de produção do seguro', pelo qual 'se reduzirá um risco do segurador, qual seja, o de ter de responder por eventual incorreção na repartição mutualística dos riscos segurados a que se volta'. Em outros termos, o resseguro reduz o risco que recai sobre o segurador, o segurado fica a salvo de novas contribuições a serem fixadas para tratar de resultados negativos oriundos dos desvios e desequilíbrios aos quais o seguro está sujeito".[307]

2.2.4.2. Classificação e delimitação de riscos

Para os objetivos do que passa a ser tratado, é pertinente recorrer a Molinaro, em passagem na qual pondera que "não há ação que não esteja limitada no tempo e no espaço. Toda a atividade humana, física ou psíquica, está limitada em extensão conformando fronteiras que não podem ser ultrapassadas impunemente. O que tem limites está *determinado*, isto é, está demarcado, e o que está demarcado tem *utilidade*, vale dizer, é conveniente ou valioso".[308]

Para os seguros, enquanto atividade econômica, a possibilidade de atribuir valor a um risco é da sua essência. Como observa Veiga Copo, "previsibilidade, possibilidade, probabilidade e evitabilidade são constantes, mas também um cálculo, uma magnitude. Pesar e redistribuir esse risco, calibrando-o e permeando-o, é essencial no e para o contrato de seguro, pois as contingências são as possibilidades de verificar ou não o risco delimitado que, definitivamente, traça a fronteira ou fronteiras do risco".[309]

---

[306] POLIDO, Walter. *Resseguro*: cláusulas contratuais e particulares sobre responsabilidade civil. 2ª ed. Rio de Janeiro: Funenseg, 2011, p. 6.

[307] ALVAREZ, Ana Maria Blanco Montiel. *Resseguro e seguro*: pontos de contato entre negócios jurídicos securitários. Porto Alegre: Livraria do Advogado, 2014, p. 104.

[308] MOLINARO, Carlos Alberto. *Direito ambiental*: proibição de retrocesso. Porto Alegre: Livraria do Advogado, 2007, p. 81.

[309] Tradução livre. Do original: "Previsibilidad, posibilidad, probabilidad y evitabilidad del mismo son una constante, pero también un cálculo, una magnitud. Ponderar y redistribuir ese riesgo, calibrarlo y perimetrarlo es esencial en y para el contrato de seguro, pues son las contingencias las

O patamar atual dos seguros como prática de negócios pressupõe a capacidade de empresas especializadas, dotadas de técnicas de gestão de riscos, de anteverem os mesmos[310] e de definirem seus escopos e dimensões, com tipologias e possibilidades de sua determinação.[311] Afinal, racionalizar sobre "o que, o quem, o como, o quando, o quanto, onde ocorrem, configuram e delimitam o risco efetivo que o contrato de seguro traça e o segurador cobre. Definir e delimitar. Incluir e excluir, evitando o esvaziamento do contrato e do risco ou, dito de outro modo, evitar a desnaturalização do contrato de seguro é o objetivo, mas também a essência do risco e por extensão do contrato de seguro".[312]

Para ressaltar a tecnicidade inerente à operação securitária, cuja conformação deve estar retratada no conteúdo do contrato de seguro, é relevante consignar que "a operação asseguradora se desenvolve em forma técnica e a aproximação a seus resultados depende da estatística, do cálculo de probabilidade, da lei dos grandes números, do desvio médio de sinistralidade, da máxima perda provável, da medição da frequência dos acidentes, da severidade e da sua correlação com o preço adequado a cobrar".[313]

---

posibilidades de que se verifique o no el riesgo delimitado el que, definitivamente, traza la frontera o fronteras del riesgo". VEIGA COPO, Abel B. *El riesgo en el contrato de seguro*: ensayo dogmático sobre el riesgo. Cizur Menor (Navarra): Aranzadi, 2015, p. 25.

[310] Para antever riscos, o segurador se vale, dentre outros mecanismos, da Lei dos Grandes Números, assim explicada por Colombo: "Em 1692, Jacob Bernoulli demonstrou o seguinte teorema: quando se conhece a probabilidade de ocorrência de um evento num experimento aleatório, é possível indicar quais são as expectativas da frequência da sua ocorrência, se o mesmo experimento for repetido um número considerável de vezes sob condições semelhantes. Por outro lado, se a probabilidade de um evento é desconhecida, mas o número de experimentos é muito grande, a sua probabilidade pode ser aproximada. A frequência relativa de um evento é definida como a relação entre o número de vezes que um evento aconteceu numa dada série de repetições de um experimento aleatório e o número total de repetições do referido experimento. [...] numa série imensa de experimentos, a frequência relativa de um evento se aproxima cada vez mais da sua probabilidade. Em outras palavras, quando se repete um experimento um número suficientemente grande de vezes é possível, na equação apresentada, substituir a expressão 'frequência relativa' por 'probabilidade' com erro desprezível. Assim, dada uma longa série de experimentos, pode-se calcular a probabilidade de um evento". COLOMBO, Angelo. Contrato de seguros: limites técnicos de negociação entre seguradora e segurado. In: SCHALCH, Debora (org.). *Seguros e resseguros*: aspectos técnicos, jurídicos e econômicos. São Paulo: Saraiva/Virgília, 2010, p. 29-30.

[311] Sobre metodologias de análise de riscos, vide interessante ensaio em GUAGLIARDI, José Augusto; SILVA, Nelson Ricardo Ferdades da; CHAIA FILHO, Alfredo; RAMOS JUNIOR, Lázaro. *Análise de risco parametrizada*: manual prático de gestão de riscos e seguros. São Paulo: All Print Editora, 2016.

[312] Tradução livre. Do original: "Saber y deslindar el qué, el quién, el cómo, el cuándo, el cuánto, de dónde perfilan, configuran y delimitan el riesgo efectivo que el contrato de seguro traza y la aseguradora cubre. Definir y delimitar. Incluir y excluir, evitando el vaciamiento del contrato, del riesgo, o dicho de outro modo, evitar la desnaturalización del contrato de seguro es el reto, pero también la esencia del riesgo y por extensión del contrato de seguro". VEIGA COPO, Abel B. *El riesgo en el contrato de seguro*: ensayo dogmático sobre el riesgo. Cizur Menor (Navarra): Aranzadi, 2015, p. 20.

[313] Tradução livre. Do original: "La operación aseguradora se desarrolla en forma técnica, y la aproximación a sus resultados depende de la estadística, del cálculo de probabilidad, de ley de los grandes números, de la desviación media de siniestralidad, de la máxima pérdida probable, de la

A atividade seguradora pressupõe, no processo de transferência e aceitação do risco, um exercício constante e qualificado de delimitação do risco que estará sendo aceito e que passará a ser coberto pelo segurador. Veiga Copo propõe as seguintes tipologias de delimitação: extensão objetiva, extensão subjetiva, extensão espacial, extensão quantitativa e extensão temporal, afirmando que "a determinação do risco segurado requer uma tarefa de dissecação prévia, individualização do risco através da naturalização do evento e do interesse sobre o qual ele cai, assim como, finalmente, sua delimitação causal, espacial e temporal. Entramos no campo estrito, mas necessário, do exame do nexo entre causa e evento, mas também em uma análise mais ampla, o elo etiológico entre evento e dano; e se esse evento foi descrito, individualizado, incluído no escopo do risco assumido e segurado, o evento ocorrido, causando dano ou não, esteja excluído da cobertura e assunção pela seguradora".[314]

Antes de analisar essas diversas formas de delimitação dos riscos, é necessário referir o tênue limite, aqui tratado em termos contratuais, entre a delimitação de riscos no contrato de seguro e as cláusulas limitativas de diretos. Se a delimitação de riscos é necessária, é fundamental que seja coerente e racional para ser legítima.[315]

2.2.4.2.1. Delimitação objetiva

A delimitação objetiva dos riscos se dá pelo exercício material e formal de definição, com precisão, do que sejam riscos cobertos e riscos excluídos do seguro. Afinal, "a delimitação do risco na apólice ou nas condições deve partir de uma premissa, definição e delimitação objetivas conclusivas. Objetividade e neutralidade no próprio núcleo, na essência da cobertura causal. [...] O que é coberto e o que é excluído requer clareza, precisão e definição".[316]

---

medición de la frecuencia de los accidentes, de su severidad y de su correlación con el precio adecuado a cobrar". PRIETO, Hilda Esperanza Zornosa. *Escritos sobre riesgos y seguros*. Bogotá: Universidad Externado de Colombia, 2012, p. 585.

[314] Tradução livre. Do original: "La determinación del riesgo asegurado requiere una tarea previa de disección, de individualización del riesgo a través de la naturaliza del evento y el interés sobre el cual recae, así como, finalmente, su delimitación causal, espacial y temporal. Entramos con ello en el ámbito estricto, pero necesario, de examinar el nexo entre causa y evento, pero también en un análisis más amplio, el nexo etiológico entre evento y daño; y si ese evento está descrito, individualizado, comprendido en el ámbito del riesgo asumido y asegurado, el hecho acaecido, provoque daño o no, se halla excluido de cobertura y asunción por el asegurador". VEIGA COPO, Abel B. *El riesgo en el contrato de seguro*: ensayo dogmático sobre el riesgo. Cizur Menor (Navarra): Aranzadi, 2015, p. 309-310.

[315] VEIGA COPO, Abel B. *El riesgo en el contrato de seguro*: ensayo dogmático sobre el riesgo. Cizur Menor (Navarra): Aranzadi, 2015, p. 311.

[316] Tradução livre. Do original: "La delimitación del riesgo en la póliza o condicionado ha de partir de una premisa concluyente, definición y delimitación objetiva. Objetividad y neutralidad en el núcleo mismo, en la esencia de la cobertura causal. (...) Qué se halla cubierto y qué está excluido exige

Em complementação, "a delimitação objetiva significa materialmente e objetivamente especificar aqueles bens, objetos, coisas, patrimônio, vida, saúde, etc. que são e serão objeto do contrato de seguro específico, seja de danos ou de pessoas, ou assistência. As coberturas específicas e garantias que se enquadram neste seguro são definidas de forma rigorosa e específica. Configurar, direta e indiretamente, a hipótese ou hipóteses de sinistro. Uma delimitação material ou objetiva do risco que define, especifica, mas também pode excluir a cobertura de risco".[317]

A questão da delimitação objetiva, portanto, não é outra coisa senão a clarificação imediata do escopo de um determinado seguro, ou seja, a definição da atividade contemplada, para compreensão dos riscos que lhe são próprios. Tendo clareza de quais sejam os riscos, definem-se as respectivas coberturas e, ao contrário, tão importante quanto, os riscos que não serão cobertos, chamados de riscos excluídos (seja por opção do segurador ou do próprio segurado).

Embora não seja encargo legal definir exaustivamente e objetivamente quais os riscos ou atividades que deverão ser albergados pelos seguros, um mínimo de direcionamento deve haver na lei que vincula seguros a determinadas atividades. Aqui se está fazendo referência à legislação analisada na parte inicial deste capítulo, que, ao passo que trata da instituição de seguros ambientais, não confere orientação concreta sobre seus objetivos – qual a intenção, o que se pretende proteger, resguardar e assegurar. Despreza-se que é somente a clareza sobre seus objetivos que permitirá, propriamente, a sua concretização.

2.2.4.2.2. Delimitação subjetiva

A delimitação pelos seguros envolve a definição de quem sejam o segurado e os beneficiários do seguro. Trata-se de delimitação subjetiva no contrato de seguro, sobre a qual discorre Veiga Copo afirmando que "a delimitação subjetiva implica especificar a pessoa ou as pessoas determinadas sobre quem recai o seguro, tanto em seus atos e comportamentos quanto na própria pessoa em si. Cláusulas e delimitações que determinam e especificam nomeadamente os segurados, seja a quem

---

claridad, precisión y definición". VEIGA COPO, Abel B. *El riesgo en el contrato de seguro*: ensayo dogmático sobre el riesgo. Cizur Menor (Navarra): Aranzadi, 2015, p. 311.

[317] Tradução livre. Do original: "La delimitación objetiva significa concretar y especificar material y objetivamente aquellos bienes, objetos, cosas, patrimonio, vida, mixtos, salud etc., que son y serán objeto del concreto contrato de seguro, sea este de daños o de personas, o asistencial. Se delimita de un modo riguroso y específico las coberturas y garantías concretas que entran dentro de ese seguro. Se configuran directa e indirectamente, en cierto modo, la hipótesis o hipótesis sinistrales. Una delimitación material u objetiva del riesgo que defina, concrete, parametre pero también pueda excluir la cobertura de riesgo (...)". VEIGA COPO, Abel B. *El riesgo en el contrato de seguro*: ensayo dogmático sobre el riesgo. Cizur Menor (Navarra): Aranzadi, 2015, p. 313.

corresponda ou com determinabilidade no futuro, seja por determinações genéricas como 'terceiro', 'familiares', 'empregados', 'dependente', etc. Delimitação subjetiva onde a atitude e o comportamento do segurado e das pessoas que dependem dele prefiguram e acabam configurando a cobertura ou não do risco por parte da seguradora".[318]

Significa dizer que os seguros cobrem riscos gerados pela atividade do próprio segurado ou daqueles outros nomeados no contrato de seguro que ajam em seu nome.[319] Jamais cobrirá riscos ou arcará com indenizações por danos ocasionados por qualquer um que não seja seu segurado. Embora isso seja óbvio, não é simples. Não é simples em razão de duas variáveis que, em matéria de responsabilidade civil ambiental, avultam em complexidade: (i) a responsabilidade decorrente de evento pluricausal[320] e (ii) a questão de que o segurador, ao definir quem será ou quem serão seu(s) segurado(s), projeta as possibilidades de responsabilização[321] daquele(s) para os riscos que ele, segurador, esteja assumido. Ao cogitar essas possibilidades de responsabilização, projeta um limite

---

[318] Tradução livre. Do original: "La delimitación subjetiva implica concretar la persona o personas determinadas sobre las que pende el seguro, tanto en sus hechos o comportamientos como sobre la propia persona en cuánto totalidad. Cláusulas y delimitaciones que determinan y especifican bien con nominatividad de los asegurados, bien por cuenta de quién corresponda y determinabilidad a futuro, bien a través de genéricos 'terceros', 'familiares', 'empleados', 'dependientes' etc. Delimitación subjetiva donde la actitud y el comportamiento del asegurado y de personas que dependen de él prefiguran y acaban configurando la cobertura o no del riesgo por parte de la aseguradora". VEIGA COPO, Abel B. El riesgo en el contrato de seguro: ensayo dogmático sobre el riesgo. Cizur Menor (Navarra): Aranzadi, 2015, p. 344 e 347.

[319] Para exemplificar, nos contratos de seguros para riscos ambientais, com algumas variações, segurados são assim definidos: Segurado, significa o Segurado Nomeado, ou qualquer pessoa que é ou foi diretor, dirigente, sócio, membro ou empregado, inclusive empregados temporários ou terceirizados, do Segurado Nomeado, enquanto atuar no âmbito destas funções como tal. Já como Segurado Nomeado, (i) a pessoa nomeada na apólice; e (ii) qualquer e todas as corporações, sociedades, empresas ou outras entidades que tenham existido a qualquer tempo, que existam atualmente ou que possam vir a existir durante o Período de Vigência da Apólice, sobre as quais a pessoa nomeada na apólice teve ou tenha (um determinado percentual das) quotas de participação, mas, a respeito de tais corporações, sociedades, empresas ou outras entidades, apenas no que for relativo a responsabilidade decorrente de propriedade, operações, manutenções ou uso de Propriedade(s) Segurada(s).

[320] O evento pluricausal pode envolver mais de um agente nocivo/poluente e também mais de um agente poluidor. Trata-se de questão que afeta a (co)causalidade, na qual há cumulatividade de agentes poluentes/contaminantes, que podem ser caracterizados como efeitos somativos. Esses, por sua vez, podem ser compreendidos em duas distintas situações: os efeitos aditivos e os efeitos sinérgicos. Os efeitos somativos são aqueles que "apontam para alterações ambientais decorrentes do somatório de muitas quotas individuais provenientes dos simultâneos ou sucessivos efeitos industriais de mesma espécie", enquanto os efeitos aditivos, embora semelhantes aos somativos, distingam-se na medida em que "são aqueles que não se resumem a um problema de quantidade nem dos efeitos resultantes das mesmas formas de comportamento, sendo, antes, resultado de complexas conexões de quotas individuais de ações diversificadas". Já os efeitos sinérgicos têm a característica da exponencialidade e mutabilidade, ou seja, "relacionam-se à combinação de elementos e de substâncias diferentes no ambiente de forma que, quando se encontram, geram um efeito (em regra, nocivo) maior do que o somatório das mesmas substâncias quando isoladas". CAETANO, Matheus Almeida. Os delitos de acumulação no direito penal ambiental. São Paulo: Editora Pillares, 2016, p. 218-219.

[321] Dependendo da exposição verificada nesta projeção, poderá, inclusive, não aceitar dar cobertura, ou seja, não aceitar o risco e rejeitar fazer o seguro.

provável de perdas, ou seja, estima até onde poderá ir a responsabilidade civil ambiental de seu(s) segurado(s) no âmbito de suas atividades e nos limites do contrato de seguro. Isso é feito com base nas regras previstas no sistema jurídico. A questão ganha novos contornos e se converte em um problema complexo quando o sistema não é claro sobre qual será o limite de responsabilidade – pois o sistema jurídico tampouco explicita, de forma precisa, as circunstâncias que poderão fazer com que a responsabilidade recaia sobre os indivíduos. É dizer: quem poderá ser abrangido pelo conceito vago de "poluidor"?

A questão remete à vagueza conceitual da definição de poluidor no Direito brasileiro, bem como à amplitude que a jurisprudência vem empregando para definir quem é o poluidor.[322] Tal questão tem relação, ainda, com aquela dos eventos pluricausais anteriormente referidos. Por outro lado, e desta feita fazendo referência às leis abordadas no início deste capítulo, se já foi dito que não deixam claro o objeto do seguro, tampouco esclarecem quem será o favorecido – ou seja, a quem se pretende a proteção: aos terceiros, aos recursos naturais ou à coletividade? Ou será a todos?

2.2.4.2.3. Delimitação temporal

De fundamental importância para os seguros é a questão da sua delimitação temporal, o que significa determinar o início e fim de sua vigência, mas, também, os efeitos das renovações e, mais além, a própria responsabilidade do segurador em período que extrapole, antes ou depois, a vigência do contrato. Como afirma Veiga Copo, "determinar o alcance da cobertura, seu início exato, a eficácia retroativa ou posterior da mesma, especialmente no seguro de responsabilidade civil, a incidência da dimensão tempo na taxa de prêmio, seu pagamento sucessivo ou periódico e as consequências do não pagamento e o tempo, o fracionamento do prêmio ao longo do tempo, a equivalência entre cobertura e prêmio durante a vigência do contrato, independentemente de ocorrer ou não uma perda, o tempo da perda, a reclamação, a exigibilidade, judicial ou não, são infinitos problemas da prática de seguros".[323]

---

[322] Poison adverte sobre dificuldades para a asseguração de riscos ambientais: "as contínuas mudanças legislativas em matéria de meio ambiente não tranquilizam as entidades seguradoras, já que seus segurados podem ser declarados responsáveis com base em uma normativa legal inexistente no momento da contratação do contrato de seguro". Tradução livre. Do original: "Los continuos cambios legislativos en materia medioambiental no tranquilizan a las entidades aseguradoras, en cuanto que sus asegurados pueden ser declarados responsables en base a una normativa legal inexistente en el momento de contratarse la póliza de seguro" (POISON, 2015, p. 53-54). Mais grave do que a instabilidade legal é a instabilidade jurisprudencial, pois muito mais intensa, variável e incerta.

[323] Tradução livre. Do original: "Dirimir el alcance de las coberturas, el comienzo exacto de éstas, la eficacia retroactiva o a *posteriori* de las mismas, máxime en los seguros de responsabilidad civil, la incidencia de la dimensión tiempo en la tarificación de la prima, el pago sucesivo o periódico de la

A delimitação do tempo terá importância, ainda, para definir o período de retroatividade da apólice, quer dizer, a possibilidade de o seguro dar garantia para eventos ocorridos anteriormente ao início da sua vigência (desde que desconhecidos, necessariamente) – limites esses que devem estar claros e delimitados no contrato de seguro, destacadamente em face de riscos ambientais, que possuem peculiaridades muito próprias (conforme tratado no capítulo 1).

Para exemplificar a importância da questão do tempo, vale discorrer sobre os modelos e pressupostos de acionamento (gatilho) das coberturas em caso de sinistros, reflexão especialmente válida a respeito dos seguros de responsabilidade civil. Há basicamente dois formatos de apólices de responsabilidade civil, conhecidas como modalidades à base de ocorrência (*occurrence losses*) e à base de reclamação (*claims made basis*). As apólices acionáveis à base de ocorrência garantem o pagamento de indenização pelos danos causados a terceiro, quando os danos tenham ocorrido durante a vigência da apólice e o terceiro pleiteie do segurado a indenização, e esse último, da seguradora, observados os prazos legais, ou seja, mesmo após o término da vigência de uma apólice. Esse modelo, que é o mais comum nesse tipo de seguro, é utilizado em situações de riscos em que o aparecimento ou a constatação do dano ou de perdas garantidas pelo segurado ocorram de forma imediata, estando distante de qualquer complicação aparente para a sua percepção.[324]

Já para os riscos cuja possibilidade de sinistro impliquem sinistros de latência prolongada (*long-term exposure*), a apólice à base de ocorrência demonstra-se inadequada, devendo esses riscos ser garantidos por apólices especialmente desenvolvidas para tal particularidade. Sobressaem, então, as apólices à base de reclamação, que garantem o pagamento de indenização pelos danos causados a terceiro, desde que os danos tenham ocorrido durante o período de vigência da apólice ou durante o período de retroatividade (contratualmente ajustado), e que o terceiro apresente a reclamação durante a vigência da apólice, no prazo complementar ou, ainda, durante o prazo suplementar. Assim, diferentemente das apólices por ocorrência, nas sujeitas à reclamação, as reclamações podem ocorrer no prazo de vigência da apólice ou de suas extensões. O advento da modalidade de apólice à base de reclamação é claro exemplo de adaptação do instituto dos seguros às novas necessidades de riscos,

---

misma y las consecuencias del impago y los tiempos, la fraccionabilidad en el tiempo de la propia prima, el sinalagma entre cobertura y prima durante el tiempo de vigencia del contrato al margen de que se produzca o no el siniestro, el tiempo del siniestro, de la reclamación, de la exigibilidad judicial o no de las mismas, son sempiternos problemas de la práctica del seguro". VEIGA COPO, Abel B. El riesgo en el contrato de seguro: ensayo dogmático sobre el riesgo. Cizur Menor (Navarra): Aranzadi, 2015, p. 363.

[324] POLIDO, Walter. *Seguros de responsabilidade civil*: manual prático e teórico. Curitiba: Juruá, 2013, p. 430.

pelo qual, para riscos peculiares, de longa latência, se estatuiu uma modalidade específica de delimitação temporal.[325]

Segundo Barbat, o surgimento das cláusulas *claims made* tem registro na década de 1960 no mercado londrino, com expansão a partir do ano de 1985, no mercado norte-americano, quando foi autorizado o uso dessa cláusula, "como consequência dos resultados devastadores que afetaram os mercados de seguros e resseguros em razão da comercialização de contratos de seguro de responsabilidade civil com base em 'ocorrências' cobrindo certos riscos com danos tardios ou danos diferidos, especialmente aqueles denominados 'cauda longa' ou *'long tail'*".[326]

Um evento marcante, a esse respeito, foi a constatação de danos decorrentes do amianto,[327] que gerou elevado impacto nos seguros para produtos[328] desenvolvidos com o uso desse mineral. Conforme explica Barbat, "mais a asbestose desequilibrou as seguradoras porque, por um lado, era uma doença nova e, portanto, fora do risco previsível, e por outro, era uma doença de longa incubação que excedia as provisões

---

[325] Sobre o desenvolvimento das apólices à base de reclamação, no Brasil, vide MENDES, Carla Dila Lessa; ZETTEL, Christine de Faria; COSTA, Marcelo Bittencourt Ferro. As apólices à base de reclamações no Brasil. *Revista Brasileira de Risco e Seguro*. Rio de Janeiro, v. 3, n. 6, out.2007/mar.2008, p. 135-170.

[326] Tradução livre. Do original: "(...) como consecuencia de los resultados devastadores que afectaron a los mercados de seguros y reaseguros, como consecuencia de la comercialización de contratos de seguros de responsabilidad civil sobre la base 'ocurrencias' cubriendo determinados riesgos con daños tardíos o diferidos, especialmente aquellos denominados de 'cola larga' o 'long tail' así denominados por tener plazos de prescripción muy largos". BARBAT, Andrea Signorino. *Los seguros de responsabilidad civil*: caracteres generales y coberturas principales. Montevideo: Fundación de Cultura Universitaria, 2011, p. 88.

[327] O amianto, também conhecido por asbesto, é a denominação para minerais metamórficos fibrosos, ou silicatos hidratados. Como estes minerais possuem fibras largas e resistentes, altamente flexíveis, foram durante muito tempo utilizadas, de forma ampla, nos mais diversos produtos, tais como materiais de construção (telhas e caixas d'água), indústria automotiva e de maquinários, indústria têxtil, entre outros. A descoberta de suas utilidades e ampliação do uso para os mais diversos produtos e setores, em inquestionáveis processos de inovação, por certo geraram grande euforia, decorrente da potencialidade econômica e da utilidade social. O tempo, porém, demonstrou-se que da euforia veio a catástrofe. Ocorre que a inalação das fibras do amianto é causa relevante de doenças cujas características são o longo tempo de latência (hibernação). Implicam enfermidades que se desenvolvem ao longo de período expressivo de exposição e acumulação no organismo. Segundo Malo, são especialmente conhecidas duas doenças: o mesotelioma, que é um tumor localizado geralmente na pleura, e a asbestose, que é uma fibrose pulmonar capaz de produzir a redução progressiva na transferência do oxigênio no organismo. Soma-se, com grande risco, a possibilidade de gerar câncer de pulmão. São alarmantes os números e dimensões dos efeitos nocivos do amianto à saúde humana. Na Espanha, entre 1977 e 2001, o mesotelioma implicou a morte de 2.929 pessoas, sendo 2/3 homens. Mais recentemente, grande parte dos óbitos por câncer na pleura são decorrentes da exposição ao amianto. Fontes asseguram que entre 2007 e 2016 conhecidas 1.321 mortes de homens em razão do mesotelioma. Números expressivos de óbitos são conhecidos na Alemanha, nos Estados Unidos e na Inglaterra, decorrentes da exposição ao amianto: na Alemanha, apenas em 2005, foram 1.540 óbitos; nos Estados Unidos, apenas no ano 2000, 9.700 mortes; na Inglaterra, segundo dados de 2011, morriam 2.000 pessoas por ano. Neste sentido, MALO, Albert Azagra. *Daños del amianto*: litigación, aseguramiento de riesgos y fondos de compensación. Madri: Fundación Mapfre, 2011, p. 30-31.

[328] Reporta-se, neste ponto, à diferenciação dentre danos ambientais por produtos e danos ambientais por serviços e atividades, conforme item 1.2.2.1.

lógicas de reservas para enfrentar as eventuais reclamações. Assim, as reclamações daqueles afetados por asbestose a fabricantes, distribuidores, depositários e também segurados vieram oito ou dez anos após o término da validade das apólices, superando as reservas existentes, e causaram a insolvência e liquidação de muitas seguradoras e resseguradoras".[329]

Tal contexto de danos, muito similar ao dos danos ambientais, justifica a necessidade de estrita observação e clareza sobre a delimitação temporal das coberturas e da proteção ofertada pelos seguros.

2.2.4.2.4. Delimitação quantitativa

Seguros sempre funcionam com limites quantitativos. As coberturas e as indenizações serão limitadas de diversas formas, pois estão atreladas ao prêmio que, salvo exceções, será previamente estabelecido com base no risco que se pretende garantir. Há, por evidente, correlação entre prêmio e coberturas. Nos seguros de danos, há um limite elementar, vinculado ao princípio indenizatório e ao interesse segurado.

Pela delimitação quantitativa, tem-se "a soma segurada ou valor segurado encontra seu limite, por um lado, no interesse segurável, ou seja, o valor real do objeto ou bem segurado e, por outro lado, atua como limite para cada sinistro, quando uma coisa ou um bem, ou pessoa em caso de acidente ou assistência médica [...], a seguradora é obrigada a indenizar cada um deles – os sinistros – dentro desse limite específico. Regula-se, em suma, pelo princípio de indenização no seguro de danos que impede o enriquecimento do segurado. Este, como detentor do interesse segurado, recebe um equivalente no caso em que a compensação do prejuízo é pecuniária ou monetária, o prejuízo sofrido por seus ativos com a destruição da coisa ou objeto do contrato".[330]

---

[329] Tradução livre. Do original: "Más la asbestosis desequilibró a los aseguradores pues por un lado, era una enfermedad nueva, y por tanto fuera del riesgo previsible, y por otra, era una enfermedad de larga incubación que superaba las previsiones lógicas de reservas para enfrentar los eventuales reclamos. Es así que los reclamos de los afectados por la asbestosis a fabricantes, distribuidores, depositarios, y además asegurados llegó ocho o diez años después del vencimiento de la vigencia de las pólizas superando las reservas existentes y provocando la insolvencia y liquidación de muchas aseguradoras y reaseguradoras". BARBAT, Andrea Signorino. *Los seguros de responsabilidad civil*: caracteres generales y coberturas principales. Montevideo: Fundación de Cultura Universitaria, 2011, p. 89.

[330] Tradução livre. Do original: "La suma asegurada o valor asegurado encuentra su límite, de un lado, en el interés asegurable, es decir, el valor real del objeto o bien asegurado y, de otro, en que actúa como límite para cada siniestro, por lo que cuando la cosa o bien, o persona en caso de un accidente o de asistencia sanitaria (...), el asegurador está obligado a indemnizar cada uno de ellos – los siniestros – dentro de ese concreto límite. Rige, en suma, un principio indemnitario en los seguros de daños que evita el enriquecimiento del asegurado. Éste en cuanto titular del interés asegurado recibe por equivalente en caso de que la indemnización del siniestro sea pecuniaria o monetaria el detrimento que sufre su patrimonio con la destrucción de la cosa o bien objeto del contrato". VEIGA COPO, Abel B. El riesgo en el contrato de seguro: ensayo dogmático sobre el riesgo. Cizur Menor (Navarra): Aranzadi, 2015, p. 386-387.

Os limites quantitativos poderão ocorrer, ainda, por cobertura (para cada cobertura de um risco objetivamente delimitado), mas, também, por sinistro (LMI) ou mesmo para um limite máximo de garantia (LMG) e sempre estarão, em cada contrato, condicionados ao limite agregado, ou seja, ao valor máximo indenizável pelo contrato, em todos os sinistros, durante a sua vigência.

Outro exemplo de limitação quantitativa é a franquia ou participação obrigatória do segurado nos prejuízos ocorridos com o sinistro (instituto sobre o qual se discorreu anteriormente, situando-o também como forma de dispersão de risco). No que se refere à franquia, Bechara Santos apresenta o seguinte conceito: "a franquia, na sua expressão mais simples, nada mais é do que um valor determinado no contrato de seguro, que representa o limite de participação do segurado nos prejuízos resultantes de cada sinistro, contribuindo com uma pequena percentagem do dano".[331]

Por outro lado, a franquia tem a função de estimular o segurado a zelar pelo próprio patrimônio ou interesse segurado, na medida em que na ocorrência de um risco coberto poderá vir a participar financeiramente com o segurador no montante final do prejuízo. Há próxima ligação entre franquia e prêmio, pois quanto maior for a participação do segurado, menor será o prêmio.

2.2.4.2.5. Delimitação espacial

A delimitação espacial refere-se à descrição e âmbito territorial de incidência do seguro, ou seja, o lugar ou os lugares em que está localizado o risco. Segundo Veiga Copo, "quanto às cláusulas de delimitação espacial ou geográfica, estas dependem em grande medida do tipo de risco envolvido. Neste campo terá que atender à natureza móvel ou imóvel da coisa segurada, de sua mobilidade ou não, de sua localização inicial e, finalmente, especialmente se mediou ou não o consentimento da seguradora para mover a coisa de um lugar para outro diferente do inicialmente declarado no contrato".[332]

A questão do lugar, para os seguros ambientais, é das mais complexas e relevantes. Pensando em um segurado que seja uma indústria, é necessário considerar a delimitação e a compreensão do lugar, do seu

---

[331] BECHARA SANTOS, Ricardo. *Direito de Seguro no Cotidiano*. Rio de Janeiro: Forense, 2012, p. 251.

[332] Tradução livre. Do original: "En cuanto a las cláusulas de delimitación espacial o geográfica estas dependen en buena medida del tipo de riesgo que se trate. En este campo habrá de atender a la naturaleza mueble o inmueble de la cosa asegurada, de su movilidad o no, de su ubicación inicial y, finalmente, sobre todo si ha mediado o no consentimiento del asegurador para desplazar la cosa de un lugar a otro distinto del inicialmente declarado en el contrato". VEIGA COPO, Abel B. El riesgo en el contrato de seguro: ensayo dogmático sobre el riesgo. Cizur Menor (Navarra): Aranzadi, 2015, p. 395.

histórico, dos seus passivos, de outros tipos de atividades já realizadas no mesmo espaço, as demais indústrias localizadas proximamente, a existência de recursos naturais, bem como a qualidade destes recursos naturais, o perfil e quantidade de pessoas em comunidades e moradias próximas. Todos esses elementos serão de enorme importância para uma adequada compreensão e mensuração do risco.

2.2.5. Variabilidade do risco

Uma vez que a delimitação dos riscos, em suas diversas formas, possui acentuada influência na prática de seguros, uma variável que deve ser apreciada é a hipótese de variabilidade do risco, bem como os reflexos da alteração dos riscos para os seguros.[333] Para Andrade, "o negócio jurídico de seguro deve manter uma correlação entre o prêmio e o risco contratados. Nesses termos, se houver um aumento da probabilidade de ocorrência do risco, esta circunstância pode afetar, de modo sensível, o referido equilíbrio contratual".[334]

Os riscos podem variar, inclusive durante a vigência do contrato, tanto por razões internas quanto por razões externas ao segurado, sendo tal variação possível tanto para o aumento quanto para a diminuição dos riscos. Quando isso ocorrer, decorrerá na obrigação do segurado de comunicar ao segurador as condições de alteração.[335] A comunicação do agravamento do risco tem o objetivo de preservar o equilíbrio contratual, de modo que a seguradora conheça e avalie a situação do risco real, objetivo, apropriado ao momento efetivo.[336] Por conseguinte, diante de uma situação de agravamento, o segurado perderá o direito à garantia se deixar de comunicar à seguradora sobre o incidente ou a situação relevante que possa interferir nesse equilíbrio.

---

[333] Como sugestão de leitura complementar sobre a projeção do risco no contrato de seguro, vide PETERSEN, Luiza Moreira. *O risco no contrato de seguro*. São Paulo: Roncarati, 2018.

[334] ANDRADE, Fábio Siebeneichler de. O desenvolvimento do contrato de seguro no direito civil brasileiro atual. *Revista de Derecho Privado*. Bogotá: Universidad Externado de Colombia, n. 28, enero-junio, 2015, p. 219.

[335] Código Civil, art. 769. O segurado é obrigado a comunicar ao segurador, logo que saiba, todo incidente suscetível de agravar consideravelmente o risco coberto, sob pena de perder o direito à garantia, se provar que silenciou de má-fé. 1º O segurador, desde que o faça nos quinze dias seguintes ao recebimento do aviso da agravação do risco sem culpa do segurado, poderá dar-lhe ciência, por escrito, de sua decisão de resolver o contrato. 2º A resolução só será eficaz trinta dias após a notificação, devendo ser restituída pelo segurador a diferença do prêmio. Código Civil, art. 770. Salvo disposição em contrário, a diminuição do risco no curso do contrato não acarreta a redução do prêmio estipulado; mas, se a redução do risco for considerável, o segurado poderá exigir uma revisão do prêmio, ou a resolução do contrato.

[336] VEIGA COPO, Abel B. El riesgo en el contrato de seguro: ensayo dogmático sobre el riesgo. Cizur Menor (Navarra): Aranzadi, 2015, p. 245.

Sobre o agravamento do risco, é apropriado fazer referência ao comentário de Miragem, quando esclarece a definição dos casos de agravamento que deverão ser comunicados: "na hipótese de agravamento do risco durante a execução do contrato, tem o segurado dever de comunicação ao segurador. Deve-se ter em conta, entretanto, quais circunstâncias devem ser levadas obrigatoriamente ao conhecimento do segurador. [...] O caráter abrangente que se retira da invocação genérica 'todo incidente', exige em seguida juízo de valoração quanto a sua capacidade de 'agravar consideravelmente', de modo que se exija aqui alguma demonstração, seja de probabilidade, seja de causalidade entre o incidente e o sinistro efetivo ou hipotético".[337]

Adicionalmente, é válida a reflexão sobre quem terá conduta capaz de gerar um agravamento tal que deverá ser comunicado ao segurador. Sobre isso, "a noção de agravamento de risco, e da conduta que dá causa a tal situação é objeto de interpretação. Exige-se que seja conduta pessoal do segurado, ou pode abranger também os riscos relativamente a terceiros que com ele se relacionem, caso, por exemplo, dos empregados que dão causa ao sinistro. A melhor compreensão, contudo, resulta da identificação do que sejam riscos ordinários em relação ao interesse objeto da garantia, em vista dos quais deverá se pautar a conduta de abstenção do segurado em promover seu agravamento, seja pessoalmente ou por intermédio da permissão da ação de terceiros".[338]

Questão derivada e de alta importância é a do agravamento intencional do risco.[339] Por ligar-se ao comportamento do segurado, a questão será retomada no capítulo 3, quando forem tratados a assimetria informacional, a seleção adversa[340] e o risco moral (*moral hazard*).[341] Cumpre

---

[337] MIRAGEM, Bruno. O direito dos seguros no sistema jurídico brasileiro: uma introdução. In: MIRAGEM, Bruno; CARLINI, Angélica. *Direito dos seguros*: fundamentos de direito civil, direito empresarial e direito do consumidor. São Paulo: Revista dos Tribunais, 2014, p. 51.

[338] Idem, p. 52-53.

[339] Sobre o agravamento de risco, vide importante estudo que explora os mais comuns casos de agravaemento de risco submetidos ao Judiciário, em DAHINTEN, Augusto Franke. *A proteção dos consumidores como direito fundamental e as negativas de cobertura em contratos securitários*: cláusulas limitativas *versus* cláusulas abusivas à luz da jurisprudência. Dissertação (Mestrado em Direito) – Pontifícia Universidade Católica do Rio Grande do Sul, 2015, especialmente p. 125 e seguintes.

[340] "[...] a antisseleção está presente em todos os contratos de seguro: ela é a característica que afirma que o segurado conhece mais do seu risco do que a própria seguradora. [...] aqueles que procuram um seguro normalmente possuem uma maior propensão ao risco para o qual estão buscando proteção do que o restante da população". PEREIRA, Fernanda. Fundamentos técnicos – atuariais do seguro. In: MIRAGEM, Bruno; CARLINI, Angélica. *Direito dos seguros*: fundamentos de direito civil, direito empresarial e direito do consumidor. São Paulo: Revista dos Tribunais, 2014, p. 122.

[341] "Risco moral é a possibilidade de que o comportamento dos titulares de apólices se altere a partir do momento em que eles estejam protegidos por um contrato de seguro, tornando maior o risco do evento segurado ocorrer ou de ser mais custoso. [...] O 'risco moral' pode resultar em mais sinistros do que a seguradora esperava e resultar no aumento do prêmio para todos os titulares de apólices, se não for gerenciado de maneira apropriada". Ibidem.

destacar, desde já, que o Código Civil disciplina a questão do agravamento intencional no artigo 768, dispondo que o segurado perderá o direito à garantia se agravar intencionalmente o risco objeto do contrato. Como explica Andrade, não é todo comportamento que caracterizará o agravamento intencional do risco, sendo necessário o preenchimento de requisitos previstos na lei. Pondera Andrade que "um primeiro pressuposto consiste na intencionalidade da conduta do segurado: o agravamento do risco decorrente de sua iniciativa deverá ser voluntário. Deve-se verificar, portanto, a conduta do segurado, a fim de observar se houve por parte dele o propósito consciente de elevar o risco. Um segundo requisito consiste na efetiva contribuição do ato do segurado para ampliar o risco, o que exigirá uma comprovação técnica. Em essência, faz-se mister uma análise da causalidade entre o ato praticado pelo segurado e os fatores determinantes do sinistro. Do contrário, não se configura a previsão legal".[342]

2.3. O contrato de seguro

O contrato de seguro, como qualquer contrato, reflete uma realidade econômico-social que lhe subjaz e da qual representa a tradução científico-jurídica. Os contratos envolvem "sempre uma realidade exterior a si próprios, uma realidade de interesses, de relações, de situações econômico-sociais, relativamente aos quais cumprem, de diversas maneiras, uma função instrumental".[343]

Roppo, após distinguir o contrato-operação econômica e o contrato-conceito jurídico, afirma: "igualmente verdade que aquela formalização jurídica nunca é construída como fim em si mesma, mas sim com vista e em função da operação, da qual representa, por assim dizer, o invólucro ou a veste exterior, e prescindindo da qual resultaria vazia, abstrata e, consequentemente, incompreensível: mais precisamente, com vista e em função do arranjo que se quer dar às operações econômicas, dos interesses que no âmbito das operações econômicas se querem tutelar e prosseguir".[344]

Frisa-se essa questão a modo de atribuir sentido, previamente, à logicidade dos clausulados de seguros que, ao tempo em que adotam termos e cláusulas delimitadoras (risco coberto, risco excluído, delimi-

---

[342] ANDRADE, Fábio Siebeneichler de. O desenvolvimento do contrato de seguro no direito civil brasileiro atual. *Revista de Derecho Privado*. Bogotá: Universidad Externado de Colombia, n. 28, enero-junio, 2015, p. 219.

[343] ROPPO, Enzo. *O contrato*. Tradução Ana Coimbra e M. Januário Gomes. Coimbra: Almedina, 1988, p. 7.

[344] Idem, p. 9.

tações, entre outros), em realidade buscam atender exatamente aquela utilidade instrumental ao contrato de seguro.

2.3.1. Conceito e elementos relevantes

O contrato de seguro é o contrato pelo qual uma das partes, dita segurador, obriga-se para com outra, dita segurado, mediante o recebimento de uma contraprestação, a garantir-lhe interesse legítimo, contra riscos delimitados no contrato. É condição para o contrato de seguro que o interesse legítimo esteja sob risco determinado no contrato de seguro. O interesse deve estar claro, assim como os riscos cobertos pelo seguro. Conforme expressa previsão legal, no Código Civil, no artigo 757: "pelo contrato de seguro, o segurador se obriga, mediante o pagamento do prêmio, a garantir interesse legítimo do segurado, relativo a pessoa ou a coisa, contra riscos predeterminados". A própria dicção legal traz elementos importantes do contrato, a saber: segurador e segurado, prêmio, garantia, interesse legítimo e riscos predeterminados.

O Código Civil em vigor imprimiu nova base conceitual para o contrato de seguro, distanciando-o da ideia de indenização e bilateralidade estrita, própria da noção tradicional, e aproximando-se da visão moderna de garantia.[345] O conceito de garantia é o elemento nuclear para a compreensão da natureza jurídica e dos efeitos do contrato de seguro. A positivação conjugada de garantia e interesse e o abandono do critério único da indenização como elemento essencial do contrato é a principal e substancial alteração legislativa do novo Código Civil em relação ao contrato de seguro.[346]

Tzirulnik, Cavalcanti e Pimentel salientam que a comutatividade do contrato tem por base justamente o reconhecimento de que a prestação do segurador não se restringe ao pagamento de eventual indenização, mas, antes de tudo, consiste no fornecimento da garantia, que é devida durante toda a vigência do pacto. A comutação ocorre entre prêmio (prestação) e garantia (contraprestação), e não entre prêmio e indenização.[347] Isso evidencia o caráter comutativo e não aleatório de tal espécie contratual.[348]

---

[345] TZIRULNIK, Ernesto; CAVALCANTI, Flávio de Queiroz B.; PIMENTEL, Ayrton. *O contrato de seguro*: de acordo com o novo código civil brasileiro. São Paulo: Revista dos Tribunais, 2003, 21.

[346] Idem, p. 22.

[347] Ibidem.

[348] Em sentido contrário, apontando a aleatoriedade como característica do contrato de seguro, ver PASQUALOTTO, Adalberto. *Garantias no Direito das Obrigações*: um ensaio de sistematização. Tese (Doutorado em Direito) – Faculdade de Direito, Universidade Federal do Rio Grande do Sul. Porto Alegre, 2005, 2005, e ANDRADE, Fábio Siebeneichler de. O desenvolvimento do contrato de seguro

Outro elemento importante do seguro é a solidariedade, chamada tecnicamente de mutualismo. Sobre o princípio da mutualidade, importante a lição de Tzirulnik, Cavalcanti e Pimentel, de que "na verdade a operação de seguro implica a organização de uma mutualidade, ou o agrupamento de um número mínimo de pessoas submetidas aos mesmos riscos, cuja ocorrência e tratamento são suscetíveis de tratamento atuarial, ou previsão estatística segundo a lei dos grandes números, o que permite a repartição proporcional das perdas globais, resultante dos sinistros, entre os seus componentes. A atividade do segurador consiste justamente na organização dessa mutualidade, segundo a exigência técnica de compensação do conjunto de sinistros previsíveis pela soma total de contribuições pagas pelos segurados".[349]

Prepondera no seguro, portanto, a natureza solidária. Trata-se de um negócio jurídico que se assenta no princípio da solidariedade entre seus participantes, sob a batuta de um administrador, que é o segurador.

Mais um elemento essencial à relação securitária é a exigência de boa-fé entre seus participantes. A boa-fé, que constitui princípio geral dos contratos (art. 422 do Código Civil), é ressaltada nos contratos de seguro como condição e elemento fundamental (art. 765 do Código Civil),[350] tendo em vista que a sinceridade e a verdade constituem a base primeira da declaração de vontade que o origina. É a partir das declarações dos segurados que as bases contratuais são fixadas (estipulação do valor do prêmio e taxa atuarial da apólice). Sobre a boa-fé no contrato de seguro, anota Andrade que "com a adoção deste preceito, expressa-se a importância do princípio da boa fé para o contrato de seguro, decorrente da relevância dos deveres – como o de informação – a serem atendidos pelas partes na sua relação contratual. Precisamente por este fundamento que se considera o contrato de seguro como o vínculo de boa fé por excelência, como anteriormente ressaltado. O fundamento para a determinação do dever de informar decorre da própria estrutura do contrato de seguro: ele visa à garantia contra um risco, que decorre de dados preexistentes das próprias partes. Para que o vínculo possua um equilíbrio, cumpre então que se atente à realidade do que se declara no contrato".[351]

---

no direito civil brasileiro atual. *Revista de Derecho Privado*. Bogotá: Universidad Externado de Colombia, n. 28, enero-junio, 2015, p. 203-236.

[349] TZIRULNIK, Ernesto; CAVALCANTI, Flávio de Queiroz B.; PIMENTEL, Ayrton. *O contrato de seguro*: de acordo com o novo código civil brasileiro. São Paulo: Revista dos Tribunais, 2003, p. 23.

[350] Art. 765. O segurado e o segurador são obrigados a guardar na conclusão e na execução do contrato, a mais estrita boa-fé e veracidade, tanto a respeito do objeto como das circunstâncias e declarações a ele concernentes.

[351] ANDRADE, *op. cit.*, p. 222-223.

Cumpre assinalar, por outro lado, que o contrato de seguro é um instrumento complexo, no sentido de que se forma da união de diversos elementos contratuais. Comumente se confunde contrato de seguro com apólice, embora a apólice seja apenas um dos instrumentos que compõem o complexo contratual de um seguro e, no rigor da lei, seja apenas uma das formas de provar a existência do contrato. A apólice, em termos práticos, pode significar apenas um resumo do conjunto contratual, ou, ainda, a forma como se particulariza o contrato de seguro. Martinez pensa a apólice como a forma composta e complexa do contrato de seguro, afirmando que "a apólice, ao reduzir a escrito o contrato de seguro, refletirá o seu conteúdo, sendo frequente que a apólice de seguro se encontre dividida em três partes: *condições gerais, condições especiais e condições particulares*, que respeitam àquele tomador do seguro. As condições gerais da apólice correspondem às cláusulas que definem basicamente o tipo de seguro acordado. As condições especiais concretizam as cláusulas gerais, delimitando o tipo de seguro, nomeadamente excluindo certos aspectos do risco assumido pela seguradora. Nas condições particulares incluem-se as cláusulas identificadoras do tomador do seguro especificamente ajustado".[352]

Um instrumento complementar necessário é o documento com as Condições Gerais do Seguro, onde estará prevista a maioria das regras que regerão o contrato. Trata-se de documento regulado, sujeito a aprovação pelo órgão de controle da atividade securitária, merecendo detalhada compreensão.[353]

Por fim, cumpre fazer referência ao prêmio, que, segundo Luccas Filho, "é o preço, isto é, o valor pago pelo segurado ao segurador para que este assuma o risco".[354] Prêmio, portanto, é a prestação paga pelo segurado ao segurador para que esse assuma um risco daquele. É a "importância paga pelo segurado, ou estipulante, à seguradora, em troca da transferência do risco contratado. Em princípio, o prêmio resulta da aplicação de uma porcentagem (taxa) à importância segurada".[355]

A formação do prêmio, no entanto, não é de técnica simples. Há um longo e complexo percurso a ser percorrido até a formação do prêmio comercial, esse que é, de fato, o preço de um seguro, o valor que a

---

[352] MARTINEZ, Pedro Romano. *Direito dos Seguros*: apontamentos. S. João do Estoril: Principia, 2006, p. 82. No que se refere à identificação do tomador do seguro, além de elementos tais como nome e domicílio ou o objeto do seguro (descrição do risco), devem constar também "dados que deverão ser prestados pelo segurado para se incluírem nas condições particulares".

[353] Vide item 2.3.1.1, infra.

[354] LUCCAS FILHO, Olívio. *Seguros*: fundamentos, formação de preço, provisões e funções biométricas. São Paulo: Atlas, 2011, p. 9.

[355] IRB – Brasil Re. *Dicionário de seguros*: vocabulário conceituado de seguros. Rio de Janeiro: Funenseg, 2011, p. 165.

seguradora cobra do segurado para assumir seus riscos. Com efeito, sobre o prêmio básico (estabelecido com referência a algum tipo de experiência do risco), há carregamentos que envolvem, por exemplo, o valor esperado do sinistro, as despesas de comercialização que serão pagas, as despesas administrativas esperadas, o lucro a ser atingido, os impostos, as despesas esperadas com a cessão do risco (cosseguro e/ou resseguro), o resultado financeiro esperado e a oscilação do risco. Como adverte Luccas Filho, é necessária "uma eficiente gestão das despesas administrativas para não ficarem comprometidas as operações da seguradora, uma vez que o dimensionamento dos gastos é fundamental para a fixação do preço final do seguro".[356]

2.3.1.1. Um peculiar contrato de adesão

Não há dúvida de que o contrato de seguro seja essencialmente um contrato de adesão,[357] ainda que as partes, nas condições especiais e particulares, possam negociar e implementar ajustes. Esses ajustes, no entanto, não podem alterar a essência das condições gerais, que traduzem a essência do tipo securitário.

Há duas particularidades que tornam o contrato de seguro, no âmbito deste estudo, muito peculiar; uma de ordem geral, outra, pelas características do risco aqui tratado. A particularidade de ordem geral decorre do fato de que os contratos de seguro, ao mesmo tempo que não são livremente negociados pelas partes, tampouco são livremente dispostos pelo segurador. Todo clausulado de seguros deve ser submetido à prévia chancela do órgão estatal regulador da atividade.

A atividade seguradora está altamente sujeita à regulação do Estado.[358] Esta contundente fiscalização do Poder Público, que passa pela aprovação do conteúdo dos contratos e alcança a inspeção de toda a atividade das empresas seguradoras, justifica-se porque as seguradoras administram significativa massa de capital de terceiros. As seguradoras nascem, diferentemente das sociedades empresárias em geral, balizadas por especial capacitação patrimonial, e operam em cada ramo, em cada região, em cada nível de grandeza operacional, à medida que preencham

---

[356] LUCCAS FILHO, Olívio. *Seguros*: fundamentos, formação de preço, provisões e funções biométricas. São Paulo: Atlas, 2011, p.10.

[357] CORDEIRO, António Menezes. *Direito dos Seguros*. Coimbra: Almedina, 2016, p. 641.

[358] MIRAGEM, Bruno. O direito dos seguros no sistema jurídico brasileiro: uma introdução. In: MIRAGEM, Bruno; CARLINI, Angélica. *Direito dos seguros*: fundamentos de direito civil, direito empresarial e direito do consumidor. São Paulo: Revista dos Tribunais, 2014, p. 32 e seguintes.

rigorosos requisitos atinentes a capital e a provisões que efetivamente possam garantir solvência.[359]

Assim, um contundente controle estatal incide sobre o conteúdo dos contratos de seguro de forma prévia à comercialização, com a submissão das condições gerais do seguro para aprovação pelo órgão regulador. Desse modo, qualquer contrato de seguro – não particularmente, mas quanto às condições gerais – antes de ser disponibilizado ao mercado, passa pela prévia verificação de suas cláusulas, requisitos mínimos, requisitos obrigatórios e verificação de possíveis abusividades ou ilegalidades.

Uma segunda particularidade torna singular o contrato de seguro no que toca à adesão. Há importante distinção entre os seguros massificados e os seguros de grandes riscos, ditos esses últimos, também, como customizados, pois "a margem de negociação e participação do segurado na confecção do produto apresenta função direta da especificidade do interesse segurado e, não menos importante, do seu tamanho e complexidade".[360] Os riscos ambientais, pela perspectiva dos seguros, costumam ser de grande magnitude. Colombo trata dessa distinção com os seguintes esclarecimentos, inicialmente sobre os seguros massificados: "os seguros massificados têm como características fundamentais a simplicidade na contratação e a abrangência de um grande universo de segurados, cuja relação com a seguradora é comumente intermediada por um corretor, que conhece profundamente as características do produto. Nessa modalidade, as seguradoras buscam desenvolver pacotes abrangentes, que atendam a um público com características e interesses homogêneos. O espaço negocial é bastante limitado, ficando restrito ao acerto de parâmetros básicos que definem a quantidade de risco que se deseja reter e transferir, tais como a importância segurada, franquias, limites máximos de garantia, coberturas acessórias, serviços opcionais e agregados".[361]

Com entendimento equivalente, pondera Cordeiro: "na realidade do tráfego jurídico, o modelo singular de contratação não é, em regra, o praticado. Nos sectores mais emblemáticos da economia [incluso o dos seguros] por razões de ordem diversa, não há margem para um livre exercício da autonomia privada. Os interessados limitam-se a aderir a esquemas contratuais pré-elaborados pelos fornecedores dos serviços e

---

[359] TZIRULNIK, Ernesto; CAVALCANTI, Flávio de Queiroz B.; PIMENTEL, Ayrton. *O contrato de seguro*: de acordo com o novo código civil brasileiro. São Paulo: Revista dos Tribunais, 2003, p. 40.

[360] COLOMBO, Angelo. Contrato de seguros: limites técnicos de negociação entre seguradora e segurado. In: SCHALCH, Debora (org.). *Seguros e resseguros*: aspectos técnicos, jurídicos e econômicos. São Paulo: Saraiva/Virgília, 2010, p. 21.

[361] Idem, p. 21-22.

produtos pretendidos. Temos um modelo coletivo de contratação, efetivado através da adesão a cláusulas contratuais gerais".[362]

Já os seguros de grandes riscos, pelo contrário, não preenchem aquelas características próprias dos massificados, sendo geralmente contratos customizados. Assim é, pois, no caso dos grandes riscos, "um fator-chave, para que o produto final de transferência de riscos atenda aos objetivos das partes envolvidas, é que a triangulação – segurado, intermediário e seguradora – ocorra com suficiente antecedência à celebração do contrato de transferência dos riscos".[363]

O tema aqui apresentado serve para pontuar, primeiro, que os seguros ambientais não se caracterizam como contrato de consumo e, o que é mais importante, embora sejam contratos de adesão, seus clausulados passam por prévio controle e pela chancela do órgão estatal regulador da atividade securitária. Fundamentalmente, para além do padronizado das condições gerais, são contratos particularizados de acordo com os riscos, porte e interesse do segurado.

---

[362] CORDEIRO, António Menezes. *Direito dos Seguros*. Coimbra: Almedina, 2016, p. 641.

[363] COLOMBO, Angelo. Contrato de seguros: limites técnicos de negociação entre seguradora e segurado. In: SCHALCH, Debora (org.). *Seguros e resseguros*: aspectos técnicos, jurídicos e econômicos. São Paulo: Saraiva/Virgília, 2010, p. 21-22.

3. Fundamentos e pressupostos para a instituição de uma política de garantias de reparabilidade de danos ambientais estruturada pelos seguros

No início do capítulo 2, a modo de antecipação dos problemas aqui enfrentados, ponderou-se que, se há intenção reiterada do legislador para a instituição de seguros ambientais, torna-se necessário enfrentar as seguintes questões: qual o objetivo de inserção de mecanismos de garantia em normas de proteção ambiental? Quem é o destinatário da garantia pretendida? Se as respostas indicarem o sentido de criar instrumentos de garantia de reparação de danos a interesses da coletividade, ou da reparação de danos ecológicos, resta saber se os seguros são a melhor forma de atender tais anseios. Caso assim seja, é preciso refletir sobre o modelo de seguros pretendido.

Até aqui, buscou-se demonstrar a lógica e a funcionalidade dos seguros, visando, primeiro, a propor delimitações conceituais, que poderão ser úteis para refletir sobre os objetivos da legislação. Além disso, serviu para demonstrar a enorme dificuldade de alinhamento entre a técnica dos seguros e o risco jurídico-ambiental. Foi possível apurar que há uma assimetria entre os sistemas securitário e jurídico, e que as previsões legais, por vagas e imprecisas, de pouco servem para desenvolver, na prática, modelos ou produtos de seguros ou outras formas de garantia para a reparabilidade de situações de dano ambiental. Isso gera incompreensão sobre as expectativas legais a respeito da proposição de inserção de mecanismos como os seguros no sistema de proteção ambiental.

O desafio é a estruturação de um sistema securitário que seja construído em bases jurídicas sólidas. Nesse capítulo final, serão enfrentadas as duas dificuldades levantadas: a necessidade de estruturação de uma política, que deverá ser desenvolvida em nível legislativo, por um lado; e o delineamento dos requisitos mínimos para o desenvolvimento dessa política de garantias, para que se possa avançar a um sistema de seguros ambientais compulsórios.

3.1. Por uma política de instrumentos de garantia via seguros ambientais

Embora haja vasta gama de normas protetivas do meio ambiente no sistema legal e constitucional brasileiro, esse ainda carece de uma sistematização coerente, o que compromete o desenvolvimento de políticas públicas ambientais concretas. Soluções tópicas e descoordenadas são, ainda, a realidade. A racionalidade jurídica, em matéria ambiental, deve ser construída essencialmente pela via mais democrática, que é a legislativa, e de forma participativa, para o desenvolvimento de políticas públicas coerentes, guiadas por uma racionalidade clara e predefinida. É válido recorrer à seguinte ponderação de Molinaro[364]: '[como] falta-nos um discurso jurídico que bem defina a estrutura de incomensurabilidade do ambiente, tal fato acarreta para os iusambientalistas um enorme 'déficit de execução' ou de performance das normas ambientais. Isto é assim pois o discurso normativo ambiental carece, na maioria dos casos, de concretização dadas as restrições impostas à práxis ambientalista conformada por um sistema jurídico ainda lacunoso e imperfeito, o que impede, por vezes, melhor performance dos movimentos sociais, o agir dos órgãos estatais e a decisão dos tribunais; ou, de outro modo, pelo lado do Estado, também há uma hipertrofia da normação, revelando um verdadeiro 'superávit regulativo desordenado' das funções e normas de direito ambiental, inviabilizando muitas atividades proveitosas para a coletividade, fazendo-se necessário um eficaz controle na redução deste 'déficit performativo'".[365]

A inserção dos seguros nesse cenário não é diferente. Embora tenha ocorrido a instituição do recurso aos seguros como mecanismo de proteção ambiental, a realidade é que tal se dá, até o momento, de forma imprecisa, sem prévio planejamento, definição de escopos, compreensão ou coordenação.[366] Essa dificuldade de sistematização e de definição de escopos e objetivos também é apontada por Polido, quando afirma que "diante das questões que envolvem também a *segurabilidade dos riscos* dessa natureza os quais, por *definição*, apresentam um conjunto de variá-

---

[364] Sem que, ao citá-lo, se esteja afirmando que o referido autor se alinhe ao argumento que aqui está sendo defendido.

[365] MOLINARO, Carlos Alberto. *Direito ambiental*: proibição de retrocesso. Porto Alegre: Livraria do Advogado, 2007, p. 122.

[366] Sobre a construção de um sistema com apoio governamental amplo, para catástrofes, vide BRUGGEMAN, Véronique; FAURE, Michael G.; HELDT, Tobias. Insurance Against Catastrophe: Government Stimulation of Insurance Markets for Catastrophic Events. *Duke Environmental Law & Policy Forum*, vol. 23, n. 185, 2012.

veis de alta complexidade, permeando também a esfera dos chamados *danos ecológicos puros*, nem sempre há uma perfeita sintonia entre o risco e a cobertura do seguro – no mundo todo. Desta maneira, a matéria é tratada com extrema cautela pelos diversos países e respectivos mercados de seguros, sendo que os avanços vêm sendo alcançados de forma paulatina. Não há, em princípio, fórmulas totalmente prontas e já sobejamente conhecidas e testadas neste segmento".[367]

Propõem-se, a seguir, as bases de um caminho de sistematização.

3.1.1. Os limites do estado e os instrumentos econômicos

A proteção ambiental é um dever do Estado Socioambiental. Como afirmam Sarlet e Fensterseifer, a CRFB de 1988 iniciou a fase de constitucionalização da proteção ambiental no Brasil refletida na "centralidade que os valores e direitos ecológicos passaram a ocupar no ordenamento jurídico brasileiro, o que representa uma 'virada ecológica' de índole jurídico-constitucional". Consagraram-se objetivos e deveres de proteção ambiental a cargo do Estado brasileiro.[368-369]

Não obstante – e o cotidiano demonstra tal obviedade –, o Estado tem limites. Os direitos e os deveres de proteção ambiental, de parte do Estado, enquanto direitos prestacionais, têm impactos econômicos, de modo que as limitações de recursos importam como limite fático à efetivação desses direitos.[370] Nas palavras de Sarlet, "no que diz com os direitos sociais a prestações, seu 'custo' assume especial relevância no âmbito de sua eficácia e efetivação, significando que a efetiva realização das prestações reclamadas não é possível sem que se despenda algum recurso, dependendo, em última análise, da conjuntura econômica".[371]

Sem pretender um aprofundamento na problemática da "reserva do possível", que escaparia aos limites deste estudo, o que se pretende sublinhar é uma de suas dimensões, qual seja, a da "efetiva disponibilidade fática de recursos para a efetivação dos direitos fundamentais".[372] Trata-se dos limites do Estado, havendo evidências a demonstrar a ruína

---

[367] POLIDO, Walter. Contrato de seguro: a efetividade do seguro ambiental na composição de danos que afetam direitos difusos. *Revista do Tribunal Regional Federal da Primeira Região*. Brasília, v. 28, n. 11/12, novembro/dezembro, 2016, p. 65.

[368] SARLET, Ingo Wolfgang; FENSTERSEIFER, Tiago. *Direito ambiental*: introdução, fundamentos e teoria geral. São Paulo: Saraiva, 2014, p. 240-241.

[369] Sobre as implicações dessa nova fase do nosso Direito Ambiental, expôs-se anteriormente, realçando a estruturação normativa e institucional desenvolvida a partir de 1988.

[370] SARLET, Ingo Wolfgang. *A eficácia dos direitos fundamentais*: uma teoria geral dos direitos fundamentais na perspectiva constitucional. 12. ed. Porto Alegre: Livraria do Advogado, 2015, p. 295.

[371] Idem, p. 294.

[372] Idem, p. 296.

SEGUROS AMBIENTAIS

de seu domínio. Percebe-se que, de fato, "as transformações de maior amplitude se verificam ao observar além do Estado e seu sistema administrativo, para adotar a perspectiva da sua relação com a sociedade. É esta relação que está se recompondo para – tudo parece indicar – outra bem distinta da que marcou a gênese e primeira evolução do Estado Social, abandonando suas peculiaridades. Aquela relação marcada por um Estado dominador e dirigente, por um lado, e uma sociedade passiva objeto de sua ação, por outro, parece haver mudando em ambos os termos. O Estado perdeu em grande medida esta posição".[373]

A redução do poder do Estado é perceptível com sua retirada de diversas posições que até recentemente eram estratégicas, de acordo com seu escopo de atuação, passando a ser substituído pela sociedade civil ou, mais precisamente, por setores organizados da sociedade, máxime pelos atores do mercado. Assim, o Estado retira-se da prestação de serviços públicos, retira-se do exercício de funções públicas, retira-se de suas atividades autorizativas, retiram-se as leis e normas regulatórias e retira-se da jurisdição e da resolução de conflitos.[374] Em contrapartida, colocam-se o mercado e a autorregulação.[375-376]

---

[373] Tradução livre. Do original: "Pero las transformaciones de mayor calado se advierten al tender la vista más allá del Estado y su sistema administrativo y adoptar las perspectivas que ofrece su relación con la sociedad. Es esta relación la que se está recomponiendo hasta – todo parece indicarlo – ser otra bien distinta de la que ha enmarcado la génesis y primera evolución del Estado social dejando su peculiar impronta. Aquella relación marcada por un Estado dominador y dirigente, por un lado, y una sociedad pasiva objeto de su acción, por otro, parece haberse invertido en sus dos términos. El Estado ha perdido en muy buena medida esta posición". PARDO, José Esteve. La administración garante. una aproximación. *Revista de Administración Pública*. Madrid, n. 197, mayo-agosto, 2015, p. 17. No mesmo sentido, PARDO, José Esteve. Las aportaciones de Ulrich Beck a la comprensión del nuevo entorno sociológico del Derecho Público. Em GOMES, Carla Amado; TERRINHA, Luis Heleno (Coord.). *In memoriam*: Ulrich Beck. Lisboa: Instituto de Ciências Jurídico-Políticas/FDUL, 2016, p. 102.

[374] A retirada do Estado não é algo linear, tampouco organizado (embora possa ser orquestrado), portanto, para a sua saída não há sempre e necessariamente uma programação ou um rumo alternativo. Numa dimensão mais ampla, do fenômeno da retirada do Estado (anomia) e a busca de um núcleo de manutenção e promoção dos direitos fundamentais ("purificação e diferenciação"), para que a sua operacionalidade não fique bloqueada por "manifesto excesso de carga ou por um inaceitável abstraccionismo". Casalta Nabais fala em *Estado ausente* (marcado pela crescente desmobilização estatal relativamente a segmentos da estadualidade clássica, como quanto aos deveres protetivos dos direitos fundamentais – direitos, liberdades e garantias), *Estado ubíquo* (que, ao contrário do ausente, intervém excessivamente, equivocada e desnecessariamente, *v.g.* atuando em determinados serviços públicos que poderiam ser prestados por particulares ou regulando questões atinentes exclusivamente à autonomia privada) e o *Estado "salamizado"* ("fragmentação ou fraccionamento do [poder do] Estado em virtude sobretudo da intensa disputa que os mais diversos polos de poder político e socioeconômico vêm travando, reivindicando para si parcelas cada vez mais significativas do poder estatal"). NABAIS, José Casalta. Algumas reflexões críticas sobre os direitos fundamentais. *Revista de Direito Público e Econômico –RDPE*. Ano 1, n. 1, jan./mar. 2003. Belo Horizonte: Fórum, 2003, p. 64 e ss.

[375] PARDO, *op. cit.*, p. 19. Adverte o professor catalão que tal movimento de retirada, se, por um lado, é inquestionável, por outro, desenvolve-se de forma desordenada, sem um plano e sem uma visão de conjunto, de modo que não fica claro o reposicionamento do próprio Estado ou da sociedade e, mais do que isso, nada está definido sobre qual será a nova plataforma da atividade pública e administrativa.

O recurso aos instrumentos econômicos, portanto, decorre de um enfraquecimento ou, ao menos, de uma transformação da atuação do Estado,[377] na medida em que ele transfere a prestação de serviços públicos que, em outros tempos, serviram mesmo à sua legitimação,[378] além de outras atividades típicas do Estado, como o exercício do poder de polícia.[379-380]

---

[376] Importa sublinhar que a posição que se adota não é a do enfraquecimento do Estado. Está-se apenas apresentando uma constatação, para vislumbrar o que se cogita a partir de então. A rigor, filiamo-nos a Molinaro quando afirma que "outros, movidos por interesses *invisíveis*, clamam pela demissão do Estado, pela sua retirada parcial da cena ambiental; esses arautos da autonomia privada a qualquer custo [...] erguem-se como defensores da *desregulamentação*, centrados em uma pseudoeficiência econômica, cujo objeto é a acumulação pela acumulação". MOLINARO, Carlos Alberto. *Direito ambiental*: proibição de retrocesso. Porto Alegre: Livraria do Advogado, 2007, p. 71.

[377] "Toda la teoría política y el Derecho público se centró entonces en las instituciones [...] pues los individuos se encontraban vinculados a ellas, al Estado, al Municipio, a la familia, a la clase social. [...] 'En la actualidad estas instituciones están en crisis, y muchas funciones que en otro tiempo tenían lugar en la interfaz institución e individuo están teniendo lugar actualmente de una manera más intensa y más propia al individuo". PARDO, José Esteve. Las aportaciones de Ulrich Beck a la comprensión del nuevo entorno sociológico del Derecho Público. Em GOMES, Carla Amado; TERRINHA, Luis Heleno (Coord.). *In memoriam*: Ulrich Beck. Lisboa: Instituto de Ciências Jurídico-Políticas/FDUL, 2016, p. 103.

[378] "Pero, sobre todo, la teoría del servicio público ha servido para articular u régimen, sobre todo un régimen de prestaciones, alternativo al mercado. Unos servicios que han de prestarse de manera universal, accesible a cualquiera, con continuidad, con atención especial a colectivos desfavorecidos. Los servicios públicos han sido así elementos de cohesión social y solidaridad. El Estado y las Administraciones Públicas se han consolidado y se han hecho bien visibles a los ciudadanos con los servicios públicos. Hoy es osten sible la crisis del servicio público, la crisis de la solidaridad como principio de articulación de los mismos y la pujanza de la individualización". Idem, p. 102-103.

[379] "Pero más allá de los muy conocidos procesos de privatización de servicios públicos y funciones públicas, o de la crisis del Estado social, la individualización se percibe muy claramente en recientes desarrollos del Derecho administrativo que tienen su origen en la Unión Europea. El más significcativo es el que se impulsa con la conocida Directiva de Servicios o Directiva Bolkenstein. Con ella se pretende eliminar en muchos sectores de servicios, actividades económicas y prestaciones la autorización administrativa para sustituirla por la comunicación o declaración responsable del promotor privado. Se trata de una fórmula que sin duda elimina trabas administrativas a los particulares pero ese particular promotor queda sin la cobertura que antes encontraba en la autorización administrativa, un verdadero título habilitante en el que fundamentaba su actividad con la certeza de que si se atenía a lo establecido en la autorización esa actividad se ajustaba a la legalidad pues esa legalidad había sido aplicada por la Administración en ese caso concreto". Conforme PARDO, *op. cit.*, p. 102-103. Com mais precisão, em outro texto, sustenta Pardo: "Pero no solo en el sector de servicios y prestaciones públicas, que es el segmento de actividad que por lo común se asocia a la Administración prestacional, se ha producido ese traslado de funciones. También en la actividad que se adscribe a la noción tradicional de policía – hoy, en lo fundamental, regulación y gestión de riesgos – se advierte el desplazamiento de funciones al sector privado, atribuyendo a sujetos privados el ejercicio de funciones de control técnico y regulación de riesgos". PARDO, José Esteve. La administración garante. Una aproximación. *Revista de Administración Pública*. Madrid, n. 197, mayo-agosto, 2015, p. 18.

[380] No caso brasileiro, muitos exemplos poderiam ser citados. Especificamente no que toca a estas questões de redução da atuação do Estado e aos seguros, vale citar o Projeto de Lei 3.729/2004, que objetiva instituir uma Lei Geral do Licenciamento Ambiental, a qual, nas diversas versões já apresentadas, prevê o estabelecimento de "condições especiais no processo de licenciamento ambiental" (envolvendo redução de prazo de análise, dilação dos prazos de renovação e, de forma ampla, outras medidas cabíveis a critério da autoridade licenciadora) quando forem adotadas "novas tecnologias, programas voluntários de gestão ambiental ou outras medidas que comprovadamente permitam alcançar resultados mais rigorosos do que os padrões e critérios estabelecidos pela legislação ambiental". Poderão, ainda, ser estendidas aquelas condições especiais para atividades ou empreendimentos que possuam seguros, garantias ou fianças bancárias.

SEGUROS AMBIENTAIS

Postas – e em que pesem – essas questões, o Estado age de duas formas para garantir e promover o meio ambiente equilibrado e saudável: primeiro, por meio de instrumentos de direção, com normas proibitivas e permissivas de comando e controle, como aquelas que impõem limites de poluição, emissões de gases tóxicos, uso de recursos naturais, bem como penalidades para os infratores dessas normas, pelas quais o Estado atua diretamente, intervindo na proteção ambiental. Em segundo lugar, vale-se de mecanismos de indução, ou seja, normas e medidas aplicadas pelo Estado com a finalidade de induzir a sociedade e os agentes econômicos a atuarem positivamente na proteção do meio ambiente – denominados de instrumentos econômicos de proteção ambiental.[381]

O agir estatal brasileiro quanto às normas proibitivas e permissivas de comando e controle ocorre, em questões de poluição ambiental, em dois momentos: antes de casos danosos, preventivamente – pelo licenciamento ambiental e pelo controle de emissões – e depois de eventuais ocorrências – pela fiscalização ambiental e por responsabilizações (em suas três dimensões: penal, administrativa e civil).

Os instrumentos de indução, de outro lado, agem como alternativa à ineficiência dos sistemas de comando e controle.[382] São ferramentas previstas em políticas ambientais, que decorrem de escolhas políticas e, assim, são legítimas. Por estarem baseados em uma lógica econômica, na qual os comportamentos são motivados por estímulos econômicos, esses instrumentos objetivam a indução de (novos) comportamentos por meio de um sistema de concessão de vantagens, de modo a estimular práticas que se alinhem às diretrizes e aos objetivos de uma determinada política ambiental.[383]

---

[381] ARAGÃO, Alexandra. *O princípio do poluidor pagador*: pedra angular da política comunitária do ambiente. São Paulo: O Direito por um Planeta Verde, 2014, p. 44.

[382] Para exemplificar: "UST releases are the most common source of groundwater contamination. The greatest potential hazard they pose is that contents (petroleum products or other hazardous substances) seep into the soil and contaminate groundwater, the source of drinking water for nearly half of all Americans. Although releases can be managed through equipment upgrades and careful operation, after over 20 years of regulation, about 10,000 UST releases are still confirmed every year. Releases occur despite the presence of both ex post fines/liability and relevant process mandates. Most tank owners are small businesses that are easily bankrupted when a UST release is discovered, so damage-based liability has not produced the desired release deterrence or investment in reducing risks. Process mandates with ex ante fines are present in the 1986 UST regulations. Cohen and Kamieniecki and GAO have argued that limited monitoring resources impaired the enforcement of these mandates. GAO documented that the states and EPA simply do not physically inspect USTs frequently enough to ensure compliance with the requirements that certain practices are carried out". YIN, Haitao; PFAFF, Alex; KUNREUTHER, Howard. Can environmental insurance succeed wher other strategies fail? The case of underground storage tanks. *Risk Analysis*: Society for Risk Analysis, v. 31, n. 1, 2011, p. 13.

[383] Sobre outras modalidades de instrumentos econômicos com viés de proteção ambiental, ver DI LEVA, Charles E. The conservation of nature and natural resources through legal and market-based instruments. *Review of European Community and International Environmental Law (RECIEL)*. Oxford: Blackwell, v. 12, n. 3, 2003, p. 84-95.

Os instrumentos econômicos, quando aplicados às questões ambientais ou em políticas ambientais, reforçam o princípio do poluidor-pagador. O pressuposto desse princípio, como explica Derani, é que "durante o processo produtivo, além do produto a ser comercializado, são produzidas "externalidades negativas". São chamadas externalidades porque, embora resultantes da produção, são recebidas pela coletividade, ao contrário do lucro, que é percebido pelo produtor privado. Daí a expressão "privatização de lucros e socialização de perdas", quando identificadas as externalidades negativas. Com a aplicação do princípio do poluidor-pagador, procura-se corrigir este custo adicionado à sociedade, impondo sua internalização".[384]

Por conseguinte, complementa Derani, "pelo princípio do poluidor-pagador, arca o causador da poluição com os custos necessários à diminuição, eliminação ou neutralização deste dano. [...] o princípio do poluidor-pagador concretiza-se por meio da obrigação do poluidor de diminuir, evitar e reparar danos ambientais, com os instrumentos clássicos do direito, bem como por intermédio de novas normas de produção e consumo".[385]

Como foi ressaltado anteriormente, a respeito das relações entre o PPP e a responsabilidade civil, o PPP tem originária vocação de orientador de políticas públicas ambientais. Com efeito, parece-nos adequada a afirmação de que "as políticas públicas ambientais necessitam de uma guinada às origens, especialmente sob a perspectiva de um dos seus mais valiosos princípios, o princípio do poluidor-pagador. Os subsídios, inclusive recheados de exemplos, estão nas decisões do Tribunal de Justiça da União Europeia, devendo ser elas resgatadas tanto em prol do princípio do poluidor-pagador quanto em defesa do princípio da responsabilidade, sob pena de se jogar por terra dois institutos fundamentais que não podem ser confundidos, muito menos aplicados de forma idêntica ou, o que é pior, um passar a servir de elemento de fundamentação para o outro. Conclui-se, por isso, pela máxima aplicação do princípio do poluidor-pagador como mecanismo econômico capaz de impedir o desperdício de recursos ambientais e não como instrumento de reparação ou recuperação de um ambiente já danificado".[386]

A menção a "pagar", no princípio do poluidor-pagador, não se refere a um pagamento ou transferência ao Estado ou às vítimas. O pagamento imposto ao poluidor pode dar-se de diversas maneiras,

---

[384] DERANI, Cristiane. *Direito ambiental econômico*. São Paulo: Saraiva, 2008 p. 142-143.

[385] Idem, p. 143.

[386] ANTUNES, Paulo de Bessa; LAGO, Laone. Princípio do poluidor pagador como elemento das políticas públicas ambientais: novas bases reflexivas para o Superior Tribunal de Justiça. Em DOMINGUES, Eduardo Garcia Ribeiro Lopes (Org.). *Direito e políticas públicas*: Estudos e pesquisas. Rio de Janeiro: Autografia, 2017, p. 228.

geralmente relacionadas à incorporação total dos custos de produção, incluindo a adoção de mecanismos de prevenção. O poluidor estará sujeito a assumir novos custos (tais como investimento em bens e equipamentos, aquisição de bens ou serviços de terceiros ou o simples pagamento sem contrapartida direta pelo Estado, como nos impostos ecológicos) ou a reduzir seus lucros, quando houver uma diminuição dos ganhos esperados em razão da redução da produção (para ajustar-se a um padrão de emissão, por exemplo). O pagamento a que se refere a expressão "poluidor-pagador", portanto, vincula-se a investimentos ou despesas com melhoria da qualidade ambiental.[387] Entre os mecanismos acima referidos, enquadra-se a aquisição de serviços de terceiros, o que posiciona os seguros ambientais na modalidade de instrumentos preventivos.[388]

O princípio do poluidor-pagador serve como guia para a construção e para a orientação de políticas públicas, destinadas tanto ao Estado quanto à sociedade. "O desenvolvimento de práticas privadas deve estar fundado na orientação de políticas públicas, as quais teriam a vocação de efetivamente realizar os objetivos básicos previstos no capítulo do meio ambiente, tendo presentes os demais princípios norteadores da sociedade brasileira. Pela orientação do comportamento coletivo, garante-se uma prática privada gratificante ao investidor e à sociedade. O princípio do poluidor-pagador, embutido na legislação ambiental, necessariamente se fará presente nas políticas públicas implementadas com base em tais instrumentos legais. Por ser um princípio estrutural, sua manifestação nas políticas públicas não é propriamente determinante de comportamentos, porém orientadora".[389]

Segundo Aragão, a concretização do princípio do poluidor-pagador desenvolve-se mediante duas formas de instrumentos, normativos e econômicos. Os primeiros, relacionados à regulamentação direta, por via legal ou administrativa, impõem a obrigação de conformidade com normas que regulam diretamente o exercício de uma atividade poluente.[390] A segunda categoria será detalhada no item seguinte.

3.1.2. O seguro ambiental como instrumento econômico de proteção ambiental

Instrumentos econômicos de proteção ambiental decorrem de políticas públicas ambientais e objetivam a indução de comportamentos

---

[387] ARAGÃO, Alexandra. *O princípio do poluidor pagador*: pedra angular da política comunitária do ambiente. São Paulo: O Direito por um Planeta Verde, 2014, p. 168. Versão original: Coimbra: Coimbra Editora, 1997 (Stvdia Ivridica).

[388] Idem, p. 172.

[389] DERANI, Cristiane. *Direito ambiental econômico*. São Paulo: Saraiva, 2008 p. 143.

[390] ARAGÃO, *op. cit.*, p. 174-175.

em favor das diretrizes e dos objetivos dessa política. Os mecanismos de indução de comportamento são promovidos por medidas governamentais de estímulo negativo ou positivo: pela indução a um não fazer, ou a uma mudança de comportamento, por um lado e, por outro, por um sistema de recompensas, como premiação ou remuneração para comportamentos tidos como em conformidade com as diretrizes da política governamental (incluindo a conformidade máxima e progressiva como princípio da prevenção).[391]

O posicionamento do seguro ambiental como instrumento econômico pode ser realizado por dois critérios: o critério "incentivo" e o critério "mecanismo de mercado". Por instrumentos de "incentivo", entendem-se os vinculados à indução de comportamentos e a um sistema de recompensas. Já pelo critério "mecanismos de mercado", pelo só fato de atividade seguradora, no Brasil, ser essencialmente desenvolvida pela iniciativa privada. Assim, os seguros ambientais – sejam obrigatórios ou facultativos – têm potencial de induzir a uma mudança de comportamento de quem opere atividades causadoras de impacto e riscos ao meio ambiente.

O acesso à melhor tecnologia disponível de proteção ambiental e gestão de riscos ambientais (instrumentos do princípio de prevenção) é fator fundamental para a precificação dos seguros e para a própria aceitação de um risco pelo segurador.[392] "Como podemos qualificar uma cláusula que determina o custo do seguro, o prêmio e suas revisões ou parâmetros de revisão com base em determinadas variáveis? O prêmio,

---

[391] Um exemplo bastante referido de instrumento econômico que gera indução de comportamentos é a tributação ou, mais especificamente, o recurso à extrafiscalidade (no caso, a extrafiscalidade ambiental). A tributação, historicamente, é tida como forma de retirada de patrimônio privado, visando financiar o interesse público, com variados objetivos, a depender da conformação estatal vigente, como custear o Estado (liberal), as políticas públicas (social) ou mesmo os direitos fundamentais (Estado Democrático de Direito). Conforme CALIENDO, Paulo. Extrafiscalidade ambiental: instrumento de proteção ao meio ambiente equilibrado. In: BASSO, Ana Paula (Coord.). *Direito e desenvolvimento sustentável*: desafios e perspectivas. Curitiba: Juruá, 2013, p. 178.). Desse modo, os tributos são as receitas públicas derivadas por excelência, que decorrem da divisão dos custos de manutenção do Estado, distriuindo sua estrutura e compromissos entre todos que são destinatários de sua atuação, conforme a capacidade contributiva de cada um. Ver, a respeito, DOMINGUES, José Marcos; GONZÁLEZ, Clemente Checa. Concepto de tributo: una perspectiva comparada Brasil-España. Revista Direito GV, v. 9, n. 2, São Paulo, Jul./Dez., 2013). A tributação pode servir de instrumento para cumprir estes novos compromissos. O direito tributário, que, no caso brasileiro tem destacada base constitucional, deve articular-se e harmonizar-se com outras previsões constitucionais, para exercer papeis além da mera preocupação arrecadatória (CAVALCANTE, Denise Lucena. *Constituição, Direito Tributário e meio ambiente*, p. 4793. Disponível em: <http://www.conpedi.org.br/manaus/arquivos/anais/salvador/denise_lucena_cavalcante.pdf>). Ainda neste sentido: "Ocorre que – e esta formatação é mais atual, surgindo com o advento do Estado Social, aparece a possibilidade de o Estado agir como agente indutor de comportamentos, segundo finalidades politicamente eleitas e juridicamente incorporadas ao ordenamento, incentivando ou desestimulando condutas, de modo a fomentar a realização de objetivos contidos no projeto constitucionalmente pactuado". CALIENDO, *op. cit.*, p. 178.

[392] Sobre o papel preventivo dos seguros a induzir mudanças comportamentais e operacionais, ver POISON, Margarida Trejo. *El contrato de seguro medioambiental*: estudio de la responsabilidad medioambiental y su asegurabilidad. Cizur Menor (Navarra): Civitas, 2015, p. 52.

como sabemos, é essencial nessa equação risco vs. prêmio e, como tal, é o reflexo do custo e valor da assunção de risco, mas isso não é estático nem imutável ao longo da vida do seguro, de modo que o prêmio altera-se, assim como a própria relação de seguro pode ser modificada, ou até mesmo extinta ou resolvida".[393]

A necessidade de contratar um seguro – motivada, nos seguros obrigatórios, por determinação legal e, nos seguros facultativos, pela conveniência apurada a partir da análise de custos e benefícios – impõe ao responsável pela atividade econômica uma mudança comportamental e operacional. Ainda que possa parecer que este incentivo não decorra dos seguros, na realidade o é, visto como a mudança comportamental e operacional deve ocorrer desde o *iter* contratual. Noções como agravamento de risco e não cobertura para atos dolosos motivam essa assertiva. Ademais, ajustes e melhorias comportamentais e operacionais influenciarão na renovação dos seguros, inclusive no preço (prêmio) de renovação.

Em estudo sobre as vantagens dos seguros privados em comparação aos fundos públicos, nos Estados Unidos – ainda que com recorte restrito a seguros para tanques de armazenamento subterrâneos (TAS) –, Yin, Pfaff e Kunreuther afirmam que seguros privados possuem vantagens, pois induzem a maiores esforços de redução de riscos. Afirmam que "seguradores privados, que são responsáveis pela limpeza e indenização de terceiros, decorrentes de vazamentos de tanques, têm um incentivo para encorajar o proprietário de TAS a investir em redução de riscos. [Isto decorre do fato de que] seguradores privados utilizam preços baseados em riscos e assim sendo proporcionam redução no valor dos prêmios quando houver esforços para redução de riscos. Também demonstra que o valor dos prêmios aumenta em até 10% quando não houver proteção contra corrosão ou tiver ocorrido um vazamento anteriormente. Essa estrutura de taxação é utilizada como recompensa pela redução do risco".[394]

---

[393] Tradução livre. Do original: "[...] ¿cómo calificamos una cláusula que determina el coste del seguro, la prima y sus revisiones o parámetros de revisabilidad en función de determinadas variables? La prima, como sabemos, es esencial en esa ecuasión riesgo *vs.* prima, y como tal es el reflejo del coste y valor de la asunción del riesgo, pero este no es estático ni pétreo a lo largo de toda la vida del seguro, por lo que la prima cambia, como también la propia relación aseguradora puede modificarse, incluso extinguirse o resolverse". VEIGA COPO, Abel B. *El riesgo en el contrato de seguro*: ensayo dogmático sobre el riesgo. Cizur Menor (Navarra): Aranzadi, 2015, p. 310-311.

[394] Tradução livre. Do original: "Private insurers, who are responsible for cleanups and third-party claims from tank releases, have an economic incentive to encourage UST owners to invest in risk reduction. Table III demonstrates that private insurers use risk-based pricing and therefore provide premium discounts for risk reduction efforts. It also shows that premiums will rise by 10% for having no corrosion protection or for having had a prior release. Such a rate structure is designed to reward risk reduction". YIN, Haitao; PFAFF, Alex; KUNREUTHER, Howard. Can environmental insurance succeed wher other strategies fail? The case of underground storage tanks. *Risk Analysis*: Society for Risk Analysis, v. 31, n. 1, 2011, p. 21.

Além do prêmio, há outras formas de estímulo, relacionadas aos próprios requisitos prévios à contratação, pois "de fato, seguradores por vezes exigem que potenciais segurados assumam ações de redução de risco antes de estarem dispostos a fornecer coberturas. Por exemplo, seguradores de TAS em Maryland, Estado que não possui um fundo público qualificado para fins de conformidade com FRR,[395] recusaram cobertura para comerciantes de petróleo que não cumpriram os padrões de subscrição. Estavam em condição de não seguráveis em razão da idade dos tanques ou da não conformidade dos tanques. A negativa de cobertura pelo segurador dá significativo incentivo para proprietários e operadores de TAS comprometerem-se com mitigação de riscos".[396]

É necessário levar em consideração que assegurar uma atividade econômica também permite, ou mesmo pressupõe, possibilitar o próprio exercício dessa atividade. Isso acontece ao reduzir os riscos do empreendedor e, por conseguinte, outorgar uma maior segurança jurídica e financeira àquele que empreende em determinada atividade de risco,[397] especialmente se considerados empreendimentos de menor porte e capacidade financeira.[398]

Por tais razões, os seguros ambientais aparecem como instrumentos econômicos alternativos aos tradicionais mecanismos vinculados ao sistema de comando e controle.[399]

---

[395] FRR são exigências de responsabilidade financeira (financial responsability requirements) estipuladas em lei de 1986 (RCRA – Resource Conservation and Recovery Act), para proprietários e operadores de TAS demonstrarem capacidade financeira, tendo sido imposta pelo órgão a adoção de proteção e controle ambiental dos EUA [EPA – U.S. Environmental Protection Agency] a adoção de seguros privados ou a participação em fundos públicos.

[396] Tradução livre. Do original: "In fact, insurers sometimes require potential policyholders to undertake risk-reducing actions before they are willing to provide coverage. For example, UST insurers in Maryland, a state that does not have a state fund program that qualifies for FRR compliance, refused coverage to many petroleum marketers who did not meet underwriting standards. They were uninsurable due to tank age or a failure to provide a record of compliance with tank requirements. Coverage denial provides significant incentives for UST owners and operators to undertake risk mitigation". Ainda: "outro exemplo de seguradores privados empregando preços baseados em riscos par encorajar proprietários de TAS a darem segurança aos seus tanques envolve uma parceria entre uma seguradora e empresa de tecnologia de segurança de tanques (Tanknology's), pelo qual o segurador proporciona substancial desconto no prêmio para proprietários e operadores de TAS que utilizarem os serviços de gerenciamento e monitoramento da referida tecnologia". Tradução livre. Do original: "Another example of private insurance employing risk-based pricing to encourage UST owners to make their tanks safer involves an agreement between AIG Environmental Group, Inc. (AIG) and Tanknology–NDE International Inc., whereby AIG provided substantial premium discounts for UST owners and operators who are utilizing Tanknology's compliance management or monitoring services". YIN, Haitao; PFAFF, Alex; KUNREUTHER, Howard. Can environmental insurance succeed wher other strategies fail? The case of underground storage tanks. *Risk Analysis*: Society for Risk Analysis, v. 31, n. 1, 2011, p. 21.

[397] BELENGUER, David Aviñó. *Prevención y reparación de los daños civiles por contaminación industrial.* Cizur Menor (Navarra): Aranzadi, 2015, p. 272.

[398] YIN; PFAFF; KUNREUTHER, *op. cit.*, p. 12-13.

[399] Idem, p. 13.

SEGUROS AMBIENTAIS

3.1.3. Seguros como estímulo à prevenção e à precaução

Parece-nos que os seguros – e essa já pode ser uma das conclusões possíveis – podem ter alguma utilidade para a proteção ambiental, sob a perspectiva de prevenção e precaução de danos, por imporem deveres de cuidado ao segurado, bem como pela utilidade para contenção de sinistro. Seguros não são um incentivo ao descuido, pois como adverte Machado, "a instituição de um 'seguro-poluição não pode deixar de lado a concomitante preocupação com medidas de prevenção da poluição".[400]

A acessibilidade a um sistema de seguros e às suas vantagens dependem de mudanças de comportamento e padrões. Os graus de vulnerabilidade e de resiliência são critérios importantes para a projeção de riscos pelos seguros, com afetação na aceitação de um risco, pelo segurador, e na precificação. Desse modo, a lógica operacional dos seguros induz à construção de soluções com menor vulnerabilidade e maior capacidade de resiliência, na medida em que reduz a magnitude e as consequências dos riscos. É de se mencionar, quanto a isso, a existência de programas governamentais para incremento da capacidade de resiliência.[401]

Em outro sentido, seguros ligam-se aos princípios da prevenção e da precaução na medida em que constituam garantias de indenizações e sirvam à prevenção de riscos. Observa Poison, destacando as seguintes vantagens: "– Garantia de indenização: O seguro ambiental é um importante mecanismo de compensação em caso de danos causados por acidentes, desde que o custo da restauração seja coberto por uma apólice. – Prevenção de riscos: As seguradoras desempenham um papel fundamental na prevenção de riscos, uma vez que, em primeiro lugar, nenhuma delas fornecerá cobertura sem primeiro certificar-se de que o segurado tomou algumas medidas para evitar a realização do acidente. O prêmio diminuirá significativamente nos casos em que uma gestão ambiental adequada for verificada e, em sentido contrário, poderá ser muito alto, até implicando na não aceitação de cobrir o risco. A companhia de seguros pode se tornar um verdadeiro auditor em questões ambientais e a compra de seguros é uma ferramenta útil para a gestão ambiental. Isto é assim, quando apenas as instalações que optaram pela prevenção são seguradas. Não apenas dentro dos limites exigidos pelos

---

[400] MACHADO, Paulo Affonso Leme. *Direito ambiental brasileiro*. 12. ed. São Paulo: Malheiros, 2004, p. 345.
[401] CARVALHO, Délton Winter de; DAMACENA, Fernanda Dalla Libera. *Direito dos desastres*. Porto Alegre: Livraria do Advogado, 2013, p. 61-62.

regulamentos atuais, mas também no pressuposto das medidas máximas possíveis a serem instaladas e aplicadas na atividade em questão".[402]

A decisão de contratar seguros ambientais decorre da análise de custo-benefício.[403] Optar por incluir seguros nos custos de produção não é algo que necessariamente impacte financeiramente uma operação empresarial, pois os custos associados aos prêmios de seguros serão externalizados com a transferência à coletividade. Essa lógica, no entanto, é incompleta. Se os custos adicionais com seguros, ou mesmo os custos despendidos com pagamento de indenizações para eventos passados, forem repassados aos consumidores, isso se refletirá em um incremento de preços que não terá correlação com as práticas dos concorrentes que optaram por não contratar seguros ou não possuem passivos. Desse modo, os custos de contratação de seguros e reparação de danos não podem ser sempre automaticamente transferidos, sendo mais apropriado admitir uma redução dos lucros esperados.[404]

De qualquer sorte, sob uma perspectiva macro, de uma política comum e geral pela contratação de seguros ambientais, sequer haverá impacto concorrencial em relação aos preços, pois será um custo assimilado por todo um setor, e que, ao mesmo tempo, tende a trazer vantagens para toda a cadeia produtiva e de consumo – empresarial, consumidor e socioambiental. Conforme afirma Machado, "todo um coeficiente de uma estratégia politicamente oportuna como instrumento de aquisição de consenso e eficácia administrativa, considerando-se que uma rápida e larga indenização da generalidade dos prejuízos enfraquece a solicitação coletiva de inovação e controle sobre as instalações mesmas, com objetivo de reduzir-se a potencialidade de dano da empresa".[405]

---

[402] Tradução livre. Do original: "- Garantía de indemnización: Los seguros ambientales son un importante mecanismo de indemnización en los casos de daños por accidentes, siempre que el coste de la restauración se encuentren cubiertos por una póliza.- Prevención de riesgos: Las aseguradoras desarrollan un papel fundamental en torno a la prevención de riesgos, ya que, en primer lugar, ninguna de ellas dará cobertura sin antes cerciorarse de que el asegurado haya tomado determinadas medidas para evitar la realización del siniestro. La prima descenderá sensiblemente en los casos en que se verifique una adecuada gestión ambiental y, en contrapartida, ésta podrá ser muy elevadas inclusive, no cubrir el riesgo. La compañía aseguradora podría constituirse en un verdadero auditor en materia ambiental y la contratación de un seguro es una útil herramienta de gestión ambiental. Ello es así, cuando únicamente se aseguran aquellas instalaciones que hayan apostado por la prevención. No solamente en los límites exigidos en la normativa vigente, sino en la asunción de las máximas medidas posibles a instalar y aplicar en la actividad en cuestión". POISON, Margarida Trejo. *El contrato de seguro medioambiental*: estudio de la responsabilidad medioambiental y su asegurabilidad. Cizur Menor (Navarra): Civitas, 2015, p. 52-53.

[403] YIN, Haitao; PFAFF, Alex; KUNREUTHER, Howard. Can environmental insurance succeed wher other strategies fail? The case of underground storage tanks. *Risk Analysis*: Society for Risk Analysis, v. 31, n. 1, 2011, p. 15.

[404] BERGKAMP, Lucas. Environmental risk spreading and insurance. *Review of European Community and International Environmental Law (RECIEL)*. Oxford: Blackwell, v. 12, n. 3, 2003, p. 275.

[405] MACHADO, Paulo Affonso Leme. *Direito ambiental brasileiro*. 12. edição. São Paulo: Malheiros, 2004, p. 346.

Outra questão atrelada à decisão de contratar seguros ambientais, embora seja essa aplicável aos seguros de responsabilidade civil em geral, é a do risco de responsabilização, isto é, o maior ou menor risco de ser demandado pelas vítimas. Em um ambiente em que ainda é reduzido o número de reclamações, a motivação para precaver-se contra tais riscos desperta menor interesse. Na prática, muitas situações de violação de direitos ainda são ignoradas, imperando injustiças. O comportamento das vítimas, em expressiva quantia, de não reclamarem seus direitos, é causa que desmotiva a contratação de seguros de responsabilidade civil.[406] O incremento da consciência e a efetiva busca por direitos e por reparação de danos influenciará na compreensão, pelos geradores de risco, da necessidade de contratação de seguros de responsabilidade civil. Conforme afirma Polido, "haverá, consequentemente, *maior procura pelos seguros*, justamente visando a *garantia patrimonial* frente às possíveis reclamações de indenizações. O crescimento da demanda pelos seguros de responsabilidade civil está atrelado, progressivamente, ao grau de desenvolvimento da sociedade brasileira, contribuindo os mais diversos fatores que não só a reforma do judiciário, para alcançar tal desiderato".[407]

Acrescentamos a essa tomada de consciência de busca de direitos a necessidade de uma guinada de comportamento do próprio Judiciário, a ser, quando provocado, mais contundente nas medidas e condenações que aplicar. A propósito do tema, afirma Machado que "a existência de um organismo que vá garantir o pagamento da reparação do dano poderá influir beneficamente no espírito dos juízes, livrando-os da preocupação sobre a possibilidade de o poluidor fazer frente às despesas imediatas de indenização".[408]

Essa afirmativa e essa conclusão, no entanto, não são absolutas: a existência de mecanismos de garantia são reconfortantes, afinal, seguros prestam garantia e segurança, contudo, via de regra, essa garantia é prestada ao segurado e à manutenção do seu próprio patrimônio. Os seguros são sempre secundários em relação à responsabilidade e ao dever

---

[406] POLIDO, Walter. Contrato de seguro: a efetividade do seguro ambiental na composição de danos que afetam direitos difusos. *Revista do Tribunal Regional Federal da Primeira Região*. Brasília, v. 28, n. 11/12, novembro/dezembro, 2016, p. 59. Sucintamente, aponta o autor os motivos da baixa procura pela reparação de danos pelas vítimas: custos de acesso ao Judiciário; morosidade da justiça; falta de cultura da população sobre o direito de reclamar; não utilização plena dos mecanismos céleres de resolução de conflitos; diferenças regionais.

[407] Idem, p. 60. O autor complementa afirmando que: "O acesso à justiça, de maneira facilitada e com atendimento rápido, traduz sinal de desenvolvimento de uma sociedade organizada, sem o qual o país não evolui. Países desenvolvidos apresentam atendimento jurisdicional adequado e célere na solução dos conflitos. No reflexo de tal situação, os seguros de responsabilidade civil se apresentam altamente sofisticados nos países cujas sociedades são amplamente organizadas, nos mais diversos setores".

[408] MACHADO, Paulo Affonso Leme. *Direito ambiental brasileiro*. São Paulo: Malheiros, 2004, p. 345.

de reparar/indenizar. Alguém será responsável, pois outrem pode ter contra ele uma pretensão decorrente de um direito violado, e o estabelecimento de responsabilidades se dá neste cenário. A responsabilidade não se impõe pelo fato de alguém ter ou não o seguro.[409] Reitere-se que a relação securitária se dá apenas entre segurador e segurado.

Não se pode dissociar o interesse por seguros ambientais do forte movimento de conscientização que vem ocorrendo no mundo empresarial sobre as questões ambientais. É possível associar esse movimento à atenção cada vez maior ao princípio da sustentabilidade.[410] Para Polido, "com base no princípio emanado pela ideia de desenvolvimento sustentável – algumas das grandes corporações financeiro-industriais buscam índices de *ecoeficiência*. Começam a ocorrer mudanças radicais no comportamento das empresas – de *produtoras de coisas ou bens* elas se transformam em *prestadoras de serviços*. Através deste sistema, elas simplificam suas operações e também minimizam os riscos de danos ambientais. A indústria que deixa de processar produtos tóxicos e contaminantes em pequenos recipientes, passando a aplicá-los diretamente – em grande volume – nos locais ocupados por seus principais clientes e consumidores, evita, no mínimo, a produção de resíduos indesejáveis em larga escala. Este é o caminho da mudança. A isto se atribui o termo *ecoeficiência*. Ao mesmo tempo, o processo atrela a *inclusão social* do entorno da fábrica e de toda a comunidade com a qual ela se relaciona – cujo item, associado aos *indicadores ambientais* – certamente promovem o bom *desempenho econômico*, beneficiando a cadeia toda – que é a sociedade. O *desenvolvimento sustentável*, portanto, está apoiado no tripé: *preservação ambiental + inclusão social + desenvolvimento econômico*. Não há outra saída para o planeta. A fórmula parece ter sido encontrada. Basta, contudo, que seja aplicada de maneira global".[411]

Nesta seção, buscou-se demonstrar que, por uma série de elementos, é possível a estruturação de uma política de seguros ambientais que poderão atender, de forma reflexa, aos objetivos preventivos e precaucionais próprios ao sistema de proteção ambiental.

---

[409] BERGKAMP, Lucas. Environmental risk spreading and insurance. *Review of European Community and International Environmental Law (RECIEL)*. Oxford: Blackwell, v. 12, n. 3, 2003, p. 276. Afirma o autor: "Arguments to the effect that liability insurance justifies holdin the policy owner liable confuses cause and effect. Insurance is secondary to liability; one contracts insurance because one can be held liable, one is not liable because one is insured".

[410] Sobre o princípio da sustentabilidade, ver SARAIVA NETO, Pery; DINNEBIER, Flávia França. Sustentabilidade como princípio constitucional: sua estrutura e as implicações na Ordem Econômica. *Revista de Direito Ambiental – RDA*. São Paulo: Revista dos Tribunais, n. 85, 2017, p. 63-86. Ainda, em obra de referência no Brasil sobre o tema, FREITAS, Juarez. *Sustentabilidade*: direito ao futuro. Belo Horizonte: Fórum, 2012.

[411] POLIDO, Walter. Contrato de seguro: a efetividade do seguro ambiental na composição de danos que afetam direitos difusos. *Revista do Tribunal Regional Federal da Primeira Região*. Brasília, v. 28, n. 11/12, novembro/dezembro, 2016, p. 64.

3.1.4. Danos ambientais e solidariedade social

Na medida em que seja definida uma posição para os seguros como instrumento econômico, e que se entenda a necessidade de estruturação de uma política orquestrada de garantias de reparação de danos, é apropriado tratar da potencialidade de alinhamento a uma preocupação e uma tendência de maior solidariedade em matéria de reparação de danos.

Facchini Neto, discorrendo sobre as tendências desse âmbito, aponta um movimento de superação das vias estritas e individualistas da responsabilidade civil [relação vítima(s) – autor(es) do dano], para um modelo socializante dos custos de reparação (socialização da responsabilidade e dos riscos individuais). A superação da responsabilidade objetiva, ainda centrada em parâmetros individuais, ruma a um modelo que transcenda o indivíduo e socialize as perdas. Segundo afirma o referido jurista, "não se trata, portanto, de condenar alguém individualizado a ressarcir um prejuízo, mas sim de transferir para toda a sociedade ou para um setor desta, uma parte do prejuízo".[412]

A propósito sustenta Schreiber que "a ideia de solidariedade vem, assim, se imiscuindo nas bases teóricas da responsabilidade civil e na própria filosofia que a sustenta. Há, cada vez mais, solidariedade na culpa (todos somos culpados pelos danos) e solidariedade na causa (todos causamos danos), e o passo necessariamente seguinte é o de que haja solidariedade na reparação (todos devemos reparar os danos)".[413]

Acentua-se, portanto, o movimento constante de busca por solidarizar danos e perdas, tanto no sistema geral de responsabilidade civil,[414] quanto em questões propriamente ambientais.

Machado, discorrendo sobre os seguros ambientais, afirma que "na progressão de toda a economia industrial pela forma de concentração monopolística de capital, o papel decisivo compete, de fato, a fatores que privilegiam a teoria da responsabilidade objetiva associada a esquemas de seguros".[415-416] Destacam-se os fundos de reparação e compensação de danos, bem como os seguros ambientais obrigatórios.

---

[412] FACCHINI NETO, Eugênio. Da responsabilidade civil no novo Código. In: SARLET, Ingo Wolfgang (Org.). *O novo Código Civil e a Constituição*. Porto Alegre: Livraria do Advogado, 2006, p. 182.

[413] SCHREIBER, Anderson. *Novos paradigmas da responsabilidade civil*: da erosão dos filtros da reparação à diluição dos danos. São Paulo: Atlas, 2015, p. 225.

[414] A propósito se pode referir, exemplificativamente, o seguro obrigatório para acidentes de trânsito – DPVAT; o sistema de proteção do trabalhador em face de acidentes laborais; ou mesmo a solidarização da indenização, via fundos ou seguros, para situações de lesões decorrentes de autoria desconhecida.

[415] MACHADO, Paulo Affonso Leme. *Direito ambiental brasileiro*. 12ª edição. São Paulo: Malheiros, 2004, p. 346.

[416] A relação entre solidariedade e compensação de vítimas, em situações de dano ambiental, recorrendo aos seguros, não é nova. Cane relata que já em 1972 a Nova Zelândia adotou um sistema de

Contudo, seguros funcionam com limites. Não pode ser diferente. Este seria, a rigor, um empecilho, *prima facie*, para a adoção de seguros. Ocorre que, como afirma Machado, o seguro ambiental ou "o 'seguro-poluição' não resolve todos os problemas oriundos de produção do dano ecológico",[417] justamente pela existência de limites. Por outro lado, também é certo que o esgotamento de uma cobertura de seguros não desonera o responsável em relação às vítimas ou à coletividade. Machado, com propriedade, assevera que "as vítimas não estão obrigadas a se contentar com uma reparação incompleta, pois por razão de princípio, sustentar o contrário é sustentar que os prejuízos por certas atividades ultrapassam a capacidade humana de previsão",[418] o que, nos tempos atuais, é inconcebível. Sendo assim, "quanto à indenização e à intervenção de uma garantia coletiva, a consideração do interesse das vítimas é possível pelo prosseguimento da ação [não esgotamento do direito em face do esgotamento de um seguro], demandando-se garantias suplementares (inclusive estatais), que substituiriam as seguradoras e resseguradoras quando o montante das indenizações transpusesse um determinado limite".[419]

Tal solução pode ser buscada, no excesso de danos, em face do próprio poluidor responsável ou, como tivemos oportunidade de analisar, em face de outro segurador.

3.1.5. O sistema europeu de responsabilidades ambientais: os casos de Portugal e Espanha

Ainda que não se pretenda nesse livro realizar um estudo de direito comparado, é pertinente referir a tentativa, no âmbito da União Europeia, de sistematização de uma política comum em matéria de responsabilidade e reparação de danos ao meio ambiente. Conquanto nos filiemos à ideia de que a internalização de modelos jurídicos estrangeiros, sem critérios e ajustes, seja um grande erro, é válido analisar medidas implementadas em outros países a título de comparação e referência.

O sistema europeu, recepcionado em diversos dos Estados Membro da União Europeia, alinha-se ao que vem sendo aqui defendido: a necessidade de marcos legais claros, com escopos definidos e estruturados

---

seguros sociais voltado para doenças e danos pessoais (personal injury) decorrentes de situações de poluição de origem acidental e súbita. CANE, Peter. Are environmental harms special? *Journal of Environmental Law*. Oxford University Press, 13:1, 2001, p. 15.

[417] MACHADO, Paulo Affonso Leme. *Direito ambiental brasileiro*. 12. edição. São Paulo: Malheiros, 2004, p. 346.

[418] Ibidem.

[419] Ibidem. E arremata: "Injurídico é o Poder Público omitir-se em indenizar integralmente, limitando-se através de um teto, aceitando, entretanto, um risco limitado".

de forma sistemática, voltados à imposição e à delimitação de responsabilidades e deveres de reparação de danos, aliando, para tanto, instrumentos de garantia como os seguros.

Na União Europeia, a responsabilidade ambiental,[420] tanto em nível preventivo quanto reparatório, recebeu tratamento uniforme com a Diretiva 35/2004 do Parlamento Europeu e do Conselho, com posterior recepção e adaptação pelos Estados Membro. A diretriz geral deixou uma margem significativa para que os Estados membros pudessem introduzir elementos próprios e desenvolvimentos adicionais em diversos aspectos relevantes, especialmente em questões nas quais não houve consenso na elaboração da Diretiva.[421] Na Espanha e em Portugal, a Diretiva foi recepcionada pela Lei 26/2007 e pelo Decreto-Lei 147/2008, respectivamente.

O que se apresenta importante na análise da Diretiva e nas leis espanhola e portuguesa é a opção por instituir um marco legal mais preciso e detalhado, com balizamento do âmbito de incidência do regime de responsabilidades ambientais e uma objetiva demarcação de conceitos. Uma evidente delimitação do âmbito de atuação normativa. Explica Pardo que "a partir da leitura da Diretiva e do debate que teve lugar durante o seu processamento, segue-se que o principal propósito e objetivo que a anima [...] é um desejo manifestado de delimitar: tenta delimitar com maior certeza possíveis casos e premissas em que resultados aplicáveis ao regime – na verdade, os esquemas, pois também distingue vários tratamentos legais – que estabelece. Deve notar-se imediatamente que este esforço de delimitação, diferenciando no seu caso, não desenvolve a Diretiva no nível conceitual, definindo conceitos, mas adota uma orientação numérica e quantificadora. [...] Desta forma, os tipos de danos classificados como danos ambientais estão listados de uma maneira avaliada; os assuntos ou operadores que estão sujeitos ao seu regime estão listados; também lista as atividades às quais os danos ambientais podem ser atribuídos; os tipos de medidas corretivas são enumerados, as exceções que são introduzidas nas tipologias anteriores estão listadas; e, como não poderia ser menos, para extinguir essa ânsia enunciada e como uma clara expressão dela, acaba levando a um sistema de anexos em que a caracterização precisa, mencionada, dos pressupostos é alcançada".[422]

---

[420] Esta Diretiva tem um âmbito claramente delimitado de responsabilidade ambiental, válida para danos ao meio ambiente compreendidos como danos aos recursos naturais ou danos ecológicos. Deste modo, não se submetem a essa Diretiva os denominados "danos reflexos" a indivíduos determinados ou determináveis, para os quais o regime de responsabilidade civil é o da lei civil de cada país. Sobre isso, preveem os artigos 1º e 3º, com outras exceções previstas no artigo 4º.

[421] PARDO, José Esteve. *Ley de responsabilidad medioambiental*: comentario sistemático. Madrid: Marcial Pons, 2008, p. 22.

[422] Tradução livre. Do original: "De la lectura de la Directiva y del debate que se desarrolló durante su tramitación se desprende que el principal propósito y objetivo que la anima [...] es un manifestó afán delimitador: pretende delimitar con la mayor certidumbre posible los casos y supuestos en

Diante de abundantes enumerações e delimitações do âmbito de atuação e da amplitude dos institutos e instrumentos que a normativa instaura, demonstra-se a intenção que subjaz: "destina-se a limitar ao máximo as margens interpretativas ou de definição que, particularmente nesta matéria ambiental, são particularmente amplas, começando com o que pode ser considerado meio ambiente ou excluído deste conceito".[423]

Ainda assim, é clara a proposta da Diretiva de promover a reparação de danos ambientais. Segundo Bergkamp, "um objetivo (ou função) comumente afirmado de uma regra de responsabilidade é a disseminação de risco (ou perda). Em consonância com essa sabedoria convencional, a proposta da Comissão Europeia de uma diretiva de responsabilidade ambiental explicitamente dá um peso significativo ao objetivo do seguro e faz um grande esforço para explicar por que o regime proposto é segurável".[424]

No mesmo sentido, afirma Pardo, que "não é difícil perceber a postura e posições do setor das empresas e seguradoras, muito atentas às determinações da Diretiva e com muita presença em sua tramitação, com manifesta reserva, quando não um temor claro, às significativas incertezas relacionadas à muito difusa realidade ambiental e falta de quantificação dos danos produzidos, de suas causas, dos seus custos para a correta prestação reparatória etc. A Diretiva ganha assim uma orientação que em mais de um momento parece marcada pelas preocupações e objetivos do setor de seguros e de cobertura de riscos: alcançar um conhecimento mais preciso e certo, quantificável quando possível, dos

---

los que resulta aplicable el régimen – en realidad los regímenes, pues distingue también diversos tratamientos jurídicos – que instaura. De inmediato debe destacarse que ese esfuerzo delimitador, diferenciador en su caso, no lo desarrolla la Directiva en el plano conceptual, definiendo conceptos, sino que adopta una orientación por así decirlo numérica, cuantificadora. [...] Se enumeran así de manera tasada los tipos de daños que tienen la consideración de daños ambientales; se enumeran los sujetos u operadores que quedan sujetos a su régimen; se enumeran también las actividades a las que cabe imputar los daños ambientales; se enumeran los tipos de medidas reparadoras, se enumeran, en fin, las excepciones que se introducen a las tipologías anteriores; y, como no podía ser menos, para apurar ese afán enumerador y como clara expresión del mismo, se acaba desembocando en un sistema de anexos en los que se llega a la caracterización precisa, nominada, de los supuestos." PARDO, José Esteve. *Ley de responsabilidad medioambiental*: comentario sistemático. Madrid: Marcial Pons, 2008, p. 19-20.

[423] Tradução livre. Do original: "[...] pretende cerrar al máximo los márgenes interpretativos o de definición que, particularmente en esta materia ambiental, son particularmente amplios, comenzando por ló que pueda considerar medio ambiente, o excluido de este concepto". Idem, p. 20.

[424] Tradução livre. Do original: "A commonly asserted objective (or function) of a liability rule is risk (or loss) spreading. In line with this conventional wisdom, the European Commission's proposal for an environmental liability directive explicitly gives significant weight to the insurance objective and gos to great length to explain why the proposed regime is insurable". BERGKAMP, Lucas. Environmental risk spreading and insurance. *Review of European Community and International Environmental Law (RECIEL)*. Oxford: Blackwell, v. 12, n. 3, 2003, p. 269.

riscos que se pretende enfrentar, da cobertura que será concedida e dos custos das reparações e indenizações que deverão ser pagas".[425]

É justamente o objetivo de alcançar um conhecimento mais preciso e certo que necessita ser transposto ao modelo brasileiro. Esse deve ser construído levando-se em conta, naturalmente, as conquistas já alcançadas em nível legal e jurisprudencial no país em matéria de responsabilidade ambiental, realizando ajustes (alguns serão propostos no item 3.2, a seguir) e, imprescindivelmente, organizando um sistema em nível legislativo, portanto, previsível. Afinal, somente o previsível pode ser internalizado.

A definição de marcos claros de responsabilidade principia com a delimitação das atividades que deverão estar sujeitas a um regime específico de garantias ou de sujeição ao sistema de seguros. Este é um importante ponto de partida. A Diretiva europeia sinaliza isso, devendo ser brevemente analisada. Um bom caminho a percorrer para a compreensão da legislação comunitária europeia sobre responsabilidades ambientais, bem como da recepção da Diretiva 35/2004 em Portugal e Espanha, parte da compreensão do denominado "Anexo III" da referida Diretiva.[426] Trata-se, em cada uma das normas, de uma longa e exaustiva relação de atividades econômicas sobre as quais houve a opção de destinar um regime específico de responsabilidades.[427]

Estipularam-se regimes diversos de responsabilidade civil. A responsabilidade civil se dá em regra subjetiva, aplicando-se a responsabilidade objetiva apenas para as atividades expressamente contidas no referido anexo. A essas atividades se direcionam os sistemas de garantias obrigatórias, inclusive os seguros. Tal delimitação de atividades com regime diferenciado de responsabilidade civil é de enorme relevância para a atividade de seguros, por razões que já tivemos oportunidade de assinalar anteriormente.

---

[425] Tradução livre. Do original: "[...] no es difícil percibir las posturas y planteamientos del sector de las empresas y consorcios de seguros, muy sensible a las determinaciones de la Directiva y con mucha presencia en su tramitación, con una manifiesta reserva, cuando no temor explícito, a las espesas incertidumbres que se ciernen en torno a la muy difusa realidad medioambiental y muy especialmente cuando se encara un escenario frecuente en materia de responsabilidad: incertidumbre y falta de cuantificación de los daños producidos, de sus causas, de los costes de la correcta prestación reparatoria, etcétera. La Directiva adquiere así una orientación que en más de un momento parece marcada por las preocupaciones y objetivos propios del sector de los seguros y la cobertura de riesgos: alcanzar un conocimiento lo más preciso y cierto, cuantificable en lo posible, de los riegos que se afrontan, de la cobertura que se les asigna y de los costes de las reparaciones o indemnizaciones que hubieran de satisfacerse en su caso". PARDO, José Esteve. *Ley de responsabilidad medioambiental*: comentario sistemático. Madrid: Marcial Pons, 2008, p. 20.

[426] Vide Anexo o documento na íntegra.

[427] No particular da lei espanhola, "no todos los operadores reciben el mismo tratamiento por parte de la LRM. Se contemplan en rigor dos categorias de operadores y para cada una de ellas se establece un régimen de responsabilidad que presenta diferencias sustantivas y de gran calado [...] que se distinguen exclusivamente en función de la actividad que desarrollan". Idem, p. 47.

A estruturação de um sistema de garantias por seguros, em forma de política, passa por outras adequações. Passa-se a sugerir e analisar algumas delas a seguir.

3.2. Elementos para a estruturação de um marco legislativo para seguros ambientais

Ainda que, ao menos em parte, já estejam esclarecidas e enfrentadas – e superadas, quando preciso – as questões suscitadas na primeira parte desse capítulo, o desafio ainda é imenso. Acordada a necessidade de estabelecer uma política, é pertinente estabelecer seus objetivos e conteúdo mínimo. Alguns contornos serão a seguir propostos.

Se considerarmos as três dimensões de danos ambientais, com seus superlativos, temos: danos ecológicos (com seus efeitos em ecossistemas e na biodiversidade, não passíveis de completa valoração), danos extrapatrimoniais difusos (afetados por ampla incerteza sobre quem ou o quê sejam as vítimas) e os danos individuais reflexos (que podem ser massificados).[428] É pertinente questionar se os seguros podem ter a amplitude necessária para atender tais níveis de riscos ambientais e, como pergunta sucessiva, se essa amplitude dos seguros ambientais é adequada. Desdobra-se, ainda, outra questão dupla: adequada para quê e para quem?

Importa recordar que grande parte dos danos ambientais, especialmente aqueles relacionados a danos ecológicos, envolvem danos a recursos e bens que são comuns a toda a coletividade (CRFB, artigo 225, *caput*), logo, são de titularidade – e mais importante, de interesse – de toda a sociedade (e, cada vez mais, para muito além dos limites de fronteiras políticas e geográficas), de modo que qualquer dano ao meio ambiente terá sua disseminação imediatamente muito ampliada.[429]

A problemática ambiental, por certo, não será resolvida com os seguros. No máximo, os seguros poderão, em algumas situações – e com os devidos ajustes – propiciar algum auxílio para resolver problemas, até certo limite, e atender à sua tradicional vocação de resguardo do patrimônio do segurado. O que se evidencia possível é oferecer os seguros como resposta e solução para alguns problemas pontuais. Para tanto, é necessário que algumas questões sejam efetivamente enfrentadas.

Nesta parte final serão analisados, à luz da problemática e do sistema de responsabilidades ambientais, seis elementos para se delimitar

---

[428] Reportamo-nos, aqui, ao item 1.2.3, supra.

[429] Sobre isso, ver BERGKAMP, Lucas. Environmental risk spreading and insurance. *Review of European Community and International Environmental Law (RECIEL)*. Oxford: Blackwell, v. 12, n. 3, 2003, p. 275.

uma política de seguros, a saber: (i) a subscrição; (ii) a definição de poluidor e, por conseguinte, de segurado; (iii) a definição do beneficiário; (iv) a definição de coberturas e sua relação com as indenizações; e por fim (v) a caracterização do sinistro ambiental e o consequente acionamento dos seguros.

Os pressupostos de assegurabilidade de um risco ambiental são, basicamente, os seguintes: (i) o risco deve ter um caráter suficientemente probabilístico, (ii) o risco deve ser estatisticamente independente e (iii) o segurador precisa ter condições de adequadamente conhecer os riscos que esteja aceitando.[430] Enfrentar acertadamente esses pressupostos permite não recair em erros cometidos em outras experiências. Bergkamp relata que, nos EUA, no final da década de 1980, alguns problemas relacionados aos seguros ambientais abalaram as estruturas dos seguros. Segundo relata, "a responsabilidade ambiental testa os limites do seguro de três maneiras. Primeiro, por criar novas formas de responsabilidade legal contra as quais é difícil oferecer garantias. Em segundo lugar, as estratégias judiciais de interpretação tornaram difícil para as seguradoras confiar no significado de uma linguagem de apólice de seguro destinada a evitar a cobertura de riscos não seguráveis. Em terceiro lugar, a ameaça decorrente de outras expansões de responsabilidade em decorrência do sistema da *common law*, que criam riscos não seguráveis adicionais que não podem ser excluídos de forma confiável, tornando o alcance das obrigações futuras de uma seguradora incerto".[431]

A referência é uma crítica à instabilidade e às incertezas provocadas pela responsabilização criada e imposta pelos Tribunais às seguradoras. As reflexões propostas por Bergkamp, em 2003 (quando da formulação da Diretiva 2004/35/UE), parecem atuais e apropriadas para o contexto brasileiro atual. Deveriam servir, no mínimo, para evitar que se repitam os mesmos equívocos. Não se está a supor que esses erros possam recair apenas sobre os seguros: as consequências dos erros recaem sobre toda a coletividade, sobre as vítimas e sobre o sistema de justiça. Toda a estrutura pode ser nefastamente impactada, em maior ou menor nível, em razão de decisões erradas, tomadas ao arrepio de advertências notórias. Logo, deve ser levada em conta a advertência de Bergkamp, quando

---

[430] BERGKAMP, Lucas. Environmental risk spreading and insurance. *Review of European Community and International Environmental Law (RECIEL)*. Oxford: Blackwell, v. 12, n. 3, 2003, p. 271-272.

[431] Tradução livre. Do original: "Environmental liability tests the limits of insurance in three ways. First, it has created new forms of statutory liability against which it is difficult to insure. Second, judicial strategies of interpretation have made it difficult for insurers to rely on the meaning of insurance policy language designed to avoid covering uninsurable risks. Third, the distinct threat of other, common-law expansions of liability creating additional uninsurable risks that cannot be reliably excluded by policy language renders the scope of an insurer's future obligations uncertain". BERGKAMP, Lucas. Environmental risk spreading and insurance. *Review of European Community and International Environmental Law (RECIEL)*. Oxford: Blackwell, v. 12, n. 3, 2003, p. 275.

afirma que "as razões da relutância das seguradoras em oferecerem os tradicionais seguros de responsabilidade civil com coberturas para danos ambientais são severas. A principal razão é que o risco em questão não é suficientemente previsível, o que é um pré-requisito chave de assegurabilidade. Há significativas incertezas tanto quanto à chance de que uma perda assegurada vá ocorrer quanto sobre o tamanho e magnitude desta perda. A imprevisibilidade da compensação dos danos ambientais, por outro lado, é uma consequência da expansão dos esquemas de responsabilização, que resulta em mais e mais riscos sendo deslocados para os segurados e, consequentemente, em incerteza e imprevisibilidade para que sejam apropriados (o que gera mais riscos)".[432]

E complementa, tratando do contexto europeu anterior à Diretiva: "na Europa, os esquemas de responsabilização se expandem não apenas pela interpretação dos tribunais, mas, também, pela própria legislação. Incerteza e imprevisibilidade são particularmente elevadas em questões envolvendo responsabilidade em face dos danos aos recursos naturais (ou à biodiversidade). Mesmo a mais elementar das questões sobre se há um fato/dano que acione a responsabilidade (e, havendo, qual seja ele) não pode ser respondida inequivocamente nos casos de danos aos recursos naturais".[433]

Evidencia-se a necessidade de construção de um sistema coerente e previsível de responsabilidades, para evitar que riscos transferidos ao segurador, no presente, venham a ser, no futuro, ampliados pela tópica e pelas imprevisíveis inovações da jurisprudência.

3.2.1. Possibilidade probabilística, análise de cenários e projeção de riscos: a questão jurídica

Os riscos asseguráveis devem ser suficientemente probabilísticos, o que exige certa compreensão sobre se e quando ocorrerá um sinistro. É necessário ter confiabilidade sobre tais previsões, sob pena de que,

---

[432] Tradução livre. Do original: "The reasons for the reluctance of insurance companies to offer third-party policies covering environmnetal damage are several. The main reason appears to be that the risks at issue are not sufficiently predictable, which, (...), is the key prerequisite for insurability. There is significant uncertainty both as to the chance that an insurable loss will occur and the size of that loss. The unpredictability of compensation for environmental damage, in turn, is a consequence of the expanding scope of liability, which results in more and more risks being shifted to insureds and, hence, in uncertainty and unpredictability of adjudication (and, thus, of risk)". BERGKAMP, Lucas. Environmental risk spreading and insurance. *Review of European Community and International Environmental Law (RECIEL)*. Oxford: Blackwell, v. 12, n. 3, 2003, p. 277.

[433] Tradução livre. Do original: "In Europe, liability is expanded not only by courts reinterpreting existing liability doctrines but also by the legislature. Uncertainty and unpredictability are particulary high with respect to liability for natural resource (or biodiversity) damage. Even the most fundamental question, whether there is a harm that triggers liability (and, if so, what it is), cannot be answered unequivocally in the case of natural resource damage". Ibidem.

ocorrendo um sinistro não previsto, haja efeitos adversos – não apenas jurídicos, mas notadamente econômicos – sobre os seguros. Desse modo, riscos devem ser suficientemente previsíveis e quantificáveis monetariamente, pois, não tendo um grau razoável de confiabilidade, em termos de frequência e intensidade de ocorrência (sinistralidade), o seguro não será viável. Note-se, porém, que se está falando em nível razoável de previsibilidade, não de certeza. A incerteza, em certo nível, pode ser assimilada pelos seguros.

Evidencia-se a importância de o direito aplicável (e sua interpretação) ser suficientemente certo e preciso.[434] A mudança da lei, ou mesmo de certa orientação jurisprudencial, retroativamente – isto é, um entendimento que seja alterado, para tornar mais gravoso um ato em termos de responsabilização –, significa um incremento de risco assegurado não previsto anteriormente, quando da contratação do seguro. Esse não terá sido repassado para o preço do seguro, nem previsto contratualmente, sob as consequências de uma aplicação mais rigorosa da lei.[435]

Referimo-nos ao risco de responsabilização ambiental no item 1.3. Tratou-se de demonstrar as peculiaridades dos riscos ambientais, bem como os riscos de responsabilização ambiental, sendo esta última abordagem relacionada propriamente ao regime de imputação de responsabilidades. Um sistema rigoroso de responsabilização flexível e moldável – por conseguinte, imprevisível – proporciona um risco elevado de possibilidades de responsabilização e gera efeitos imediatos na delimitação dos riscos do seguro.

Inovações propostas pela doutrina ou inovações hermenêuticas (por exemplo, sobre novos rumos de responsabilização) devem ser introduzidas no sistema jurídico pela via legislativa e, admitindo-se a iniciativa jurisprudencial, apenas no modelo de legislador negativo, na forma constitucional. Não apenas pela possibilidade de que, por vezes, estas inovações sejam contrárias à lei, ou careçam de um respaldo legal específico, mas pela própria legitimação de novo *standard* que vá ser introduzido.

Pode-se afirmar que não é legítima uma inovação ou uma solução jurídica sem respaldo legal expresso, aplicada de forma casuística, tal como se dá na jurisprudência que extrapola os limites constitucionais.

---

[434] Nesse sentido, "Environmental liability risk is tightly connected with the **underlying legal and regulatory framework**, whose **features may generate uncertainty, or otherwise limit risk insurability. Factual** uncertainty concerning the nature of the risk and its consequences are also problematic. Finally, obstacles are posed by relevant **information asymmetries**". MONTI, Alberto. *Environmental risks and insurance*: a comparative analysis of the role of insurance in the management of environment-related risks. OCDE, 2002. Disponível em: <www.oecd.org/finance/financial-markets/1939368.pdf>. Acesso em: 18 nov. 2017, p. 6.

[435] BERGKAMP, Lucas. Environmental risk spreading and insurance. *Review of European Community and International Environmental Law (RECIEL)*. Oxford: Blackwell, v. 12, n. 3, 2003, p. 272.

Sempre necessário que passe pelo teste legislativo, para então se eleger pela sua aplicação ou não. Em caso positivo, deliberar sobre seu âmbito de atuação e aplicação; quais tipos e níveis de riscos; quais tipos de atividades etc. Surpresa e imprevisibilidade geram insegurança, o que vai contra um dos objetivos do Direito em si.

Idêntica modelagem argumentativa é válida em questões propriamente judiciais. O fator surpresa, também nesta seara, deve ser evitado, e, para tanto, é imperativa a fixação, em momento prévio, não só dos pontos controvertidos, mas também dos critérios de julgamento. A questão é ter clareza, antecipadamente, sobre as regras do jogo.[436-437] A crítica que aqui se faz não se direciona ao Judiciário ou aos juristas, ou aos ativistas, mas ao próprio Legislativo, desqualificado, passivo e despreparado para o trato de questões ambientais.

Somente com a contenção das incertezas torna-se possível o desenvolvimento de seguros. O maior preparo legal produz reflexos na baixa

---

[436] Para exemplificar, julgado baseado em padrão brando de convencimento, com suporte em probabilidade. Situações claras de julgamento com base em presunção – sem permissivo legal, e sem prévia definição do *standard* probatório e de julgamento que seria adotado. APELAÇÃO CÍVEL. AÇÃO COMINATÓRIA, CUMULADA COM PEDIDO DE REPARAÇÃO DE DANOS MATERIAIS E MORAIS. RECONVENÇÃO. DIREITO DE VIZINHANÇA. EMISSÃO DE POLUENTES E RUÍDOS SONOROS PELA INDÚSTRIA VIZINHA. QUESTÕES PRELIMINARES E DE MÉRITO. SENTENÇA *EXTRA PETITA*. DANO MORAL. ARBITRAMENTO. [...] O dano moral. A prova, consistente em documentos que identificam vistorias por órgãos públicos, providências no âmbito do Ministério Público, depoimento de técnicos na matéria, depoimentos das próprias partes, coerentes uns com os outros, demonstram que as atividades empresariais da fábrica pertencente à parte demandada, contígua ao local da residência das partes demandantes, gera poluição ambiental e sonora, em níveis que exigem controle, **indícios suficientes à presunção de que afetaram o modo de vida, a saúde e o local da moradia das partes demandantes**, que deve ser inviolável na sua dimensão jurídica e individual, circunstâncias das quais se presume o dano moral, como dano à saúde e à dignidade das partes demandantes. O arbitramento do dano moral. Interagem o interesse coletivo, na preservação das atividades empresariais com finalidades econômicas e sociais, e o interesse individual, na proteção da pessoa e na avaliação do dano em si, que compense a situação vivenciada pelas partes demandantes. Interagem igualmente as providências administrativas da empresa em controlar a emissão de poluentes, quanto à fumaça, fuligem e odor. [...]. TJRS. AC 70062969126. Relator Desembargador Carlos Cini Marchionatti. Data de Julgamento: 28/01/2015. (Grifo nosso).

[437] Semelhante situação, a denominada "fungibilidade da tutela" em matéria ambiental, é assim apresentada no âmbito do Superior Tribunal de Justiça: **"A tutela ambiental é de natureza fungível por isso que a área objeto da agressão ao meio ambiente pode ser de extensão maior do que a referida na inicial e, uma vez assim aferida pelo conjunto probatório, não importa em julgamento *ultra* ou *extra petita*** (REsp n° 1.107.219). Sobre este julgado já tivemos oportunidade de comentar, quando a questão foi contextualizada. "No julgamento do Recurso Especial 1.107.219, ocorrido em 02.09.2010, a Primeira Turma do Superior Tribunal de Justiça analisou, sob a relatoria do então Ministro do STJ Luiz Fux, questão relacionada à fungibilidade da tutela ambiental em caso de dano ambiental. Debateu-se, portanto, a possibilidade de adequação do pedido formulado em petição inicial de ação civil pública, objetivando permitir que a tutela judicialmente concedida fosse suficientemente apta para a proteção (restauração) ambiental, ainda que necessária a modulação judicial do pedido. Por conseguinte se, ao se proceder tal adequação, estar-se-ia recaindo em vício da sentença, por ser decisão *extra petita*, em possível afronta ao disposto nos artigos 128, 459 e 460 do CPC." Conferir: SARAIVA NETO, Pery. Natureza fungível da tutela ambiental como condição para a integral responsabilização por dano ambiental. *Revista do Superior Tribunal de Justiça*, v. 239 T2, p. 1288-1296, 2015. (Grifo nosso).

do valor dos prêmios, permite a estabilização dos seguros e o incremento do número de segurados. Assim, incentiva-se a inovação, pois, se os seguros forem viáveis, impulsionarão atividades na medida em que as tornam garantidas, reduzindo/diluindo o risco do empreendedor.[438]

Questão tortuosa em matéria de responsabilidade civil ambiental é o estabelecimento de nexos de causalidade (conforme se demonstrou no item 1.3.1.2). Diante destas dificuldades, apresenta-se uma tendência para a flexibilização do nexo causal ou, em outros termos, a adoção de módulos e *standards* flexíveis de estabelecimento do nexo causal.

Há um modelo de ajustamento do nexo causal focado exclusivamente na vítima, quer dizer, na necessidade de tutelar os direitos violados dos lesados em uma situação de danosidade ambiental, pouco importando, portanto, eventuais situações de injustiça em que, por exemplo, uma empresa ou agente possa ser responsabilizado por um evento com que em nada tenha contribuído.[439] Como lembra Matos, "se valorizarmos apenas a faceta da protecção ambiental, corre-se o risco de paralisar a liberdade de acção dos particulares [liberdade de iniciativa econômica], o que não se revela uma consequência despicienda, se tivermos em conta a circunstância de nas sociedades ocidentais ser dominante uma economia de mercado. Ora, a normatividade jurídica, independentemente da área à qual se reporta não pode olvidar a realidade material objecto da sua regulação. Desta feita, uma ponderada disciplina jurídica do ambiente não pode deixar de elevar ao plano jurídico-positivo uma dimensão estruturante oriunda da realidade económica".[440]

O que parece relevante, aqui, não é a discussão sobre qual modelo de constatação de nexo causal deva ser adotado, mas a urgência de definição de um modelo – com aplicação geral e previsível, preferencial-

---

[438] Para exemplificar, vale referir que nos EUA, na década de 1970, quando do início do desenvolvimento de seguros para produtos (*product liability crisis*), se constataram fatores que dificultariam este desenvolvimento: o aumento dos prêmios, as incertezas da responsabilidade delitual e as práticas seguras de produção. Quanto aos dois primeiros elementos, que são econômicos e jurídicos, respectivamente, percebe-se na associação à incerteza e à variabilidade das possibilidades de responsabilização. Para viabilizar a instituição de seguros, foi editado o *Uniform Product Liability Act*, de 1979, que pretendeu fixar critérios para "corrigir os excessos geradores dessa atmosfera de crise, sopesando melhor os interesses em jogo, designadamente pela exclusão dos riscos do desenvolvimento, pela introdução de prazos de prescrição e de caducidade e pelo concurso da culpa da vítima; clarificar e simplificar a *tort law* relativa à questão; uniformizar o sistema pela formulação de regras federais". CALVÃO DA SILVA, João. *Responsabilidade civil do produtor*. Coimbra: Almedina, 1990, p. 536-537.

[439] MATOS, Filipe Albuquerque. Danos ambientais / danos ecológicos: o fundo de intervenção ambiental. In: MONTEIRO, Jorge Sinde; BARBOSA, Mafalda Miranda (Coord.). *Risco ambiental*: atas do colóquio de homenagem ao Senhor Professor Doutor Adriano Vaz Serra. Coimbra: Instituto Jurídico/FDUC, 2015, p. 56-57. A possibilidade de responsabilizar agentes que não deram causa a um evento pode ocorrer tanto em cenário de causalidade probabilística quanto da aplicação, por exemplo, de responsabilidades presumidas (*market-share liability theory*, p. ex.).

[440] Idem, p. 57.

mente com demarcação em nível legal. A complexidade relacionada aos riscos e danos ambientais aponta a necessidade de construção de um modelo que garanta o ressarcimento das vítimas e a reparação do meio ambiente e, para tanto, que se adote o modelo mais abrangente para cumprir este desiderato. O que não parece correto, no entanto, é que tais critérios sejam eleitos *ad hoc*, de forma tópica, casuística e sem previsibilidade. Ainda mais grave: sem respaldo legal, com base puramente em opções hermenêuticas de ocasião, que geram, sempre, o efeito surpresa, quando não mesmo uma responsabilidade retroativa, sem parâmetros claros de distinção e previsibilidade. A questão suscitada é a da insegurança jurídica.

Pensando uma lógica de predição, necessária aos seguros, a incerteza jurídica é uma variável negativa, prejudicial, com a qual não se pode lidar adequadamente. Importa "questionar se fará sentido empolar os riscos de tais soluções determinarem a emergência de uma obrigação de indemnizar a cargo de quem realmente não provocou os danos, ou não os causou na medida pela qual vai ser responsabilizado".[441] Matos, com perspicácia, questiona se é possível concluir que o "direito dos seguros representa uma plataforma capaz de, em nome da protecção dos lesados, justificar o agravamento da posição de quem assume a qualidade de civilmente responsável?".[442] Se o sistema se molda de forma variável e instável sobre cânones de responsabilização, é preciso ponderar se os seguros podem contribuir para suprir soluções em termos de reparabilidade dos danos e ressarcimento das vítimas.

Parece que não. Como já explicitado, está-se a tratar de seguros de responsabilidade civil, portanto, não se deve desviar dos seus cânones. Não se pode olvidar que "a intervenção do seguro se destina e está dependente da ocorrência de situações de responsabilidade das quais resultem danos para terceiros, revelando-se assim fundamental identificar quem assume uma tal posição".[443] Não é possível escapar da profunda conectividade entre o direito do seguro e o direito da responsabilidade civil. E, parece certo, essa conectividade resta incorrigivelmente rompida quando a responsabilidade civil, aplicável no cenário ambiental, escapa de suas premissas e se constrói ao imaginário do intérprete.[444]

---

[441] MATOS, Filipe Albuquerque. Danos ambientais / danos ecológicos: o fundo de intervenção ambiental. In: MONTEIRO, Jorge Sinde; BARBOSA, Mafalda Miranda (Coord.). *Risco ambiental*: atas do colóquio de homenagem ao Senhor Professor Doutor Adriano Vaz Serra. Coimbra: Instituto Jurídico/FDUC, 2015, p. 58.

[442] Idem, p. 60.

[443] Idem, p. 64-65.

[444] Em tal crítica, com efeito, filiamo-nos a Matos, quando conclui que "todas as considerações expendidas em torno do aligeiramento das exigências substanciais e probatórias da causalidade em matéria ambiental, bem como da moderna tendência para a afirmação da regra do concurso do risco com a culpa e ainda da diminuição das exigências para a responsabilização [...] apenas

Quando se afirma a necessidade de determinação de riscos para que sejam atuarialmente calculáveis, não se está a afirmar que inexista margem para a álea ou para determinados graus de desconhecimento. Se assim fosse, não haveria risco. O que se sustenta é que deva haver certo grau de probabilidade – em outros termos, certo grau de estabilidade e previsibilidade – que permita estabelecer probabilidades. Como assinala Malo, "não é necessário que se conheçam os danos concretos que sofrerão cada um dos segurados individualmente considerados. Basta que se possa calcular o risco de sofrer os danos que, estatisticamente, tenham as pessoas ou entidades com as características e nas circunstancias dos segurados".[445]

A identificação de elementos e fatores de risco, a projeção de danos possíveis e a valoração das suas consequências são pressupostos da análise do risco ambiental segurável. Um dos mecanismos, para tanto, é a análise das leis ambientais e da sua aplicação. Explica Heras, a partir da experiência do PERM, que "é necessário ter claro que, quando se fala em riscos ambientais, estamos referindo-nos às responsabilidades que se podem exigir do segurado em razão de um dano ambiental decorrente de sua atividade; em consequência, um dos fatores principais é a legislação que marca o alcance destas responsabilidades: uma legislação mais exigente determina um risco mais intenso; também o rigor da aplicação dessas normas é um fator determinante".[446]

Para os fins deste estudo, merecem realce as dificuldades relacionadas à variabilidade (flexibilidade e mutabilidade) de conceitos e categorias jurídicos, decorrentes da dinamicidade do sistema jurídico,

---

podem tornar mais simples a definição de existência de responsabilidade civil e de identificação do respectivo agente". Contudo, adverte, "não é possível dar um passo de gigante passando por cima ou à margem da observância de requisitos fundamentais da responsabilidade civil, ou até defender um afrouxamento de exigências àqueles respeitantes de tal modo forte que seja susceptível de fazer perigar a idiossincrasia própria desta fonte legal das obrigações". Em conclusão, "algumas das tentativas de modernização e adaptação do direito substantivo e probatório de responsabilidade civil acabam por tocar as raias de violação de exigências legais fundamentais". MATOS, Filipe Albuquerque. Danos ambientais/danos ecológicos: o fundo de intervenção ambiental. In: MONTEIRO, Jorge Sinde; BARBOSA, Mafalda Miranda (Coord.). *Risco ambiental*: atas do colóquio de homenagem ao Senhor Professor Doutor Adriano Vaz Serra. Coimbra: Instituto Jurídico/FDUC, 2015, p. 65-66).

[445] Tradução livre. Do original: "No es necesario que se conozcan los daños concretos que sufrirá cada uno de los asegurados individualmente considerados. Basta con que pueda calcularse el riesgo de sufrir los daños que, estadísticamente, tienen las personas o entidades con las características y en las circunstancias de los asegurados". MALO, Albert Azagra. *Daños del amianto*: litigación, aseguramiento de riesgos y fondos de compensación. Madrid: Fundación Mapfre, 2011, p. 69.

[446] Tradução livre. Do original: "Hay que aclarar que cuando hablamos de riesgo ambiental estamos refriéndonos a las responsabilidades que se pueden exigir a nuestro asegurado por causar un daño medioambiental con su actividad; en consecuencia, uno de los factores principales es la legislación que marca el alcance de dichas responsabilidades: una legislación más exigente determina un riesgo más intenso; también el rigor en la aplicación de dicha normativa es un factor determinante". HERAS HERRÁIZ, José Luis. El pool español de riesgos mediambientales. *Actuarios*. Madrid: Instituto de Actuarios Españoles, n. 33, octubre 2013, p. 20-21.

tanto em nível legislativo quanto – com maior importância, em razão da elevada dinamicidade – em nível jurisprudencial. Na seara ambiental brasileira, tal dinamicidade ganha contornos de incerteza. Para exemplificar, demandam aclaramento questões como: a definição da figura do terceiro (individual, coletivo e difuso), o dimensionamento e a valoração dos danos ambientais (p. ex.: dos serviços ecossistêmicos), a incidência da teoria do risco integral[447] (a existência ou não de excludentes de responsabilidades), a imprescritibilidade (com reflexo em passivos ambientais, danos preexistentes e responsabilidade retroativa) e a causalidade (concausalidade, cumulatividade e efeitos somativos, aditivos e sinérgicos).[448]

É necessária maior fiabilidade e previsibilidade no sistema jurídico. Em reforço, Poison aponta alguns dos problemas relacionados à asseguração de riscos ambientais: "as frequentes mudanças legislativas em matéria de meio ambiente não tranquilizam as empresas seguradoras, pois seus segurados podem ser declarados responsáveis com base em normas legais inexistentes no momento de contratação de uma apólice de seguro. As companhias de seguros fixam a atenção em riscos ambientais muito específicos e passíveis de avaliação, cujos prêmios podem ser estabelecidos. Suas novas políticas tendem a reduzir a magnitude da cobertura oferecida e a limitar o alcance, com o fim de limitar a exposição global do segurador aos riscos ambientais".[449]

Discorrendo sobre os objetivos da Diretiva 2004/35, Matos pondera que "apenas pode reagir-se eficazmente contra os danos ocorridos no ambiente, se os mesmos forem concretamente determinados, bem como se houver lugar à identificação do(s) poluidor(es), e ainda se vier a

---

[447] "É firme a jurisprudência do STJ no sentido de que, nos danos ambientais, incide a teoria do risco integral, advindo daí o caráter objetivo da responsabilidade, com expressa previsão constitucional (art. 225, § 3º, da CF) e legal (art. 14, § 1º, da Lei n. 6.938/1981), sendo, por conseguinte, descabida a alegação de excludentes de responsabilidade, bastando, para tanto, a ocorrência de resultado prejudicial ao homem e ao ambiente advinda de uma ação ou omissão do responsável. BRASIL. Superior Tribunal de Justiça. REsp nº 1374342, Relator Ministro Luis Felipe Salomão, julgado em 10/09/2013.

[448] Sobre estas questões, ver LEITE, José Rubens Morato; AYALA, Patryck de Araújo. *Dano ambiental*: do individual ao coletivo extrapatrimonial. São Paulo: Revista dos Tribunais, 2012, p. 71 e seguintes.

[449] Tradução livre. Do original: "Los continuos cambios legislativos en materia medioambiental no tranquilizan a las entidades aseguradoras, en cuanto que sus asegurados pueden ser declarados responsables en base a una normativa legal inexistente en el momento de contratarse la póliza de seguro. [...] Las compañías de seguros fijan su atención en riesgos medioambientales muy específicos y susceptibles de evaluación, cuyas primas pueden establecerse en consecuencia. Sus nuevas políticas tienden a reducir la magnitud de la cobertura ofrecida y a limitar el alcance de ésta, con el fin de limitar da exposición global del asegurador a los riesgos medioambientales". POISON, Margarida Trejo. *El contrato de seguro medioambiental*: estudio de la responsabilidad medioambiental y su asegurabilidad. Cizur Menor (Navarra): Civitas, 2015, p. 53-54.

estabelecer-se um nexo de causalidade entre os danos e os poluidores identificados".[450]

Outro problema relacionado à variabilidade ou ao incremento no nível de responsabilidade é a independência estatística dos riscos, que é um dos pressupostos de assegurabilidade. Para ser assegurável, é necessário que o risco seja estatisticamente independente, isto é, que a ocorrência de um sinistro a um segurado não ocorra paralelamente e ao mesmo tempo para outros segurados. É o que se pode denominar de danos a uma gama de segurados em decorrência de um evento comum ou de um fator comum. Que isso possa ocorrer, não resta dúvida. A questão refere-se à inconveniência de aceitar riscos de dois ou mais segurados que tenham as mesmas peculiaridades (operacionais, geográficas, tipo de atividades), pois há uma probabilidade de que o risco de sinistro que acomete um seja simultâneo em todos. Por outro lado, uma mudança de entendimento jurisprudencial, para casos passados, também pode ser considerada evento comum, o que torna uma série de riscos estatisticamente dependentes.[451]

3.2.2. Subscrição: compreensão prévia dos riscos como pressuposto de assegurabilidade de riscos ambientais

Antes de adentrar especificamente nos modelos de compreensão prévia de riscos pelo segurador (declarações ou inspeções prévias), é pertinente abordar o tema do acesso informacional. Importa, nesse ponto, a questão atinente à assimetria informativa entre o segurador e o segurado quanto aos riscos, a sua compreensão e a sua delimitação.

Poças, ao atrelar a questão da assimetria informativa ao dever de adequada declaração de risco, explica que "a assimetria informativa, ou seja, a desigualdade das partes no acesso à informação – quer advenha de competências técnicas ou científicas especialmente relevantes de uma das partes (relação perigo-leigo), quer de uma delas ter uma especial ou exclusiva acessibilidade material ao conhecimento ou à informação – constitui, para alguma doutrina, um dos fundamentos dos deveres de informação, mais propriamente, o fundamento material de tais deveres. Na verdade, o *deficit* informativo de uma das partes gera uma situação de dependência da mesma relativamente à contraparte, a qual apenas

---

[450] MATOS, Filipe Albuquerque. Danos ambientais / danos ecológicos: o fundo de intervenção ambiental. In: MONTEIRO, Jorge Sinde; BARBOSA, Mafalda Miranda (Coord.). *Risco ambiental*: atas do colóquio de homenagem ao Senhor Professor Doutor Adriano Vaz Serra. Coimbra: Instituto Jurídico/FDUC, 2015, p. 34.

[451] BERGKAMP, Lucas. Environmental risk spreading and insurance. *Review of European Community and International Environmental Law (RECIEL)*. Oxford: Blackwell, v. 12, n. 3, 2003, p. 272.

pode ser compensada com a prestação dos esclarecimentos ou informações".[452]

Presentes estes esclarecimentos iniciais sobre o conceito de assimetria informacional, procede-se ao seu aprofundamento, à luz das noções de seleção adversa e risco moral.

3.2.2.1. Assimetria informacional: seleção adversa e risco moral

O risco envolve incerteza e imprevisibilidade. A atividade seguradora vale-se de ferramentas e técnicas de racionalização dos riscos, tentanto, ao máximo, torná-los previsíveis – se não em nível de certeza, ao menos, de probabilidade. O grau de previsão e de acerto depende de diversos fatores.

Há duas peculiaridades de essencial relevância para a assegurabilidade dos riscos (seja antes ou após a subscrição do seguro): a seleção adversa e o risco moral. Como indica Copo, "o risco também é percepção. O evento, decomposta sua gênese em possibilidade de realização, traduz-se em risco, risco que não sabemos se acontecerá ou não e se virá a tornar-se sinistro, não deixando de ser um fato causal que pertence e está localizado no campo das percepções. A percepção do mesmo só nasce e só existe se for baseada em informação. Essa pode ser mais verdadeira ou incerta, mais extensa ou mais deficitária, mas, sem ela, carece de sentido falar e configurar o risco".[453]

O adequado acesso informacional do segurador é requisito fundamental desde a etapa de subscrição até o final da vigência da apólice, ou mesmo em eventual período complementar ou suplementar (até mesmo se prorrogado além do término da relação contratual), em face da possibilidade de se comunicar uma reclamação ou descoberta relacionada a evento ocorrido durante o período da garantia. Desafios frequentes nesse processo referem-se às barreiras decorrentes da assimetria informacional. Dois elementos devem ser detidamente considerados, ligados à seleção adversa[454] e ao risco moral, que são situações de assimetria

---

[452] POÇAS, Luis. *O dever de declaração inicial do risco no contrato de seguro*. Coimbra: Almedina, 2013, p. 115-116.

[453] Tradução livre. Do original: "El riesgo es además percepción. El evento, descompuesta su génesis en posibilidad de realización, se traduce en un riesgo, riesgo que no sabemos si se acaecerá o no y se transformará en siniestro, no dejando de ser un hecho causal que pertenece y se incardina en el ámbito de las percepciones. La percepción sobre el mismo solo nace y solo existe si la misma se asienta sobre la información. Esta podrá ser más cierta o incierta, más extensa o más deficitaria, pero sin la misma, adolece de sentido hablar y configurar el riesgo". VEIGA COPO, Abel B. *El riesgo en el contrato de seguro*: ensayo dogmático sobre el riesgo. Cizur Menor (Navarra): Aranzadi, 2015, p. 24.

[454] Sobre a relação entre assimetria informacional e seleção adversa, leciona Poças que: "A problemática da seleção adversa, tal como resulta da perspectiva da *law and economics*, apresenta-se como uma decorrência da assimetria informativa no âmbito dos 'bens de experiência' (*experience goods*) – que se revestem, para uma das partes, de uma relativa margem de incerteza". POÇAS, *op. cit.*, p. 138.

constantes e que permeiam não só uma dada relação contratual, mas a própria operação de seguros, de forma mais ampla.[455]

A seleção adversa (*adverse selection*) é a própria seleção de riscos pelo segurador. Envolve distinguir os riscos bons e os ruins – respectivamente, os riscos de menor probabilidade e os de maior probabilidade – considerando que pessoas com maior probabilidade de sofrer perdas (maiores exposições) sejam justamente aquelas que têm maior incentivo a buscar a transferência dos seus riscos aos seguros, e, ao contrário, aquelas com menores exposições não possuem igual motivação.

Além da dificuldade em si, somam-se os custos operacionais para proceder com essa distinção e seleção. Ao passo que o segurador assume um maior volume de perdas, ele procede à compensação, distribuindo-a em preços (prêmios). É possível afirmar, portanto, que os segurados com "riscos bons" pagam pelos seus riscos através do agregado da dispersão dos preços; ou seja, pagam também pelos "riscos ruins" de outros segurados. A seleção adversa decorre de uma ineficiente segregação de riscos.[456] Para que um determinado produto de seguro seja viável (inclusive para prover recursos – reserva técnica), o grupo de segurados deve estar distribuído de forma sustentável, preponderando os riscos bons. Nesse ensejo, recorre-se a Martins, quando explica que "a seleção adversa decorre da existência de *produtos ou contrapartes de diferente qualidade*, sendo que há *assimetria informativa relativamente a essa qualidade*. O que é dizer que, dada a presença de informação privada, uma das partes não logra graduar a qualidade dos vários parceiros/objectos potenciais de uma transação, *tratando todos do mesmo modo*. Isso mesmo leva a que, entre as partes informadas, sejam exatamente os parceiros menos desejáveis de uma transação os que disponibilizam para contratar: quando uma oportunidade de negócio é apresentada a um conjunto heterogêneo de participantes potenciais, aqueles que a aceitam serão, em média, mais indesejáveis do que aqueles que não a aceitam. No mercado de seguros, este fenômeno, quando funciona em desvantagem do segurador, retrata a tendência para recorrer ao seguro por parte de pessoas que sabem ter uma maior probabilidade de perda do que a média".[457]

---

[455] Mais sobre o tema em MALO, Albert Azagra. *Daños del amianto*: litigación, aseguramiento de riesgos y fondos de compensación. Madri: Fundación Mapfre, 2011, p. 71; e BERGKAMP, Lucas. Environmental risk spreading and insurance. *Review of European Community and International Environmental Law (RECIEL)*. Oxford: Blackwell, v. 12, n. 3, 2003, p. 272-273.

[456] A propósito, vide DEPOORTER, Bem; DE MOT, Jef P. B.; FAURE, Michael G. The Multiplication Effect of Legal Insurance. *New York University Journal of Law and Business* 1 (2016).

[457] MARTINS, Maria Inês de Oliveira. Risco moral e contrato de seguro. In: NUNES, António José Avelãs; CUNHA, Luís Pedro; MARTINS, Maria Inês de Oliveira (Orgs.) *Estudos em Homenagem ao Prof. Doutor Aníbal de Almeida*. Boletim da Faculdade de Direito (Stvdia Ivridica 107 – Ad Honorem 7). Coimbra: Coimbra Editora, 2012, p. 643.

A seleção adversa, em um plano macro, pode envolver até a exclusão prévia de certas atividades do rol de atividades asseguráveis. Quando uma atividade tem excessivo risco – como a de mineração, por exemplo – há uma tendência a não se assegurarem seus riscos ou, alternativamente, a determinar estritamente os riscos desta atividade que a serem assegurados, em um cotejo com os produtos de seguros disponíveis. Assim, é comum, por exemplo, aceitar os riscos patrimoniais e declinar os riscos de responsabilidade civil ou mesmo os ambientais.

Relacionada à seleção de riscos está a propensão do segurado à sua transferência, ligada à maior ou menor aversão aos riscos.[458] Pode haver um segurado com um risco bom que, por ter maior aversão, opte por transferi-lo ao seguro e, ademais, justamente por sua aversão, será razoável supor que seja também mais prudente e precavido. Quer dizer: além da transferência, é possível que opte por adotar as melhores tecnologias disponíveis para mitigar o risco, o que gera uma sequência virtuosa e uma sinergia positiva de prevenção.

O risco moral (*moral hazard*), por outro lado, remete a um descaso do segurado, decorrente do conforto relacionado à garantia que lhe é proporcionada pelo seguro. A pessoa, então, age com menor cuidado e diligência em razão de estar assegurada, incrementando, por conseguinte, a probabilidade de os riscos se materializarem ou de aumentar sua gravidade, inclusive não investindo ou reduzindo investimentos em prevenção. O problema do risco moral é exemplo contumaz da assimetria informacional. A propósito, refere Martins que "a *assimetria informativa* corresponde a uma situação em que tal *imperfeição* é devida a uma *distribuição desigual de informação relevante numa transacção* entre os vários sujeitos que nela intervêm. A posição de supremacia informativa de uma das partes pode advir-lhe do facto de esta deter *'informação privada'*, não observável publicamente, a que a outra parte não tem acesso. Nomeadamente, porque a detém por inerência, quando a informação respeita a uma sua característica pessoal, por exemplo atinente ao estilo de vida; ou porque participou de um determinado processo econômico, por exemplo, na qualidade de empregador de determinado sujeito, sabendo mais sobre as suas qualidades do que outros potenciais empregadores.

---

[458] "Once the risk is properly identified and evaluated, however, risk management decisions still need to be taken. In this perspective, economic actors may be: – **risk averse**: if they are willing to pay even more than the actual value of the risk in order to transfer its harmful consequences to someone else; – **risk preferring**: if they prefer to retain the risk of loss, rather than transferring it by paying upfront an amount equal to its actual value. – **risk neutral**: if they are indifferent with respect to the alternative between (*a*) retaining the risk and (*b*) transferring it to someone else by paying upfront an amount equal to its actual value." MONTI, Alberto. *Environmental risks and insurance*: a comparative analysis of the role of insurance in the management of environment-related risks. OCDE, 2002. Disponível em: <www.oecd.org/finance/financial-markets/1939368.pdf>. Acesso em: 18 nov. 2017, p. 5.

Em decorrência da assimetria informativa surgem, pois incentivos para forjar ou ocultar a informação privada em proveito próprio, adoptando um comportamento oportunista. Mas não exclusivamente; dessa assimetria surgem também incentivos para a obtenção de informações pela parte menos informada, através de mecanismos apropriados (selecção ou screening), bem como para a transmissão de informação por parte do agente mais informado, através de mecanismos apropriados (sinalização ou signaling)".[459]

O problema da assimetria, associado ao do risco moral, em matéria de seguros, possui muita relevância, pois é com base em informações do próprio segurado ou proponente que a seguradora poderá compreender adequadamente os riscos que estará assumindo. Transposta esta questão para os riscos ambientais, o problema toma contornos de maior complexidade, pois envolve múltiplos fatores. Tomando por exemplo uma determinada planta industrial, será preciso conhecer o modo produtivo, a tecnologia utilizada, o treinamento e o comprometimento dos colaboradores, o histórico de acidentes e contaminações, a regularidade, suficiência e cumprimento do licenciamento ambiental e suas exigências e condicionantes, entre outros elementos.

Não bastando a análise prévia à subscrição, o acesso informacional deve ser constante durante todo o *iter* contratual, para a verificação de conformidade do segurado. A manutenção do padrão de conformidade deve ser, no mínimo, equivalente àquela do risco declarado antes da contratação do seguro. Escapar disso produz um exemplo de risco moral que pode incorrer em um agravamento do risco, com suas consequências para fins de garantias pelos seguros. Como explica Martins, "as situações de 'desalinhamento de incentivos' (*missalignement of incentives*) são aquelas em que os sujeitos não suportam a totalidade das consequências dos seus actos: não são inteiramente recompensados pelo que fazem, ou não têm que suportar a totalidade dos custos por aquilo que fazem. Ora, detecta-se uma correlação positiva entre a suportação do risco e a existência de incentivos para o minorar. Assim, quando o risco é suportado pelo próprio sujeito, há um incentivo a substituir a perda incerta causada pela materialização do risco por um gasto certo em precaução [por exemplo, contratando um seguro]. Inversamente, não sendo o risco suportado pelo próprio sujeito, não haverá incentivo para incorrer em gastos com precaução, já que não impende sobre o sujeito a possibilidade daquela perda incerta; mais: se aquela suportação do risco por terceiro trouxer ao sujeito uma vantagem no caso de

---

[459] MARTINS, Maria Inês de Oliveira. Risco moral e contrato de seguro. In: NUNES, António José Avelãs; CUNHA, Luís Pedro; MARTINS, Maria Inês de Oliveira (Orgs.) *Estudos em Homenagem ao Prof. Doutor Aníbal de Almeida*. Boletim da Faculdade de Direito (Stvdia Ivridica 107 – Ad Honorem 7). Coimbra: Coimbra Editora, 2012, p. 640.

materialização do risco [...] poderá mesmo haver interesse em provocar tal materialização".[460]

A questão do risco moral constitui, portanto, um problema de incentivo, quando o sujeito, privilegiando seus interesses próprios e sem ver motivo para agir de outro modo, atua contra o interesse de terceiros ou de seus parceiros contratuais. Por isso, os seguros valem-se de mecanismos de incentivo (os bônus, por exemplo), bem como de instrumentos para punir comportamentos que desviem do padrão de risco assumido pelo segurador.[461] O desafio é alcançar um ponto ótimo de simetria informativa, colaboração e manutenção de prudência, de modo a garantir equidade de condições entre as partes, para manter saudável e equilibrada a dinâmica contratual e para que o segurado aja com diligência no evitamento da ocorrência de um sinistro ou de redução de suas perdas.[462]

Tanto para a seleção adversa quanto para o risco moral, os seguros dispõem de mecanismos de compensação e minimização, como a classificação de riscos, as franquias ou bonificações, e previsões contratuais de exclusão de cobertura (como, por exemplo, para o caso de agravamento do risco). Esses mecanismos, no entanto, são mais ou menos eficientes a depender se está-se a tratar de *first* ou *third-party insurance*. Nos seguros de responsabilidade, o conhecimento e controle sobre a(s) vítima(s) é menor ou impossível.[463]

A diferença entre *first* ou *third-party insurance* é sobre a capacidade de o segurador conhecer sobre a pessoa ou objeto exposto ao risco, materialmente.[464] Trata-se de *first-party insurance* quando o sujeito exposto ao risco, por si ou seus bens, é o próprio segurado. O segurador, nesse caso, detém maior controle e acesso informacional, inclusive sobre o comportamento do segurado. Já nos seguros em que o risco material recaia sobre um terceiro (*third-party insurance*), que não seja o segurado, mas pelo qual poderá recair uma responsabilidade sobre o segurado (risco de responsabilização – modelagem dos seguros de responsabilidade civil), o segurador não detém controle ou acesso informacional. Martins explica a distinção quando, ao tratar do risco moral no âmbito

---

[460] MARTINS, Maria Inês de Oliveira. Risco moral e contrato de seguro. In: NUNES, António José Avelãs; CUNHA, Luís Pedro; MARTINS, Maria Inês de Oliveira (Orgs.) *Estudos em Homenagem ao Prof. Doutor Aníbal de Almeida*. Boletim da Faculdade de Direito (Stvdia Ivridica 107 – Ad Honorem 7). Coimbra: Coimbra Editora, 2012, p. 645.

[461] Idem, p. 673-675.

[462] WINTER, Ralph A. Optimal insurance under moral hazard. In: DIONE, Georges (Edit.) *Handbook of insurance*. Norwell: Kluwer Academic Publishers, 2000, p. 155-183.

[463] BERGKAMP, Lucas. Environmental risk spreading and insurance. *Review of European Community and International Environmental Law (RECIEL)*. Oxford: Blackwell, v. 12, n. 3, 2003, p. 273.

[464] Vide FAURE, Michael; BRUGGEMAN, Véronique. Catastrophic risks and first-party insurance. *Connecticut Insurance Law Journal*. vol. 15, No. 1, 2008-09.

do mercado de seguros, aponta as duas formas de manifestação desse fenômeno: "Em primeiro lugar, na sua manifestação de detecção mais antiga, corresponde ao risco moral proveniente da esfera do segurado, que decorre da transferência de risco que ocupa um papel central no contrato. Em segundo lugar, atenderemos, pelos efeitos que tem sobre a prestação seguradora, ao risco moral provindo de terceiros, cujas acções determinem o montante daquela prestação".[465]

Quanto a riscos ambientais, sob o paradigma dos danos individuais, o mais comum são vítimas difusas, sobre as quais, *a priori*, o segurador não detém qualquer estabilidade de informação, pois a condição material das populações é dinâmica. Ainda que se faça, previamente, uma análise das populações expostas aos riscos atinentes à atividade de uma indústria, por exemplo, será impossível (por demasiado oneroso), manter um monitoramento sobre essas populações, suas vulnerabilidades e capacidade de resiliência.

A questão do risco moral relacionada ao próprio segurado ou a terceiro será abordada oportunamente, quando enfrentada a questão pela perspectiva das coberturas e indenizações do seguro para os danos ambientais individuais reflexos.

3.2.2.2. Avaliação prévia de riscos

Questão relevante, não só nos seguros ambientais, mas para a totalidade do universo dos seguros, é a compreensão do risco durante o processo de subscrição. Esta é uma verdadeira situação de impasse. Se a compreensão do risco ficar limitada a fiar-se nas declarações do segurado ou proponente (mediante preenchimento de questionários, por exemplo), haverá uma economia operacional em que serão evitados todos os custos relacionados a uma inspeção *in loco*. Por outro lado, se a compreensão for feita mediante inspeção prévia, haverá um custo adicional, embora, em contrapartida, permitirá um acesso informacional mais amplo e fidedigno.

Há um dever de informar e de se autoinformar sobre o risco objeto do contrato de seguro que estiver sendo entabulado. É válido recorrer à conclusão de Moreira da Silva, quando assevera que "só nascerá um dever de informação pré-contratual se as circunstâncias em causa forem de importância essencial para a parte não informada (essencialidade da informação) e, apenas, se esta as desconhece quando a contraparte ou as conhece ou deveria conhecê-las (assimetria informacional). Esta

---

[465] MARTINS, Maria Inês de Oliveira. Risco moral e contrato de seguro. In: NUNES, António José Avelãs; CUNHA, Luís Pedro; MARTINS, Maria Inês de Oliveira (Orgs.) *Estudos em Homenagem ao Prof. Doutor Aníbal de Almeida*. Boletim da Faculdade de Direito (Stvdia Ivridica 107 – Ad Honorem 7). Coimbra: Coimbra Editora, 2012, p. 649.

desigualdade põe em causa os interesses da parte não informada que se pode encontrar, assim, carente de protecção. Esta protecção só será merecida se a parte não informada tiver cumprido o seu ônus de auto-informação, ou seja, se tiver tentado, por todos os meios que, razoavelmente, se encontravam ao seu dispor, informar-se, sem conseguir".[466]

A questão que se impõe, portanto, é delimitar o que seja uma (busca por) razoável autoinformação sobre o risco envolvido e que se pretende seja transferido ao (e aceito pelo) segurador. Em outros termos, cumpre ponderar se a busca por informações por meio dos modelos declaratórios de riscos pelo segurado/proponente são suficientemente razoáveis ou se são necessárias inspeções complementares.

Estas reflexões teriam fácil solução se a questão fosse passível de ser resolvida apenas pela resposta legal – a solução obrigacional prevista em Lei brasileira, no Código Civil, deixa claros os deveres de boa-fé e veracidade sobre o objeto, circunstâncias e declarações,[467] inclusive prevendo sanções para as situações de declarações inexatas ou omissões.[468] Esses deveres não são exigíveis apenas no momento pré-contratual, mas também durante o percurso de vigência do contrato[469] e, no limite, mesmo nas situações em que o risco venha a ser concretizado.[470] Na prática jurisprudencial, no entanto, a questão não se resolve sempre assim, sendo comuns situações de desoneração daquele que tinha o dever de declarar fidedignamente o risco, atribuindo-se o encargo informacional ao segurador.[471]

A adequada compreensão da qualidade e da situação ambiental do segurado, envolvendo toda sua cadeia de atividades e operações, é de suma importância. Vale lembrar que a caracterização e a avaliação

---

[466] MOREIRA DA SILVA, Eva Sónia. *Da responsabilidade pré-contratual por violação dos deveres de informação*. Coimbra: Almedina, 2003, p. 145.

[467] Art. 765. O segurado e o segurador são obrigados a guardar na conclusão e na execução do contrato, a mais estrita boa-fé e veracidade, tanto a respeito do objeto como das circunstâncias e declarações a ele concernentes.

[468] Art. 766. Se o segurado, por si ou por seu representante, fizer declarações inexatas ou omitir circunstâncias que possam influir na aceitação da proposta ou na taxa do prêmio, perderá o direito à garantia, além de ficar obrigado ao prêmio vencido.

[469] Art. 769. O segurado é obrigado a comunicar ao segurador, logo que saiba, todo incidente suscetível de agravar consideravelmente o risco coberto, sob pena de perder o direito à garantia, se provar que silenciou de má-fé.

[470] Art. 771. Sob pena de perder o direito à indenização, o segurado participará o sinistro ao segurador, logo que o saiba, e tomará as providências imediatas para minorar-lhe as conseqüências. Neste particular nos debruçaremos em tópico próprio, a seguir.

[471] Para um estudo aprofundado sobre o tema, voltado à compreensão prévia de risco (com foco nas negativas de cobertura/indenizações de seguros em decorrência de doenças preexistentes), ver DAHINTEN, Augusto Franke. *A proteção dos consumidores como direito fundamental e as negativas de cobertura em contratos securitários*: cláusulas limitativas *versus* cláusulas abusivas à luz da jurisprudência. Dissertação (Mestrado em Direito). Faculdade Direito, Pontifícia Universidade Católica do Rio Grande do Sul. Porto Alegre, 2015, p. 209 e seguintes.

SEGUROS AMBIENTAIS

do risco influenciarão diretamente, primeiro, a aceitação do seguro e a transferência do risco e, ademais, o preço do seguro, considerando a maior ou menor agressividade ou ameaça que os processos e instalações representem para o meio ambiente, bem como as medidas utilizadas e implantadas para a prevenção.[472]

Importa, para a tomada de posição, analisar dois cenários de compreensão de risco quando da subscrição, que pode ser realizada a partir de declarações prestadas pelos segurados ou a inspeção de risco pelo segurador.

3.2.2.3. Declarações do segurado e inspeção de risco pelo segurador

A compreensão dos riscos a partir de declarações pressupõe a validação dessas declarações, ou seja, a asseguração de que as informações prestadas são suficientemente úteis e fidedignas. Estas questões passam pelo exame da boa-fé. A boa-fé, pela perspectiva da imposição de deveres de conduta (boa-fé objetiva) ou regra de conduta,[473] decorre da atribuição de deveres acessórios às partes que formam o contrato, podendo ser tripartidos em deveres de proteção, de esclarecimento e de lealdade.

Deveres de proteção significam que "as partes, enquanto perdure um fenômeno contratual, estão ligadas a evitar que, no âmbito desse fenômeno, sejam infligidos danos mútuos, nas suas pessoas ou nos seus patrimônios". Deveres de esclarecimento implicam a imposição de obrigações recíprocas às partes para "na vigência do contrato que as une, informarem-se mutuamente de todos os aspectos atinentes ao vínculo, de ocorrências que, com ele, tenham certa relação e, ainda, de todos os efeitos que, da execução contratual, possam advir". Já os deveres de lealdade implicam às partes, "na pendência contratual, absterem-se de comportamentos que possam falsear o objectivo do negócio ou desequilibrar o jogo das prestações por elas consignado".[474] Cordeiro, dissertando sobre o princípio da confiança como expressão da boa-fé, afirma, a partir de Luhmann, que "uma leitura sociológica da confiança assume um papel de relevo no transcender de abstraccionismos. Observa esse autor que as enventualidades susceptíveis de, na sociedade, interferirem nas decisões que desencadeiam comportamentos humanos, são inúmeras; a confiança permitiria, nesse cenário, excluir algumas possibilidades de desenvolvimento, afastando perigos cuja concretização comprometeria a actuação; a confiança permite, pois, reduzir a complexidade social".[475]

---

[472] HERAS HERRÁIZ, José Luis. El pool español de riesgos mediambientales. *Actuarios*. Madrid: Instituto de Actuarios Españoles, n. 33, octubre 2013, p. 21.

[473] CORDEIRO, António Menezes. *Da boa-fé no direito civil*. Coimbra: Almedina, 1997, p. 527 e ss.

[474] Idem, p. 603-607.

[475] Idem, p. 1242.

É perceptível, neste ponto, a estreita conexão entre riscos, confiança e boa-fé. Não é por outra razão que a boa-fé, enquanto princípio jurídico, tem particular relevância para os seguros. Em um mundo altamente complexo, inclusive em questões ambientais, a confiança permite uma redução da complexidade social. A confiança é pressuposto de (con)vivência, sob pena de, ao contrário, viver-se na inconstância das incertezas e do medo permanente. Ainda com Cordeiro, a vincular confiança e boa-fé como deveres jurídicos, tem-se que "em termos de relacionamento social, o Direito, como sistema, é um factor poderoso de redução da complexidade social, surgindo como fonte primordial de confiança". Sustenta, ainda, que, "numa sociedade dominada pela impessoalidade, como é de norma na sequência das revoluções industriais, as reduções permitidas pela confiança num contrato celebrado não advêm tanto de expectativas de comportamento regular da outra parte, como da segurança inculcada pela inserção do pacto em canais jurídicos, cujo percurso se encontra pré-determinado".[476]

Pela ótica sociológica, a confiança é necessária (como condição de convivência); a força jurídica impõe sua obrigatoriedade e sanciona o seu descumprimento. Os seguros podem trazer alguma tranquilidade em um mar revolto em incertezas, contudo necessitam de confiabilidade. Daí o elemento confiança, promovido pelo dever jurídico de boa-fé, como pressuposto para a redução das complexidades. Na prática, o papel das declarações prévias de risco com máxima vinculação à veracidade é uma forma de redução de complexidades na celebração de contratos de seguro. Esta redução cumpre, inclusive, uma função econômica, ou melhor, de economicidade, na medida em que proporciona a redução dos custos de transação.

A respeito disso pontua Araújo, em estudo sobre a análise econômica dos contratos. Em abordagem específica sobre custos de transação, supletividade e integração dos contratos, discorre que "a solução, praticamente consensual na Análise Econômica do Direito é a de que há que fornecer às partes algumas regras supletivas que ajudem a 'focalizar' as suas condutas em torno de expectativas objectivamente adequadas, dados os valores em presença, às probabilidades de cumprimento, incentivando a convergência para um ponto de 'confiança ótima' que não destrua, pela via da indemnização, o equilíbrio de bem-estar que provavelmente seria alcançado através do cumprimento espontâneo do contrato. Complementarmente, sustenta-se que compete ao legislador – ou, em alternativa, ao aplicador do Direito – a substituição de regras supletivas ineficientes por regras supletivas eficientes, de modo a evitar as ineficiências contratuais a custo mínimo, poupando às partes os custos

---

[476] CORDEIRO, António Menezes. *Da boa-fé no direito civil*. Coimbra: Almedina, 1997, p. 1242-1243.

SEGUROS AMBIENTAIS

de transação em que elas incorreriam para prevenirem ou contornarem essas ineficiências se conseguissem discernir adequadamente todo o risco envolvido no contratualmente estipulado – por forma a preservar assim, ou a aumentar, o bem-estar gerado nos contratos".[477]

Trata-se, portanto, de uma implementação, mediante a aplicação da análise econômica, de um regime jurídico adequado para incrementar a disciplina contratual, atendendo, entre outras finalidades, a de diminuir os custos de transação através da multiplicação de normas supletivas.[478]

Em uma perspectiva de análise econômica do Direito, a redução da complexidade, pelo devido cumprimento do dever de informar, promove eficiência na relação negocial. O esclarecimento do risco como pressuposto de sua transferência promove simetrias entre as partes e elimina situações (onerosas) de desconfiança e dúvidas.[479] No que se refere à boa-fé no âmbito do contrato de seguro, pode-se dizer que ela compõe sua essência.[480] Como explica Andrade, "o seguro se qualifica como contrato

---

[477] ARAÚJO, Fernando. Uma análise económica dos contratos – a abordagem económica, a responsabilidade e a tutela dos interesses contratuais. In: TIMM, Luciano Benetti (Org.). *Direito & Economia*. 2. edição. Porto Alegre: Livraria do Advogado, 2008, p. 139. Sobre o impacto dos custos de transação do âmbito contratual, aponta o autor: "– seja porque eles interferem diretamente no cômputo do bem-estar gerado pelas trocas, podendo chegar a inviabilizar trocas pelas elementar razão de excederem em valor absoluto o bem-estar total que as trocas gerariam; – seja porque, na cooperação que mesmo assim *vale a pena*, os custos de transacção introduzem as mais variadas distorções, bastando referirmos o já aludido problema genérico do 'contrato incompleto', o problema da interrupção das negociações a um nível de incompletude que pode vir a revelar-se prematuro (as partes que, para não perderem tempo, se contentam com uma estipulação 'minimalista' que pouco ou nada previne quanto a danos *ex post*, e quando muito se cinge a estabelecer os meios *adjetivos* de dirimir conflitos e de integrar lacunas); – ou a limitação das partes a posições de ignorância racional (a parte que repousa na sua credulidade ou nos seus preconceitos estigmatizadores porque não está para empenhar-se numa dispendiosa busca de informação ulterior), susceptíveis de amplificar grandemente os efeitos das assimetrias informativas, nas falhas de coordenação e das atitudes oportunistas". Idem, p. 139-140.

[478] ARAÚJO, Fernando. Uma análise económica dos contratos – a abordagem económica, a responsabilidade e a tutela dos interesses contratuais. In: TIMM, Luciano Benetti (Org.). *Direito & Economia*. 2. edição. Porto Alegre: Livraria do Advogado, 2008, p. 99-100.

[479] Em sentido oposto ao que estamos sustentando, mas sobre tema conexo – sobre o dever pré-contratual de informação e a análise econômica do Direito – Moreira da Silva apresenta perspectiva crítica, para privilegiar a sobreposição do jurídico à análise econômica, em matéria informacional e no dever de informar. MOREIRA DA SILVA, Eva Sónia. *Da responsabilidade pré-contratual por violação dos deveres de informação*. Coimbra: Almedina, 2003, p. 177-195. O que se afirma é que a análise econômica do Direito não pode fazer preponderar o econômico ao jurídico, com base apenas em critérios de eficiência. A perspectiva econômica trazida pela eficiência serve, quando muito, para ajudar a encontrar soluções razoáveis, contudo, "as soluções que oferece, por mais racionais e eficientes que sejam, poderão não ser as mais justas", afinal, "o direito é mais do que as considerações económicas pode abarcar. Valores como a Justiça não são apreciáveis por conceitos econômicos e dificilmente explicáveis de forma racional". Idem, p. 178-179. A propósito, vide ROSA, Alexandre Morais da; LINHARES, José Manuel Aroso. *Diálogos com a law & economics*. 2. edição. Rio de Janeiro: Lumen Juris, 2011.

[480] Sobre a perspectiva do dever de informar no cenário específico do Direito do Seguro, em Portugal, ver MOREIRA DA SILVA, Eva Sónia. *Da responsabilidade pré-contratual por violação dos deveres de informação*. Coimbra: Almedina, 2003, p. 164-166. Para a autora, "o âmbito do dever de informação abrange, assim, todos os factores ou circunstâncias conhecidas pelo tomador (do seguro) e suscep-

de boa-fé, ou *uberrimae fidei*, ou seja, contrato em que a noção de boa-fé deve estar presente no mais alto grau. A premissa para esta noção decorre da percepção de que o contrato de seguro exigiria, de forma especial, o intercâmbio de informações relativas ao contrato, na medida em que, a partir das referências emanadas pelo segurado, possui o segurador as condições para estabelecer a avaliação dos riscos e a fixação do valor do prêmio".[481]

Andrade associa a boa-fé ao dever de informar, que se deve estender para além dos limites estritos do período de contratação.[482] A devida e adequada informação é pressuposto da própria estrutura do contrato de seguro, na medida em que este "visa à garantia contra um risco, que decorre de dados preexistentes das próprias partes. Para que o vínculo possua um equilíbrio, cumpre então que se atente à realidade do que se declara no contrato".[483] Matos destaca a relevância da declaração prévia de riscos pelo segurado tomador de seguro: "cumpre enfatizar a necessidade do escrupuloso cumprimento das exigências em matéria de declaração inicial do risco. Tais observações revelam-se tanto mais relevantes, quanto é certo que as seguradoras não dispõem ainda no tocante à sinistralidade ambiental de dados e conhecimentos estatísticos muito fiáveis. Desta feita, e a título meramente exemplificativo, o operador, ao celebrar um seguro de responsabilidade civil ambiental, deve proceder a uma caracterização da respectiva actividade ocupacional, indicando, para tal, os seus elementos ou traços nucleares, bem como uma identificação dos cenários de risco previsíveis (liberação acidental de substâncias perigosas, explosões...) e em tal contexto levar ainda a cabo uma avaliação, conquanto sumária, dos danos ambientais associados aos mencionados riscos".[484]

---

tíveis de influenciar sua celebração ou o conteúdo do contrato", chegando ao ponto de afirmar que, em matéria de seguros, este dever de informar envolve inclusive "os factos que o tomador devesse conhecer".

[481] ANDRADE, Fábio Siebeneichler de. O desenvolvimento do contrato de seguro no direito civil brasileiro atual. *Revista de Derecho Privado*. Bogotá: Universidad Externado de Colombia, n. 28, enero-junio, 2015, p. 215.

[482] Afirma que "a observância da boa fé pelo segurador e pelo segurado devem ocorrer tanto no momento da celebração quanto durante o curso do contrato. Na realidade [...] o princípio da boa fé incide ainda nas fases das tratativas – período pré-contratual – e se estende após a conclusão do contrato". Idem, p. 222.

[483] Idem, p. 223. E complementa: "o segurador é dependente das informações prestadas pelo segurado para auferir efetivamente as condições relativas ao risco, a fim de apurar a correlação com o prêmio estipulado. Logo, esta conduta do segurado deve ser permeada pela boa fé – nos termos do art. 765. Nesses termos, regula o código dois deveres para o segurado ou o seu representante: deverá pautar sua conduta pela veracidade, prestando declarações correspondentes à realidade; não poderá, por outro lado, omitir, deixar de informar acerca de dados relativos ao interesse segurado". (Ibidem)

[484] MATOS, Filipe Albuquerque. Danos ambientais / danos ecológicos: o fundo de intervenção ambiental. In: MONTEIRO, Jorge Sinde; BARBOSA, Mafalda Miranda (Coord.). *Risco ambiental*: atas do colóquio de homenagem ao Senhor Professor Doutor Adriano Vaz Serra. Coimbra: Instituto Jurídico/FDUC, 2015, p. 69-70.

Embora as considerações do item anterior se abalizem exclusivamente nas declarações de risco pelo segurado, não é questão tão simples. As dificuldades decorrem de dois fatores: a possibilidade de desconhecimento, pelo segurado, de uma contaminação preexistente e, em segundo lugar, o tratamento dado à declaração de risco do segurado e à inspeção de riscos pelo segurador, conforme análise dada pelos Tribunais.

Detenhamo-nos no modelo por inspeção. O problema surge, como explica Andrade, do fato de que seja comum, na jurisprudência, "a orientação que se o segurador não exige a realização de exames médicos prévios à contratação do seguro, aceita a contratação e aufere os prêmios pagos pelo segurado, não pode posteriormente pretender eximir-se do pagamento do valor contratado".[485] A referência a exames médicos não se limita a esse campo. O que a jurisprudência tem analisado é a questão da própria inspeção de riscos (sejam exames médicos nos seguros de pessoas, sejam outras inspeções – *in loco* nos seguros de danos). A inspeção pode envolver acesso a dados públicos, como licenciamento ambiental, estudo de impacto ambiental, estudo de impacto de vizinhança.

Andrade coloca, com certo tom crítico, que "observe-se, aqui, que esta concepção constitui uma demonstração de alteração da concepção adotada pelo legislador, que centra a boa-fé numa conduta autônoma da pessoa. Para a jurisprudência, a boa-fé passa a ter um caráter subjetivo, tendo que ser caracterizado pela seguradora que houve a conduta imprópria da parte".[486]

Diante do exposto, parece claro, segundo uma racionalidade legal e de utilidade e eficiência econômica, que o recurso à declaração de risco pelo segurado é, ou deveria ser, o mecanismo mais adequado para a avaliação prévia dos riscos. Considerando-se, no entanto, as variáveis decorrentes da seleção adversa e do risco moral, é adequado ter em conta, para apurar a avaliação dos riscos, a possibilidade de inspeções prévias.

3.2.2.4. Tomada de posição

No momento de aferição do risco (seja com base em declarações do segurado, seja com base em inspeções pelo segurador), sobressai em relevância a apuração dos fatores transversais intrínsecos aos desastres – grau de vulnerabilidades e capacidade de resiliência[487] – do próprio

---

[485] ANDRADE, Fábio Siebeneichler de. O desenvolvimento do contrato de seguro no direito civil brasileiro atual. *Revista de Derecho Privado*. Bogotá: Universidade Externado de Colombia, n. 28, enero-junio, 2015, p. 224-225.

[486] Idem, p. 225.

[487] CARVALHO, Délton Winter de; DAMACENA, Fernanda Dalla Libera. *Direito dos desastres*. Porto Alegre: Livraria do Advogado, 2013, p. 55-56.

empreendimento, do seu entorno e em toda a extensão de área potencialmente afetável por um acidente, incluindo tanto aspectos sociais, patrimoniais e econômicos quanto aspectos ecossistêmicos.

A vulnerabilidade refere-se à suscetibilidade diante de condições estabelecidas, considerando fatores físicos (infraestrutura), sociais, econômicos e ambientais, que podem servir para determinar as probabilidades e o nível dos danos e perdas causados pelo impacto de certo risco. É importante que as vulnerabilidades sejam consideradas como uma dimensão interna do risco,[488] ou seja, "um conceito intrinsecamente ligado a um sistema ou elemento do risco".[489] Conforme observa Furedi, "o estar em risco confere à pessoa um papel passivo e dependente. Cada vez mais, aqueles que são rotulados como estando em risco são vistos como alguém que existe numa permanente condição de vulnerabilidade. A crença de que as pessoas existem num estado de vulnerabilidade informa a maneira como se espera que interpretemos as ameaças que se nos deparam. Enquanto metáfora cultural, a vulnerabilidade é usada para acentuar a ideia de que as pessoas e as respectivas comunidades carecem dos recursos emocionais e psicológicos necessários para lidar com a mudança, para fazer escolhas e para lidar com a adversidade".[490]

A resiliência está relacionada à capacidade de um grupo ou de ambientes de suportarem uma situação impactante, com menor chance de assimilá-lo como um desastre. É "a capacidade que um sistema apresenta de tolerar perturbações sem alterar suas estruturas e identidades básicas", visto que a resiliência "influencia diretamente na capacidade que um sistema tem de, sob condições críticas e extremas, coletar, distribuir informações e continuar funcionando ainda que um determinado elemento não esteja em plenas condições".[491]

A definição de desastre está em muito a depender dos graus de vulnerabilidade ou de resiliência: grupos e ambientes mais vulneráveis

---

[488] Uma análise adequada de vulnerabilidades não pode ser feita de forma isolada e unicontextual. Devem ser levadas em conta as peculiaridades das pessoas ou grupos expostas a um determinado risco. Afinal, com lembra Beck, "as mesmas substâncias tóxicas podem ter um significado inteiramente distinto para pessoas distintas, conforme a idade, o sexo, os hábitos alimentares, o tipo de trabalho, os níveis de informação e a educação etc.", e acrescenta: "um problema especialmente grave é que investigações voltadas unicamente a substâncias tóxicas isoladas jamais podem dar conta das concentrações tóxicas no ser humano". Complementa com um exemplo: "é sabido que a ingestão de vários medicamentos pode anular ou reforçar o efeito de cada um deles. Mas é sabido que (ainda) nem só de vários medicamentos vive o ser humano. Ele também inspira as substâncias tóxicas do ar, bebe as da água, come as dos alimentos etc". BECK, Ulrich. *Sociedade de risco*: rumo a uma outra modernidade. São Paulo: 34, 2011, p. 31.

[489] CARVALHO, Délton Winter de; DAMACENA, Fernanda Dalla Libera. *Direito dos desastres*. Porto Alegre: Livraria do Advogado, 2013, p. 56-59.

[490] FUREDI, Frank. Para uma sociologia do medo. In: MENDES, José Manuel de Oliveira (Coord.). *Risco, cidadania e Estado num mundo globalizado*. Coimbra: Contexto, CES – Centro de Estudos Sociais, 2013, p. 204.

[491] CARVALHO; DAMACENA, *op. cit.*, p. 59-62.

e com baixo grau de resiliência terão uma percepção sobre um evento de forma diferente de grupos e ambientes com menor vulnerabilidade e maior grau de resiliência. Esses aspectos podem servir de relevante critério de projeção de perdas, o que tem elevada importância na delimitação do risco econômico para fins de subscrição e fixação de prêmio. Tendo em conta a seleção adversa, pode, também, levar à declinação do risco, o que, não obstante, poderá assumir caráter de preconceito e discriminação – grupos vulneráveis seriam, *a priori*, desinteressantes para os seguros. Adicionalmente, grupos ou ambientes com um mesmo nível de exposição podem, por fatores subjetivos, implicar riscos mais ou menos agravados, do ponto de vista da seguradora. A estruturação de uma política de garantias deve enfrentar essa problemática, pois "embora a probabilidade de ocorrência e magnitude do risco físico sejam semelhantes, o dano e a destruição vão variar de um local para outro, sendo muito menos graves em regiões onde as construções forem bem estruturadas e planejadas para o enfrentamento de determinados riscos, onde houver a preservação das estruturas verdes, onde a população não estiver exposta a locais impróprios para moradia, onde o solo não for utilizado de maneira irregular etc.".[492]

Ocorre que a adequada verificação prévia sobre vulnerabilidades e grau de resiliência poderá servir como importante métrica de projeção de perdas em caso de um sinistro, já que apenas o sistema de declaração de riscos pelo segurado parece insuficiente para atingir a extensão e completude de análise de risco necessária. O ônus pelas investigações diretas, no entanto, não deve ser transferido ao segurador, nem em termos de custos, nem eximindo o empreendedor/segurado do dever de deter e prestar tais informações.

Propondo a construção de uma política de seguros para riscos ambientais, torna-se evidente a necessidade de articulação entre os particulares e o Poder Público, visto que a constituição e a disponibilização de base de dados sobre distribuição demográfica, crescimento demográfico, carências populacionais e disponibilidade de serviços públicos é um pressuposto invencível para a construção do modelo aqui defendido. Ademais, essa base de dados não se deve limitar a aspectos sociais ou econômicos, mas deve incluir, também, os elementos ecológicos – os recursos ambientais expostos, a existência de áreas de proteção ambiental,[493] bem como, e essencialmente, a qualidade dos recursos ambientais expostos a riscos, avaliando se há histórico de degradação ou contaminação. Essa informação será útil, inclusive, para nivelar os limites de

---

[492] CARVALHO, Délton Winter de; DAMACENA, Fernanda Dalla Libera. *Direito dos desastres*. Porto Alegre: Livraria do Advogado, 2013, p. 57.

[493] Poderá ser realizado por meio de instrumentos já previstos em Lei, tais como o Plano Diretor ou o Zoneamento Ecológico-Econômico.

responsabilidade de eventual causador de danos e, por conseguinte, os limites do próprio seguro, em caso de sinistro.[494]

A construção de base de dados sobre riscos e acidentes ambientais, bem como o mapeamento de áreas contaminadas e populações expostas, permite enfrentar um dos empecilhos aos seguros ambientais apontados por Poison, qual seja, a "falta de antecedentes em matéria de sinistros (frequência e importe das reclamações) que permitam avaliar os riscos. A quantificação dos prêmios em função do risco constitui um elemento importante para a cobertura da responsabilidade no marco de um contrato de seguro, motivo pelo qual as seguradoras poderão estabelecer disposições técnicas adequadas a essa finalidade".[495]

Não se olvida, no entanto, a dificuldade de se fazer aplicar um comando de geração de base informativa, especialmente quando se depende da atuação do Poder Público. Essa, aliás, é uma das barreiras enfrentadas na Espanha para implementação da LRM, pois "a Lei de Responsabilidades Ambientais também recorre à determinação da Diretiva Europeia em relação à obrigação das autoridades de informar (à autoridade competente) os episódios de dano ao meio ambiente relacionados à aplicação da norma. A escassa aplicação da lei até este momento tem impedido superar o déficit de informação e, sobretudo, de informação homogênea, a que enfrentam os seguradores neste campo. As notícias sobre episódios de danos ambientais alheios à incidência ao PERM, para acessá-las, carecem de dados relevantes e diferenciados sobre custos de reparação, que permitam a acumulação de experiências estatísticas com o conseguinte enriquecimento comum".[496]

---

[494] Esta base informacional, considerando empreendimentos específicos ou todo um setor ou agrupamento de atividades de riscos (parques ou zonas industriais, por exemplo), deverá levar em conta elementos como: identificação do objeto de risco; identificação dos perigos, em cada objeto de risco; projeção e análise de consequências; e projeção e análise de probabilidades. Sobre isso, ver SABORIT, Juana María Delgado. *La Medida del riesgo ambiental*: nueva metodología para evaluar cómo afectan las actividades de la empresa al entorno natural. Madri: Mapfre Seguridad, n. 107, 3° trimestre 2007, p. 50-63.

[495] Tradução livre. Do original: "Falta de antecedentes en materia de siniestros (frecuencia e importe de las reclamaciones) que permitan evaluar los riesgos. La cuantificación de las primas en función del riesgo constituye un elemento importante para la cobertura de la responsabilidad en el marco de un contrato de seguro, motivo por el cual las aseguradoras han de poder establecer en todo momento unas disposiciones técnicas adecuadas a ese fin". POISON, Margarida Trejo. *El contrato de seguro medioambiental*: estudio de la responsabilidad medioambiental y su asegurabilidad. Cizur Menor (Navarra): Civitas, 2015, p. 53-54.

[496] Tradução livre. Do original: "La Ley de Responsabilidad Medioambiental también recoge el mandato de la directiva europea en cuanto a la obligación de las autoridades de informar al Ministerio del Ramo de los episodios de daño medioambiental en los que quepa aplicación de la norma. (...) La infrecuente aplicación de la ley hasta el momento, ha impedido superar el déficit de información y, sobre todo, de información homogénea, al que nos enfrentamos los aseguradores en este campo. Las noticias sobre episodios de daño medioambiental externas al Pool a las que podemos acceder, adolecen de datos relevantes y diferenciados sobre costes de reparación, que permitan la acumulación de experiencia estadística con el consiguiente enriquecimiento común". HERAS

SEGUROS AMBIENTAIS

Matos, atento à realidade portuguesa, observa que a ausência de bases informacionais sobre sinistros ambientais seja um ponto delicado para o desenvolvimento de seguros ambientais. A propósito, afirma que "não nos parece, porém, neste contexto, muito correcto qualificar de timorato o percurso até ao momento trilhado pelas seguradoras, porquanto as possibilidades abertas pela lei dos grandes números se revelam, à partida, amplamente ultrapassadas pela profunda e natural imprevisibilidade reinante da delimitação do círculo de danos provocados por desastres ou acidentes ambientais. Com efeito, as seguradoras não dispõem de estudos técnicos e dados estatísticos seguros e fiáveis capazes de lhes permitirem conhecer com alguma segurança o nível de risco susceptível a que estão expostas, revelando-se, porém, uma tal avaliação absolutamente necessária face às exigências impostas pelo regime do 'Solvência II'".[497]

A criação de bases de dados, como se vê, é um grande desafio. A construção de bases de informação sobre riscos e acidentes ambientais não é uma necessidade restrita à atuação dos seguros – pelo contrário, este plexo de informações atenderia a diversas funções, muitas delas próprias e específicas ao Poder Público em si, para a adequada tomada de decisões.[498]

3.2.2.5. Passivos ambientais: o problema da preexistência

A discussão sobre cobertura de seguro para poluição preexistente pode começar com uma pergunta: é possível haver um seguro para passivos ambientais?[499] É preciso definir, primeiro, o passivo ambiental. A seguir, a questão exige decidir se havia ou não conhecimento de parte do segurado, ou dados públicos, sobre um determinado passivo.

Passivos ambientais são danos ambientais históricos, que podem ser explicados de diversas maneiras. São definidos como aqueles que "têm origem no passado, num período em que não havia um sistema objetivo de responsabilidade civil por danos ao meio ambiente ou vigoravam

---

HERRÁIZ, José Luis. El pool español de riesgos medioambientales. *Actuarios. Madrid: Instituto de Actuarios Españoles*, n. 33, octubre 2013, p. 22.

[497] MATOS, Filipe Albuquerque. Danos ambientais / danos ecológicos: o fundo de intervenção ambiental. In: MONTEIRO, Jorge Sinde; BARBOSA, Mafalda Miranda (Coord.). *Risco ambiental*: atas do colóquio de homenagem ao Senhor Professor Doutor Adriano Vaz Serra. Coimbra: Instituto Jurídico/FDUC, 2015, p. 68-69. Solvência II, a que faz referência, relaciona-se à regulação prudencial para seguradoras no âmbito da UE.

[498] CARVALHO, Délton Winter de; DAMACENA, Fernanda Dalla Libera. *Direito dos desastres*. Porto Alegre: Livraria do Advogado, 2013, p. 63-65 e 86-88.

[499] A questão dos passivos, por outro lado, tem especial relevância para a aplicação do seguro garantia.

padrões de qualidade ambiental permissivos e que continuam a gerar consequências relevantes no presente".[500]

Dois elementos podem ser adicionados ao problema. Há que se ponderar, primeiro, que os danos históricos possam ser conhecidos ou não. Exemplo clássico, neste sentido, são vazamentos de produtos químicos em dutos, durante longo período, em níveis mais ou menos altos, formando um passivo. Esses vazamentos podem ser conhecidos ou não. Ademais, e este é o segundo elemento, é necessário considerar que danos históricos que formam passivos não necessariamente terão sido originados de situações muito remotas. Um passivo pode ser formado sob um sistema de responsabilidade civil criterioso, ou mesmo podem ser gerados a partir de práticas/atividades conformes com a lei e com os atos autorizativos. Um exemplo expressivo, neste sentido, são as atividades minerárias licenciadas.

Estes passivos ambientais ou danos históricos, que ficam incubados durante longo período, podem, ao longo da vigência de uma apólice de seguros ambientais, se manifestarem ou serem descobertos. É possível, portanto, que a origem, o ponto inicial ou o período mais intenso de contaminação sejam anteriores à contratação do seguro.

Há elementos dificultadores do estabelecimento de responsabilidades, o que, observamos, incide de forma dramática sobre a participação dos seguros. O que ocorre é que "muitas vezes, a atividade que gerou os danos ambientais históricos foi desenvolvida há muito tempo e, não raro, com obediência às determinações legais e aos padrões de qualidade ambiental vigentes na época. Por conta do fator temporal, as dificuldades para comprovar o nexo de causalidade entre a atividade lesiva e o resultado danoso são ainda maiores. Além disso, frequentemente, não é possível localizar um responsável por essas lesões ou, quando possível, a propriedade, onde o dano foi produzido, foi transferida para um novo adquirente, que não tem qualquer relação direta com o fato".[501]

Transpondo a questão dos passivos ambientais ao âmbito dos seguros, no que se refere especificamente à incidência de um determinado seguro para situações preexistentes, é relevante a pergunta: o passivo era ou não conhecido pelo segurado? Se ignorado, o próprio contrato de seguro deverá delimitar a possibilidade ou não de cobertura; a viabilidade de dar cobertura para danos preexistentes ou a expressa exclusão do risco para passivos não conhecidos. A concessão ou não de cobertura

---

[500] BAHIA, Carolina Medeiros. *Nexo de causalidade em face do risco e do dano ao meio ambiente*: elementos para um novo tratamento da causalidade no sistema brasileiro de responsabilidade civil ambiental. Tese (Doutorado em Direito) – Centro de Ciências Jurídicas, Universidade Federal de Santa Catarina. Florianópolis, 2012, p. 151.

[501] Idem, p. 152.

para esse determinado risco terá implicações no preço e na aplicação de outros mecanismos delimitadores da participação e da responsabilidade do segurado (delimitação do período de retroatividade, por exemplo).

Tratando-se de passivos conhecidos, estes necessariamente deverão ser declarados ao segurador, sob pena de, descoberta a omissão, implicar a não concessão de coberturas e indenizações por violação do dever de honrar a boa-fé e de declarar adequadamente o risco. Situações em que os danos sejam anteriores à vigência do seguro e conhecidos pelo segurado, em que, contudo, o segurado omita informação, são ponto relevante a observar no questionário de risco.

Pelo prisma de uma política de seguros, não parece que seja caso de o legislador definir pela concessão ou não de cobertura para passivos ignorados. Compete à Lei definir tais possibilidades, mas a concessão de coberturas deve ficar adstrita à autonomia negocial das partes.

3.2.3. Definições de poluidor e de segurado: o poluidor indireto

A definição legal de poluidor inclui tanto aqueles que agem diretamente quanto os que agem indiretamente. Entre todos, impera o princípio jurídico da solidariedade. Pois bem. Se todos que participam direta ou indiretamente, efetiva ou remotamente, respondem objetiva e solidariamente, na mesma medida, será difícil a atuação dos seguros, pois a delimitação do risco (delimitação subjetiva) será inviável e, ainda que se realizem cotações, os prêmios ficariam exorbitantes e o risco somente seria aceito com uma série de limitadores inclusos no contrato. Nesse caso, os seguros não atenderiam aos fins almejados e seriam desinteressantes ao segurado.

Vejamos um exemplo para extrairmos algumas questões. Imagine-se uma situação em que um segurado gere resíduos em sua atividade (pessoa 1) e contrate uma empresa para recolher e destinar estes resíduos (pessoa 2) e esta, por sua vez, destine os rejeitos a um aterro industrial (pessoa 3). Se, no futuro, for verificado que nesse aterro industrial, embora licenciado e operando com a melhor tecnologia disponível, houve vazamento de algum líquido que infiltrou o solo e atingiu o lençol freático, contaminando águas subterrâneas, poderá o segurado (pessoa 1) ser responsabilizado?

A resposta parece positiva, na linha da jurisprudência que vem sendo construída, desde a ideia de responsabilidade solidária entre os poluidores, diretos e indiretos. Contudo, se apenas o segurado for responsabilizado ou se for responsabilizado solidariamente, sendo que os demais não possuam patrimônio, poderá ter que arcar sozinho com os custos de indenizações e restauração do dano? Também aqui a resposta será positiva, por fundamentos equivalentes.

Assim, um derradeiro questionamento: poderá o segurado acionar seu segurador para que lhe indenize por prejuízos decorridos desta reparação de danos? A resposta não pode ser categórica, pois seguros podem ter, e costumam ter, diversas cláusulas limitadoras de indenizações. O que importa, em relação aos demais envolvidos, são alguns questionamentos complementares: deve o segurador indenizar o segurado por obrigações originadas de eventos nos quais o segurado participou remota e indiretamente? Na integralidade da obrigação imposta solidariamente ao segurado? Quando da contratação do seguro, tais possibilidades são aventadas? Deve haver cobrança de prêmio proporcional?

Para fins de reflexão, vale o problema, não a resposta. As possíveis respostas a essas questões são muitas, pois há inúmeras variáveis envolvidas. A intenção ao apresentá-las foi de problematizar. O que se pode afirmar desde já é que a figura do segurado não se confunde com tão ampla conceituação de poluidor e, se equiparados, os seguros ficariam proibitivos. Convém analisar outros sistemas, para compreender como a questão é tratada.

3.2.3.1. *O operador na Diretiva 35/2004/UE e sua recepção na Espanha e em Portugal*

Tendo clara a preocupação e o contexto que motivaram a Diretiva 35/2004/UE, é pertinente analisar como essa normativa e as outras legislações nacionais em apreço conceituam e delimitam a figura do poluidor ou do operador.

Um primeiro ponto a destacar é a opção, na Diretiva, pelo emprego da expressão "operador" como sujeito responsável pelo cumprimento das normas preventivas e reparatórias previstas. Da versão em língua portuguesa da Diretiva se pode extrair, do artigo 2º, item 6, o conceito de operador como sendo "qualquer pessoa singular ou colectiva, pública ou privada, que execute ou controle a actividade profissional ou, quando a legislação nacional assim o preveja, a quem tenha sido delegado um poder económico decisivo sobre o funcionamento técnico dessa actividade, incluindo o detentor de uma licença ou autorização para o efeito ou a pessoa que registe ou notifique essa atividade".

No item 7 do mesmo artigo, é definida a "atividade ocupacional/ profissional", como sendo "qualquer actividade desenvolvida no âmbito de uma actividade económica, de um negócio ou de uma empresa, independentemente do seu carácter privado ou público, lucrativo ou não".[502] O operador, que é quem será responsabilizado pelos custos de reparação – artigo 8°, item 1 – recebe, na Diretiva, uma especificação clara quando se delimita como sendo aquele que execute ou controle a atividade profissional, entendida como qualquer atividade desenvolvida no âmbito de uma atividade econômica. Como se nota, há uma vinculação direta entre a atividade do operador-poluidor e um dano decorrente de sua atividade profissional, como sugere o trecho "que execute ou controle a atividade". Clara a opção pela responsabilidade do operador direto para configuração do operador-poluidor. Não há margem extensiva de interpretação para operador indireto, ou o que o valha.

Em Portugal, no Decreto-Lei 147/2008, no artigo 11, que apresenta as definições, o item "l" prevê como operador "qualquer pessoa singular ou colectiva, pública ou privada, que execute, controle, registe ou notifique uma actividade cuja responsabilidade ambiental esteja sujeita a este decreto-lei, quando exerça ou possa exercer poderes decisivos sobre o funcionamento técnico e económico dessa mesma actividade, incluindo o titular de uma licença ou autorização para o efeito".

Além da semelhança com o texto da Diretiva, nota-se, na norma portuguesa, o emprego de termos e expressões claros para a limitação ao operador diretamente responsável, quando o refere como sendo aquele que "exerça ou possa exercer poderes decisivos sobre o funcionamento técnico e econômico". A expressão poderes decisivos é categórica e evidencia a intenção de delimitação do operador-poluidor ao operador direto.

Na lei espanhola, Lei 26/2007 (LRM), a opção de delimitação também está presente. No item 10 do artigo 2° está previsto como operador (no original) "cualquier persona [...] que desempeñe una actividad económica o profesional o que, en virtud de cualquier título, controle dicha atividad o tenga un poder económico determinante sobre su funcionamiento técnico". Deste modo, a delimitação de quem seja eventual operador-poluidor vincula-se ao operador que controle a atividade ou que tenha um poder econômico determinante. Também aqui, portanto, nota-se não haver margem para amplitude a ponto de alcançar aqueles que apenas indiretamente estejam ou venham a estar vinculados com o operador-poluidor ou com uma atividade que cause danos ambientais.

Pardo, ao discorrer sobre os elementos que compõem a figura do operador, ressalta duas questões suscitadas pelo enunciado acima transcrito, a saber: a definição de operador, ou seja, quem pode ser consi-

---

[502] UNIÃO EUROPEIA. *Directiva 2004/35/CE do Parlamento Europeu e do Conselho, de 21 de Abril de 2004, relativa à responsabilidade ambiental em termos de prevenção e reparação de danos ambientais*. Disponível em <http://eur-lex.europa.eu/legal-content/PT/TXT/HTML/?uri=CELEX:32004L0035&from=PT>. Acesso em 28.09.2017.

derado como tal para os efeitos da LRM, e quem será o operador em situações em que vários sujeitos possam ser responsabilizados, isto é, quando várias pessoas tenham, de um modo ou outro, tido protagonismo no evento.[503]

Acerca da primeira questão, a lei espanhola prevê sobre aqueles que exerçam uma atividade econômica ou profissional, excluindo todos aqueles que pratiquem um dano ambiental sem executar atividades profissionais (caça e pesca desportivas, p. ex.), bem como aqueles que detenham o controle ou o poder econômico determinante sobre uma atividade, ou seja, seus centros ou instâncias diretivos e de controle – o que pode ser identificado em contratos, estatutos ou convênios, mas também nas licenças, autorizações, comunicações e outros registros administrativos.[504]

No que toca a segunda questão sobre a pluralidade de protagonistas envolvidos em um evento, há previsão no artigo 11 da LRM.[505] Verifica-se a opção não pela solidariedade, mas pela partilha de responsabilidades, sendo necessária a divisão da participação. Isto é, só será viável exigir responsabilidades dos causadores quando for possível que se delimite sua cota de participação, em que pese, no entanto, a dificuldade e dilação temporal que isso possa implicar.[506]

No momento e nos limites deste texto, importa, das normas analisadas, a questão da delimitação da figura do operador-poluidor, tendo sido demonstrado o emprego de termos capazes de dar precisão e demarcação à figura do operador: poderes decisivos, controle da atividade e poder econômico determinante.

Demonstrou-se previamente que a delimitação conceitual e extensiva de poluidor, direto ou indireto, é de enorme importância à atividade de seguros, que, como vimos, desempenha um papel relevante em uma política ambiental e, por conseguinte, no sistema de responsabilidade civil do ramo.

Não obstante, havendo compromisso crítico, não se pode deixar de consignar que o excessivo recurso à delimitação e enumeração não passam despercebidos como eventuais excessos. Pardo observa que "o propósito da delimitação, da concretização por meio da enumeração, que acaba por ser invocado na Diretiva e consequentemente no LRM, leva

---

[503] PARDO, José Esteve. *Ley de responsabilidad medioambiental*: comentario sistemático. Madrid: Marcial Pons, 2008, p. 39-40.

[504] Idem, p. 40-41.

[505] LRM, artigo 11: "En los supuestos en los que exista una pluralidad de operadores y se pruebe su participación en la causación del daño o de la amenaza inminente de causarlo, la responsabilidad será mancomunada, a no ser que por Ley especial que resulte aplicable se disponga otra cosa".

[506] PARDO, *op. cit.*, p. 41-42.

a um texto detalhado e extenso. Um modelo que, certamente, pode ter suas vantagens e aspectos positivos derivados desse propósito delimitador, mas também, por seu próprio desenvolvimento, abre-se a outros problemas".[507]

A ponderação do professor catalão traz o entendimento de que a Diretiva e a lei espanhola poderiam ter adotado fórmulas mais amplas de responsabilização. Ao mesmo tempo, reconhece que houve intenção de delimitar rigorosamente a figura do operador/poluidor. Essa ressalva é importante para observar como a regulamentação dessas questões no cenário Europeu está em ponto diametralmente oposto ao da legislação brasileira, a qual, além de pouco discriminar, emprega conceitos altamente maleáveis.

Para tornar possível o desenvolvimento e o fortalecimento dos seguros como instrumento de proteção ambiental, em nível tanto de prevenção quanto de reparação, é necessário superar diversas assimetrias entre a responsabilidade civil ambiental e a técnica dos seguros. Essa mudança pressupõe a fixação de um sistema jurídico e legal mais estável e previsível.

Em relação à jurisprudência, é necessário que se somem aos módulos flexíveis de responsabilização elementos de maior previsibilidade, com critérios precisos de distribuição de responsabilidades, especialmente quanto à responsabilidade solidária e ao envolvimento da figura do poluidor indireto. Ademais, convém que se avance para fixar parâmetros de compartilhamento de responsabilidades, que levem em conta, por exemplo, o grau de culpa, a vantagem econômica obtida por cada um, o nível de atendimento a deveres e obrigações de cuidado, entre outros mecanismos de diferenciação de participações.

Caso não se avance para uma legislação específica sobre responsabilidade civil ambiental, é oportuno levar em conta experiências que optaram pela delimitação precisa de responsabilidades, com anseio de gerar simetrias entre a responsabilização e a técnica de seguros, inclusive prevendo a exigência de instrumentos financeiros de garantia como os seguros, assim como vem ocorrendo nos países europeus.

Por derradeiro, caso mantido o quadro de instabilidade, isso não será um impeditivo ao desenvolvimento dos seguros ambientais, contudo, serão disponibilizados produtos com rigorosas limitações e, portanto, não suficientemente amplos para promoverem um expressivo grau de garantias, como é desejável.

---

[507] Tradução livre. Do original: "En cambio, el propósito de delimitación, de concreción por la vía de la enumeración, que acaba imponiéndose en la Directiva y, consiguientemente, en la LRM, conduce a un texto detallado y extenso. Un modelo que, ciertamente, puede tener sus ventajas y aspectos positivos derivados de ese propósito delimitador, pero que también, por su proprio desarrollo, se abre a otros problemas". PARDO, José Esteve. *Ley de responsabilidad medioambiental*: comentario sistemático. Madrid: Marcial Pons, 2008, p. 21.

3.2.3.2. Tomada de posição

Conforme exposto, o alcance dos conceitos de poluidor indireto e de solidariedade entre poluidores diretos e indiretos se encontra explicitado na jurisprudência do Superior Tribunal de Justiça; não obstante gera insegurança em razão da expressiva elasticidade que permite à aplicação dos mesmos. Há exemplos de sistemas legais que utilizam categorias mais claras e precisas de delimitação de responsabilidades ambientais. É importante analisá-las de modo a buscar subsídios para desenvolver reflexão sobre um modelo mais compatível com a atividade asseguradora. É pertinente registrar que existam posições em defesa da limitação da responsabilidade civil ambiental, um movimento que se parece adequar a uma tentativa de ajustes das categorias relacionadas e à extensão das responsabilidades.

O conceito excessivamente aberto de poluidor indireto vem sendo submetido a críticas e propostas de conformação, pois "a indeterminação do conceito, no caso concreto, tem servido de base para sua utilização de forma lotérica e aleatória, gerando enorme insegurança jurídica e econômica e, na prática, pouco contribuindo para a proteção ambiental, especialmente quanto às áreas contaminadas".[508]

Neste sentido, acrescenta Antunes que a "excessiva ampliação do conceito de poluidor indireto pode implicar uma verdadeira indução à não responsabilização dos proprietários de atividades poluentes que, de uma forma ou de outra, se encontram vinculados a cadeias produtivas maiores, haja vista que a responsabilidade se transferirá automaticamente para aquele que detenha maiores recursos econômicos, como é o caso, por exemplo, dos aterros industriais destinados à guarda e destinação final de resíduos sólidos; o que para a proteção ambiental é a pior solução possível, pois implicaria maior degradação ambiental e a inviabilização prática do sistema de disposição final de resíduos sólidos".[509]

Por outro lado, a excessiva extensão atribuída à solidariedade entre os poluidores, sem qualquer critério de distinção e, em muitos casos, sem expressa previsão legal,[510] vem sendo igualmente criticada. Sustenta-se, em suma, não ser possível atribuir responsabilidade solidária sem expressa previsão legal ou acordo entre as partes, já que a solidariedade não se presume.[511]

---

[508] ANTUNES, Paulo de Bessa. O conceito de poluidor indireto e a distribuição de combustíveis. *Revista SJRJ*, Rio de Janeiro, v. 21, n. 40, ago. 2014, p. 233.

[509] Idem, p. 234.

[510] Antunes expõe diversos casos em que a solidariedade esteja prevista em leis específicas, o que torna legítima sua aplicação. Consta em situações tais como: relações de consumo (Lei 8.078/1990, arts. 12-14 e 17-20), proteção das águas jurisdicionais brasileiras (Lei 6.966/2000, art. 25), utilização de agrotóxicos (Lei 7.802/1989, art. 14) e na Lei de Biossegurança (lei 11.105/2005, art. 20). Idem, p. 233-234.

[511] Idem, p. 233.

Quanto ao tema do poluidor indireto, é oportuno trazer à baila a posição de Farias e Bim, que afirmam ser necessária uma diferenciação em relação ao poluidor direto; eis que "em termos substanciais, essa diferenciação é relevante, pois as hipóteses nas quais se caracteriza um poluidor ambiental indireto não podem equipará-lo ao direto, por danos pelos quais ele não deve responsabilizar-se, sejam eles anteriores ou posteriores à sua conduta".[512]

Segundo afirmam, "a ideia subjacente ao poluidor indireto é a de que ele deve internalizar o dever de cuidado, entrando como uma espécie de garante de terceiro, o causador do dano (pois) a função da política de responsabilização do poluidor indireto 'consiste em internalizar o dever de cuidado em terceiro alheio à relação de causalidade, ampliando o número de pessoas e instituições obrigadas a controlar a produção dos riscos'".[513]

Se assim é, está-se aplicando à responsabilidade civil as premissas do princípio do poluidor-pagador, o que é impróprio, conforme já houve ocasião de demonstrar. Essa ressalva de separação entre o poluidor-pagador e a responsabilização não é de menor importância. Além da extensão excessiva da responsabilidade civil ambiental, por conta do recurso ao referido princípio, tal caso gera situações de insegurança e dá à responsabilidade civil uma amplitude que deveria ser contemplada pelo princípio do poluidor-pagador. Ou seja, a ideia de envolvimento de todos os pontos de uma cadeia produtiva, ou mesmo de todo o mercado e da sociedade, com práticas de internalização das externalidades negativas ou dos custos sociais, vincula-se à indução de comportamentos e de novas práticas, de forma geral e prévia, não servindo o princípio do poluidor-pagador para dirimir casuísmos.[514]

---

[512] FARIAS, Talden. BIM, Eduardo Fortunato. O poluidor indireto e a responsabilidade civil ambiental por dano precedente. *Revista Veredas do Direito*. Belo Horizonte, v. 14, n. 28, jan./abr. 2017, p. 130.

[513] Ibidem.

[514] Para um estudo de caso julgado pelo STJ, enfrentando justamente as questões aqui aventadas, ver SARAIVA, Pery. Caso Vicuña e os limites da responsabilidade solidária por danos ambientais. *Revista eletrônica trimestral da associação internacional de direito de seguros*, v. 7, 2017, p. 24-31. No caso analisado, "O Superior Tribunal de Justiça recentemente enfrentou no julgamento dos Recursos Especiais 1.596.081 e 1.602.106, caso envolvendo processos decorrentes de danos individuais originados da explosão do navio Vicuña na baía de Paranaguá, um dos maiores acidentes ambientais do Paraná, ocorrido em 2004. Em síntese, na noite de 15 de novembro de 2004 o navio chileno Vicuña explodiu quando estava atracado no porto, deixando quatro tripulantes mortos e despejando no mar milhões de litros de óleo e metanol. Por conseguinte, em centenas de processos se discute a reparação dos danos alegadamente suportados por pescadores da região atingida. [...] A questão enfrentada pela 2ª Seção do Superior Tribunal de Justiça é específica. Uma questão de direito relacionada aos limites da responsabilidade civil solidária no âmbito do direito ambiental. Em outros termos, debateu-se sobre quem e quais são as empresas que deveriam ser responsabilizadas pelos danos causados aos indivíduos (pescadores que foram privados de suas atividades profissionais e econômicas)". Para esse caso, foi definida a seguinte tese: "As empresas adquirentes da carga transportada pelo navio Vicuña no momento de sua explosão, no Porto de Paranaguá/PR,

Por fim, é oportuno ponderar sobre o recurso à figura do poluidor indireto, comumente realizada de forma indiscriminada. Esse problema gera o risco de um afrouxamento ou dilatamento excessivo do nexo causal, chegando à perigosa situação de responsabilização por fatos ocorridos no passado, nos quais o "poluidor indireto" nem remotamente tenha participado; eventos em que a participação do segurado em um processo produtivo ou relacionamento com uma atividade tenha sido apenas potencial. Farias e Bim sustentam que, "em suma, não se pode usar a objetividade da responsabilidade civil ambiental para criar um nexo causal inexistente ou, simplesmente, para dispensar a sua exigência. Dessa forma, é equivocado pugnar pelo liame causal entre a conduta e um resultado antecedente, com o frágil argumento de que somente se desmata ilegalmente (resultado) porque alguém irá comprar (ação), sendo irrelevante se esse comprador tomou todos os cuidados exigidos pela legislação para tanto. A existência de nexo de causalidade é fundamental, mas não pode ser irresponsavelmente criada da vontade do intérprete em discurso de ligar tudo a todos, imputando especialmente ao poluidor indireto (terceiro em relação ao dano ambiental) a responsabilidade em relação aos danos ambientais antecedentes à sua conduta".[515]

Deste modo, para fatos pretéritos, ou seja, para fatos em que a relação jurídica entre o poluidor direto e o suposto poluidor indireto seja posterior ao dano, não deveria ser aplicada a responsabilização do "poluidor indireto", salvo em caso de culpa comprovada, não sendo caso hipotético de responsabilidade objetiva. Do contrário, se a relação jurídica entre o poluidor direto e o indireto antecede o dano (p. ex., uma instituição financeira que concede crédito a uma atividade que venha a causar dano ambiental), só haverá responsabilidade do poluidor indireto quando houver um descumprimento legal ou o não atendimento a um dever de cuidado (no caso do exemplo, a hipótese de a concedente do crédito não ter feito toda a averiguação sobre a regularidade ambiental da atividade que estará financiando). Conclui-se que o nexo causal, em relação ao poluidor indireto, não deva ser perquirido no âmbito fático, pois se trata, antes, de uma questão jurídica, ou seja, de verificação se o suposto poluidor indireto cumpre ou não seus deveres e obrigações, quando as houver por força de lei ou de contrato.[516]

---

em 15/11/2004, não respondem pela reparação dos danos alegadamente suportados por pescadores da região atingida, haja vista a ausência de nexo causal a ligar tais prejuízos (decorrentes da proibição temporária da pesca) à conduta por elas perpetrada (mera aquisição pretérita do metanol transportado)".

[515] FARIAS, Talden; BIM, Eduardo Fortunato. O poluidor indireto e a responsabilidade civil ambiental por dano precedente. *Revista Veredas do Direito*. Belo Horizonte, v. 14, n. 28, jan./abr. 2017, p. 133.

[516] Idem, p. 135.

3.2.4. Definição do beneficiário do seguro e redimensionamento do terceiro lesado na responsabilidade civil ambiental

Sinalizou-se anteriormente, em tópico sobre o conceito de seguro de responsabilidade civil, a posição do terceiro e a questão da definição do terceiro, para fins de compreensão da amplitude e dos beneficiários nos seguros de responsabilidade civil ambiental no âmbito dos riscos ambientais e das lesões difusas. Esta reflexão, com efeito, é da maior importância, pois afeta o redimensionamento do terceiro lesado na responsabilidade civil ambiental.

O seguro de responsabilidade civil ambiental não se cinge ao terceiro lesado de forma clara e diretamente identificável. Este universo é maior e admite uma gama de terceiros com possibilidades de pretensão em face do segurado, ainda que as causas sejam expressivamente diversas. Vale citar a exemplificação proposta por Rego: "vítimas directas e indirectas, desde que titulares de um direito a uma indemnização, bem como quem nos seus direitos se haja sub-rogado, designadamente um segurador com quem tenham celebrado um seguro de coisas e que tenha avançado com a indemnização, ou um co-autor da lesão a quem tenha sido exigido o pagamento integral da indemnização, obrigação solidária, e finalmente quaisquer terceiros que se tenham envolvido no tratamento da lesão e que sejam também titulares de um direito de ressarcimento pelos prejuízos sofridos".[517]

O terceiro reflexamente lesado não foge do escopo tradicional dos seguros de responsabilidade civil, contudo, se ponderarmos sobre a figura do terceiro diante dos danos ecológicos puros (dano ambiental em sentido estrito) e do dano ambiental difuso (extrapatrimonial) – e é nesta dimensão que se insere a inovação trazida pelos seguros ambientais –, sua figura, por um lado, fica imprecisa e, por outro, ampliada. Será imprecisa porque o terceiro difuso é absolutamente diverso do terceiro típico, singular, dos seguros de responsabilidade civil.

Este novo terceiro caracteriza-se pela "transindividualidade real ou essencial ampla"; pela "indeterminabilidade de seus sujeitos"; pela "indivisibilidade ampla"; pela "indisponibilidade no campo relacional jurídico"; e pela "ressarcibilidade indireta". É ampliada – e isto parece perturbador – porque terceiros passam a ser toda a coletividade titular do direito ao meio ambiente ecologicamente equilibrado (o que inclui o próprio segurado-poluidor). Leite e Ayala, a partir de proposta

---

[517] REGO, Margarida Lima. *Contrato de seguro e terceiros*: estudo de direito civil. Coimbra: Coimbra Editora/Wolters Kluwer, 2010, p. 651-652.

de Benjamin,[518] explicam estas peculiaridades: "1. 'transindividualidade real ou essencial ampla', quando o número de pessoas ultrapassa a esfera de atuação dos indivíduos isoladamente considerados, para levá-la a uma dimensão coletiva. Outrossim esta transindividualidade real significa dizer que a pluralidade de sujeitos chega ao ponto de se confundir, muitas vezes, com a comunidade; 2. 'indeterminabilidade de seus sujeitos', isto é, as pessoas envolvidas são substancialmente anônimas; 3. 'indivisibilidade ampla', ou seja, uma espécie de comunhão, tipificada pelo fato de que a satisfação de um só implica a satisfação de todos, assim como a lesão de um só constitui a lesão da inteira coletividade; 4. 'indisponibilidade no campo relacional jurídico', por não dispor de titulares determináveis, apresenta dificuldades em transigir de seu objeto no campo jurídico-relacional; 5. pela 'ressarcibilidade indireta', quando não houver a reparabilidade direta aos sujeitos considerados, (levando em conta o caráter 'anônimo' dos sujeitos) e, sim, ao fundo, para recuperação dos bens lesados".[519]

Um terceiro difuso, portanto, terá seus direitos e interesses tutelados e exigíveis não pelos tradicionais mecanismos de reclamação e acesso à justiça, de forma individual, mas pela técnica da tutela coletiva de direitos, manejáveis, especialmente pela via da Ação Civil Pública. Ele se faz representado pelos atores legitimados pela LACP ou por qualquer cidadão, pela via da Ação Popular, ocasião em que qualquer um deles estará capacitado para reclamar em nome de toda a coletividade. Considere-se, por conseguinte, a amplitude de uma única reclamação que tenha por escopo tutelar direitos difusos e coletivos.

A questão é de relevância e para tal o setor de seguros deve atentar, pois rompe significativamente com a lógica segundo a qual os seguros de responsabilidade civil são estruturados. Nos seguros de responsabilidade civil tradicionais, o acionamento da apólice dependerá de uma reclamação de um terceiro, individualmente afetado, ou de vários, mas cada um promovendo, individualmente, suas próprias reclamações.

Transposta a questão para a reflexão sobre o terceiro difuso – e estando-se a tratar de danos ecológicos e danos difusos – o leque de possibilidades de reclamação será muito mais alargado. Este esclarecimento terá especial implicação quando for tratado o tema do sinistro ambiental e das formas de acionamento da cobertura do seguro. De momento, cumpre frisar:

---

[518] Texto clássico e precursor, BENJAMIN, Antonio Herman V. A insurreição da aldeia global versus o processo civil clássico. In: FRANCO, António de Sousa et al. *Textos*: ambiente e consumo. Lisboa: Centro de Estudos Jurídicos, v. 1, 1996.

[519] LEITE, José Rubens Morato; AYALA, Patryck de Araújo. Dano ambiental: do individual ao coletivo extrapatrimonial. São Paulo: Revista dos Tribunais, 2012, p. 240.

DIMENSÃO	O TERCEIRO	RECLAMAÇÃO	DESTINAÇÃO
Dano individual	Vítima/individual	Pela vítima	Própria vítima
Dano ecológico	Coletividade/Recursos Naturais	Legitimados	Restauração Ecológica
Difusos	Coletividade	Legitimados	Fundos

3.2.5. Responsabilidade integral: formas de reparação de danos e a atuação dos seguros por meio das coberturas e indenizações

A responsabilidade integral é um tema complexo, que, no âmbito dos seguros pode ganhar contornos de particular conflitualidade. O princípio da reparação integral do dano está consagrado no artigo 944 do Código Civil brasileiro, impondo que todos os prejuízos sofridos devem ser reparados. Quando transposto ao Direito Ambiental, determina que "a reparação do dano ambiental conduza o meio ambiente e a coletividade a situação mais próxima possível daquela que existiria caso a lesão não tivesse ocorrido, [de modo que a] reparação dos danos ao meio ambiente deve ocorrer de maneira bastante ampla, envolvendo tanto os danos ecológicos puros quanto os danos causados por intermédio do meio ambiente, sejam eles individuais ou coletivos, patrimoniais ou extrapatrimoniais".[520]

Cumpre apreciar a incidência desse princípio nas diversas dimensões de danos e nas respectivas coberturas pelos seguros.

3.2.5.1. Danos ecológicos, valoração, marco de reparação e despesas de contenção: tomada de posição

A questão da valoração do dano ambiental, para além de polêmica, é altamente complexa.[521] Bergkamp, por exemplo, afirma que a impossibilidade de valoração dos bens naturais – e os custos associados

---

[520] BAHIA, Carolina Medeiros. *Nexo de causalidade em face do risco e do dano ao meio ambiente*: elementos para um novo tratamento da causalidade no sistema brasileiro de responsabilidade civil ambiental. Tese (Doutorado em Direito) – Centro de Ciências Jurídicas, Universidade Federal de Santa Catarina. Florianópolis, 2012, p. 140.

[521] Ver MELO, Melissa Ely. *Pagamento por serviços ambientais (PSA)*: entre a proteção e a mercantilização dos serviços ecossistêmicos no contexto da crise ambiental. Tese. (Doutorado em Direito) – Centro de Ciências Jurídicas, Universidade Federal de Santa Catarina. Florianópolis, 2016, p. 207 e seguintes. Especificamente sobre a utilidade da adequada valoração, no caso dos serviços ecológicos ou ecossistêmicos, para esforços de tomada de decisão – como é o caso de definição e delimitação de coberturas. Afirma: "A valoração destes serviços, neste mesmo sentido, mesmo que não seja a solução para a questão de sua preservação, pode auxiliar na condução de um processo de tomada de decisões que gere efeitos positivos nesta gestão". Idem, p. 210.

à reparação – são um empecilho à assegurabilidade.[522] Considerando a problemática da valoração e o fato de que o maior valor e utilidade que os ecossistemas possam atingir e propiciar está justamente em seu pleno e íntegro funcionamento, sobressai a constatação de que a restauração natural é a modalidade preponderantemente prioritária em face dos danos ecológicos.

Assim, a prestação do segurador, definida na cobertura do seguro e concretizada na "indenização securitária" em caso de sinistros, deve ser prestada em serviços de restauração ambiental. Ou seja, em vez do mero reembolso ao segurado pelas despesas que ele suportou, até o valor limite da cobertura (LMI – Limite Máximo de Indenização), a prestação pelos seguros deve ser direta, com respectiva remuneração àquelas (empresas ou pessoas) que realizaram os serviços de restauração ambiental. Na Espanha, por exemplo, já assim atua o PERM: as apólices oferecem justamente os serviços de restauração, nos casos de coberturas para danos ecológicos.

A vantagem de tal modalidade está em manter os custos de reparação no controle do segurador, viabilizando sua adequada valoração e, ademais, propiciando uma base de informações sobre sinistros já ocorridos e indenizados, permitindo criar um banco de experiências que serão úteis para o futuro. Assim, é em face da necessidade de definir o valor dos recursos naturais suscetíveis a danos que "se valorará a proximidade e abundância desses recursos, assim como o custo e possibilidade técnica de reparação e o valor dos serviços ambientais que prestam à sociedade".[523]

Naturalmente, em qualquer dos cenários, a restauração estará condicionada – em seus termos, formas e tecnologias – à chancela do Poder Público. No Brasil, como regra, será mediante a aprovação de um Plano de Recuperação de Área Degradada (PRAD) pelo órgão ambiental competente.

Bessa trata das vantagens e da necessidade de estabelecimento de mecanismo de valoração, "considerando-se que a restauração natural nem sempre é possível, a valoração pecuniária do ambiente natural lesado tem o relevante papel de contribuir para (i) viabilizar financeiramente alguma forma de compensação, quando impossível qualquer reparação

---

[522] BERGKAMP, Lucas. Environmental risk spreading and insurance. *Review of European Community and International Environmental Law (RECIEL)*. Oxford: Blackwell, v. 12, n. 3, 2003, p. 277. Do original: "There is no market value for many natural resources, and valuation and quantification of natural resource damage remain controversial, evolving issues".

[523] Tradução livre. Do original: "se valorará aquí la proximidad y abundancia de dichos recursos, así como el coste y posibilidad técnica de reparación y el valor de los servicios medioambientales que prestan a la sociedad". HERAS HERRÁIZ, José Luis. El pool español de riesgos mediambientales. *Actuarios*. Madrid: Instituto de Actuarios Españoles, n. 33, octubre 2013, p. 20-21.

– poluição sonora, por exemplo e (ii) tornar certa a indenização, quando cabível".[524]

Não obstante a existência de diversas tecnologias de valoração ambiental,[525] carece a definição legal prévia de uma metodologia a ser empregada, a modo de tornar estável e previsível a valoração dos danos e dos custos de reparação. Isso será útil, afinal, para valorar e estipular as formas de compensação, quando a restauração não for possível, ou de indenização, quando aquela não for viável.[526]

Cabe referir, ainda, a cobertura de custos de contenção de danos ambientais ou a utilização dos recursos (limites) de uma cobertura de danos ecológicos, para fins de contenção de danos. Neste ponto, ganha destaque o papel preventivo dos seguros ambientais, pois o intuito dessa cobertura é justamente de minorar os danos ou, no limite, sendo possível, de evitá-los. Tal cobertura liga-se, portanto, aos esquemas de resposta de emergência e contenção de danos.[527] Sustenta-se, contudo, que os custos de contenção de sinistros devam ser albergados em uma cobertura específica, não se confundindo ou integrando quaisquer das outras coberturas, nem, especificamente, a cobertura para danos ecológicos.

Uma derradeira questão diz respeito ao marco de reparação. O que se apresenta como dificuldade, notadamente para fins de seguros, é a definição do que seja a *situação mais próxima possível daquela que existiria caso a lesão não tivesse ocorrido*. É preciso delimitar o marco de reparabilidade a que se deverá retroagir para recompor o meio ambiente lesado. Essa determinação exige uma prévia delimitação do marco de reparação. Afinal, assim como não é lídimo dar às vítimas mais do que aquilo que perderam, tampouco é correto impor ao agente poluidor/degradador, ou transferir ao segurador, um encargo superior àquele que esteja atrelado ao evento danoso. A propósito, afirma Matos que é fundamental "a descrição do 'estado inicial', ou seja, da situação existente no momento da ocorrência do dano causado aos recursos naturais, porquanto essa mesma descrição assume uma particular importância para a fixação das medidas indemnizatórias de restituição natural. Igualmente significativas se traduzem as indicações fornecidas acerca dos programas e

---

[524] ANTUNES, Paulo de Bessa. A recuperação de danos ecológicos no direito brasileiro. *Veredas do Direito*, Belo Horizonte, v. 14, n. 29, p. 293-321, mai./ago. 2017, p. 301. Disponível em: <http://www.domhelder.edu.br/revista/index.php/veredas/article/view/1056>. Acesso em: 10 outubro.2017.

[525] Sobre os métodos de valoração ambiental, ver MELO, Melissa Ely. *Pagamento por serviços ambientais (PSA)*: entre a proteção e a mercantilização dos serviços ecossistêmicos no contexto da crise ambiental. Tese. (Doutorado em Direito) – Centro de Ciências Jurídicas, Universidade Federal de Santa Catarina. Florianópolis, 2016, p. 246.

[526] Reportamo-nos às observações apresentadas no item 1.3.1.1.1, supra.

[527] Idem.

medidas para prevenção e reparação dos danos ambientais a adoptar no respectivo sector de actividade, procedendo nessa sede à determinação dos custos coenvolvidos em tais medidas".[528]

Essa base de informação prévia sobre o estado inicial pode ser útil para fins de delimitação do âmbito de responsabilidade do segurador; para fins de atendimento da legislação ambiental, contudo, pode ser insuficiente. A palavra última sobre o nível de reparação é uma decisão do órgão ambiental. Como explica Antunes, "a recuperação ecológica é submetida a uma avaliação do órgão de controle ambiental que determina os seus limites. Cuida-se de uma medida de proporcionalidade entre o nível de recomposição da biota afetada e a sensível questão dos custos das atividades reparatórias do ambiente. Ademais, é necessário que se estabeleça qual é o limite ótimo de recuperação, pois efetivamente as medidas de recuperação natural devem, necessariamente, deixar espaço para que a natureza, após um estímulo planejado e adequado ao caso concreto – as medidas promovidas no processo de recuperação –, siga o seu curso independentemente da ação humana. Os bens naturais não podem ser substituídos por outros iguais, pois um pássaro morto não retornará à vida; logo, o que se busca é um equivalente, o mais aproximado possível do que foi perdido".[529]

O ponto de recuperação ou de restauração, portanto, é definido com base em uma análise técnica, ou seja, "a recuperação é uma solução técnica definida pelo órgão de controle ambiental, conhecida como Plano de Recuperação de Áreas Degradadas (PRAD). Os diferentes órgãos de controle ambiental são dotados de regras próprias para a definição do procedimento a ser adotado pelo causador do dano – ou seus sucessores – para a recuperação das áreas lesadas".[530]

Conclui que "a reparação dos danos ecológicos se faz prioritariamente por meio da restauração natural que, como foi visto, não se confunde com uma abstrata volta a um passado prístino e sem intervenção humana. Ao contrário, a reparação ecológica é definida por um programa de recuperação que indica os limites do que se deve recuperar e como a recuperação deve ser realizada".[531]

Em que pese a solução útil e prática viabilizada pelo PRAD, persiste o problema da definição do ponto inicial de restauração ou recuperação,

---

[528] MATOS, Filipe Albuquerque. Danos ambientais / danos ecológicos: o fundo de intervenção ambiental. In: MONTEIRO, Jorge Sinde; BARBOSA, Mafalda Miranda (Coord.). *Risco ambiental*: atas do colóquio de homenagem ao Senhor Professor Doutor Adriano Vaz Serra. Coimbra: Instituto Jurídico/FDUC, 2015, p. 70.

[529] ANTUNES, Paulo de Bessa. A recuperação de danos ecológicos no direito brasileiro. *Revista Veredas do Direito*. Belo Horizonte, v. 14, n. 29, maio/agosto 2017, p. 307.

[530] Idem, p. 309-310.

[531] Idem, p. 318.

inclusive para servir de baliza ao PRAD. O instrumento próprio para diagnosticar um determinado estado ambiental ou ecológico é o Estudo Prévio de Impacto Ambiental, devidamente chancelado pela licença ambiental. Para fins de seguros e de delimitação do âmbito do dever de indenizar do segurador, para promover a recuperação ou restauração do bem ambiental, o EIA servirá de referência, contudo o segurador não estará limitado a isso. Poderá, com técnica e instrumentos próprios, definir outro marco inicial ou ponto ótimo de restauração, a ser acordado conjuntamente com o segurado. Uma mais ou menos completa delimitação do ponto de restauração influenciará o âmbito da garantia do seguro, afetando o valor do prêmio e viabilizando a sua contratação.

3.2.5.2. Os danos ambientais extrapatrimoniais coletivos: tomada de posição

Não é correta a afirmação de que os danos extrapatrimoniais não devam ser amparados pelos seguros, segundo o argumento de que possuem destacado papel punitivo (*punitive damages*) e de que os seguros não devam cobrir penalidades. Em primeiro lugar, porque, sim, há coberturas de seguros para penalidades[532] e, além disso, inexiste norma proibitiva. Segundo, e mais importante, é que toda condenação ou toda imposição do dever de indenizar carrega um objetivo dissuasório e punitivo.

É bem verdade que, na forma da lei, a indenização deva ser medida pela extensão dos danos, e não teria, em princípio, escopo punitivo (pedagógico). Contudo, é bem sabido – é uníssona a doutrina, e a jurisprudência convalida – que em toda condenação e indenização por danos extrapatrimoniais há, ao menos em sede argumentativa, forte preocupação com o caráter punitivo.[533] Fato é que há, nas indenizações por da-

---

[532] Tome-se por exemplo a Circular SUSEP553/2017, que expressamente autoriza coberturas para multas e penalidades civis, na forma do seu artigo 5º, § 5º, *verbis*: "Art. 5º No seguro de RC D & O, a sociedade seguradora garante aos segurados, quando responsabilizados por danos causados a terceiros, em consequência de atos ilícitos culposos praticados no exercício das funções para as quais tenham sido nomeados, eleitos e/ou contratados, o reembolso das indenizações que forem obrigados a pagar, a título de reparação, por sentença judicial transitada em julgado, ou em decorrência de juízo arbitral, ou por acordo com os terceiros prejudicados, com a anuência da sociedade seguradora. [...] § 5º A garantia poderá abranger cobertura de multas e penalidades cíveis e administrativas impostas aos segurados quando no exercício de suas funções, no tomador, e/ou em suas subsidiárias, e/ou em suas coligadas".

[533] Sobre o tema, ver SOARES, Flaviana Rampazzo. Revisitando o tema *punitive damages*, o ideal indenizatório e a função punitiva no direito de danos contemporâneo. In: *V Encontro Internacional do CONPEDI Montevidéu – Uruguai*. Direito civil contemporâneo II. GONÇALVES, Everton das Neves Gonçalves; STELZER, Joana; POZZETTI, Valmir César. Florianópolis: CONPEDI, 2016, p. 78-98. Sustenta a autora que "esse fenômeno, em certa medida, representa uma distorção das funções do direito de danos, dificultando seu entendimento e sua aplicação, em razão da existência de discurso jurisprudencial que menciona uma função punitiva no direito de danos, porém, distante da prática, pois as indenizações geralmente fixadas na jurisprudência brasileira não refletem uma real e efetiva função punitiva". Da mesma autora, vide SOARES, Flaviana Rampazzo. Culpa e castigo. *Revista de*

nos extrapatrimoniais difusos, o escopo reparatório. No caso, não das perdas e danos das vítimas individualmente consideradas, mas de toda a coletividade, pela perda ou diminuição do proveito na fruição dos serviços ecológicos ou da própria qualidade ambiental.

Quanto à destinação dos recursos a um fundo, igualmente não se justifica a resistência de parte dos seguros. O direcionamento aos fundos é solução que se apresenta para que ocorra, oportunamente, o adequado encaminhamento dos recursos a medidas de reparação do dano difuso. Como explica Antunes, "o FDD tem sua origem na Lei da Ação Civil Pública (Lei Federal n° 7.347/1985), que determina que 'havendo condenação em dinheiro, a indenização pelo dano causado reverterá a um fundo', cuja destinação será para a 'reconstituição dos bens lesados'. Percebe-se que há uma contradição na norma, pois a indenização não se confunde com a hipótese de reconstituição dos bens lesados, visto que esta última é uma obrigação de fazer que se consubstancia em um PRAD. Atualmente o FDD é regido pelo Decreto n° 1.306, de 9 de novembro de 1994. É importante registrar que os recursos arrecadados pelo FDD deverão ser utilizados em atividades 'relacionadas com a natureza da infração ou de dano causado', buscando-se a 'reparação específica do dano causado, sempre que tal fato for possível', ou seja, reconheceu-se a impossibilidade da repristinação ao chamado *status quo ante*".[534]

É fundamental que se organize um sistema concatenado para garantias pela via dos seguros. A cobertura para danos extrapatrimoniais não poderá servir como mero repasse do segurador ao fundo público, perdendo o segurador o controle da destinação. Tampouco se pode correr o risco de o recurso não ser diretamente destinado a compensar aqueles danos decorrentes da atividade assegurada. Há necessidade de um sistema que articule o setor público e privado, para que o Poder Público não veja o segurador como fonte de arrecadação e suprimento de seus fundos, o que permitiria, por exemplo, a gravosa situação de reclamar os valores das coberturas nos seus limites, sem adequada equivalência aos danos (a gravidade, a amplitude) que devem ser reparados.

3.2.5.3. Os danos individuais e sua projeção massificada: tomada de posição pelos seguros obrigatórios em um modelo de first-party insurance

Os danos individuais, ao contrário dos ecológicos e dos difusos, são exemplos típicos de riscos tradicionalmente amparados pelos seguros,

---

Estudos Jurídicos e Sociais – REJUS ON LINE, v. 1, n. 01, nov. 2017. ISSN 2594-7702. Disponível em: <http://www.univel.br/ojs/index.php/revista/article/view/19>. Acesso em: 30 abr. 2018.

[534] ANTUNES, Paulo de Bessa. A recuperação de danos ecológicos no direito brasileiro. *Veredas do Direito*, Belo Horizonte, v. 14, n. 29, p. 293-321, mai./ago. 2017, p. 315. Disponível em: <http://www.domhelder.edu.br/revista/index.php/veredas/article/view/1056>. Acesso em: 10 outubro.2017.

sobre os quais existe vasta experiência no setor segurador. O que ocorre é que, transpondo-se o universo dos danos individuais para o dos riscos ambientais, haverá, geralmente, se não sempre, situação com potencial multiplicação de indivíduos lesados. Considere-se, por exemplo, a situação de exposição de grupos vulneráveis em regiões próximas a empreendimentos industriais e sujeitos a riscos ambientais – circunstância em que haverá, em caso de sinistro, enorme massificação de danos. Furedi detém-se sobre o tema da vulnerabilidade: "o termo vulnerabilidade é habitualmente usado como se se tratasse de uma característica permanente de um dado perfil biográfico. A vulnerabilidade é apresentada e experienciada como um estado natural, que molda a reacção do ser humano. Trata-se de um rótulo para designar grandes grupos da sociedade. É essa a razão pela qual passou a ser comum utilizar o conceito – recentemente construído[535] – de *grupos vulneráveis*. A expressão 'grupo vulnerável' não designa só grupos de pessoas psicologicamente abaladas ou uma pequena minoria de indivíduos desprovidos de segurança económica".[536]

Os danos massificados (*mass torts*) se caracterizam pelo atingimento de uma multiplicidade de pessoas, contudo a quantidade não constitui o único critério, devendo ser levados em conta, ainda, a dispersão geográfica, a dispersão temporal ou latência do dano e a repetição de padrões fáticos.[537]

A reflexão gira em torno da assegurabilidade dos danos individuais massificados. Sobre essa dimensão, sustentamos que, para tais riscos, se faz necessária a instituição de seguros obrigatórios, que forneçam resposta imediata para o atendimento e a reconstrução pessoal e patrimonial das vítimas diretamente impactadas por um desastre. É nesse ponto, justamente, que os seguros evidenciam seu potencial como instrumento em favor da construção de resiliência.

---

[535] A propósito, "O sentimento de vulnerabilidade está de tal forma entranhado no nosso imaginário cultural, que facilmente nos passa despercebido o facto de se tratar de um conceito só recentemente inventado. A expressão 'grupo vulnerável' começou a ser usada na década de 1980. [...] Antes de meados dos anos 80, eram raras as ocorrências da expressão, que passa a ser amplamente utilizada entre 1985 e 1987 (LexisNexis 1960-2004). Mais importante do que isso parece ser o facto de, em finais da década de 80, o significado da palavra 'vulnerável' ter sofrido uma transformação, passando a referir a identidade intrínseca da pessoa. A partir de então a expressão significa não só a relação do indivíduo com as suas circunstâncias, como por exemplo a pobreza, mas uma condição inerente ao próprio indivíduo. A nova expressão 'os vulneráveis' traduz perfeitamente essa evolução. A mudança do adjectivo 'vulneráveis a...' para o substantivo 'os vulneráveis' consolida a ideia da impotência como um estado, como uma forma de existir." FUREDI, Frank. Para uma sociologia do medo. In: MENDES, José Manuel de Oliveira (Coord.). *Risco, cidadania e Estado num mundo globalizado*. Coimbra: Contexto, CES – Centro de Estudos Sociais, 2013, p. 205-206.

[536] Idem, p. 204.

[537] MALO, Albert Azagra. *Daños del amianto*: litigación, aseguramiento de riesgos y fondos de compensación. Madri: Fundación Mapfre, 2011, p. 23.

Tratando-se de seguros obrigatórios, vislumbra-se a possibilidade de ação direta do terceiro contra o segurador, reclamando indenização conforme os danos que forem demonstrados na apuração do sinistro (regulação e liquidação), o que servirá como forma de resposta imediata para atendimento das vítimas. Tal modelo já existe, por exemplo, na Colômbia, onde há previsão na Lei 491/1999 sobre seguro obrigatório para cobrir os prejuízos econômicos quantificáveis a pessoas determinadas como parte ou como consequência de danos ao meio ambiente e aos recursos naturais, sendo tal obrigatoriedade extensível a todas as atividades humanas que possam causar danos quantificáveis a pessoas determinadas e que estejam sujeitas ao licenciamento ambiental.[538]

Alternativamente, e reforçando a preocupação de atendimento emergencial em favor das vítimas, sugere-se a construção de um modelo obrigatório, não na modalidade de seguros de responsabilidade civil, mas de danos patrimoniais e pessoais (acidentes pessoais). Ou seja, um misto de seguro de dano (patrimonial) com seguro de pessoas (acidentes pessoais), nos quais os segurados serão cada uma das pessoas expostas em um determinado raio de risco. No caso, o poluidor-operador-empreendedor figurará não na condição de segurado – como nos seguros de responsabilidade civil – mas de "estipulante", responsável pelo pagamento dos prêmios. Seria possível, nesse cenário, o rateio do prêmio entre o estipulante, o Estado e, eventualmente, entre as próprias pessoas expostas (inclusive, se for do interesse, para fins de incremento do capital segurado). Seria, então, uma modalidade de seguro ambiental obrigatório para proteger as pessoas em situação de vulnerabilidade, que vivam em regiões de risco.

Essa proposta agrega ao enfrentamento da questão do risco moral e da seleção adversa na medida em que as possíveis vítimas figurariam na condição de seguradas; isso tornaria essa modalidade um seguro *first-party*, carreando vantagens para a precificação, pois possibilita a identificação do terceiro.[539]

Um ponto de análise deve ser procedido a partir da reflexão sobre quem é ou quem está exposto ao risco – o segurado diretamente ou o segurado indiretamente. O risco diretamente do segurado, à sua pessoa e seus bens, vincula-se à figura dos seguros patrimoniais, quando os riscos sobre ele recaem diretamente (*first-party insurance*). Diferente é a possibilidade de riscos que indiretamente recaiam sobre o segurado, e isto é típico dos seguros de responsabilidade civil (*third-party insurance*),

---

[538] Sobre o tema, ver PRIETO, Hilda Esperanza Zornosa. Comentarios a la ley colombiana 491 de seguro ecológico expedida el 13 de enero de 1999. In: ——. *Escritos sobre riesgos y seguros*. Bogotá: Universidad Externado de Colombia, 2012, p. 596 e seguintes.

[539] FAURE, Michael; BRUGGEMAN, Véronique. Catastrophic risks and first-party insurance. *Connecticut Insurance Law Journal*. vol. 15, N. 1, 2008-09.

ou seja, o risco de o segurado ser responsabilizado decorre do risco de um terceiro sofrer um prejuízo (e reclamar a reparação do mesmo).[540]

Isso tem relevante consequência na previsibilidade dos riscos que serão tomados pelo segurador, pois, no primeiro caso, a projeção de risco é mais viável, já que o segurador tem uma relação contratual direta com a potencial vítima, que será o próprio segurado. Assim, transforma-se em modelo da segunda categoria, pois o segurador não pode, antecipadamente, prever quem serão os terceiros (e aqui podemos remeter à questão da percepção dos riscos, bem como às dimensões de danos ambientais, ambos tratados no capítulo inicial). Mais do que isso, enquanto no *first-party insurance* o segurador, como conhece o sujeito e sua realidade, pode escolher seus segurados (inclusive rejeitando) e valorar possíveis impactos (projetando tanto no preço quanto no incremento das delimitações), nos seguros de responsabilidade (*third-party insurance*) esse conhecimento é dificultoso e, a depender da extensão, impossível.[541]

Para Bergkamp, houve claro equívoco da Comissão responsável pela edição da Diretiva, que, segundo ele, teria agido melhor se tivesse optado por um modelo de *first-party insurance* em vez do modelo tradicional de seguros de responsabilidade civil. Assevera, ainda, ser vaga a noção do que seja, em determinados ordenamentos, o dano aos recursos naturais e à biodiversidade.[542] O presente estudo, pretende-se, servirá de base, ainda que inicial, para se avançar nestas modelagens no cenário brasileiro.[543]

3.2.5.4. O Seguro Garantia Ambiental

O seguro garantia, em sua modalidade ou escopo ambiental, pressupõe a existência de um dano ambiental. Enquanto no seguro de responsabilidade civil ambiental o risco está na possibilidade de dano, no

---

[540] BERGKAMP, Lucas. Environmental risk spreading and insurance. *Review of European Community and International Environmental Law (RECIEL)*. Oxford: Blackwell, v. 12, n. 3, 2003, p. 272.

[541] Idem, p. 273. O autor afirma que o *first-party insurance* é uma alternativa aos seguros de responsabilidade civil tradicional. Neste sentido – e neste ponto o autor se refere à poluição gradual em oposição à súbita, que são categorias já foram diferidas (conforme consta no capítulo 1) – para determinadas situações de risco (riscos graduais) um seguro direto do terceiro apresenta-se como solução possível para assegurabilidade. Afirma: "While this type of damage could not be covered in the liability context, it does not pose barriers to coverage by a frst-party policy. [...] developments in liability law make it attractive for insurers to consider alternatives for the classical liability insurance, specifically alternatives that allow the insurer, not the courts, to define the scope of coverage. In a third-party context, many types of environmental damage are not insurable, or are insurable only to a limited degree". (Idem, p. 276).

[542] Idem, p. 278-279.

[543] Para uma análise da experiência em outros países, especialmente em França e Bélgica, em face de riscos catastróficos naturais e/ou antrópicos, vide FAURE, Michael; BRUGGEMAN, Véronique. Catastrophic risks and first-party insurance. *Connecticut Insurance Law Journal*. Vol. 15, N. 1, 2008-09.

seguro garantia, o dano, e um passivo, é pressuposto, quando o risco estará atrelado à obrigação de repará-lo e à possibilidade de o responsável por ele, assumindo ou sendo-lhe imposta a obrigação de reparar, deixar de fazê-la. Sua utilidade é específica, portanto, em face dos danos ecológicos.

Havendo um passivo e a determinação do Poder Público por sua recuperação, poderá o órgão ambiental exigir uma garantia de prestação e de execução da obrigação. Nesse caso, o Poder Público (seja o órgão ambiental ou o Ministério Público, por exemplo) atuará como segurado, enquanto o responsável pela área ou recurso natural contaminado ou degradado figurará como tomador do seguro. É em face do não cumprimento de sua obrigação que incidirá e atuará o seguro garantia ambiental. Conforma um seguro garantia na modalidade *performance bond*, ou seguro garantia de execução, que atuará "até o valor fixado na apólice, dos prejuízos decorrentes de inadimplemento do tomador com relação a obrigações assumidas [...], firmado entre ele e o segurado, e coberto pela apólice".[544]

Em dois cenários o seguro garantia ambiental poderá atuar de forma destacada: para garantir as obrigações assumidas em um TAC ou para satisfazer exigência, pelo órgão ambiental, de recuperação de áreas degradadas ou contaminadas, em caso, por exemplo, de desativação de atividades.

Em relação ao TAC: estando um proprietário de imóvel em situação de irregularidade, em razão, por exemplo, de não manutenção, uso inadequado ou supressão de vegetação em APP, e sendo constatada tal situação pelo Ministério Público em ICP ou pelo próprio órgão ambiental em vistoria ou ação de fiscalização, firma-se um TAC que exija, para a recuperação da área, uma garantia de cumprimento segundo o PRAD. Para garantir a performance com a qual se comprometeu, e com uma adequada execução do PRAD, poderá ser oferecido ou exigido pelo poder público um seguro garantia ambiental. O risco de tal modalidade de seguro é o inadimplemento. Outro exemplo é a desativação de atividades: será imposta a obrigação de reparar o passivo, e o empreendedor assumirá obrigações mediante um plano de desativação e remediação de áreas contaminadas[545] seguindo a mesma lógica de garantia de uma obrigação assumida como essa que presentemente se propõe.

---

[544] BURANELLO, Renato Macedo. *Do contrato de seguro* – o seguro garantia de obrigações contratuais. São Paulo: Quartier Latin, 2006, p. 192.

[545] Sobre a desativação de empreendimentos minerários, ver POVEDA, Eliane Pereira Rodrigues. *A eficácia legal na desativação de empreendimentos minerários*. São Paulo: Signus, 2007; ——. Seguro garantia como instrumento econômico para a implementação do gerenciamento de áreas contaminadas. *Revista Síntese Direito Ambiental*. Ano I – n° 3 (out. 2011), p. 78-89, São Paulo, IOB, 2011; bem como ——. Seguro garantia como instrumento econômico para a sustentabilidade na

3.2.6. O sinistro e sua caracterização para fins de acionamento das coberturas do seguro: proposta de modelo misto

Grosso modo, os riscos cobertos pelos seguros ambientais são referentes a situações (sinistros) que causem danos ao meio ambiente, afetando terceiros (de forma reflexa), incluindo danos patrimoniais e danos extrapatrimoniais (em todas as suas variações) e afetando a qualidade ambiental (danos aos recursos naturais, danos ecológicos, dano ambiental extrapatrimonial).[546] Assim, resta delimitar o tempo (data da ocorrência de um sinistro, se dentro ou não da vigência de um contrato de seguro); o caráter do evento, isto é, se o acidente preenche as características delineadas no contrato de seguro, como um evento coberto; e se o evento decorre de uma atividade desempenhada pelo segurado.

Um dos grandes complicadores para os seguros de responsabilidade civil, em geral, são os riscos latentes, também denominados riscos de cauda longa. São aqueles em que decorre um significativo lapso temporal entre um evento de poluição (vazamento, p. ex.) e sua manifestação ou descoberta. Soma-se a isto a possibilidade de haver efeitos cumulativos durante o período de latência, o que aumenta o volume do passivo, assim como provoca uma geral problematização em face da indefinição da data/momento de início da contaminação (ou em que momento a contaminação teve um efeito preponderante). Estas situações, para fins de seguros, são altamente complexas, pois geram dúvidas e incertezas sobre o dever de participação do segurador (se deve ou não agir, e em que medida). Bergkamp afirma que "o longo período de latência entre a ocorrência causadora do dano e a perda tem um efeito negativo na assegurabilidade, especialmente quando o Direito, neste período, possa ser alterado, com a expansão da severidade de responsabilização".[547]

Outra questão relevante é a definição do sinistro nos seguros de responsabilidade civil, o que tem importância destacada nos seguros de responsabilidade civil ambiental. Afinal, é o sinistro que determina o acionamento da indenização do contrato de seguro e para cada espécie de seguro haverá uma definição diferente do que seja o sinistro. Essa

---

mineração. *Revista de Direito Ambiental*. Ano 17. Vol. 65. (Jan.-Mar.2012). São Paulo: Revista dos Tribunais, 2012.

[546] Não importam, aqui, os danos causados ao próprio segurado ou ao seu patrimônio, que acarretariam o acionamento de coberturas de "custos com a defesa do segurado" e cobertura de "danos materiais e lucros cessantes" do segurado, pois, nesses casos, as coberturas servem para a reposição direta do patrimônio do segurado e, neste estudo, o foco está na responsabilidade civil ambiental, ou na responsabilidade sobre interesse de terceiros.

[547] Tradução livre. Do original: "[...] a longer latency period between the damage-causing occurrence and the loss, i.e. long-tail damage, has a negative effect on insurability, in particular as the law may have changed (and liability may have expanded) in the meantime". BERGKAMP, Lucas. Environmental risk spreading and insurance. *Review of European Community and International Environmental Law (RECIEL)*. Oxford: Blackwell, v. 12, n. 3, 2003, p. 277.

diferenciação decorre das peculiaridades de cada espécie ou produto de seguro, bem como das especificidades próprias à delimitação do risco envolvido. Nos seguros de responsabilidade civil ambiental, a definição do que seja o sinistro deverá atender às particularidades dessa espécie e, mais ainda, à natureza do risco ambiental e das expectativas legais envolvidas no sistema de tutela ambiental.

O sinistro não se confunde com o evento danoso em si (evento de poluição ou condição de poluição); trata-se do momento em que o seguro é, ou pode ser, acionado – é o gatilho (*trigger*) que dispara o mecanismo indenizatório do contrato de seguro. Tal definição, não sendo legal, deve ser contratual.[548] Geralmente, define-se que o sinistro corresponda, alternativamente, a um dos seguintes episódios: à ocorrência do fato danoso (*occurrence)*, à verificação do dano, com a descoberta ou primeira manifestação (*discovery* ou *manifestation*) ou à reclamação do terceiro lesado (*claims made*).

O modelo de acionamento à base de ocorrência (*occurrence basis*) é o mais tradicional em coberturas de responsabilidade civil e considera que o seguro suportará os prejuízos do segurado para sinistros ocorridos durante sua vigência. Para riscos latentes, esse modelo gera insegurança ao segurador, pois sua exposição se estenderá indefinidamente, ou até o prazo de prescrição. Por essa razão, foram desenvolvidas as apólices à base de reclamação (*claims made basis*), buscando atrelar ao elemento "ocorrência" o elemento "reclamação". Ambas devem ocorrer durante o período de vigência da apólice ou durante o prazo de vinculação contratual (período de retroatividade e prazos complementares ou suplementares para reclamação).

Tivemos ocasião de demonstrar que a figura do terceiro, especialmente nos danos ecológicos e nos danos difusos, tem características diversas; nesse caso, engloba toda a coletividade titular do direito ao meio ambiente ecologicamente equilibrado (CRFB, artigo 225). No modelo à base de reclamação, o acionamento do seguro ficaria condicionado a esse gesto, assim, mesmo em situações de eventos dos quais o segurado tivesse conhecimento, e mesmo que os comunicasse ao segurador, não

---

[548] A discussão sobre o momento a que corresponde o sinistro, segundo Rego, é controversa, no entanto, a autora sustenta que seja um debate vazio, já que esta determinação é variável conforme a previsão contratual; ou seja, o sinistro é o que o contrato de seguro prevê que o seja. Afirma: "Os participantes nesta discussão esquecem com frequência que o sinistro se define no próprio contrato de seguro, fora de cujos parâmetros os factos, em sim mesmo considerados, quaisquer que eles sejam, não são dotados de unidade nem de juridicidade. Esquecem ainda que é o homem que, ao pensar e descrever os factos, e que lhes atribui relevância jurídica, transformando-os em sinistro, mediante a celebração de um contrato de seguro. O sinistro é assim um facto jurídico, é um acontecimento que o direito considera relevante e a que, por isso, associa determinados efeitos – a realidade apta a, integrando uma previsão normativa, desencadear sua estatuição". REGO, Margarida Lima. *Contrato de seguro e terceiros*: estudo de direito civil. Coimbra: Coimbra Editora/Wolters Kluwer, 2010, p. 648-649.

SEGUROS AMBIENTAIS

necessariamente haveria o acionamento da apólice, pois ficaria condicionado à apresentação de reclamação por terceiro (individual ou difuso).

Se o modelo à base de ocorrência é, para o segurador, inviável; o modelo à base de reclamação é incompatível com o risco ambiental: ora, o segurador assume um risco claramente previsto na apólice, mas só suportará a indenização se em algum momento houver reclamação? Essa passividade é incompatível com o risco que está sendo tomado pelo segurador. Em tal quadro, filiamo-nos à posição de Polido, quando sustenta que "o modelo especialmente elaborado torna competente para indenizar a Condição de Poluição Ambiental ocorrida, além da simples reclamação do terceiro segurado, também o fato de o segurado ter descoberto a Condição de Poluição Ambiental durante o prazo de vigência da apólice, ficando obrigado a comunicá-lo à seguradora. A Descoberta (*Discovery*) do sinistro pode também ser determinada através da Primeira Manifestação (*Manifestation*) do dano ambiental. Então o gatilho (*trigger*) indenizatório do contrato de seguro ambiental é *duplo* e desta maneira ele protege muito mais o segurado, facilitando o mecanismo reparatório da apólice".[549]

O que propõe o autor, portanto, é a possibilidade de acionamento do seguro ambiental mediante reclamação, descoberta ou primeira manifestação, o que denomina de gatilho duplo ou híbrido.

À fundamentação, filiamo-nos especialmente no que toca os danos ecológicos e difusos. É dever do segurado, assim que ocorrer a primeira manifestação do dano, ou que descobrir um evento efetiva ou potencialmente causador de poluição, não apenas comunicar o segurador, mas, também, tomar imediatamente todas as medidas para mitigá-lo,[550] bem como informar o evento ao órgão ambiental ou outras autoridades competentes. Nesse cenário, a comunicação da manifestação ou descoberta ao segurador é providência elementar e coerente com os riscos em questão.

Porém, se tal proposta é válida e adequada face dos danos ecológicos e difusos, não o é em face dos danos individuais, porque as vítimas não são, em princípio, individualizáveis. Para os danos individuais, é adequado e suficiente o modelo à base de reclamação.

Para os danos ecológicos e difusos, faz sentido o acionamento a partir da descoberta ou da primeira manifestação, aplicando-se a possi-

---

[549] POLIDO, Walter. *Programa de seguros de riscos ambientais no brasil*: estágio de desenvolvimento atual. 3ª edição. Rio de Janeiro: Funenseg, 2015, p. 168-169.

[550] Dispõe o Código Civil brasileiro: "Art. 771. Sob pena de perder o direito à indenização, o segurado participará o sinistro ao segurador, logo que o saiba, e tomará as providências imediatas para minorar-lhe as consequências".

bilidade de acionamento da cobertura para danos ecológicos e difusos diante da reclamação de qualquer terceiro.

Defende-se, neste ponto, portanto, a adoção de gatilhos distintos, a depender da natureza do sinistro e de quem seja o terceiro (individual ou difuso), entendendo-se, deste modo, haver a adequada conformação da questão do acionamento dos seguros às peculiaridades dos riscos ambientais e de, simultaneamente, atender à técnica do seguro, à viabilidade da operação securitária e ao anseio de adequação dos seguros aos objetivos de proteção ambiental.

Conclusão

Nosso mote foi a preocupação com a efetividade da reparação dos danos ambientais, de modo a contribuir com o aprimoramento do desenvolvimento de mecanismos de garantia de reparação de danos ambientais de forma eficiente (ágil e adequada), com a estruturação de um sistema de seguros apto a satisfazer expectativas sociais e o comando constitucional do dever de reparação integral dos danos ambientais, exposto no artigo 225 da CRFB.

Da pesquisa realizada, especialmente na literatura jurídica brasileira, percebeu-se que muito pouco há de produção sobre o tema apreciado nesse livro, ou mais exatamente, pelo viés proposto no presente estudo. Há, de fato, produção jurídica sobre os seguros ambientais, contudo, sempre em um perspectiva mais focada na estruturação dos contratos de seguros ambientais atualmente disponibilizados pelo mercado segurador. Carecíamos de um estudo sobre a colocação da temática em um cenário mais amplo, de estruturação de uma política, de aprofundamento da questão relacionada ao risco ambiental e de enfrentamento dos grandes temas jurídicos sobre a responsabilidade civil ambiental, com o devido confronto destes com os elementos próprios à técnica seguradora e com disposição de tentar conciliar os dois sistemas. Parece-nos que, por essa perspectiva, trouxemos contribuição relevante e de forma inovadora.

Nesse sentido se sustentou que mais importante do que um rígido sistema de responsabilização, é possuir um eficiente sistema de reparação de danos ambientais, para todos os seus níveis e suas dimensões, com amparo na noção de solidariedade social e de compartilhamento de responsabilidades de forma difusa. Apontou-se, por outro lado, que um sistema eficiente de reparação de danos ambientais demanda, além da identificação de responsáveis, que estes responsáveis tenham condições financeiras de honrar com suas obrigações, seja com recursos e reservas próprios, seja com mecanismos como os seguros. Os seguros, deste modo, aparecem justamente como mecanismo de socialização, por meio das técnicas dispersão de riscos, especialmente, no caso, o mutualismo.

Na medida em que o cerne da nossa proposta é a estruturação de um sistema de garantias por meio dos seguros, buscou-se descrever, delimitar e conceituar os dois cenários de riscos: os riscos ambientais e os riscos asseguráveis. Foram apresentados, em um primeiro momento, as assimetrias existentes entre os dois sistemas, basicamente demonstrando-se que enquanto o risco ambiental conformasse em um cenário de instabilidade e imprecisão (com desdobramentos no sistema jurídico de responsabilidade civil), o risco assegurável, ou melhor, o risco que possa ser assegurável, necessita justamente o oposto: precisão, estabilidade e, portanto, certo grau de previsibilidade.

Assim, no primeiro capítulo, a partir da exposição geral sobre o conceito e a variável do risco, em uma revisão teórica baseada essencialmente em perspectivas e reflexões sociológicas, avançou-se para a compreensão dos riscos ambientais, à modo de fixar um cenário de infortunística ambiental, como campo de atuação do sistema de responsabilidade civil ambiental, segundo posto pela legislação ambiental brasileira. Demonstrou-se, desse modo, que é essencialmente o risco de responsabilização, em face da infortunística ambiental, sobre o qual reside, precisamente, o risco assegurável. Neste sentido apresentou-se um inventário do estado da arte em matéria de responsabilidade civil ambiental, tanto em nível legal quanto jurisprudencial e doutrinário, procedendo-se a apreciação dos principais temas ambientais debatidos ou em debate no Superior Tribunal de Justiça, seja apresentado os entendimentos mais consolidados, seja demonstrado as principais controvérsias ainda presentes na jurisprudência do referido Tribunal.

Em continuidade, no segundo capítulo, foram apresentados, já de início, as principais normas legais que tratam sobre seguros ambientais, a modo de demonstrar o que se definiu como uma problemática da pesquisa, ou seja, a imprecisão das normas atualmente vigentes, que não resolvem questões elementares em termos de definição e precisão de escopos para os seguros propostos.

Posto o problema, em momento seguinte buscou-se apresentar elementos próprios ao requisitos de asseguramento dos riscos em geral, tratando de elementos como delimitação e pulverização dos riscos. Frisou-se que para tornar possível a racionalização dos riscos, pelos seguros, e especialmente a aceitabilidade de tomar riscos ambientais, necessária a devida compreensão, delimitação e possibilidade de predição destes riscos. No mais, demonstrou-se que a lei pode vir a ser (ou deveria ser) instrumento fundamental de previsibilidade dos riscos ambientais asseguráveis. Contudo, uma lei que fosse sistemática e coerentemente estruturada, muito diferentemente da forma atual vigente no Brasil, com legislação imprecisa sobre conceitos e objetivos sobre os seguros ambientais propostos.

Fixado o cenário de riscos ambientais, no capítulo 1, e as peculiaridades da técnica dos seguros, no capítulo 2, o capítulo final foi estruturado em dois caminhos. Primeiramente, avançou-se para a proposição da necessidade de um marco legal preciso sobre responsabilidade civil ambiental, com vinculação de instrumentos de garantias, notadamente pelos seguros, demonstrando-se que uma política em tal sentido estaria sobremaneira conforme com o princípio do poluidor-pagador. Deste modo, estruturada uma política, então sim haveria atendimento ao comando de internalização das externalidades do processo produtivo, próprio ao princípio do poluidor-pagador, com estímulo ao desenvolvimento, de forma simultânea, aos comandos de prevenção/precaução e de reparação de danos, tidos como princípios estruturantes do Direito Ambiental brasileiro.

A noção de estímulo, acima referida, é decorrência da compreensão dos seguros ambientais como instrumentos econômicos de proteção ambiental, o que tem inclusive previsão legal. Nesse sentido, pretendeu-se demonstrar a adequada compreensão dos seguros como instrumentos econômicos, sobre quais são os pressupostos desta conformação e de como isso pode ocorrer, na prática, no caso dos seguros ambientais.

Defendeu-se que eventual legislação própria, que se afirmou ser necessária, fundamentalmente deverá advir para proporcionar previsibilidade mais clara sobre o que é o risco ambiental, qual o alcance da responsabilidade civil ambiental, e qual ou quais o(s) modelo(s) de seguro(s) que deverão ser fomentados diante do cenário de risco e infortunística ambiental.

Superada a questão da proposição legislativa, na segunda parte do capítulo final são apresentados os elementos básicos de conformação legal para viabilização de seguros, ou seja, seis questões relevantes sobre as quais deverá, ou deveria, haver clara menção em um legislação que se pretenda eficiente em matéria de seguros ambientais. As proposições ofertas, a seguir retomadas, tem-se, apresentam inovação no debate sobre seguros ambientais e podem representar importante contribuição no amadurecimento do tema, tanto em nível doutrinário quanto legislativo.

Considerando-se o problema de pesquisa proposto – que girou sobre quais os pressupostos envolvidos na adequação do instituto do seguro ao universo dos riscos ambientais, e qual sua amplitude, nesse cenário, ao tornar-se um instrumento útil na gestão dos riscos ambientais – a hipótese testada foi a de que, *prima facie,* diante da estrutura legal vigente, seria inviável a construção de um modelo amplo e eficiente de seguros ambientais no Brasil, muito especialmente em razão da imprecisão legal sobre a modelagem de seguros ambientais proposta pelo legislador, mas também por conta da alta incerteza sobre quais os *standards*

SEGUROS AMBIENTAIS

da responsabilidade civil ambiental, considerando-se a imprecisão moldada pela jurisprudência e que, ao que tudo indica, está longe de uma estabilidade.

Visando demonstrar os principais pontos de reflexão e de inovação propostos no estudo, destacam-se as reflexões abaixo reproduzidas.

Buscou-se ao longo desse livro analisar algumas normativas sobre seguros ambientais vigentes no Brasil, expondo suas falhas, para então, após apresentar os principais elementos relacionados à operação dos seguros e seus principais institutos, apresentar o que se entende como uma classificação conceitual e estrutural sobre o que sejam seguros ambientais, enquanto gênero, para então expor suas espécies: notadamente, o seguro de responsabilidade civil ambiental e o seguro garantia ambiental. Apontou-se que, embora as previsões legais vigentes, tais figuras securitária atuam em momentos e sobre riscos diversos, pois, basicamente, os seguros de responsabilidade civil atuam sobre riscos de danos futuros; enquanto o seguro garantia ambiental atua sobre danos ambientais – na dimensão de danos ecológicos – já ocorridos, e que sobre tais recaia e derive o dever de reparação. O seguro garantia, portanto, atua sobre o risco de inexecução deste dever. Por conseguinte demonstrou-se o equívoco de tomar um tipo de seguro pelo outro, o que, como visto, ocorre equivocadamente na legislação vigente que foi estuda.

Tem-se que já esta classificação inicialmente proposta possua relevância para contribuir com o amadurecimento da questão, no Brasil, bem como para servir de base mais nítida para compreensão do instituto dos seguros, no sentido de como deveriam ser feitas as propostas legislativas vindouras, ou mesmo para correção (ou auxiliar a interpretação) das normas legais já vigentes.

Avançando, defendeu-se, ainda, a necessidade de estabelecimento de um sistema jurídico claro e previsível que englobe a definição do que sejam danos ambientais e de quais são os elementos para a responsabilização. Além disso, esse sistema deverá carregar determinações claras sobre a reparação dos danos, em cada uma das dimensões fixadas, para então poder atrelar mecanismos de garantia que, sendo estabelecidos por meio de seguros, torne possível ter precisão sobre os escopos e formas de atuação desse instrumento econômico.

Diante da constatação de que foi negativa a resposta à hipótese testada, de forma propositiva foram apresentados alguns elementos tidos como fundamentais para uma adequada estruturação de seguros ambientais no Brasil. Desse modo sustentou-se:

a) *Subscrição*. Diante da assimetria informacional entre segurado e segurador, o que a técnica dos seguros lida a partir dos conceitos de risco moral e seleção adversa, necessária uma definição legal precisa sobre o processo de aferição e tomada de riscos pelo segurador, o que deve ser feito preferencialmente pela via da adequada declaração de riscos pelos segurado, com amparo rigoroso no princípio da boa-fé (objetiva) que rege os contratos em geral e, acentuadamente, o contrato de seguro, particularmente no que se refere aos deveres de cooperação, lealdade, lisura e veracidade nas declarações prestadas. Tal proposição, em razão da economicidade, tem o condão de fomentar uma melhor condição do preço do seguro, o que representa vantagem em termos de facilitação e viabilização de acesso aos seguros ambientais.

Por outro lado, pensando-se a questão de forma mais ampla, e a parir da premissa de estruturação de uma política de seguros, incidente sobre setores determinados, possível pensar numa conjugação de esforços entre a segurado, segurador e o Poder Público, de modo a, via inspeções *in loco*, se proceder a um diagnóstico mais abrangente e fidedigno, capaz inclusive de propiciar uma ampla base de dados sobre uma determinada região (parque industrial, por exemplo), viabilizando, pelo acesso informacional gerado, a gestão mais efetiva do território, por meio de diversos instrumentos, inclusive pelos seguros.

b) *Poluidor/segurado*. Demonstrou-se que a figura do poluidor indireto, conjugada com o instituto da responsabilidade solidária, acarreta uma extensão demasiada, e uma imprecisão preocupante, para a própria figura do poluidor, o que acarreta insegurança e difícil precisão para a própria delimitação da figura do segurado, ou mesmo dos segurados. Tais circunstâncias, na medida que não permitem a adequada delimitação subjetiva, pelos seguros, porquanto não se tem como precisar qual a extensão da responsabilidade que poderá ser atribuída ao segurado. Nesse sentido, propõe-se o recurso à definição mais precisa da figura do poluidor – na forma analisada na legislação europeia – de modo a tornar possível projetar, na subscrição, qual o alcance de eventual responsabilidade do segurado. Deste modo, mesmo que persista na legislação ambiental a figura do poluidor indireto, necessário que se defina os limites desta singular figura jurídica. A propósito demonstrou-se, inclusive, que a delimitação da amplitude atribuível à figura do poluidor indireto é, inclusive, tema atual e presente, seja em nível doutrinário, seja na construção da jurisprudência do Superior Tribunal de Justiça.

c) *Beneficiários*. Considerando que os seguros podem ter diferentes formas de coberturas, para diferentes espécies riscos, procedeu-se à demonstração e esclarecimento de que para a definição dos beneficiários dos seguros ambientais, necessário ter, previamente, a clareza sobre qual o risco, ou seja, sobre que espécie de danos ambientais se está a tratar. Nesse sentido demonstrou-se quem são os beneficiários dos seguros diante de coberturas para riscos relacionados a danos ecológicos e danos difusos, e a respectiva finalidade e direcionamento das indenizações eventualmente pagas pelo segurador.

Por outro lado, e este é um ponto de inovação que merece ser sublinhado, tratou-se dos danos ambientais reflexos, que podem atingir indivíduos, seja na esfera física/corporal ou patrimonial, e diante da projeção massificada desta espécie de dano, foi abordada a questão dos danos individuais homogêneos. Pois bem, à luz das noções de risco moral e seleção adversa, bem como da assimetria informacional, demonstrou-se a dificuldade de adequada visualização e compreensão destes terceiros individuais, apontando-se os entraves de projetar seguros diante desta referida imprecisão. Nesse sentido apontou-se pela necessidade de, nessa dimensão de danos, avançar para um modelo não de seguros de responsabilidade civil, para seguros patrimoniais e/ou seguro de pessoas, de forma que as possíveis vítimas possam figurar na condição de segurados (*first-party insurance*), o que permitirá ao segurador a melhor projeção dos riscos para esta particular categoria de cobertura, uma vez que será possível conhecer previamente as vulnerabilidades e capacidade de resiliência desses indivíduos e das comunidades potencialmente afetáveis por um sinistro ambiental.

Neste ponto, e atendidas tais peculiaridades, projeta-se possível, e recomendável, a adoção de seguros ambientais obrigatórios, a serem exigidos na fase implementação de um empreendimento ou atividade, notadamente na etapa prévia à instalação, ou seja, como condicionante para concessão da licença ambiental de instalação, bem como, em momento seguinte, quando da concessão da licença ambiental de operação, para atividades e empreendimentos sujeitos ao licenciamento trifásico. Outrossim, desde logo, quando se tratar de licenciamento simplificado ou único.

Posicionamo-nos, portanto, pela adoção de seguros compulsórios estritamente para as coberturas para danos ambientais reflexos. Por outro lado, quando às demais formas de danos ambientais – salvo se adotada uma adequada, precisa e concatenada política de seguros ambientais – não parece recomendável a adoção de seguros compulsórios, situação em que posicionamos pelos seguros facultativos, na forma atualmente estabelecida.

d) *Relação cobertura/indenização e o princípio da responsabilidade integral*. Na medida em que já restou clara a necessidade de especificação das coberturas almejadas, ou seja, para quais espécies de danos se estão projetando as coberturas, importa apontar alguns elementos importantes. Primeiramente, da necessidade de ter determinado – e o estudo prévio de impacto ambiental (EIA) é um base importante para tanto – um marco claro de reparação dos danos, especialmente os ecológicos, que inclusive deve fazer parte, com menção expressa, do contrato de seguro a ser entabulado, na forma de condições especiais ou particulares. Servirá, assim, para delimitar o ponto de restauração, evidenciando-se que sobre o segurador recaia obrigação de arcar com custos de reparação superiores àqueles da reposição da condição originária, ou seja, do momento da contratação do seguro (princípio indenizatório, inerente aos seguros; ou o comando de que a indenização mede-se pela extensão do dano, ou seja, o responsável não deve ter que arcar com custos superiores àqueles estritamente vinculados ao dano gerado).

Necessário, ainda, que as coberturas atendam às denominadas despesas de contenção de sinistros, preferencialmente com coberturas próprias. A rigor, por ser contenção de sinistro, este ainda não terá ocorrido. Contudo, a adoção de todas as medias para evitar ou conter um sinistro, ou mitigar sua ampliação, são preocupações que atendem ao princípio da prevenção/precaução, o qual o seguros ambientais não podem ignorar. Neste ponto, aliás, sobressai o aspecto preventivo dos seguros ambientais. E, de qualquer sorte, nada mais representaria do que atender à norma legalmente posta (CC, art. 779).

No que toca à relação coberturas e indenizações, pela ótica da responsabilidade integral, importante ter esclarecido que o denominado seguro garantia ambiental tem âmbito de atuação muito específica, relacionado à obrigação de reparar danos ambientais, atribuída a quem for responsável, quando o objeto será, justamente, a garantia do cumprimento desta obrigação. Tem utilidade, portanto, em situações em que inexistia um seguro de responsabilidade civil ambiental e o responsável, sendo obrigado, presta uma garantia de cumprimento, seja em um TAC ou em projetos de desativação de atividades.

e) *Sinistro e acionamento do seguro.* Sustentou pela conveniência de adoção de acionamento do seguro ambiental mediante reclamação, descoberta ou primeira manifestação, quando se tratar de danos ecológicos e difusos, porquanto o terceiro, como visto, é difuso, e representa toda coletividade. Afinal, é dever do segurado, assim que ocorrer a primeira manifestação do dano, ou que descobrir um evento efetiva ou potencialmente causador de poluição, não apenas comunicar o segurador, mas, também, tomar imediatamente todas as medidas para mitigá-lo. Por outro lado, para os danos individuais, é adequado e suficiente o modelo à base de reclamação normalmente encontrado nas apólices de seguros de responsabilidade civil.

Defende-se, assim, a adoção de gatilhos distintos, a depender da natureza do sinistro e de quem seja o terceiro (individual ou difuso), entendendo-se, deste modo, haver a adequada conformação da questão do acionamento dos seguros às peculiaridades dos riscos ambientais e

SEGUROS AMBIENTAIS

de, simultaneamente, atender à técnica do seguro, à viabilidade da operação *securitáriae* ao anseio de adequação dos seguros aos objetivos de proteção ambiental.

Por fim. Conforme houve oportunidade de demonstrar, os seguros exercem, historicamente, um papel de enorme importância em proveito das relações sociais e econômicas. Não apenas no sentido de resguardo patrimonial do próprio segurado – o que por si só já é de enorme relevância –, mas simultaneamente de proteção de terceiros e de interesse de terceiros, na forma do artigo 225 da CRFB, ou seja, toda a coletividade titular do direito a um meio ambiente ecologicamente equilibrado e sadio. Por extensão, portanto, os seguros cumprem uma função socioeconômica em proveito de toda a coletividade, sendo possível especular que essa extensão à coletividade ganhará especial realce em face dos riscos ambientais, pela sua elevada projeção, apresentando-se como importante ferramenta de gestão de riscos e de conflitos ambientais.

Há que se notar, porém, que o proveito de uma política de seguros ambientais, devidamente estrutura, tem potencialmente a capacidade de propiciar enormes vantagens sociais e econômicas, ainda, pela própria proteção do segurado. Assim o é pois, resguardada a capacidade financeira do segurado este, que geralmente é uma empresa, terá condições de continuidade de sua atividade e operação, o que representa a realização de todas as vantagens inerentes à atividade empresarial, quais sejam, a de geração de empregos, riquezas, tributos e de inovação em proveito de toda a sociedade.

Anexo[551]

ANEXO III da Directiva 2004/35/CE do Parlamento
Europeu e do Conselho, de 21 de Abril de 2004,
relativa à responsabilidade ambiental em termos de
prevenção e reparação de danos ambientais.

ACTIVIDADES REFERIDAS NO N. 1 DO ARTIGO 3°

1. A exploração de instalações sujeitas a licença, nos termos da Directiva 96/61/CE do Conselho, de 24 de Setembro de 1996, relativa à prevenção e controlo integrados da poluição. Ou seja, todas as actividades enumeradas no Anexo 1 da Directiva 96/61/CE, com excepção das instalações ou partes de instalações utilizadas para a investigação, desenvolvimento e ensaio de novos produtos e processos.

2. Operações de gestão de resíduos, incluindo a recolha, o transporte, a recuperação e a eliminação de resíduos e resíduos perigosos, incluindo a supervisão dessas operações e o tratamento posterior dos locais de eliminação, sujeitas a licença ou registo, nos termos da Directiva 75/442/CEE do Conselho, de 15 de Julho de 1975, relativa aos resíduos, e da Directiva 91/689/CEE do Conselho, de 12 de Dezembro de 1991, relativa aos resíduos perigosos.

Estas operações incluem, entre outras, a exploração de aterros nos termos da Directiva 1999/31/CE do Conselho, de 26 de Abril de 1999, relativa à deposição de resíduos em aterros, e a exploração de instalações de incineração nos termos da Directiva 2000/76/CE do Parlamento Europeu e do Conselho, de 4 de Dezembro de 2000, relativa à incineração de resíduos.

Para efeitos da presente directiva, os Estados-Membros podem decidir que estas operações não incluam o espalhamento de lamas de águas residuais provenientes de instalações de tratamento de resíduos urbanos, tratadas segundo normas aprovadas, para fins agrícolas.

---

[551] Versão em língua portuguesa, disponível em <http://eur-lex.europa.eu/legal-content/PT/TXT/HTML/?uri=CELEX:32004L0035&from=PT>. Acesso em 28.09.2017.

3. Todas as descargas para as águas interiores de superfície que requeiram autorização prévia, nos termos da Directiva 76/464/CEE do Conselho, de 4 de Maio de 1976, relativa à poluição causada por determinadas substâncias perigosas lançadas no meio aquático da Comunidade.

4. Todas as descargas de substâncias para as águas subterrâneas que requeiram autorização prévia nos termos da Directiva 80/68/CEE do Conselho, de 17 de Dezembro de 1979, relativa à protecção das águas subterrâneas contra a poluição causada por certas substâncias perigosas.

5. As descargas ou injecções de poluentes nas águas de superfície ou nas águas subterrâneas que requeiram licença, autorização ou registo nos termos da Directiva 2000/60/CE.

6. Captação e represamento de água sujeitos a autorização prévia, nos termos da Directiva 2000/60/CE.

7. Fabrico, utilização, armazenamento, processamento, enchimento, libertação para o ambiente e transporte no local de:

a) Substâncias perigosas definidas no nº 2 do artigo 2º da Directiva 67/548/CEE do Conselho, de 27 de Junho de 1967, relativa à aproximação das disposições legislativas, regulamentares e administrativas respeitantes à classificação, embalagem e rotulagem das substâncias perigosas;

b) Preparações perigosas, definidas no nº 2 do artigo 2º da Directiva 1999/45/CE do Parlamento Europeu e do Conselho, de 31 de Maio de 1999, relativa à aproximação das disposições legislativas, regulamentares e administrativas dos Estados-Membros respeitantes à classificação, embalagem e rotulagem das preparações perigosas;

c) Produtos fitofarmacêuticos definidos no nº 1 do artigo 2º da Directiva 91/414/CEE do Conselho, de 15 de Julho de 1991, relativa à colocação dos produtos fitofarmacêuticos no mercado;

d) Produtos biocidas definidos na alínea a) do nº 1 do artigo 2º da Directiva 98/8/CE do Parlamento Europeu e do Conselho, de 16 de Fevereiro de 1998, relativa à colocação de produtos biocidas no mercado;

8. Transporte rodoviário, ferroviário, marítimo, aéreo ou por vias navegáveis interiores de mercadorias perigosas ou poluentes definidas no Anexo A da Directiva 94/55/CE do Conselho, de 21 de Novembro de 1994, relativa à aproximação das legislações dos Estados-Membros respeitantes ao transporte rodoviário de mercadorias perigosas, no Anexo da Directiva 96/49/CE do Conselho, de 23 de Julho de 1996, relativa à aproximação das legislações dos Estados-Membros respeitantes ao transporte ferroviário de mercadorias perigosas, ou na Directiva 93/75/CEE

do Conselho, de 13 de Setembro de 1993, relativa às condições mínimas exigidas aos navios com destino aos portos marítimos da Comunidade ou que deles saiam transportando mercadorias perigosas ou poluentes.

9. Exploração de instalações sujeitas a autorização, nos termos da Directiva 84/360/CEE do Conselho, de 28 de Junho de 1984, relativa à luta contra a poluição atmosférica provocada por instalações industriais, no que respeita à libertação para a atmosfera de quaisquer das substâncias poluentes abrangidas pela referida Directiva.

10. Quaisquer utilizações confinadas, incluindo transporte, que envolvam microrganismos geneticamente modificados definidos pela Directiva 90/219/CEE do Conselho, de 23 de Abril de 1990, relativa à utilização confinada de microrganismos geneticamente modificados.

11. Qualquer libertação deliberada para o ambiente, incluindo a colocação no mercado ou o transporte de organismos geneticamente modificados definidos na Directiva 2001/18/CE do Parlamento Europeu e do Conselho.

12. Transferências transfronteiriças de resíduos, no interior, à entrada e à saída da União Europeia, que exijam uma autorização ou sejam proibidas na acepção do Regulamento (CEE) n° 259/93, de 1 de Fevereiro de 1993, relativo à fiscalização e ao controlo das transferências de resíduos no interior, à entrada e à saída da Comunidade.

SEGUROS AMBIENTAIS

Referências

ABRAMI, Antonino; TEISSONNIERE, Jean Paul. Il caso Eternit. *Rivista giuridica dell'ambiente*. Roma: Giuffrè, n. 3-4, 2014, p. 301-320.

ACOSTA, Manuel J. Sarmiento. Configuración de la evaluación ambiental de proyectos: esferas estatal y autonômica. *Revista de derecho urbanístico y medio ambiente*. Madrid, n. 304, año XLIX, marzo, 2016, p. 101-163.

ADAMS, John. *Risk*: the policy implications of risk compensation and plural rationalities. London: Routledge, 2001.

AGUIRRE, Felipe Francisco. *Cuestiones teórico-prácticas de derecho de seguros*. Buenos Aires: Lexis Nexis Argentina, 2006.

ALMEIDA, Josimar Ribeiro de. *Perícia ambiental, judicial e securitária*: impacto, dano e passivo ambiental. Rio de Janeiro: Thex, 2009.

ALMEIDA, Teresa. Os critérios de avaliação monetária dos bens ambientais. In: NUNES, António José Avelãs; CUNHA, Luís Pedro; MARTINS, Maria Inês de Oliveira (Orgs.) *Estudos em Homenagem ao Prof. Doutor Aníbal de Almeida*. Boletim da Faculdade de Direito (Stvdia Ivridica 107 – Ad Honorem 7). Coimbra: Coimbra Editora, 2012, p. 63-98.

ALPHANDÉRY, Pierre; BITOUN, Pierre; DUPONT, Yves. *O equívoco ecológico*: riscos políticos da inconseqüência. Tradução Lúcia Jahn. São Paulo: Brasiliense, 1992.

ALVAREZ, Ana Maria Blanco Montiel. *Resseguro e seguro*: pontos de contato entre negócios jurídicos securitários. Porto Alegre: Livraria do Advogado, 2014.

ALVIM, Pedro. *O contrato de seguro*. Rio de Janeiro: Forense, 2001.

AMARAL, Ana Cláudia Côrrea Zuin Mattos do; RICCETTO, Pedro Henrique Arcain. Responsabilidade civil e sustentabilidade: normatividade em prol do meio ambiente. *Revista Seqüência*. Florianópolis: PPGD/UFSC, n. 75, abr. 2017, p. 105-128.

AMEZ, Javier García. *Responsabilidad por daños al medio ambiente*. Cizur Menor (Navarra): Aranzadi, 2015.

ANDRADE, Edward Aguiar de. Responsabilidade contra-ordenacional ambiental. *RevCEDOUA – Revista do Centro de Estudos de Direito do Ordenamento, do Urbanismo e do Ambiente*. Coimbra: Almedina, n. 33, ano XVII, 1.2014, p. 49-64.

ANDRADE, Fábio Siebeneichler de. O desenvolvimento do contrato de seguro no direito civil brasileiro atual. *Revista de Derecho Privado*. Bogotá: Universidad Externado de Colombia, n. 28, enero-junio, 2015, p. 203-236.

——; SOARES, Flaviana Rampazzo. Os fundos de indenização civil para as vítimas de crime cujo autor é desconhecido ou incerto como exemplo de solidariedade social na responsabilidade civil contemporânea: breves notas de direito comparado. *Revista Brasileira de Direito Civil – RBDCivil*, Belo Horizonte, v. 17, p. 43-63, jul.-set. 2018.

ANTUNES, Paulo de Bessa. *Dano ambiental*: uma abordagem conceitual. Rio de Janeiro: Lumen Juris, 2000.

——. O conceito de poluidor indireto e a distribuição de combustíveis. *Revista SJRJ*, Rio de Janeiro, v. 21, n. 40, ago. 2014, p. 229-244.

——. Limites da responsabilidade ambiental objetiva. *Revista do TRF1*, Brasília, v. 28, n. 9/10, set./out. 2016, p. 53-64.

——. Da existência da exclusão de responsabilidade na responsabilidade por danos ao meio ambiente. *e-Pública – Revista Eletrônica de Direito Público*. Lisboa, FDUL, v. 3, n. 2, novembro 2016, p. 100-119.

——. A recuperação de danos ecológicos no direito brasileiro. *Revista Veredas do Direito*. Belo Horizonte, v. 14, n. 29, maio/agosto 2017, p. 293-321.

——. FERNANDES, Elizabeth Alves. Responsabilidade civil ambiental de instituições financeiras. *Revista da PGBC*, v. 9, n. 1, jun. 2015, p. 19-50.

——; LAGO, Laone. Princípio do poluidor pagador como elemento das políticas públicas ambientais: novas bases reflexivas para o Superior Tribunal de Justiça. Em DOMINGUES, Eduardo Garcia Ribeiro Lopes (Org.). *Direito e políticas públicas*: Estudos e pesquisas. Rio de Janeiro: Autografia, 2017, p. 205-231.

ARAGÃO, Alexandra. *O princípio do poluidor pagador*: pedra angular da política comunitária do ambiente. São Paulo: O Direito por um Planeta Verde, 2014. Versão original: Coimbra: Coimbra Editora, 1997 (Stvdia Ivridica).

——. A prevenção de riscos em Estado de direito ambiental. In: MENDES, José Manuel de Oliveira (Coord.). *Risco, cidadania e Estado num mundo globalizado*. Coimbra: Contexto, CES – Centro de Estudos Sociais, 2013, p. 234-248.

——. O abc da justiciabilidade do dever de prevenir as alterações climáticas. Início do fim da irresponsabilidade coletiva? *RevCEDOUA – Revista do Centro de Estudos de Direito do Ordenamento, do Urbanismo e do Ambiente*. Coimbra: Almedina, n. 35, ano XVIII, 1.2015, p. 109-126.

ARNT, Ricardo. O que os economistas pensam sobre sustentabilidade. São Paulo: Editora 34, 2010.

ATTENBOROUGH, Daniel. An Estoppel-Based Approach to Enforcing Corporate Environmental Responsibilities. *Journal of Environmental Law*. Oxford University Press, 28, 2016, p. 275-299.

BAHIA, Carolina Medeiros. *Nexo de causalidade em face do risco e do dano ao meio ambiente*: elementos para um novo tratamento da causalidade no sistema brasileiro de responsabilidade civil ambiental. Tese (Doutorado em Direito) – Centro de Ciências Jurídicas, Universidade Federal de Santa Catarina. Florianópolis, 2012.

BAMMER, Gabriele; SMITHSON, Michael (Edit.). *Uncertainty and risk*: multidisciplinary perspectives. London: Earthscan, 2008.

BARBAT, Andrea Signorino. *Los seguros de responsabilidad civil*: caracteres generales y coberturas principales. Montevideo: Fundación de Cultura Universitaria, 2011.

BARBOSA, Mafalda Miranda. Da causalidade à imputação objetiva na responsabilidade civil ambiental. In: MONTEIRO, Jorge Sinde; BARBOSA, Mafalda Miranda (Coord.). *Risco ambiental*: atas do colóquio de homenagem ao Senhor Professor Doutor Adriano Vaz Serra. Coimbra: Instituto Jurídico/FDUC, 2015, p. 81-159.

——. A participação da dimensão de futuro na responsabilidade extracontratual. In: CORREIA, Fernando Alves; MACHADO, Jonatas E. M.; LOUREIRO, João Carlos (Orgs.) *Estudos em Homenagem ao Prof. Doutor José Joaquim Gomes Canotilho*. Boletim da Faculdade de Direito (Stvdia Ivridica 102 – Ad Honorem 6). Coimbra: Coimbra Editora, 2012, p. 119-145.

BASÍLO, Patrícia Droeber. Responsabilidade civil por dano ecológico e sua reparação. *Revista Hospitalidade*, São Paulo, ano IV, n. 2, 2. sem. 2007, p. 61-78.

BAPTISTA DA SILVA, Ovídio A. *O seguro e as sociedade cooperativas*: relações jurídicas comunitárias. Porto Alegre: Livraria do Advogado, 2008.

BECHARA SANTOS, Ricardo. *Direito de seguro no cotidiano*: coletânea de ensaios jurídicos. Rio de Janeiro: Forense, 2002.

BECK, Ulrich. *La sociedad del riesgo*: hacia una nueva modernidad. Barcelona: Paidós, 1998.

——. *Sociedade de risco*: rumo a uma outra modernidade. Tradução Sebastião Nascimento. São Paulo: 34, 2011.

——; GIDDENS, Anthony; LASH, Scott. *Modernização reflexiva*: política, tradição e estética na ordem social moderna. Tradução Magda Lopes. São Paulo: Universidade Estadual Paulista, 1997.

BEDRAN, Karina Marcos; MAYER, Elizabeth. *A responsabilidade civil por danos ambientais no direito brasileiro e comparado*: teoria do risco criado versus teoria do risco integral. *Revista Veredas do Direito*, Belo Horizonte, v. 10, n. 19, janeiro/junho 2013, p. 45-88.

BELENGUER, David Aviñó. *Prevención y reparación de los daños civiles por contaminación industrial*. Cizur Menor (Navarra): Aranzadi, 2015.

BENJAMIN, Antonio Herman V. A insurreição da aldeia global *versus* o processo civil clássico. *Textos*: ambiente e consumo. Lisboa: Centro de Estudos Jurídicos, v. 1, 1996.

BERGKAMP, Lucas. Environmental risk spreading and insurance. *Review of European Community and International Environmental Law (RECIEL)*. Oxford: Blackwell, v. 12, n. 3, 2003, p. 269-283.

BORGES, Isabel Cristina Porto; GOMES, Taís Ferraz; ENGELMANN, Wilson. *Responsabilidade civil e nanotecnologias*. São Paulo: Atlas, 2014.

BORRAZ, Olivier. Risco e regulação. In: MENDES, José Manuel de Oliveira (Coord.). *Risco, cidadania e Estado num mundo globalizado*. Coimbra: Contexto, CES – Centro de Estudos Sociais, 2013, p. 234-248.

BURANELLO, Renato Macedo. *Do contrato de seguro* – o seguro garantia de obrigações contratuais. São Paulo: Quartier Latin, 2006.

CAETANO, Matheus Almeida. *Os delitos de acumulação no direito penal ambiental*. São Paulo: Pillares, 2016.

CALIENDO, Paulo. Extrafiscalidade ambiental: instrumento de proteção ao meio ambiente equilibrado. In: BASSO, Ana Paula (Coord.). *Direito e desenvolvimento sustentável*: desafios e perspectivas. Curitiba: Juruá, 2013.

CALLE AGUDO, Miguel Angel de la. La Gestión de los riesgos medioambientales. *Actuarios*. Madrid : Instituto de Actuarios Españoles, 1990. – 01/10/2013 Número 33 – octubre 2013, p. 9-12. Disponível em: <https://www.fundacionmapfre.org/documentacion/publico/es/consulta/resultados_navegacion.cmd?id=214338&forma=ficha&posicion=26>. Acesso em: 25 nov. 2017.

CALVÃO DA SILVA, João. *Responsabilidade civil do produtor*. Coimbra: Almedina, 1990.

CAMPOY, Adilson José. *Contrato de seguro de vida*. São Paulo: Revista dos Tribunais, 2014.

CANE, Peter. Are environmental harms special? *Journal of Environmental Law*. Oxford University Press, 13:1, 2001, p. 3-20.

CANOTILHO, José Joaquim Gomes; LEITE, José Rubens Morato (Org.). *Direito constitucional ambiental brasileiro*. São Paulo: Saraiva, 2007.

CARLINI, Angélica. A atividade de seguro no Brasil nos últimos cinquenta anos. *Assicurazioni – Rivista di diritto, economia e finanza delle assicurazioni private*. Roma: Fondazione Assicurazioni Generali, anno LXXV, n. 4, ottobre-dicembre, 2008, p. 519-548.

——; BECHARA, Ricardo. *Estudos de direito do seguro em homenagem a Pedro Alvim*. Rio de Janeiro: Funenseg, 2011.

——; SARAIVA, Pery. (Org.). *Aspectos jurídicos dos contratos de seguro*. Porto Alegre: Livraria do Advogado, 2013.

——; ——. *Aspectos jurídicos dos contratos de seguro* – Ano II. Porto Alegre: Livraria do Advogado, 2014.

——; ——. *Aspectos jurídicos dos contratos de seguro* – Ano III. Porto Alegre: Livraria do Advogado, 2015.

——; ——. *Aspectos jurídicos dos contratos de seguro* – Ano IV. Porto Alegre: Livraria do Advogado, 2016.

——; ——. *Aspectos jurídicos dos contratos de seguro* – Ano V. Porto Alegre: Livraria do Advogado, 2017.

CARVALHO, Délton Winter de. *Gestão Jurídica Ambiental*. São Paulo: Revista dos Tribunais, 2017. p. 366.

——. *Desastres ambientais e sua regulação jurídica*: deveres de prevenção, resposta e compensação ambiental. São Paulo: Revista dos Tribunais, 2015.

——. *Dano ambiental futuro*: a responsabilização civil pelo risco ambiental. Revista de Direito Ambiental, ano 12, n. 45, jan.-mar./2007. São Paulo: Revista dos Tribunais, 2007.

——. *Dano ambiental futuro*: a responsabilização civil pelo risco ambiental. Rio de Janeiro: Forense Universitária, 2008.

——; DAMACENA, Fernanda Dalla Libera. *Direito dos desastres*. Porto Alegre: Livraria do Advogado, 2013.

CASER, Ursula; CEBOLA, Cátia Marques; VASCONCELOS, Lia; FERRO, Filipa. Enrironmental mediation: an instrument for collaborative decision making in territorial planning. *Finisterra – Revista Portuguesa de Geografia*. Lisboa: Centro de Estudos Geográficos, v. LII, n. 104, abril 2017, p. 109-120.

CASTILLO, Daniel. El análisis sistémico de los conflictos ambientales: complejidad y consenso para la administración de los recursos comunes. In: SALAMANCA RANGEL, Manuel Ernesto (Coord.). *Las prácticas de la resolución de conflictos en América Latina*. Bilbao: Universidad de Deusto, 2008, p. 153-172.

CAVALCANTE, Denise Lucena. *Constituição, Direito Tributário e Meio Ambiente*, p. 4793. Disponível em: <http://www.conpedi.org.br/manaus/arquivos/anais/salvador/denise_lucena_cavalcante.pdf>. Acesso em: 25 nov. 2017.

CAVALIERI FILHO, Sergio. *Programa de responsabilidade civil*. São Paulo: Atlas, 2012.

CAZORLA, María Isabel Torres. Las emergencias y catástrofes como riesgo para la seguridad: una visión desde la perspectiva del derecho internacional público a la luz de la estrategia de seguridad nacional de mayo de 1013. *Revista Cuatrimestral de las Facultades de Derecho y Ciencias Económicas y Empresariales*. Madrid: Icade, n. 92, mayo-agosto, 2014, p. 77-106.

CENTURIÓN, Luis Fernando Sosa; PERUCCHI, Héctor A.; GONZÁLEZ, María Elena Acevedo. *Instituciones del seguro em la legislación paraguaya*: doctrina y jurisprudencia. Tomo I. Assunción: Intercontinental, 2011.

———. *Instituciones del seguro em la legislación paraguaya*: digesto normativo del mercado asegurador. Tomo II. Assunción: Intercontinental, 2011.

CLARKE, Chris. The proposed EC Liability Directive: half-way through co-decision. *Review of European Community and International Environmental Law (RECIEL)*. Oxford: Blackwell, v. 12, n. 3, 2003, p. 254-268.

CNSEG. *Revista Jurídica de Seguros*. Número 1, novembro de 2014. Rio de Janeiro: CNseg, 2014.

———. *Revista Jurídica de Seguros*. Número 2, maio de 2015. Rio de Janeiro: CNseg, 2015.

COASE, Ronald H. The problem of social cost. *Journal of Law and Economics*. The University of Chicago Press, v. 3, oct. 1960, p. 1-44.

CORDEIRO, António Menezes. *Direito dos Seguros*. Coimbra: Almedina, 2016.

———. *Da boa-fé no direito civil*. Coimbra: Almedina, 1997.

CUNHA, Paulo Ferreira da. Direito e tecnologia. *Revista da Faculdade de Direito da Universidade do Porto*. Porto, n. VIII, 2011, p. 207-215.

DAHINTEN, Augusto Franke. *A proteção dos consumidores como direito fundamental e as negativas de cobertura em contratos securitários*: cláusulas limitativas *versus* cláusulas abusivas à luz da jurisprudência. Dissertação (Mestrado em Direito) – Faculdade de Direito, Pontifícia Universidade Católica do Rio Grande do Sul. Porto Alegre, 2015.

DAMASCENO, Arthur Sabino. Seguro ambiental: considerações acerca da efetiva reparação dos danos à luz do direito brasileiro. In: TEIXEIRA, Antonio Carlos (Coord.). *Em Debate, 6*: contrato, dano ambiental, governança corporativa, risco. Rio de Janeiro: Funenseg, 2006.

DE CARLI, Ana Alice; SOARES DOS SANTOS, Fabiana; SEIXAS, Marcus Wagner de. *A tecnologia em prol do meio ambiente*: a partir de uma análise multidisciplinar. Rio de Janeiro: Lumens Juris, 2016.

DELGADO, José Augusto. *Comentários ao novo Código Civil*. Volume XI: das várias espécies de contrato, do seguro. Rio de Janeiro: Forense, 2007.

DERANI, Cristiane. *Direito ambiental econômico*. São Paulo: Saraiva, 2008.

DI LEVA, Charles E. The conservation of nature and natural resources through legal and market-based instruments. *Review of European Community and International Environmental Law (RECIEL)*. Oxford: Blackwell, v. 12, n. 3, 2003, p. 84-95.

DOBBS, Mary. Attaining Subsidiarity-Based Multilevel Governance of Genetically Modified Cultivation? *Journal of Environmental Law*. Oxford University Press, 28, 2016, p. 245-273.

DOMINGUES, José Marcos; GONZÁLEZ, Clemente Checa. Concepto de tributo: una perspectiva comparada Brasil-España. *Revista Direito GV*, v. 9, n. 2, São Paulo, Jul./Dez., 2013.

DONAIRE, Juan Antonio Carrillo. Seguridad y calidad productiva: de la intervención policial a la gestión de riesgos. *Revista de Administración Pública*. Madrid, n. 178, enero-abril, 2009, p. 89-142.

DOVERS, Stephen; HUTCHINSON, Michael; LINDENMAYER, David; MANNING, Adrian; MILLS, Franklin; PERKINS, Paul; SHARPLES, Jason; WHITE, Ian. Uncertainty, complexity and the envirnonment. In: BAMMER, Gabriele; SMITHSON, Michael (Edit.). *Uncertainty and risk*: multidisciplinary perspectives. London: Earthscan, 2008, p. 245-260.

ESCORIAL BONET, Angel. Responsabilidad ambiental en España – Herramientas. *Gerencia de riesgos y seguros* (nueva época). Madrid: MAPFRE Global Risk, 2015, n. 123, junio 2016, p. 68-77.

ESPINOSA, Ángel Ruiz de Apodaca (Director). *Régimen jurídico de la evaluación ambiental*. Cizur Menor (Navarra): Aranzadi, 2014.

FABRE, Michele Giamberardino. *Responsabilidade civil*: o seguro e o direito ambiental para preservação da natureza e da espécie humana. Monografia de Conclusão de Curso. Universidade Federal do Paraná, 2002.

FACCHINI NETO, Eugênio. A relativização do nexo de causalidade e a responsabilização da indústria do fumo – a aceitação da lógica da probabilidade. *Revista Eletrônica De Direito Civil*, Rio de Janeiro, ano 5, n. 1, 2016.

——. Da responsabilidade civil no novo Código. In: SARLET, Ingo Wolfgang (Org.). *O novo Código Civil e a Constituição*. Porto Alegre: Livraria do Advogado, 2006, p. 171-218.

FARIAS, Talden. *Licenciamento ambiental*: aspectos teóricos e práticos. Belo Horizonte: Fórum, 2015.

——; BIM, Eduardo Fortunato. O poluidor indireto e a responsabilidade civil ambiental por dano precedente. *Revista Veredas do Direito*. Belo Horizonte, v. 14, n. 28, jan./abr. 2017, p. 127-146.

FAURE, Michael G.; BRUGGEMAN, Véronique. Catastrophic risks and first-party insurance. *Connecticut Insurance Law Journal. vol. 15, n. 1, 2008-09.*

——; ——; HELDT, Tobias. Insurance Against Catastrophe: Government Stimulation of Insurance Markets for Catastrophic Events. *Duke Environmental Law & Policy Forum*, vol. 23, n. 185, 2012.

DEPOORTER, Bem; DE MOT, Jef P. B.; ——. The Multiplication Effect of Legal Insurance. *New York University Journal of Law and Business* 1, 2016.

FENSTERSEIFER, Tiago. *Direitos fundamentais e proteção do meio ambiente*: a dimensão ecológica da dignidade humana no marco jurídico-constitucional do estado socioambiental de direito. Porto Alegre: Livraria do Advogado, 2008.

FERREIRA, Patrícia de Sousa. *O salvamento em direito dos seguros*: reflexão sobre o ónus de afastamento e mitigação dos danos ocasionados pelo sinistro. Coimbra: Almedina, 2014.

SILVA, Rita Gonçalves Ferreira. *Do contrato de seguro de responsabilidade civil geral*: seu enquadramento e aspectos jurídicos essenciais. Coimbra: Coimbra, 2007.

FISK, David. Environmental science and environmental law. *Journal of Environmental Law*. Oxford University Press, 10:1, 1998, p. 3-8.

FRAGA, Jesús Jordano. La administración en el Estado ambiental de derecho. *Revista de Administración Pública*. Madri, n. 173, mayo-agosto, 2007, p. 101-141.

FREITAS, Juarez. *Sustentabilidade*: direito ao futuro. Belo Horizonte: Fórum, 2012.

FUREDI, Frank. Para uma sociologia do medo. In: MENDES, José Manuel de Oliveira (Coord.). *Risco, cidadania e Estado num mundo globalizado*. Coimbra: Contexto, CES – Centro de Estudos Sociais, 2013, p. 191-210.

GARGALLO, María del Mar Maroño. *El deber de salvamento em el contrato de seguro*. MERCATURA – Colección Estudios de Derecho Mercantil, n. 23. Granada: Comares, 2006.

GÓES, Maurício; ENGELMANN, Wilson. *Direito das nanotecnologias e o meio ambiente do trabalho*. Porto Alegre: Livraria do Advogado, 2015.

GOMES, Carla Amado. O Princípio do poluidor-pagador e a responsabilidade por dano ecológico: recentes posicionamentos da Corte de Justiça da União Europeia. In: MIRANDA, Jorge; GOMES, Carla Amado (Coord.). *Diálogo ambiental, constitucional e internacional*. Lisboa: Instituto de Ciências Jurídico-Políticas, v. 4, 2016, p. 20-34.

——. A responsabilidade civil extracontratual das entidades públicas e a responsabilidade civil por dano ecológico: sobreposição ou complementaridade? In: CORREIA, Fernando Alves; MACHADO, Jonatas E. M.; LOUREIRO, João Carlos (Orgs.) *Estudos em Homenagem ao Prof. Doutor José Joaquim Gomes Canotilho*. Boletim da Faculdade de Direito (Stvdia Ivridica 102 – Ad Honorem 6). Coimbra: Coimbra Editora, 2012, p. 331-349.

——; ANTUNES, Tiago (Coord.). *Actas do colóquio*: a responsabilidade civil por dano ambiental. Lisboa: Instituto de Ciências Jurídico-Políticas/FDUL, 2010.

——; DIAS, José Eduardo Figueiredo. Notas reflexivas sobre sistemas de gestão ambiental. *RevCEDOUA – Revista do Centro de Estudos de Direito do Ordenamento, do Urbanismo e do Ambiente*. Coimbra: Almedina, n. 31, ano XVI, 1.2013, p. 9-27.

——; TERRINHA, Luis Heleno (coord.). *In memoriam*: Ulrich Beck. Lisboa: Instituto de Ciências Jurídico-Políticas/FDUL, 2016.

GOMES, Célia; PEREIRA, Eduardo. Seguro de responsabilidade civil poluição. In: *Textos*: Colóquio responsabilidade civil em matéria de ambiente (Coimbra). Lisboa: Centro de Estudos Jurídicos, 1994, p. 429-440.

GUAGLIARDI, José Augusto; SILVA, Nelson Ricardo Ferdades da; CHAIA FILHO, Alfredo; RAMOS JUNIOR, Lázaro. *Análise de risco parametrizada*: manual prático de gestão de riscos e seguros. São Paulo: All Print Editora, 2016.

Guía para realización del análisis del riesgo mediambiental: en el ámbito del Real Decreto 1254-1999 (Seveso II). Madrid: Dirección General de la Protección Civil y Emergencias, 2014. Disponível em: <https://www.fundacionmapfre.org/documentacion/publico/es/consulta/resultados_navegacion.cmd?id=214338&forma=ficha&posicion=24>. Acesso em: 25.nov.2017.

GUNNINGHAM, Neil. Enforcing environmental regulation. *Journal of Environmental Law*. Oxford University Press, 23:2, 2011, p. 169-201.

HAHN, Aucilene Vasconcelos; REZENDE, Idália Antunes Cangussú; NOSSA, Valcemiro. O seguro ambiental como mecanismo de minimização do passivo ambiental das empresas. *Revista Universo Contábil*. Blumenau: FURB, v. 6, n. 2, abr./jun., 2010, p.61-81.

HAHN, Robert W. The impact of economics on environmental policy. In: STAVINS, Robert N. (Org). *Economics of the environment*: selected readings. New York: W. W. Norton, 2012, p. 704-733.

HANNIGAN, John. *Sociologia ambiental*. Tradução de Annahid Burnett. Petrópolis: Vozes, 2009.

HARRINGTON, Scott E.; DANZON, Patricia M. The economics of liability insurance. In: DIONE, Georges (Edit.) *Handbook of insurance*. Norwell: Kluwer Academic Publishers, 2000, p. 277-311.

HARTMANN, Thomas; ALBRECHT, Juliane. From flood protection to flood risk manegement: condition-based and performance-based regulations in German Water Law. *Journal of Environmental Law*. Oxford University Press, 26:2, 2014, p. 243-268.

HERAS HERRÁIZ, José Luis. El pool español de riesgos mediambientales. *Actuarios*. Madrid: Instituto de Actuarios Españoles, n. 33, octubre 2013, p. 19-22. Disponível em: <https://www.fundacionmapfre.org/documentacion/publico/es/consulta/resultados_navegacion.cmd?id=253228&forma=ficha&posicion=21>. Acesso em: 25 nov. 2017.

IBDS. *Anais do I Congresso Internacional de Direito do Seguro do Conselho da Justica Federal e Superior Tribunal de Justica*: VI Fórum de Direito do Seguro "José Sollero Filho" – IBDS/ Instituto Brasileiro de Direito do Seguro. São Paulo: Roncarati, 2015.

IPCC. *Climate change 2014*: synthesis report. Geneva: IPCC Secretariat, 2014.

IRB – Brasil Re. *Dicionário de seguros*: vocabulário conceituado de seguros. Rio de Janeiro: Funenseg, 2011.

JIA JIA, Zheng. Legal consequences of the disappearance of states as a result of climate change. *RevCEDOUA – Revista do Centro de Estudos de Direito do Ordenamento, do Urbanismo e do Ambiente*. Coimbra: Almedina, n. 34, ano XVII, 2.2014, p. 67-82.

JOSEFSSON, Henrik. Ecological status as a legal construct – Determining its legal and ecological meaning. *Journal of Environmental Law*. Oxford University Press, 27, 2015, p. 231-258.

KASPERSON, Roger E. Coping with deep uncertainty: challenges for environmental assessment and decision-making. In: BAMMER, Gabriele; SMITHSON, Michael (Edit.). *Uncertainty and risk*: multidisciplinary perspectives. London: Earthscan, 2008, p. 337-347.

KELMAN, Steven. Cost-Benefit Analysis: an ethical critique. In: STAVINS, Robert N. (Org). *Economics of the environment*: selected readings. New York: W. W. Norton, 2012, p. 254-269.

KEOHANE, Nathaniel O; REVESZ, Richard L.; STAVINS, Robert N. The choice of regulatory instruments in environmental policy. In: STAVINS, Robert N. (Org). *Economics of the environment*: selected readings. New York: W. W. Norton, 2012, p. 635-679.

KERNOHAN, Andrew. Accumulative harms and the interpretation of the harm principle. *Social theory and practice*. Florida: Florida State University, vol. 19, n. 1, 1993, p. 51-72.

——. Individual acts and accumulative consequences. *Philosophical Studies*. Netherlands: Kluwer Academic, v. 97, n. 3, 2000, p. 343-366.

KUNZLIK, Peter. Green public procurement – European law, environmental standards and 'what to buy' decisions. *Journal of Environmental Law*. Oxford University Press, 25:2, 2013, p. 173-202.

KUNREUTHER, Howard. Linking insurance and mitigation to manage natural disaster risk. In: DIONE, Georges (Edit.) *Handbook of insurance*. Norwell: Kluwer Academic Publishers, 2000, p. 593-618.

LA CASA, Rafael. La cobertura retroactiva del seguro. *Revista de Derecho Mercantil*. Cizur Menor (Navarra): Aranzadi, n. 298, octubre-diciembre, 2015, p. 51-97.

LAVRATTI, Paula (Org.); TEJEIRO, Guillermo; STANTON, Marcia (Autores). *Sistemas estaduais de pagamento por serviços ambientais*: diagnóstico, lições aprendidas e desafios para a futura legislação. São Paulo: O Direito por um Planeta Verde, 2014.

LAYNEZ, Julia Pedraza. *La responsabilidad por daños medioambientales*. Cizur Menor (Navarra): Aranzadi, 2016.

LEFF, Enrique. *Racionalidad ambiental*: la reapropiación social de la naturaleza. Cidade do México: Siglo Veintiuno, 2004. Disponível em: <http://docente.ifrn.edu.br/avelinolima/discipli-nas/filosofia-ciencia-e-tecnologia-tecnologo-2v/racionalidade-ambiental-enrique-leff/view>. Acesso em: 25 nov. 2017.

––––. *Epistemologia ambiental*. Tradução de Sandra Valenzuela. São Paulo: Cortez, 2006.

LEITE, José Rubens Morato (Coord.). *Manual de direito ambiental*. São Paulo: Saraiva, 2015.

––––; AYALA, Patryck de Araújo. *Dano Ambiental*: do individual ao coletivo extrapatrimonial. São Paulo: Revista dos Tribunais, 2012.

––––; MELO, Melissa Ely. As funções preventivas e precaucionais da responsabilidade civil por danos ambientais. *Revista Seqüência*. Florianópolis: PPGD/UFSC, n. 55, dez. 2007, p. 195-218.

––––; CARVALHO, Délton Winter de. O nexo de causalidade na responsabilidade civil por danos ambientais. *Revista de Direito Ambiental*, ano 12, n. 47, jul.-set./2007. São Paulo: Revista dos Tribunais, 2007.

LEMOS, Patrícia Faga Iglecias. *Meio ambiente e responsabilidade civil do proprietário*: análise do nexo causal. São Paulo: Revista dos Tribunais, 2008.

LEVY, Daniel de Andrade. *Responsabilidade civil*: de um direito dos danos a um direito das condutas lesivas. São Paulo: Atlas, 2012.

LIMA, José Maria Lisboa de. O seguro e o ambiente. In: *Textos*: Colóquio responsabilidade civil em matéria de ambiente (Coimbra). Lisboa: Centro de Estudos Jurídicos, 1994, p. 441-444.

LÓPEZ GORDO, José Francisco; LÓPEZ GORDO, María Glória. *Instrumentos de política ambiental*: casos de aplicación. Granada: Eug, 2014.

LUCCAS FILHO, Olívio. *Seguros*: fundamentos, formação de preço, provisões e funções biométricas. São Paulo: Atlas, 2011, p. 9.

LÜBBE-WOLFF, Gertrude. Efficient environmental legislation – on different philosophies of pollution control in Europe. *Journal of Environmental Law*. Oxford University Press, 13:1, 2001, p. 79-87.

LUHMANN, Niklas. *Sociología del riesgo*. Coord. Tradución Javier Torres Nafarrate. México D.F.: Universidad Iberoamericana, 2006.

––––. *Risk*: a sociological theory. Berlin; New York: de Gruyter, 1993.

MACHADO, Paulo Affonso Leme. *Direito ambiental brasileiro*. 12ª edição. São Paulo: Malheiros, 2004.

MACKIE, Colin. The regulatory potential of financial security to reduce environmental risk. *Journal of Environmental Law*. Oxford University Press, 26, 2014, p. 189-214.

MALO, Albert Azagra. *Daños del amianto*: litigación, aseguramiento de riesgos y fondos de compensación. Madri: Fundación Mapfre, 2011.

MARTÍNEZ, Camila. Estado actual del aseguramiento de los riesgos ambientales en Colombia. *Revista Fasecolda*. Bogotá: Unión de Aseguradoras Colombianos, n. 159, 2015, p. 16-19.

MARTINEZ, Pedro Romano. *Direito dos Seguros*: apontamentos. S. João do Estoril: Principia, 2006.

MARTINS, Maria Inês de Oliveira. Risco moral e contrato de seguro. In: NUNES, António José Avelãs; CUNHA, Luís Pedro; MARTINS, Maria Inês de Oliveira (Orgs.) *Estudos em Homenagem ao Prof. Doutor Aníbal de Almeida*. Boletim da Faculdade de Direito (Stvdia Ivridica 107 – Ad Honorem 7). Coimbra: Coimbra Editora, 2012, p. 636-676.

MATOS, Filipe Albuquerque. Danos ambientais / danos ecológicos: o fundo de intervenção ambiental. In: MONTEIRO, Jorge Sinde; BARBOSA, Mafalda Miranda (Coord.). *Risco ambiental*: atas do colóquio de homenagem ao Senhor Professor Doutor Adriano Vaz Serra. Coimbra: Instituto Jurídico/FDUC, 2015, p. 33-79.

——. Contrato de seguro – a cobertura de actos dolosos. In: NUNES, António José Avelãs; CUNHA, Luís Pedro; MARTINS, Maria Inês de Oliveira (Orgs.) *Estudos em Homenagem ao Prof. Doutor Aníbal de Almeida*. Boletim da Faculdade de Direito (Stvdia Ivridica 107 – Ad Honorem 7). Coimbra: Coimbra Editora, 2012, p. 677-701.

MAURÍCIO, Rita. Prevenção de Riscos Tecnológicos e Tutela da Invenção: Um equilíbrio (in)sustentável? *RevCEDOUA – Revista do Centro de Estudos de Direito do Ordenamento, do Urbanismo e do Ambiente*. Coimbra: Almedina, n. 33, ano XVII, 1.2014, p. 33-48.

MCDONALD, Jan; STYLES, Megan C. Legal strategies for adaptive management under climate change. *Journal of Environmental Law*. Oxford University Press, 26, 2014, p. 25-53.

MELO, Melissa Ely. *Restauração ambiental*: do dever jurídico às técnicas reparatórias. Porto Alegre: Livraria do Advogado, 2012.

——. *Pagamento por serviços ambientais (PSA)*: entre a proteção e a mercantilização dos serviços ecossistêmicos no contexto da crise ambiental. Tese (Doutorado em Direito) – Centro de Ciências Jurídicas, Universidade Federal de Santa Catarina. Florianópolis, 2016.

MENDES, Armindo Ribeiro. Novos horizontes do contrato de seguro as exigências do século XXI. In: MOREIRA, António; MARTINS, M. Costa (Coord.). *I Congresso Nacional de Direito dos Seguros* (Lisboa). Coimbra: Almedina, 2000, p. 241-254.

MENDES, Carla Dila Lessa; ZETTEL, Christine de Faria; COSTA, Marcelo Bittencourt Ferro. As apólices à base de reclamações no Brasil. *Revista Brasileira de Risco e Seguro*. Rio de Janeiro, v. 3, n. 6, out.2007/mar.2008, p. 135-170.

MENDES, José Manuel. *Sociologia do Risco*: uma breve introdução e algumas lições. Coimbra: Imprensa da Universidade de Coimbra/Riscos e Catástrofes, 2015.

MENDES, José Manuel de Oliveira (Coord.). *Risco, cidadania e Estado num mundo globalizado*. Coimbra: Contexto, CES – Centro de Estudos Sociais, 2013.

MENDES, Gilmar; SARLET, Ingo Wolfgang; COELHO, Alexandre Zavaglia P. *Direito, inovação e tecnologia*. São Paulo: Saraiva, 2015.

MENDONÇA, Diogo Naves. *Análise econômica da responsabilidade civil*: o dano e sua quantificação. São Paulo: Atlas, 2012.

MENDIZÁBAL, Elena Leiñena. El seguro de responsabilidad medioambiental en el transporte terrestre de mercancias como instrumento preventivo y reparador del daño medioambiental. *Revista Española de Seguros*. Madrid: SEAIDA, n. 167, 2016, p. 379-417.

MILDRED, Mark *et all*. *Product liability*: law and insurance. London: LLP/Insurance Law Library, 2000.

MIRAGEM, Bruno. *Curso de Direito do Consumidor*. São Paulo: Revista dos Tribunais, 2013.

——; CARLINI, Angélica. *Direito dos seguros*: fundamentos de direito civil, direito empresarial e direito do consumidor. São Paulo: Revista dos Tribunais, 2014.

MOLINARO, Carlos Alberto. *Direito ambiental*: proibição de retrocesso. Porto Alegre: Livraria do Advogado, 2007.

MONTI, Alberto. *Environmental risks and insurance*: a comparative analysis of the role of insurance in the management of environment-related risks. OCDE, 2002. Disponível em: <www.oecd.org/finance/financial-markets/1939368.pdf>. Acesso em: 18 nov. 2017.

MORA, una herramienta de monetización de daños medioambientales – España. Dirección General de Calidad y Evaluación Ambiental y Medio Natural. Disponível em: <https://www.fundacionmapfre.org/documentacion/publico/es/consulta/resultados_navegacion.cmd?id=214338&forma=ficha&posicion=29&accion_ir=Ir>. Acesso em: 25 nov. 2017.

MORAG-LEVINE, Noga. Is precautionary regulation a civil law instrument? Lessons from the history of the Alkali Act. *Journal of Environmental Law*. Oxford University Press, 23:1, 2011, p. 1-43.

MOREIRA DA SILVA, Eva Sónia. *Da responsabilidade pré-contratual por violação dos deveres de informação*. Coimbra: Almedina, 2003.

NABAIS, José Casalta. Algumas reflexões críticas sobre os direitos fundamenais. *Revista de Direito Público e Econômico – RDPE*. Ano 1, n. 1, jan./mar. 2003. Belo Horizonte: Fórum, 2003, p. 61 e 95.

NAVARRO PEREIRA, Antonio Fernando de A.. Os acidentes industriais e suas consequências. *Revista Brasileira de Risco e Seguro*. Rio de Janeiro, v. 5, n. 10, out.2009/mar.2010, p. 103-140.

NOSCHANG, Patricia Grazziotin. *Responsabilidade por dano ambiental na União Europeia*. Ijuí: Unijuí, 2013.

O'CONNOR, David. Applying economic instruments in developing countries: from theory to implementation. *Environmental and Development Economics*, n. 4, 1998, p. 91-110.

——. Regulación ambiental e instrumentos econômicos. México: *Comercio Exterior – BNDE – Economía del ambiente y recursos naturales*, 48:12, 1998, p. 956-959.

OLIVEIRA SILVA, Ivan de. *Curso de direito do seguro*. São Paulo: Saraiva, 2012.

OST, François. *A natureza à margem da lei: a ecologia à prova do direito*. Tradução Joana Chaves. Lisboa: Instituto Piaget, 1995.

PACHECO, Ricardo. *Matemática atuarial de seguros de danos*. São Paulo: Atlas, 2014.

PARDO, José Esteve. *Técnica, riesgo y Derecho*: Tratamiento del riesgo tecnológico en el derecho ambiental. Barcelona: Ariel, 1999.

——. La protección de la ignorancia. Exclusión de responsabilidad por los riesgos desconocidos. *Revista de Administración Pública*. Madrid, n. 161, mayo-agosto, 2003, p. 53-82.

——. *Ley de responsabilidad medioambiental*: comentario sistemático. Madrid: Marcial Pons, 2008.

——. La extensión del derecho público. Uma reacción necesaria. *Revista de Administración Pública*. Madrid, n. 189, septiembre-deciembre, 2012, p. 11-40.

——. *Derecho del medio ambiente*. Madrid: Marcial Pons, 2014.

——. La administración garante. Uma aproximación. *Revista de Administración Pública*. Madrid, n. 197, mayo-agosto, 2015, p. 11-39.

——. Las aportaciones de Ulrich Beck a la comprensión del nuevo entorno sociológico del Derecho Público. In: GOMES, Carla Amado; TERRINHA, Luis Heleno (Coord.). *In memoriam*: Ulrich Beck. Lisboa: Instituto de Ciências Jurídico-Políticas/FDUL, 2016, p. 96-106.

PASQUALOTTO, Adalberto. *Garantias no Direito das Obrigações*: um ensaio de sistematização. Tese (Doutorado em Direito) – Faculdade de Direito, Universidade Federal do Rio Grande do Sul. Porto Alegre, 2005.

——. Os papéis da álea e da garantia no contrato de seguro: uma visão das leis portuguesa e brasileira. *Revista dos Tribunais*. São Paulo: Thomson Reuters, julho/2009, v. 885, p. 9-29.

PERANDONES, Pablo Girgado. *El principio indemnizatorio en los seguros de daños*: una aproximación a su significado. MERCATURA – Colección Estudios de Derecho Mercantil, n. 19. Granada: Comares, 2005.

——. *La póliza estimada*: la valoración convencional del interés en los seguros de daños. Madrid: Marcial Pons, 2015.

PEREIRA, Luciana Vianna. Seguro ambiental: o que a legislação pretende e do que o meio ambiente precisa? In: COUTINHO, Ronaldo; AHMED, Flávio; CARVALHO, Aderson Bussinger. *Revista Eletrônica OAB/RJ | Edição Especial – Direito Ambiental*, p. 149-171. Disponível em < http://revistaeletronica.oabrj.org.br/?page_id=1608>. Acesso em: 24 nov.2017.

PÉREZ, Ana Isabel Hidalgo. *Cambio climático y actividad aseguradora*: impactos y retos de adaptación. Sevilla: Colegio de Corredores y Mediadores de Seguros, 2015. Disponível em: <https://www.fundacionmapfre.org/documentacion/publico/es/consulta/resultados_navegacion.cmd?id=214338&forma=ficha&posicion=20>. Acesso em: 25 nov. 2017.

PÉREZ, José Luis Rey. Justicia y cambio climático. Icade – *Revista cuatrimestral de las Faculdades de Derecho y Ciencias Económicas y Empresariales*. Madrid, n. 86, mayo-agosto, 2012, p. 9-32.

PETERSEN, Luiza Moreira. *O risco no contrato de seguro*. São Paulo: Roncarati, 2018.

PIDGEON, Nick. Risk, uncertainty and social controversy: from risk perception and communication to public engagement. In: BAMMER, Gabriele; SMITHSON, Michael (Edit.). *Uncertainty and risk*: multidisciplinary perspectives. London: Earthscan, 2008, p. 349-361.

PINDYCK, Robert S. Uncertainty in Environmental Economics. In: STAVINS, Robert N. (Org). *Economics of the Environment*: selected readings. New York: W. W. Norton, 2012, p. 230-253.

POÇAS, Luis. O dever de declaração inicial do risco no contrato de seguro. Coimbra: Almedina, 2013.

POISON, Margarida Trejo. *El contrato de seguro medioambiental*: estudio de la responsabilidad medioambiental y su asegurabilidad. Cizur Menor (Navarra): Civitas, 2015.

SEGUROS AMBIENTAIS

POLIDO, Walter. Contrato de seguro: a efetividade do seguro ambiental na composição de danos que afetam direitos difusos. *Revista do Tribunal Regional Federal da Primeira Região*. Brasília, v. 28, n. 11/12, novembro/dezembro, 2016, p. 52-71.

——. *Programa de seguros de riscos ambientais no brasil*: estágio de desenvolvimento atual. 3ª edição. Rio de Janeiro: Funenseg, 2015.

——. *Resseguro*: cláusulas contratuais e particulares sobre responsabilidade civil. 2ª ed. Rio de Janeiro: Funenseg, 2011.

——. *Contrato de seguro*: novos paradigmas. São Paulo: Roncarati, 2010.

——. *Seguros para riscos ambientais*. São Paulo: Revista dos Tribunais, 2005.

POMAR, Fernando Gómez; GARCÍA, Juan Antonio Ruiz. *La noción de daño puramente económico*: Una visión crítica desde el análisis económico del derecho. Disponivel em: <http://www.indret.com/pdf/102_es.pdf>. Acesso em 27.junho.2018.

PORCIONATO, Ana Lucia; LOBO, Arthur Mendes. A vez do seguro ambiental: o fomento às novas coberturas pelas inovações da lei complementar nº 126 de 16.01.2007. *Revista de C. Humanas*, Vol. 6, nº 1, Jan./Jun.2006, p. 63-92.

POVEDA. Eliane Pereira Rodrigues. *A eficácia legal na desativação de empreendimentos minerários*. São Paulo: Signus, 2007.

——. Seguro garantia como instrumento econômico para a implementação do gerenciamento de áreas contaminadas. *Revista Síntese Direito Ambiental*. Ano I – nº 3 (out. 2011), p. 78-89, São Paulo, IOB, 2011.

——. Seguro garantia como instrumento econômico para a sustentabilidade na mineração. *Revista de Direito Ambiental*. Ano 17. Vol. 65. (Jan.-Mar.2012). São Paulo: Revista dos Tribunais, 2012.

PRIETO, Hilda Esperanza Zornosa. *Escritos sobre riesgos y seguros*. Bogotá: Universidad Externado de Colombia, 2012.

PURDY, Ray. Using earth observation techologies for better regulatory compliance and enforcement of environmental laws. *Journal of Environmental Law*. Oxford University Press, 22:1, 2010, p. 59-87.

RAJAMANI, Lavanya. The 2015 Paris Agreement: interplay between hard, soft and non-obligatios. *Journal of Environmental Law*. Oxford University Press, 38, 2016, p. 337-358.

RAMÓN, Fernando López. Evaluación de impacto ambiental de proyectos del Estado. *Revista de Administración Pública*. Madri, n. 160, enero-abril, 2003, p. 11-47.

RAUEN, André Tortato. *Políticas de Inovação pelo lado da demanda*. Brasília: IPEA, 2017.

REHBINDER, Eckard. Environmental regulation through fiscal and economic incentives in a federalist system. *Ecology Law Quarterly*, v. 20, 1993, p. 57-98.

REGO, Margarida Lima. *Contrato de seguro e terceiros*: estudo de direito civil. Coimbra: Coimbra Editora/Wolters Kluwer, 2010.

REQUEJO, Carlos; ESTRADA, Oscar. *La Protección del medio ambiente, un nuevo elemento para el desarrollo de la actividad aseguradora*. Trébol. – Madrid: MAPFRE RE, n. 48, agosto 2008, p. 7-13.

RICHARDSON, Benjamin J. Economic instruments and sustainable management in New Zealand. *Journal of Environmental Law*. Oxford University Press, 10:1, 1998, p. 21-39.

ROPPO, Enzo. *O contrato*. Tradução Ana Coimbra e M. Januário Gomes. Coimbra: Almedina, 1988.

ROSA, Alexandr Morais da; LINHARES, José Manuel Aroso. *Diálogos com a law & economics*. 2. edição. Rio de Janeiro: Lumen Juris, 2011.

SÁ, Sofia. O regime das emissões industriais – reflexos no procedimento administrativo da legislação nacional do ambiente. *RevCEDOUA – Revista do Centro de Estudos de Direito do Ordenamento, do Urbanismo e do Ambiente*. Coimbra: Almedina, n. 33, ano XVII, 1.2014, p. 25-32.

SAAVEDRA, Giovani Agostini; LUPION, Ricardo (Orgs.). *Direitos fundamentais*: direito privado e inovação. Porto Alegre: EdiPUCRS, 2012.

SABORIT, Juana María Delgado. *La Medida del riesgo ambiental*: nueva metodología para evaluar cómo afectan las actividades de la empresa al entorno natural. Madri: Mapfre Seguridad, n. 107, 3º trimestre 2007, p. 50-63.

SACHS, Ignacy. *Desenvolvimento*: includente, sustentável e sustentado. Rio de Janeiro: Garamond, 2008.

——. *Caminhos para o desenvolvimento sustentável*. Rio de Janeiro: Garamond, 2009.

SALERMO, M.S.; KUBOTA, L. C. Estado e Inovação. In: DE NEGRI, J.A.; KUBOTA, L.C. (Orgs.). *Políticas de Incentivo à Inovação Tecnológica*. Brasília: IPEA, 2008.

SALGUEIRO, Ana. *Responsabilidade ambiental*: o princípio do poluidor pagador e a importância da gestão de risco. Lisboa: MLearning, 2013.

SANDEL, Michel J. It's immoral to buy the right to pollute. In: STAVINS, Robert N. (org). *Economics of the Environment*: selected readings. New York: W. W. Norton, 2012, p. 344-348.

SANTAMARÍA-ARINAS, René Javier. O debate jurídico sobre o fracking em España. *RevCEDOUA – Revista do Centro de Estudos de Direito do Ordenamento, do Urbanismo e do Ambiente*. Coimbra: Almedina, n. 33, ano XVII, 1.2014, p. 9-24.

SANTIAGO, Mariana Ribeiro; CAMPELLO, Ligia Gaigher Bósio. A responsabilidade civil por atividade de risco e o paradigma da solidariedade social. *Revista Veredas do Direito*. Belo Horizonte, v. 12, n. 23, janeiro/junho 2015, p. 169-193.

SANTOS, Boaventura de Sousa. *Um discurso sobre as ciências*. São Paulo: Cortez, 2010.

SANTOS, Laymert Garcia dos. *Politizar as novas tecnologias*: o impacto sociotécnico da informação digital e genética. São Paulo, 34, 2011.

SARAIVA NETO, Pery. *A prova na jurisdição ambiental*. Porto Alegre: Livraria do Advogado, 2010.

——; Dinnebier, Flávia França. Sustentabilidade como Princípio Constitucional: sua estrutura e as implicações na Ordem Econômica. *Revista de Direito Ambiental – RDA*. São Paulo: Revista dos Tribunais, n. 85, 2017, p. 63-86.

SARLET, Ingo Wolfgang. *A eficácia dos direitos fundamentais*: uma teoria geral dos direitos fundamentais na perspectiva constitucional. Porto Alegre: Livraria do Advogado, 2015.

——; FENSTERSEIFER, Tiago. *Direito Ambiental*: introdução, fundamentos e teoria geral. São Paulo: Saraiva, 2014.

——; ——. *Princípios do direito ambiental*. São Paulo: Saraiva, 2014.

SCHALCH, Debora (Org.). *Seguros e resseguros*: aspectos técnicos, jurídicos e econômicos. São Paulo: Saraiva/Virgília, 2010.

SCHREIBER, Anderson. *Novos paradigmas da responsabilidade civil*: da erosão dos filtros da reparação à diluição dos danos. São Paulo: Atlas, 2015.

SCHOENBAUM, Thomas J. Liability for damages in oil spill accidents: evaluating the USA and international law regimes in the light of Deepwater Horizon. *Journal of Environmental Law*. Oxford University Press, 24:3, 2012, p. 395-416.

SCORSIN, Rodrigo Oscar Alborta; PIRES, Alexandre Leal. Análise da avaliação do passivo ambiental de postos de combustíveis no desenvolvimento de um seguro ambiental. *Revista Brasileira de Risco e Seguro*. Rio de Janeiro, v. 3, n. 5, abr./set.2007, p. 1-50.

SENDIM, José de Souza Cunhal. *Responsabilidade civil por danos ecológicos*: da reparação do dano através de restauração natural. Coimbra: Coimbra Editora, 1998.

SERSIC, Maja. The impact of multilateral insurance and compensation funds on liability for environmental harm. In: BOTHE, Michael; SAND; Peter H. *Environmental Policy*: from regulation to economic instruments. The Hague: Martinus Nijhoff Publishers/Académie de Droit International, 2003, p. 583-606.

SILVA COSTA, Sildaléia. *Seguro Ambiental*: garantia de recursos para reparação de danos causados ao meio ambiente. Tese (Doutorado em Desenvolvimento Sustentável). Centro de Desenvolvimento Sustentável, Universidade de Brasília. Brasília, 2011.

SILVA, Ivan de Oliveira. *Curso de direito do seguro*. São Paulo: Saraiva, 2012.

SILVA, Rafael Peteffi. *Responsabilidade civil pela perda de uma chance*. São Paulo: Atlas, 2013.

SILVA SANTOS, Margarida. *Seguro de crédito*. Lisboa: Prime Books, 2004.

SILVEIRA, Clóvis Eduardo Malinverni da (Org.). *Dano ambiental e gestão do risco*: atualidades em jurisdição e políticas públicas. Caxias do Sul: Educs, 2016.

SMITH, Keith. *Environmental hazard*: assessing risk & reducing disaster. London: Routledge, 1992.

SOARES, Flaviana Rampazzo. Revisitando o tema *punitive damages*, o ideal indenizatório e a função punitiva no direito de danos contemporâneo. In: *V Encontro Internacional do CONPEDI Montevidéu – Uruguai*. Direito civil contemporâneo II. GONÇALVES, Everton das Neves Gonçalves; STELZER, Joana; POZZETTI, Valmir César. Florianópolis: CONPEDI, 2016, p. 78-98.

——. Culpa e castigo. *Revista de Estudos Jurídicos e Sociais – REJUS ON LINE*, v. 1, n. 01, nov. 2017. ISSN 2594-7702. Disponível em: <http://www.univel.br/ojs/index.php/revista/article/view/19>. Acesso em: 30 abr. 2018.

STEELE, Jenny. *Risk and legal theory*. Oxford; Portland: Hart, 2004.

STEIGLEDER, Annelise Monteiro. *Responsabilidade civil ambiental*: as dimensões do dano ambiental no direito brasileiro. Porto Alegre: Livraria do Advogado, 2004.

——. *Considerações sobre o nexo de causalidade na responsabilidade civil por dano ao meio ambiente*. Revista de Direito Ambiental, ano 8, n. 32, out.-dez./2003. São Paulo: Revista dos Tribunais, 2003.

STEWART, Brandon D. Contamination as a chemical interference with land: Where the (private nuisance) truck should stop after Antrim. *The Tort Law Review*. Pyrmont: Thomson Reuters, volume 23/2, July, 2015, p. 98-119.

TEIXEIRA, Antonio Carlos (Coord.). *Em Debate, 6*: contrato, dano ambiental, governança corporativa, risco. Rio de Janeiro: Funenseg, 2006.

TELES, Virgínia; CUNHA, Lúcio; RIBEIRO, Raissa Pacheco. Alterações climáticas: um problema global. *RevCEDOUA – Revista do Centro de Estudos de Direito do Ordenamento, do Urbanismo e do Ambiente*. Coimbra: Almedina, n. 37, ano XIX, 1.2016, p. 149-167.

TEPEDINO, Gustavo. Notas sobre o nexo de causalidade. *Revista Jurídica*, ano 50, n. 296, junho de 2002, p. 7-18.

TESSLER, Luciane. *Tutelas jurisdicionais do meio ambiente*: inibitória, de remoção do ilícito e do ressarcimento na forma específica. São Paulo: Revista dos Tribunais, 2005.

TERRINHA, Luis Heleno. Las aportaciones de Ulrich Beck a la comprensión del nuevo entorno sociológico del Derecho Público. In: GOMES, Carla Amado; TERRINHA, Luis Heleno (Coord.). *In memoriam*: Ulrich Beck. Lisboa: Instituto de Ciências Jurídico-Políticas/FDUL, 2016, p. 96-106.

TESTA, Graciela; GERPE, Marcela S. Medio ambiente y mediacion: puntos de encuentro. *Revista de Derecho Urbanístico y Medio Ambiente*. Madri: año XLVIII, n. 290, junio 2014, p. 95-119.

THEODORO JÚNIOR, Humberto. *Seguro de danos* – despesas de salvamento e despesas de contenção: regime jurídico. Disponível em: <http://genjuridico.com.br/2014/11/19/seguro-de-danos-despesas-de-salvamento-e-despesas-de-contencao-regime-juridico/>. Acesso em: 25 nov. 2017.

TIMM, Luciano Benetti (Org.). *Direito & Economia*. 2. edição. Porto Alegre: Livraria do Advogado, 2008.

TOLEDO JUNIOR, Elias Anacleto de. Metodologia para classificação de estabilidade de segurança de barragem em seguros. *Revista Brasileira de Risco e Seguro*. Rio de Janeiro, v. 8, n. 16, mai./out.2013, p. 1-18.

TZIRULNIK, Ernesto; CAVALCANTI, Flávio de Queiroz B.; PIMENTEL, Ayrton. *O contrato de seguro*: de acordo com o novo código civil brasileiro. São Paulo: Revista dos Tribunais, 2003.

UNEP. United Nations Environment Programme (PNUMA. Programa das Nações Unidas para o Meio Ambiente). *PSI: Princípios para Sustentabilidade em Seguros*. Tradução CNSEG. Rio de Janeiro, 2012.

UNITED NATIONS. *FCCC – Framework Convention on Climate Change*. Conference of the Parties Twenty-first session Paris, 30 November to 11 December 2015.

URQUIDI, Victor L. Economía ambiental: una aproximación. *Comercio Exterior – BNDE – Economía del ambiente y recursos naturales*. México, 48:12, 1998, p. 951-955.

VALLE, Cyro Eyer do; LAGE, Henrique. *Meio ambiente*: acidentes, lições, soluções. São Paulo: Senac, 2013.

VALOR FINANCEIRO: seguros, previdência e capitalização. *Objetivo é solidez de todo o sistema*. São Paulo: Jornal VALOR ECONÔMICO, maio de 2015, ano 14, número 17.

VAN NOSTRAND, James M.; NEVIUS, John G. Parametric insurance: using objective measures to address the impacts of natural disasters and climate change. *Environmental Claims Journal*. Philadelphia: Routledge, 2011, v. 23, n. 3-4, p. 227-237.

VASQUES, José. *Contrato de seguro*: notas para uma teoria geral. Coimbra: Coimbra Editora, 1999.

VEIGA COPO, Abel B. *Condiciones en el contrato de seguro*. MERCATURA – Colección Estudios de Derecho Mercantil, n. 20. Granada: Comares, 2008.

——. *El riesgo en el contrato de seguro*: ensayo dogmático sobre el riesgo. Cizur Menor (Navarra): Aranzadi, 2015.

VEIGA, José Eli. *Desenvolvimento Sustentável*: o desafio do século XXI. Rio de Janeiro: Garamond, 2010.

VOIGT, Christina (editor). *Rule of Law for Nature*: new dimensions and ideas in Environmental Law. Cambridge: Cambridge University Press, 2013.

WINTER, Ralph A. Optimal insurance under moral hazard. In: DIONE, Georges (edit.) *Handbook of insurance*. Norwell: Kluwer Academic Publishers, 2000, p. 155-183.

YIN, Haitao; PFAFF, Alex; KUNREUTHER, Howard. Can environmental insurance succeed wher other strategies fail? The case of underground storage tanks. *Risk Analysis*: Society for Risk Analysis, v. 31, n. 1, 2011, p. 12-24.